Rolf Friedrich Schuett

Wenn die Seele auf den Geist geht

Zur Tiefenpsychologie der Philosophiegeschichte

Rolf Friedrich Schuett

Wenn die Seele auf den Geist geht

ZUR TIEFENPSYCHOLOGIE
DER PHILOSOPHIEGESCHICHTE

Chronik der unbewussten Weltbilder

Bibliographische Information Der Deutschen Bibliothek:
Die Deutsche Bibliothek verzeichnet diese Publikation in der
Deutschen Nationalbibliographie; detaillierte bibliographische
Daten sind im Internet über **http://dnb.ddb.de** abrufbar.

Herstellung und Verlag :
BoD – Books on Demand, Norderstedt

Gedruckt auf alterungsbeständigem Papier (holz- und säurefrei)

Umschlaggestaltung : E. L. Schmidt

Printed in Germany

ISBN 978-3-7528-9752-4

INHALT

"Der Mensch ist diese Nacht, dies leere Nichts, das alles in ihrer Einfachheit enthält, ein Reichtum unendlich vieler Vorstellungen, Bilder, deren keines ihm gerade einfällt oder die nicht das gegenwärtige sind. Dies ist die Nacht, das Innre der Natur, das hier existiert − *reines Selbst.* In phantasmagorischen Vorstellungen ist es ringsum Nacht; hier schießt dann ein blutiger Kopf, dort eine weiße Gestalt plötzlich hervor und verschwindet ebenso. Diese Nacht erblickt man, wenn man dem Menschen ins Auge blickt − in eine Nacht hinein, die *furchtbar* wird; es hängt die Nacht der Welt einem entgegen." Das ist Fichtes "Ich" : ein "Traum ohne Träumer".
(G. W. F. Hegel : "Jenaer Realphilosophie")

" − dieses Hinabsteigen in dunkle Regionen, wo sich nichts fest bestimmt und sicher zeigt, allenthalben Lichtglänze blitzen, aber neben Abgründen, durch ihre Helle vielmehr, getrübt, verführt durch die Umgebung, falsche Reflexe werfen als erleuchten - wo jeder Beginn eines Pfades wieder abbricht und ins Unbestimmte ausläuft, sich verliert und uns selbst aus unserer Bestimmung und Richtung reißt. - Ich kenne aus eigener Erfahrung diese Stimmung des Gemüts oder vielmehr der Vernunft, wenn sie sich einmal mit Interesse und ihren Ahndungen in ein Chaos der Erscheinungen hineingemacht hat und wenn sie, des Ziels innerlich gewiß, noch nicht hindurch, noch nicht zur Klarheit und Detaillierung des Ganzen gekommen ist. Ich habe an dieser Hypochondrie ein paar Jahre bis zur Entkräftung gelitten, jeder Mensch hat wohl überhaupt einen solchen Wendungspunkt im Leben, den nächtlichen Punkt der Kontraktion seines Wesens, durch dessen Enge er hindurchgezwängt und zur Sicherheit seiner selbst befestigt und vergewissert wird, zur Sicherheit des gewöhnlichen Alltagslebens, und wenn er sich bereits unfähig gemacht hat, von demselben ausgefüllt zu werden, zur Sicherheit einer innern, edlen Existenz. − Fahren Sie getrost fort, die Wissenschaft, die Sie in dies Labyrinth des Gemüths geführt, ist allein fähig, Sie herauszuleiten und zu heilen."
(Brief an einen Arzt : "Briefe von und an Hegel", Hamburg 1952)

Für meine Familie

Einleitung

Diese Arbeit geht aus von der Hypothese, dass die Philosophie noch lange nicht ausgeschöpft hat, was sie von Tiefenpsychologen profitieren könnte.

„Die Psychologie ist *die* philosophische Wissenschaft, und umgekehrt, die philosophische Wissenschaft oder die Philosophie, das ist die Psychologie." Niemand würde diese Worte des Philosophen Theodor Lipps (1851-1914) heute wohl mehr unterschreiben wollen oder die „Psychologie der Weltanschauungen" (1919) des ehemaligen Psychiaters Karl Jaspers noch einmal ernsthaft als philosophisches Fundament in Erwägung ziehen. Kaum noch jemand wird mit dem Lebensphilosophen Dilthey die Psychologie des Erlebnisverstehens im Gegensatz zur naturwissenschaftlichen Erklärung als die Basisdisziplin der Kulturwissenschaften verstehen.

Husserls „Logische Untersuchungen" (1900) hatten in der Nachfolge Franz Brentanos die logische Geltung strikt und endgültig und unabweisbar von ihrer psych(olog)ischen Genese abgetrennt.

S. Freud meinte, „dass die Philosophie eine der anständigsten Formen der Sublimierung verdrängter Sexualität, nicht weiter, ist." (*Ludwig Binswanger*: „Erinnerungen an Freud", Bern 1956, S. 19). Auch wenn niemand diesem programmatischen Reduktionismus mehr folgen möchte, wurden die explikativen Chancen einer Anwendung der Tiefenpsychologie nicht nur auf Neurosen, Träume und Mythen, sondern auch auf „tief(gründig)e Gedanken" und ganze begriffliche Gedankengebäude bisher noch gar nicht recht ernstgenommen.

Der philosophische Gedanke sollte dabei nicht reduziert werden auf das psychische Rohmaterial, das in ihm mitverarbeitet ist, aber die Psychoanalyse kann sehr wohl helfen, die Objektivität des Gedankens vor dem unreflektierten Anteil aus der geheimen Subjektivität des Denkers und seiner Rezipienten zu schützen. Nicht die Philosophen werden dabei auf Freuds Couch gezerrt, sondern ihre bewussten Gedanken von möglichen unbewussten Anteilen befreit, die deren Wahrheitsgehalt hinterrücks ganz systematisch verzerren und die Ratio zur bloßen Rationalisierung von Verdrängungen verkommen lassen können.

Man könnte Freuds Tiefenpsychologie auch recht zwanglos einbetten in die lange Tradition der europäischen Moralistik und die „französischen Moralisten" als Ur-Analytiker des Unbewussten hinter allen rationalisierenden Bewusstseinsfassaden und Sozialkonventionen verstehen.

„Daß hierbei u. a. das Unbewusste zum ersten Male entdeckt wurde, ist das damals in seiner ganzen Bedeutung noch nicht ermessene Verdienst der *Maximen*" von La Rochefoucauld, erkannte Konrad Nussbächer 1988. Joseph Rattner und Gerhard Danzer nannten den Ur-Aphoristiker „ohne weiteres den Ahnherrn der Tiefenpsychologie". („Europäische Moralistik in Frankreich von 1600 bis 1950", Würzburg 2006, Seite 36)

Jacques Lacan erkannte, dass das Unbewusste wie eine Sprache strukturiert sei. Der *linguistic turn* hatte die Philosophie daran erinnert, sich von ihren Sprachformen gar nicht emanzipieren zu können, und legte es nahe, wieder über das Verhältnis von Literatur und Philosophie nachzudenken, selbst wenn man nicht ganz so weit gehen will wie Jacques Derrida, der ihre Differenzen einebnete zu bloßen rhetorischen Spielformen allgemeiner Textproduktion.

Freud hielt den bedeutenden Aphoristiker Nietzsche, der die französischen Moralisten in die Philosophie zurückführte, für jenen Denker, der wohl in der psychologischen Selbsterforschung bisher am weitesten gekommen sei, und für einen seiner eigenen Vorläufer. Psychologische Deuter sagen uns ständig : „So ist es nicht, wie ihr denkt, sondern in Wahrheit ganz anders ... ".

Die Philosophie täte gut daran, sich dieser Hilfsdisziplin stärker zu bedienen. Kurzum : Die Kosten für die Verdrängung der tiefenpsychologischen Hermeneutik aus der Philosophie dürften weit höher ausfallen, als viele Philosophen zu glauben scheinen. Philosophisches Denken könnte sich durch psychoanalytische Reflexion von falscher ubw-Subjektivität befreien. Das übt den Philosophen im Umgang mit unumgänglichen Ambivalenzen der Welt. Wir werden versuchen, davon einige Proben zu geben.

Das letzte Werk des unheilbar Krebskranken, „Der Mann Moses und die monotheistische Religion" von 1938, zeigte Sigmund Freuds eigenen Ödipuskomplex, einen geistigen Mordversuch an Gottvater, um sich mit Mutter Natur(wissenschaft) zu vereinigen. Die Psychoanalyse war seine welterobernde Art, weniger am eigenen (schwachen) Vater als am Gott seiner Väter zu scheitern.

Johannes Gross sah in Sigmund Freud übrigens einen großen Humoristen für das 21. Jahrhundert. Und auch dieses Buch hier lässt sich zwanglos als eine Wissenschaftssatire lesen.

Die tiefenpsychologischen Philosophie-Analysen sind damit noch einmal alle in einem einzigen Band zusammengefaßt.

Weiterführendes vom Autor:

„Martin Heidegger − Versuch einer Psychoanalyse seines *Seyns*"
Verlag Die Blaue Eule, Essen 1993

Philosophische Überlegungen
in psychologischen Auslegungen

„Der Blick ins Innere führt nach oben."
(Aurelius Augustinus)
„Der Körper wird den Geist immer beim Denken behindern."
(René Descartes)
„Die Genitalien sind der Resonanzboden des Gehirns."
(Arthur Schopenhauer)
„Philosophie und Studium der wirklichen Welt verhalten sich
zueinander wie Onanie und Geschlechtsliebe."
(Karl Marx)
„Die verzauberte, verkehrte und auf den Kopf gestellte Welt, wo
Monsieur le Capital und Madame la Terre als soziale Charaktere,
und zugleich unmittelbar als bloße Dinge ihren Spuk treiben."
(Karl Marx)
„Grad und Art der Geschlechtlichkeit eines Menschen
reicht bis in den letzten Gipfel seines Geistes hinauf."
(Friedrich Nietzsche)
„Manche Menschen hängen wohl darum so an der Natur,
weil sie als verzogene Kinder sich vor dem Vater fürchten
und zu der Mutter ihre Zuflucht nehmen."
(Novalis)
„Des Vaters Segen bauet den Kindern Häuser,
aber der Mutter Fluch reißet sie nieder."
(Sirach 3,11)
„Sonderbar, Väter werden fast immer vergessen."
(Theodor Fontane, 1896)
„Ich habe als junger Mensch keine andere Sehnsucht gekannt
als die nach philosophischer Erkenntnis ... Therapeut bin ich
wider Willen geworden." *(Sigmund Freud)*
„Der *Eros* des Philosophen Platon zeigt in seiner Herkunft,
Leistung und Beziehung zur Geschlechtsliebe eine vollkommene
Deckung mit der Liebeskraft, der Libido der Psychoanalyse."
(Sigmund Freud)

Europäische Philosoph(i)en auf der Couch

Griechische Antike : Platon und Aristoteles

Wer den Weltlauf nach Analogie des zeugenden mütterlichen Ursprungs aller Dinge auffaßt, des Schoßes der Mutter Natur, die ihren Kindern das Leben gibt und wieder nimmt und selbst dabei unerschaffen unsterblich bleibt, hat den Versuch gewagt, das unheimlich Unbekannte zurückzuführen auf etwas Vertrautes, englisch: familiar, es also auf den Horizont trauter Familienverhältnisse zurückgeschraubt. Man hat Ordnung in die verwirrende Mannigfaltigkeit der Phänomene gebracht, sobald sie ableitbar werden aus der sozialen Ordnung, in der man lebt. Die Kategorie der Kausalität etwa wird da nur erst faßbar als Abstammungs- und Verwandtschaftsgrad, als Herkunft einer Wirkung aus dem mütterlichen Ursprung, so daß sich das Kind zur Mutter verhält wie die Wirkung zur Ursache – mit dem Vater als Nebenursache.

„Von Lydien lernten die Milesier die Prägung goldener Münzen. Milets Hafen war voll von Schiffen vieler Völker und seine Warenlager überfüllt mit Gütern aus aller Welt. Mit Geld als universalem Mittel zur Anhäufung von Werten und zur einfachen Ausübung des Warenhandels ist es verständlich, daß die milesischen Philosophen die Frage stellten, woraus alle Dinge gemacht sind." (*Bertrand Russell*: „Denker des Abendlandes", Stuttgart 1970, Seite 16).

Nach *Thales* kommt alles aus dem Wasser und geht alles ins Wasser zurück. Wasser ist Symbol weiblicher Fruchtbarkeit von altersher, seine Quintessenz ist das Fruchtwasser. Aphrodite steigt schaumgeboren aus dem Meer, Nymphen, Najaden, Nereiden, Nixen und auch Undinen sind erotische Wasserwesen. Das Wasserbad dient der rituellen Reinigung und erfleht den Fruchtbarkeitssegen. Der Mann taucht ein zur Wiedergeburt in den urmütterlichen Jungbronnen. Thales hat aus seiner Kenntnis der Gestirnverläufe einmal ein gutes Olivenjahr meteorologisch vorhergesehen, schlau alle Olivenpressen rechtzeitig billig aufgekauft und sie für viel Geld wieder vermietet, als dann die große Olivenernte tatsächlich kam. Er wollte beweisen, daß auch Philosophie praktischen Nutzen haben könnte, falls sie darauf aus wäre. Er kannte den Sinn des Geldes als universales Tauschobjekt und Äquivalenzprinzip aller Dinge. Gold läßt sich in jede Ware verwandeln und in sich zurückverwandeln aus den Dingen und bleibt doch immer das gleiche wie das Wasser der Ägäis vor seiner Tür in all seinen Zustandsänderungen bei Verdunstung, Niederschlag und Vereisung. Der Port von Milet: ein weibliches Portal; die Schiffsbäuche trugen ihre Ladungen wie Kinder, die Schiffe selbst als Kinder verließen den sicheren Port, um wieder zu ihm zurückzukehren. C.G. Jung hat auf die etymologische Assoziativkette Meer (Sumpf, stehendes Gewässer) – französ. mère (Mutter) – Maar – Nachtmahr (Vampir, weiblicher Unhold) – mors (latein.: Tod) – Moira (griechische Schicksalsgöttin) hingewiesen.

Die urethrale Nebenbedeutung des Wassers klingt an, das gelassen und abgeschlagen wird als Urinstrahl, der das Liebesfeuer löscht und das weibliche Meeresbecken füllt. Hier verbindet sich der Urin auch mit dem Uranismus der Homosexuellen.

Und in der antiken Philosophie steht die gesuchte menschliche Selbstbeherrschung, die Macht über die innere Natur, noch nicht im Dienste einer Weltbeherrschung.

„Ihr seht doch, daß Sokrates in die schönen Jünglinge verliebt ist." *(Platon)*

„Unter solcher Verfassung muß denn auch Reichtum viel gelten, besonders bei Weiberregiment, wie das meistens ... bei den kriegerischen Stämmen der Fall ist, ... und wo etwa sonst man sich offen der Knabenliebe ergibt." *(Aristoteles)*

Platon und Aristoteles

Wunsch und Anstrengung, *wie er zu werden,* setzt aber ja das Eingeständnis voraus, bis auf weiteres *nicht zu sein wie er,* setzt also die Unterwerfung des Sohnes unter das Verbot des Vaters voraus, sich mit ihm eins zu fühlen, seine Privilegien zu usurpieren, sich also schon jetzt für seinen eigenen Vater zu halten. Das ist das verwirrend Zweideutige an der platonischen Idee: sie ruft die sinnliche Erscheinung auf, sich zu ihr hochzuentwickeln, und verwehrt es ihr in ein und demselben Atemzug, sich mit ihr schon jetzt zu verwechseln. Der Idee nach ist die Erscheinung schon ihre eigene Idee, nie aber de facto. Der Sohn soll sein, was er der Idee nach ist, sein eigener Vater, und was heißt das anderes, als daß er tatsächlich hier und jetzt das eben noch nicht ist – und nach Plato so ganz auch nie werden kann, sofern er ja die Mutter eben doch am Ende nicht heiraten wird, sondern nur auf den Verzicht auf sie vorbereitet wird durch diese ganze Veranstaltung. Am Ende ist ja die Identifikation mit dem Vater (als vorgeblich einziges Mittel, sich der Mutter und der Einheit mit ihr doch noch zu versichern) wirklich das, was sie von Anfang an schien: der Versuch, das Kind von der eigenen Mutter wegzulocken in der Hoffnung, es werde auf dem Wege zum Vater sie vergessen, um deren Willen es vorerst auf sie zu verzichten gelobte. So droht im Idealismus von vornherein das Mittel zum Selbstzweck zu verkommen, zum unüberwindlichen Hindernis auf dem Weg zu einem unterwegs vergessenen Ziel. Die Identifikation mit dem Vater (als vermeintliche Etappe der Vereinigung mit der Mutter) wird zur Vereitelung dieser Vereinigung, also zur Identifikation des Kindes damit, nicht identisch mit dem Vater zu sein in dem Maße, als er sein eigener Vater erst werden soll und nicht kann, d. h. nie ist. Im Gegenteil wird die Lösung vom Primärziel, der Verzicht auf die Mutter, zum Mittel der Identifikation mit dem Vater. Das Kind kann nur werden *wie* der Vater, um die Mutter zu bekommen, wenn er auf die Mutter verzichtet, um später nicht die Mutter, sondern eine Frau *wie* die Mutter zu heiraten. Im berühmten Höhlengleichnis lockt Plato den Leser aus der mütterlichen Uterushöhle heraus ins Freie, ans Licht. Er ködert ihn mit der Versicherung, er werde im Lichte der väterlichen Idee die geliebte Mater-ie eher "erkennen" als dort unten im Bauch der Mater-ie selbst, geschmiedet an die Ketten der Mutter-Kind-Symbiose. (Platons Materie war „dechomenon": das Empfangende und Aufnehmende.)

Fortan steht der Erdensohn zwischen Mutter und Vater, Natur und Geist, Mater-ie und Formkraft, Realität und Idee. Die auf Mutter Erde gerichteten Liebesaffekte werden wie die auf Gottvater abzielenden Haßregungen als niedrig und verwerflich gebrandmarkt, die Unterwerfung unter die Diktate eines himmlischen Vaters als reiner und höher bewertet. In der Subordination der sinnlichen, auf die Mutter Natur gerichteten Strebungen unter die übersinnlichen wird die patriarchalische Subsumtion von Frau und Kind unter den Mann gefeiert: sie sind Sub-jekte, d. h. dem Vater Unterworfene. Unter dem eifersüchtigen Vater schiebt und gibt der kleine Sohn die Vereinigung mit Mutter Natur auf und wird eins mit der väterlichen Idee, will sagen mit dem Verbot, sich für den Vater zu halten, mit ihm zu verwechseln oder ihn zu beseitigen. Die Herrschaft des Menschen über die innere wie äußere Natur nimmt hier die Form der Herrschaft des Mannes über Frau und Kinder an, ein Missverständnis. Mutter Natur ist zur bloßen Mater-ie herabgewürdigt, zum passiven Mater-ial männlicher Bearbeitung und aggressiver Deformationen, während die auf sie gerichteten Liebesregungen des Erdensohnes diffamiert werden bis hin zum Zwang, sie zu verdrängen.

Agathon, das schlechthin Gute, die höchste Tugend, die Idee aller Ideen bei Plato ist die gerechte Güte und freie Mächtigkeit des von der Mutter unabhängigen, also ganz freien Vaters im Himmel, symbolisiert durch die Sonne, die alles Verborgene und Verbotene ans Tageslicht kommen läßt. Und der Sohn hat umso mehr teil am väterlichen Licht, je mehr er sich herausarbeitet aus der urmütterlichen Leibeshöhle. Die Natur und die auf sie abzielenden natürlichen Regungen des Sohnes unterliegen der „Art-Idee", dem Naturgesetz. Der Sohn ist nur die irdische Erscheinungsform, nur ein sehr schwacher Abglanz und bloßer Schatten seines göttlichen Vaters, die empirische Welt nur empfangendes Gefäß für das ideelle Feuer vom Himmel. Das Kind ahmt den Vater nach, will werden wie er und stammt von ihm und nur von ihm ab. Und sind schon die sinnlichen Phänomene, die Kinder also aus der Ehe von Gottvater und Mutter Natur, niedriger und unvollkommener als ihre Idee, so erst recht der ungestalte böse Weltstoff der Mutter Erde selbst, das finstere Chaos und archaische Nichts, der leere Weltinnenraum ihres Uterus, in den das phallische Licht (phos) erst einfallen muß, das „Aussehen" des Vaters im Himmel und seine prägnante Art, Ordnung zu schaffen. Aber die Teilhabe und Mitbestimmung des Sohnes an der phallischen Macht des Vaters über die Mutter Natur, diese Partizipation ("Methexis") erreicht niemals ihr Original, ist immer nur sehnsüchtige Annäherung an ein Ideal, die positive Kehrseite des untersagenden Verbots. Diese väterliche Idee von oben verbindet sich mit der mütterlichen Mater-ie von unten, um das sinnliche Einzelding herzustellen, den Sohn, der dem allgemeinen Gesetz unterstellt ist, dem allen Söhnen der Bruderhorde gemeinsamen Verzicht auf Frau Welt. Die „platonische Liebe" des Sohnes hat sich auf Mutter wie Vater zu richten. Bei Plato ist dem Erdensohn angesonnen, die weibliche Mater-ie zu hassen und sich homosexuell an den Vater zu binden als den, der vor der bösen Mutter Natur in uns und um uns herum schützt, aber eben auch den Sohn von der inzestuös geliebten Mutter abdrängt auf alle anderen Frauen dieser Welt.

Wir sehen, dass mit Plato eine neue Stufe der Menschheitsentwicklung ihrer selbst bewußt zu werden beginnt, normativ für die Biographien ihrer Zeit und ihrer Wirkungsgeschichte. Das Auftauchen des rivalisierenden Dritten zwingt das Menschenkind, sich allmählich vom Rockzipfel der allgewährenden Mutter Natur zu trennen, hat aber das Gute, daß der Sohn bei dem Versuch, sich aus der Umklammerung und der Fürsorge der Umweltmutter zu befreien, sich fortan auf die Hilfe eben dieses idealisierten Vaters stützen kann. Dieser Vater wird als böse erlebt, wo er dem Kind den inzestuösen Zugang zur guten Mutter verstellt; seine Güte jedoch zeigt sich darin, daß die Einigung mit ihm dem Kinde hilft, sich vom Hexenbild einer präödipal besitzergreifenden Urmutter zu lösen, die als unberechenbar und grausam erlebt wird in ihrer launischen Verteilung von Gaben und Giften, Leben und Tod, Ernten und Mißernten, Dürre und Epidemien, Kriegen und Erdbeben.

Platos Idealismus verheißt dem Kind, diesem Aspekt der Natur nicht länger hilflos ausgeliefert zu sein. Der Vater ist ein übermächtiges Gegengewicht zur grausamen Mutter Natur dadurch geworden, daß die Bruderhorde der Frühzeit ihn zur Sühne für den Mord an ihm in den Himmel gehoben hat, um zu beweisen, daß sie einen so mächtigen Vatergott unmöglich getötet haben kann. Nun schwebt der Geist Gottes über den Wassern des Thales, die Sonne ist aufgegangen über Frau Welt und über der Beziehung des Erdensohnes zu ihr. Bei Plato ist dieser Vater bereits unabhängig von der Mutter und vom Weibe überhaupt. Die Ideen thronen in einer eigenen Sphäre nicht nur außerhalb des Verfügungsbereichs der Realität, sondern weit darüber, als Naturgesetze *(C. F. v.Weizsäcker)*, denen alles Mater-ielle unterworfen ist, gleichsam als „*Paterie*".

In gewissem Sinne kommt das Ich des Sohnes vom Regen der Naturverfallenheit in die Traufe der Unterdrückung durch die eigenen Kultuideale. Das aber wird bei Plato noch nicht sehr flagrant. Erst heute, da die Macht des Menschen über die Rabenmutter-Imago der Natur viel stärker geworden ist, stören im nachhinein auch stärker die repressiven Züge des Platonismus. Uns Heutigen dämmert, daß wir die Übermacht der ersten Natur nur eingetauscht haben gegen die der zur zweiten Natur gewordenen Technik, die vor der ersten Natur nur schützt, indem sie nun selbst jene Unterwerfung für sich fordert, die einst der Mutter Natur galt. Bei Plato findet die philosophische Rekonstruktion der Trennung von Leib und Seele statt, zwischen denen das noch sehr schwache Ich steht, und mit dem genitalen Unterschied tut sich die Generationsdifferenz auf zwischen Kindern und Eltern. Wir kommen in die Zeit, in der Sophokles seine Ödipusdichtung verfertigt. Der philosophische *Eros Uranios* richtet sich auf herr-göttliche Ideen, nicht auf die Mutter Natur.

So ist schon bei Plato der Idealismus, eine der großen paradigmatischen Möglichkeiten des Philosophierens, zutiefst zweideutig: Die Idee, wie der eigene Vater zu werden, verheißt dem Sohn Unabhängigkeit von der archaischen Übermacht der Mutter und droht ihm gleichzeitig den Entzug seiner Mutter als Liebesobjekt an. Erkenntnis eines Dinges ist nach Plato Erkenntnis seiner reinen, von der Vermischung mit Mater-iellem gesäuberten Idee, „Anamnesis" : Wiedererinnerung an das, was das Ding war vor seinem Sündenfall, sich dem weiblichen Rohstoff der Welt zu verbinden. Diese Anamnese der Idee wird erklärt als Wiedererinnerung an die

Zeit vor der Geburt. Die Idee des Sohnes ist dann das, was er vor seiner Geburt war, vor der Kopulation des Vaters mit der Mutter, also die Idee des Vaters selbst, das „im Schönen zu zeugen", was ihm gleicht, aber eben nun im Weltstoff ganz realisiert. Der Sohn soll das wieder werden, was er vor seiner Herkunft aus dem Mutterleib war: reine Idee des Mannes von sich selbst, der zwar mit der Frau sich vereinen muß, um sich als Mann hervorzubringen, aber das Medium der Selbsterzeugung immer wieder von sich abstreifen muß, um die Männlichkeit in ihrer ideellen Reinheit aufleuchten zu lassen. So wird der Idealismus zur Philosophie männlicher Homoerotik, der glorifizierten Maskulinität. Dieser Vater bedient sich der Mutter nur, um sich, also um Männer hervorzubringen, denen die Herkunft aus dem Mutterleib und die Verbindung zum Weiblichen wie ein zu tilgender Makel anhaftet. Zur Zeit Platos ist die Gesellschaft noch so sehr verstrickt in die frühe Auseinandersetzung mit der Natur, daß der Schutz, den die Idee des Vaters vor der Rabenmutter-Imago einer unwirtlichen Natur verspricht, wichtiger ist als die in Kauf zu nehmende Aufgabe der geliebten Mutter durch Gehorsam gegen den verhaßten und zugleich bewunderten Vater.

Platonschüler *Aristoteles* richtet seinen Forschungsdrang auf Frau Welt, nicht mehr auf die Männlichkeit des Vaters wie Plato. Das Wesen der Welt thront nicht länger in erhabener Majestät über der Welt, sondern steckt in ihr wie der Penis des Vaters in der Vagina der Mutter und wie das Kind im Uterus. Jedes der auf ihr allgemeines Wesen hin zu befragenden innerweltlichen Einzeldinge stellt eine Verbindung dar von prägender Form mit dem „zugrundeliegenden" weiblichen Mater-ial. Der allgemeingültige, *eine* Geist realisiert sich durch Verschmelzung mit dem rohen, ungestalten Naturrohstoff zur Vielfalt einzelner Nachkommen. Die *Dynamis*, das bloß weiblich Mögliche, wird hier durch die *Energeia*, energische Manneskraft, das eigentlich bewirkende Wirkliche, in jedem „Akt" herausaktualisiert. Jedes Geschöpf ist Realisierung einer Potenz: Syn-thesis (lateinisch : co-itus) von Stoff und Form, von Mutter Natur und Gottvater. Philosophiegeschichtlich wird Aristoteles verbucht als Synthese zwischen Plato und den vorsokratischen *Materialisten*, da ihn primär das sinnliche Einzelding interessiert, das Individuum aber als Er-zeugnis gefaßt wird, somit als Produkt einer Vereinigung von Idee und Stoff, von Form und Mater-ie, als kon- kret, d. h. zusammengewachsen aus männlichem und weiblichem Weltprinzip. Dabei ist der Frau die Rolle der causa materialis zugedacht, der Mann spielt den Part der causa formalis, genauer, das Ziel, das er sich in den Kopf gesetzt hat, seine Idee, während Koit und Kind die causa finalis sind und der aktive Phallus des Mannes die causa efficiens. Aristoteles interessiert sich für die Weltprinzipien erst dort, wo sie kon-kret geworden sind, also sich vereinigen, um reale Kinder zu zeugen. Geist und Natur sind erst da ganz Idee und Materie, wo sie ineinander aufgehen: im einzelnen Kind, das sie in die Welt setzen. Die Idee ist im Reinzustand nicht zu haben, nur als Wesenheit, als väterliche Form eines Kindes, und die Frau ist erst da ganz Frau, wo sie Mutter ist: in ihrem Kind, in der Synthesis mit dem männlichen Prinzip(al). So wird auch hier die ganze Welt nach dem Bilde des trauten Familienlebens erklärt, als Reich geborener Kinder, als Früchte der Liebe von Frau Welt und Herrgott. Die Dinge sind Geschöpfe, Kinder, geformte Stoffe, und nur sie sind real; nur in ihren Söhnen sind Vater und Mutter real, d.h. wirklich das, was sie „im Grunde" sind. Statt diese Mutter Natur inzestuös zu "erkennen", will Weltkind Aristoteles erkennen, was Vater und Mutter im Innersten zusammenhält, woraus also ihr Sohn besteht und woher er kommt. Die philosophische Frage nach dem Ursprung der Welt ist die philosophische Rekonstruktion der vorphilosophischen Frage nach der Herkunft der Kinder. Die Forschungsbegierde, der berühmte weltliche Erkenntnisdrang des modernen Aristoteles von Stagira hat ihren Ursprung in der sexuellen Neugierde des Kindes auf die Urszene der Vereinigung seiner Eltern, der reinen Kopulation von platonischer Idee im Kopf des Mannes mit weiblicher Mater-ie, eine Kopulation, die in der Copula des Urteils ihre logische Entsprechung findet. Das Verhältnis von Subjekt und Prädikat im Urteil bildet die Art und Weise ab, wie Frau und Kind dem Manne untertan sind, wie Mann und Frau im Kind vereint sind. Das Kind ist paternale Substanz seiner maternalen Akzidenzen, Träger notwendiger und kontingenter Merkmale. Was am Sohn notwendig ist für das, was es seinem Wesen nach ist, ist vom Vater; das Zufällige, das so oder so ist und gut auch nicht oder anders sein könnte, ohne am Wesen des Einzelnen etwas zu ändern, stammt von Muttern. Der eine Vater ist allgemeiner, allen gemeinsamer Urheber seiner Kinder, und jeder Sohn ist ein Sohn kraft seiner Abstammung vom Vater, vom selben Vater. Die Kinder sind Brüder als Söhne ein und desselben Vaters. Sie gleichen einander darin, daß sie den gleichen Vater haben, und sie stimmen mit ihm und also miteinander überein im Besitz eines Penis. Sie kommen darin überein, Abkömmlinge des gleichen Prinzips, also Prinzipals zu sein. Im Lichte dieses väterlichen Phallus ist auch der Sohn eine wenngleich verkleinerte Ausgabe des Vaters – kraft seines Penis. Aber das Ideal des Sohnes, der Vater, ist auch sein Gewissen, d.h. der Entschluß, sein eigener Vater zu *werden,* impliziert die Anerkennung des Sohnes, noch nicht sein eigener Vater zu *sein.* Wie der Vater werden heißt, ein Gewissen und nicht etwa nur ein Wissen auszubilden, das den Sohn gerade daran hindert zu meinen, er sei sein eigener Vater. Die ideelle Natur der Natur thront nicht mehr über dem Natürlichen, sondern der Vater ist dem Sohn über, aber (anders als bei Plato) *im* Sohn selbst. Bei Aristoteles ist der Vater *im* Sohn *über* dem Sohn: in der Form des Gewissens. Und der Vater ist *in* der Mutter *über* ihr. Es ist missverständlich, schon beim Platonismus von Moral zu sprechen: Die "Idee" ist zwar die Vorstellung im Kopfe des Vaters, aber eben noch nicht als Stimme des Gewissens im Sohn, sondern als Ukas von oben. Eben darin liegt der „Fortschritt" des Aristoteles über Plato hinaus, daß die Strafpredigt und der Verbotskatalog des Vaters im Erdensohn internalisiert sind. Was bei Plato noch der Vater von oben, vom Himmel herab donnert, das sagt er bei Aristoteles als "universale in re singulare": der Vater im Sohn: das Gewissen als Wahrheit über die verworfene Sehnsucht zurück in die Mutter Natur. Der Kampf zwischen Mater-ie und Form, das Verhältnis von Vater und Mutter und Kind, ist in das Kind hineinverlegt. Die Kluft zwischen Erscheinung und Idee, der „Chorismos" zwischen Sohn und Vater, wird zum Kampf zwischen Ich und Über-Ich des Sohnes, und der noch tiefere Graben zwischen Form und Mater-ie selbst ist ins Individuum installiert als Abstand von Über-Ich und Es im Ich des Kindes. Die Unterwerfung unter die Gebote des Vaters antwortet aber dann auch nicht mehr einem Zwang von außen, sondern der Sohn darf glauben, seinen eigensten Neigungen zu folgen, wo er von der Mutter abläßt, um erst einmal so *wie* der idealisierte Vater zu werden, ohne ihn selbst so zu verdrängen wie den Todeswunsch gegen ihn.

Er folgt keinem externen Vorbild und gehorcht keinem fremden Willen, wenn er sich seinem eigenen Gewissen fügt und das ureigenste Ideal zu realisieren sucht. So tritt der Gehorsam gegen den Vater und die imitatio Dei auf in der Maske der Selbstverwirklichung, als immanente Zielstrebigkeit des Sohnes, als das, was Aristoteles die „Entelechie" nannte, nach der jede Einzel-Ousia darauf aus sei, die in ihm angelegte Natur zu entfalten, das ihm wesenhaft eigene Ziel zu erreichen, seine Bestimmung aus sich heraus zu erfüllen. Und da die Donnerstimme des Vaters hier sich hüllt in die innere „Stimme des Gewissens", darf das Individuum dort, wo es in Wirklichkeit eher other-directed ist, wähnen, es tummele sich in der eigensten Autonomie. So sehr Aristoteles den Vater dort nun aufsucht, wo er als Gewissen des Kindes spricht, hat er ihn aber auch recht liebevoll ausgemalt in seiner ganzen Herrlichkeit hoch droben, in seiner vollen Freiheit von Mutter Natur, im Himmel des reinen Denkens. Das Ideal des Sohnes, (wie) sein eigener Vater zu werden, wird nach Aristoteles am ehesten erreicht durch ein theoretisches Leben, durch weltflüchtige „Dianoia", unbeirrt durch sinnliche Versuchungen und alle Affektstürme. Der Vater, das ist vor allem der Herr über sich selbst, über das große Ganze der Mutter Natur, aus der alles kommt. Der *unbewegte Beweger*, das nur „an sich selbst denkende Denken", bewegt die Dinge so, „wie man bewegt wird durch das, was man liebt". Der Sohn liebt den Vater und bewegt sich auf ihn hin, seine Entelechie weist ihn auf den Vater, der selbst nur sich liebt und selbstgenügsam in den Wolken wohnt, absolute Substanz, die kein anderes Seiendes braucht, um zu sein, was sie ist. Das göttergleiche Leben besteht zwar nicht darin, wie der Himmelsvater die geliebte Frau Welt zu "erkennen", aber wenigstens darf der Erdensohn sie im Lichte des Vaters ansehen, das Sinnliche vom Übersinnlichen her. Kurz : Aristoteles hilft dem Sohn, seinen Ödipuskomplex aufzulassen, um sich eine postödipale Perspektive und Existenz aufzubauen.

Hellenistisches Philosophieren

Das olympische Pantheon anthropomorpher Vatergötter wurde bekämpft von den Pythagoreern der ägäischen Inseln, die auf archaische mutterrechtliche Traditionen zurückgriffen und gegen die praktischen Ionier die kontemplative *theoria* kultivierten, die voyeuristische Schaulust an den Muttergottheiten. Diese Nachfahren alter kretischer Gynäkokratien waren voll von sublimierter sexueller Forschungsneugier „um ihrer selbst willen" (Herodot), nicht um etwas praktisch genital damit zu erreichen, ohne auch die verehrten Muttergottheiten vergewaltigen und die Mutter Natur durch rationale aggressive Bearbeitung ausnutzen zu wollen.

Pythagoras von Samos ließ den Einfluß der orphisch-demetrischen Mysterienkulte wiederaufleben. Die affektreinigende Musik und Poesie, beide unter der Lyra vereinigt, waren Bannformeln gegen die paranoid verfolgende Macht der archaisch *phallischen Mutter-Imago* der Natur, also Abwehrtechniken gegen die auf die omnipotente Urmutter projizierte Aggressivität des rachsüchtig der Mutterbrust Entwöhnten. Die Musik war dazu umso eher geeignet, als die Pythagoreer erkannten, wie sehr den musikalischen Harmonien strenge mathematische Zahlenverhältnisse zugrunde liegen. Die partielle Identifikation mit der klaren homoerotischen Strenge und Reinheit mathematischer Formen erlaubte die Befreiung von der symbiotisch klammernden Urmutterimago. Die mathematische "Erkenntnis" der Frau Welt war ursprünglich Geo-Metrie, Vermessung ihrer Grenzen und Kurven. Was bei Plato, der den Pythagoreismus für seine homophil(osophisch)en Intentionen zu Ende dachte, mathematische Beherrschung der Mutter Natur wurde, blieb bei Pythagoras in der Schwebe zwischen infantiler Mutterbindung und männlicher Ablösung aus der Urdyade. Die sensitive Inspiration durch Mutterimagines findet in der mathematischen Regelhaftigkeit dieser koenästhetischen musikalischen Empathien ihr Gegengewicht, das Orphische am Apollinischen Halt. Der delphisch-delische Apoll als paternaler Lichtgott domi-

23

niert das tellurisch Demetrische nie bis zur rationalen Kontrolle und aggressiven Unterwerfung, tötet aber die archaisch grausame Mutterimago der Riesenschlange Python, die das kleine Menschenkind zu erwürgen droht in ihren Umarmungen. Pythagoras versucht, die Urmutter zu verehren, ohne von ihr zermalmt zu werden, ohne sie also zermalmen zu müssen. In der Mitte zwischen Symbiose und Separationsindividuation hält er ein schwebendes Gleichgewicht, genießt die sensitiv-inspiratorischen Sensationen der Mutternähe, ohne ihrer gefräßigen Hexenimago zu erliegen, und goutiert die sublimen mathematischen Distanzierungen vom urmütterlichen Sumpf, ohne der rigiden Kälte der olympischen Vatergötter zu nahe zu kommen. Zum Dank für die Entdeckung des pythagoreischen Lehrsatzes opferte er der Gottmutter Demeter einen Stier aus Weizenmehl, also ein Phallussymbol aus den Früchten der Erdmutter. Die pythagoreischen Frauen genießen hohe Achtung: Theano, die lesbische Sappho, Diotima, Berenike. Das pelasgische Mutterprinzip findet seinen Ausdruck auch in dem Kult, den Pythagoras der demeterähnlichen Göttermutter Hera weiht.

Weibliche Heroen werden geehrt, im Totenkult wird auch das Schwester- und Tochterverhältnis ausgezeichnet, Orpheus als Mann gefeiert, der die Frauen nicht verachtet und unterdrückt, sondern musikalisch sensitiv von ihnen inspiriert ist, aber sie nicht wirklich als Mann wählt, bis sie ihn dafür mänadisch zerreißen. Das orphisch Apollinische wird nie bis zur Maskulinität des Dionysos gesteigert, aber der Zahlenidealismus verrät genug Angst vor den Muttergottheiten, die musikalisch-mathematisch und kontraparanoid in Schach gehalten werden. Zahlen sind wörtlich Abschnitte, da Zahl vom indogermanischen -*del = spalten, kerben, schneiden, trennen kommt. Zahlen sind Einschnitte in das zähe Band, das Mutter und Kind eng aneinander bindet, Abnabelungsversuche durch Setzen von Grenzsteinen, von Anfangs- und Endpunkten.

"Nicht aus den Erscheinungen des ionisch-attischen Lebens, sondern nur aus denen der pelasgischen Welt erklärt sich die eigentümlich milde Größe der pythagoreischen Frauen, die neben der Knechtschaft der Athenerin und dem glänzenden Hetärentum der ionischen Stämme in altertümlicher Unbegreiflichkeit dastanden." (J. J. Bachofen : „Das Mutterrecht", Frankfurt/M. 1975, S. 413) Bei Plato und besonders bei den aristotelischen Peripatetikern ist die Frau als minderwertiges Geschöpf verachtet und unterdrückt, vielleicht aus Angst vor der Wiederauferstehung ihrer archaischen Allmacht als *phallische Mutterimago*.

(Auch die Spartaner Lykurgs scheinen ihre homosexuelle Virilität gepflegt zu haben in Identifikation mit dieser phallischen Urmutter, eine andere Art, ihrer Omnipotenz nicht als Opfer zu erliegen.) Die Mutter-Imago des Pythagoras verwehrt nicht die Entwicklung des Sohnes aus der Ursymbiose-mit-ihr zu einer orphisch-apollinischen Männlichkeit, von der sie sich weniger vergewaltigt als erlöst und höherentwickelt fühlt, eher ausgedeutet als geschändet. "Denn dieser Fortschritt von unten nach oben, von links nach rechts, vom Dunkel zum Licht, vom weiblichen zum männlichen Prinzip, von *hyle* (Stoff) zu *eidos* (Form) als dem „stärkeren Teil" ist mit dem ganz auf stofflich-mütterlicher Grundlage ruhenden Pythagorismus aufs innigste verwoben …" (Bachofen, a.a.O., S. 411) Pythagoras erreicht seine homophil(sophisch)e Männlichkeit über Orpheus, der „sie aber mehr nach Mondnatur ahnen läßt als sonnenartig klar erkennt").

Der Mond ist Mutter Erde, die aber das Licht der väterlichen Sonne reflektiert :
„In dieser kosmischen Mittelstufe hat die pythagoreische Weisheit und das ihr eigentümliche mathematische Wissen ihre uranische Heimat, so daß sie auch hierin mit der pelasgisch-aeolischen Geisteswelt weiblicher Anlage gleichartig sich verbindet. Als *himmlische Erde* kehrt Demeter am Himmel wieder, wie denn die mütterliche Doppelexistenz als Erde und Mond, als chthonische und uranische Hyle, sowie die ganze Lehre von der Mittelstellung der lunarischen Sphäre zwischen der des Werdens und jener des Seins, der des stets bewegten und jener des unveränderlichen Lebens, eine Grundanschauung der Orphik."
(Bachofen, a.a.O., Seite 411 f).

In den Lehrbüchern der abendländischen Philosophiegeschichte steht gewöhnlich, daß der Streit zwischen Parmenides und Heraklit um Sein und Werden, Einheit und Vielheit schließlich auf zwei verschiedene Weisen bei den Griechen entschieden wurde: platonistisch und atomistisch, idealistisch und *mater*ialistisch, mit Priorität der väterlichen oder mütterlichen Imago.

Den Strang, der über Plato und Aristoteles idealistisch gesiegt hat, haben wir verfolgt. Wenden wir uns kurz der mater-ialistisehen Lösung der Dialektik von Symbiose und Individuation in Mutter-Kind-Beziehungen zu, soweit sie nicht durch den Auftritt eines idealen Vaterbildes aufgebrochen wird.

Schon **Empedokles** von Agrigent zerlegte die parmenide-ische Seinskugel dieser Mutter-Kind-Einheit in mehrere Personen, um dem Reichtum der faktischen Familienverhältnisse gerecht zu werden. Die Eigenschaften trocken und naß, heiß und kalt, werden auf die vier Hauptfamilienmitglieder Vater, Mutter, Sohn und Tochter verteilt, bzw. auf Mann und Frau und deren Eltern. Wir erinnern uns an Freuds Bemerkung, er habe sich angewöhnt, bei jeder Analyse einer Person immer vier Menschen im Gesichtsfeld zu behalten. Empedokles zergliedert die elementaren Kräfte in vier vor-atomistische Ur-Elemente, die in einen Familienverband inte-griert werden. Es gibt da zwei weibliche und zwei männliche Ele-mente in der kosmischen Familie : Feuer (Sohn), Luft (Vater), Erde (Mutter) und Wasser (Tochter) z.B. Diese vier Personen sind durch *philia* und *neikos*, durch Liebe miteinander verbunden und durch Haß voneinander getrennt. Die guten und die bösen Regungen regulieren den Familienzusammenhalt durch den Ödipuskomplex der Ur-Elemente hindurch. Wenn der Sohn Mutter Erde feurig liebt, haßt er Vater Äther, der seinerseits die Gäa als Himmel (be)deckt. Die Wassertöchter wollen vom Vater Äther geliebt sein und hassen Mutter Erde. Die Geschwister sind wie Feuer und Was-ser zueinander. Die Phantasie kann diese spekulative Kombinatorik beliebig weit treiben. E. warf sich in den Feuerschoß des Vulkans Ätna. **Melissos** von Samos bereitet den Atomismus vor, wenn er ahnt, daß keine Bewegung und Entwicklung möglich ist, sofern nicht die Existenz eines leeren Raumes, ein Riß in der kompakten parmenideischen Mutter-Kind-Ureinheit eingeräumt wird.

Bei **Leukipppos** und **Demokritos** gibt es dann so viele un-teilbare (in-dividuelle), unveränderbare und strikt getrennte Seins-kugeln à la Parmenides, wie es Individuen im sozialen Verbund gibt. Diese solipsistisch voneinander unabhängigen Ureinheiten jeder Assoziation bringen durch die Art ihrer gegenseitigen Verknüpfung im leeren Bezugsraum der Separation alle zusammengesetzten sozialen Gebilde hervor. Keines der Atome hat ein seelisches Innenleben, aber die Seele besteht aus atomaren Instanzen, aus Repräsentanten der atomaren Individuen draußen. Auch bei Freud ist das psychisch Subjektive ja in objektive Partialtriebe und Elementarinstanzen zerlegbar (Ich, Es, Überich), es ist verinnerlichte soziale Umwelt. Der oberflächliche Augenschein zeigt als glatte trügerische Einheit, was dem analytischen Blick als Knäuel unbewußter Teil-Elemente sich darbietet. Die Fassade der ihrer selbst bewußten Persönlichkeit verbirgt eine höchst komplexe Unterwelt ichfremder Bestandteile. "Nur in der Meinung besteht das Süße, Bittere, Warme, Kalte, Farbige; in Wahrheit besteht nichts als die Atome und der leere Raum." "Kein Vorgang geschieht zufällig, sondern alles aus einer Ursache und nach Notwendigkeit." (Diese *Ananke* ist ursprünglich eine uralte Muttergottheit).

In ihrer Bewegung haben die atomistischen Individuen keine Freiheitsgrade des Abweichens vom freien Fall durch den leeren Raum der innermütterlichen Leibeshöhle, durch den uterinen Weltraum. Die sozialen Atome bewegen sich streng mechanisch determiniert; sie gehorchen der archaischen Allmacht der uralten Urgroßmutter *Ananke*. So sehr das Qualitative auch aufgelöst ist in Quantität, die Atome gehorchen eher amazonischen als matriarchalischen Gesetzen. Die Vatergötter sind eliminiert und entbehrlich in diesem Universum, in dem die Menschenkinder als Höhere Töchter auch ihre Mutterbilder recht homophil(osophisch) verabschieden.

Bei *Epikur*, der auf Demokrits Lehre von der vaterfreien Vergesellschaftung der Sozialatome fußt, haben die Erdensöhne immerhin schon den freien Willen, vom urmütterlichen Kurs abzuweichen, indem sie sich aus dem Fall in den Mutterschoß herausdrehen "und einen eigenen Wirbel veranstalten können." Die heraklitische Vergänglichkeit trifft nur die sozialen Komplexe und Beziehungen, nicht den unzerstörbaren Persönlichkeitskern jedes Sozialatoms. Parmenides befand : Das Sein ist, und das Nichts ist nicht. Aber gerade weil dort, wo das Sein nicht ist, eben die Mutter nicht ist, können die Kinder sich dort frei von ihr tummeln, in relativem Abstand von ihr (oder in ihrem leeren uterinen Innenraum, sofern das Nichts als im Herzen des Seins gedacht wird und das *materi*elle Sein aus uterinem Nichts besteht). Das Nichts zwischen Mutter und Kind ist die Freiheit des Kindes von ihr zu neuen sozialen Korporationen. Die Atome nun stammen aus der *materi*ellen parmenideischen Seinskugel; die unendliche Urmutter löst sich bei Demokrit in die Mater-ialität ihrer Kinder auf. Die Seele ist selbst ein Makrokosmos aus atomaren Bestandteilen, in die sie analytisch zergliederbar ist, und sie ist ein atomarer Mikrokosmos in sozialen Komplexen.

Zenons verzweifelte Versuche, die Bewegung, Vielheit und Vergänglichkeit aus der Mutter-Kind-Einheit des parmenideischen Ur-Seins fernzuhalten, erweisen sich als unhaltbar. Zeno hat ein letztes Mal versucht, den leeren Raum zwischen Mutter und Kind zu leugnen, die Quelle des Werdens und der Aufsplitterung. Das Paradox vom ruhenden Pfeil etwa wollte beweisen, daß das Kind nicht vom Fleck kommen kann, sollte es bemüht sein, aus der Unendlichkeit des mütterlichen Seins herauszutreten. Gäbe es einen leeren Raum, so müßte er unendlich teilbar sein, d.h. der Pfeil, der ihn durchfliegen wollte, müßte unendlich viele punktuelle Stationen passieren. Und da zwischen zwei einander noch so nahen Orten des Raumes wiederum potenziell unendlich viele Orte liegen, könne der Pfeil, weit davon entfernt, den ganzen Raum zu durchmessen, nicht einmal von der Stelle kommen, sondern bleibe im Sein stecken (wie das Kind in der Mutter, wie wir deuten.)

Bei **Protagoras** ist der Sohn endlich das *Maß aller Dinge*. Er ist Herr über die Elternbilder der Umwelt, alles hat sich vor ihm in seiner Geltung auszuweisen. *Alles ist wahr*, wenn er es so will, das Bewußtsein des Ich dominiert das unbewußte Sein. Mutter Natur und die Vatergötter haben keine Macht über ihn, das Ich ist letzte Appellationsinstanz. *Gorgias* ist sein Gegenspieler : *Alles ist falsch*. Wenn es Wahres gäbe, wäre es unerkennbar. Wenn es erkennbar wäre, wäre es nicht mitteilbar. Das Ich täuscht sich über seine Macht, es rationalisiert nur seine Ohnmacht. Neurotisch verzerrt ist das Allgemeingültige, so daß es zu keinem Verbindlichen kommt. Jedes Ich ist nach Gorgias gefangen in seiner neurotischen oder psychotischen Wahnwelt ohne Kommunizierbarkeit.

Epikur sucht als Hedonist, sein Antipode Zeno als Stoiker dem ausgehenden Griechentum gerecht zu werden. Erkenntnis der Welt interessiert nur noch als Mittel zur Praxis richtigen Lebens, wo die Fundamente allgemeingültiger und übergreifender Weltbilder bröckeln. Beginnen wir mit dem sanften, unsicher müden Epikur : "Lebe im Verborgenen!" Verbirg dich vor Vater Staat und den Landesvätern. Der Philosoph empfiehlt den privatistischen Rückzug auf ungestörten Genuß : "Man muß sich aus dem Gefängnis der Geschäfte und der Politik befreien." (Neg-otium)

Alles wird abgewiesen, was dem inneren Frieden schadet, was die Seelenruhe stören könnte. Epikur baut einen philosophischen Reizschutz um sich auf, schirmt sich gegen Stimuli ab, die das sorgsam behütete Gleichgewicht bedrohen könnten, scheut konfliktuöse Spannungen. Er bekämpft nicht mehr politisch die Ungerechtigkeit der Herrschenden, die sich ihren Egoismus von Sophisten idealistisch verbrämen lassen. Aber es sind keine bacchantischen Saturnalien und Orgien, die die Epikureer in den letzten Zitadellen des untergehenden hellenistischen Imperiums feiern, es sind keine "Wüstlinge" (Epiktet), wie ihre stoischen Gegner verbreiten lassen. Zwar : "Die Lust ist Ursprung und Ziel des glücklichen Lebens." Aber Glück, das ist schon ganz wie später bei Schopenhauer nur als vermiedenes Unglück genossen, als Idylle im stillen Winkel, mit Philosophie als Sedativ gegen aufschießende Begierden und Ängste, als Ausschaltung aller Streßfaktoren.

Geistige Genüsse sind freier, weil ihre Gegenstände nicht so überwältigend sind wie die nach Abfuhr verlangenden eigenleiblichen Unlustspannungen. Epikurs Lüste sind sublimierte Liebe: Gespräche, Musik kontra Paranoia, Kunstgenuß, Philosophie, alles, was den "Wirbelsturm der Seele" besänftigt. Bei leiblichsinnlichen Genüssen wird eher vorsichtig auf Enthaltsamkeit und genügsame Mäßigkeit gesehen : "Der Liebesgenuß bringt keinen Nutzen; man kann sogar froh sein, wenn er nicht schadet." Es ist nicht überliefert, ob damit die Gefahr emotionaler Verwicklung oder vegetativer Dystonie gemeint ist oder Angst vor welchen Folgen auch immer. Sinnlichkeit wird eher gefürchtet als entfesselt, das Ziel ist die Bändigung und Beschwichtigung der überflutenden Wünsche, welche sozial nicht länger gebunden und integriert sind durch allgemeinverbindliche Interpretationsmuster und auch Hand-

lungsnormen. Der Epikureismus ist der Versuch, Unruhe und Un-
ordnung zu vermeiden, nicht zu stimulieren oder gar auszunutzen
zur Libertinage. Lust ist Aufruhr gegens organisierte Kollektiv des
spätantiken Hellenismus, dionysisch dämonisch, weil nicht mehr
apollinisch gebunden, wie später Nietzsche empfand, den allerdings an der Klassik mehr die sokratische Übertreibung störte.
Eine Philosophie ist gut, wenn durch sie "aller Aufruhr aus unserer
Seele schwindet."

„Leer ist die Rede eines Philosophen, die nicht irgendeine
Leidenschaft heilt, die nicht die Leidenschaften aus der Seele ver-
treibt." Passionen und Affekte sind pathologisch, Philosophie ist
Medizin, ein Tranquilizer und Quietiv. Epikur will nur die "Wind-
stille", die "Meeresstille", die "Unerschütterlichkeit" ("apatheia")
des Geistes erreichen, und die Anmaßung der Vaterrolle fürchtet er
im politischen Widerstand gegen die Herrschenden ebenso wie in
den narzißtischen Versuchungen zu Ehre, Reichtum, Macht und
Einfluß, deren er nicht Herr wird, indem er ihnen nachgibt, sondern
widersteht. Vernunft und Verstand werden goutiert nur, soweit sie
zu reuelosem Genuß verhelfen, der nicht das Gewissen provoziert
und doch nicht auf alle maßvollen Ansprüche verzichtet.

Diese Vernunft soll eigentlich bloß abwägen, welche Genüsse den rationellsten Kompromiß zwischen Lust, Gewissen und
Realität versprechen, es ist die Stimme des Ich. Das Ich rationalisiert die Balance zwischen den einander widerstreitenden seelischen Instanzen als Vernunft und Geist. Keine Lust mit dem Kopf
durch die Wand : "Man kann nicht lustvoll leben, ohne zugleich
vernünftig zu leben, und umgekehrt nicht vernünftig, ohne lustvoll
zu leben." Epikur und die Seinen vergreifen sich nicht an Konven-
tionen und Tabus, weil die Vergeltungsschläge der Realität und des
Gewissens die aus der Verletzung dieser Tabus erwachsende Lust
nur in ihr Gegenteil verwandeln. „Die schönste Frucht der Enthaltsamkeit ist die Freiheit" der Bedürfnislosen. Freiheit von der
Kastrationsdrohung des Vaters, von der archaisch erdrückenden
Allmacht der Mutter Natur und der eigenen leiblichen Impuls-
zwänge. Dabei ist die erotische Selbstgenügsamkeit (autarkeia)
nicht nur onanistisch zu verstehen, sondern sublimiert homosexuell
gefärbt : „Die Freundschaft umtanzt den Erdkreis." Als Waffe gegen die alten Ängste vor Mutter Natur und den Schicksalsgöttern

im Himmel dient der Atomismus von Leukippos und Demokritos, deren Weltbild keinen Platz mehr für Elternfiguren hat, weil es mit der Anthropomorphisierung eines animistischen Alls aufräumt. Die unheimlichen Paradoxien von Sein und Werden, von Einheit und Vielheit, von Ewigkeit und Vergänglichkeit sind hier aufgelöst, ohne mythisch an Familienkonstellationen gebunden zu sein, die ins Kosmische und Ontologische projiziert sind. Dem Augenschein gehören Entstehen und Vergehen der Individuen, Mannigfaltigkeit und sinnlicher Glanz, während in Wirklichkeit nur die unvergänglichen Einheiten und das starre Sein der *atomoi* durch ihr „Klinamen" makroskopisch diesen täuschend beängstigenden Schein erwecken, der vor dem Auge des Geistes sich heiter auflöst wie die Komplexe in ihre Elemente.

Die Eltern werden nicht geleugnet, aber in die "Zwischenräume zwischen den Welten" verbannt, ins kosmische Exil, von wo aus sie nicht mehr in die irdischen Interessen der Menschenkinder störend eingreifen können. Dort im Ghetto des kosmischen Altersheims mangelt es ihnen an nichts, wenn sie die Erdenkinder nur in Frieden lassen. Gottvater kann da schwelgen im unangefochtenen Besitz der Mutter Natur – hinter den Sternen. "Die Lebensform der Götter ist ein Leben, wie glückseliger und reicher an Gütern nicht gedacht werden kann." So stören die Generationen nicht ihre Kreise und bleiben unter sich, so daß es zu keinem Generationskonflikt kommen kann. Der Geschwisterhorde bleiben die homo-erotischen Bindungen (aus gemeinsamen Verzicht auf die Elternteile) und die Gratifikationen für den Inzestverzicht : Geborgenheit unterm Rock der Mutter Erde. Was dem endgültigen Welt-Quietismus noch im Wege steht, ist die unselige Todesangst, diese Vergeltungsangst vor den eigenen Todeswünschen gegen die drohenden Eltern, diese Angst vor ihrer Rache von jenseits des Grabes. Epikur macht sie sophistisch gegenstandslos : „Wenn wir sind, ist der Tod nicht, und wenn der Tod ist, sind wir nicht." "Die Erkenntnis, daß der Tod ein Nichts ist, macht uns das vergängliche Leben erst köstlich."

Nach dem Tode ist kein Jüngstes Gericht mit Götterstrafen zu fürchten, da wir uns restlos in Atome aufgelöst haben werden, die moralisch nicht mehr zu belangen sind. Man sieht, Epikur macht sich aus dem Staub, indem er sich in den Staub macht. Überall will seine Lehre der Lebensangst zuvorkommen, indem sie die sozialen Diktate unterläuft. Der Ödipuskomplex wird nicht durchgearbeitet und "aufgelassen", sondern schlichtweg umgangen. Wer keine sexuellen Rechte auf die Mutter anmeldet, hat auch keine moralischen Pflichten gegen den Vater, da hat der Kaiser sein Recht verloren. Epikur bescheidet sich, um den Verfolger abzuschütteln, mit allem außer der mütterlichen Scheide. Nur ein biedermeierliches Winkelglück als Ohnemichel im Garten Eden der verewigten Kindheit?

Auch der überschüchterne, sittsam zartbesaitete Stoiker **Zeno** unterwirft sich wie Epikur dem väterlichen Gesetz. Zudem verschmäht er zusammen mit der Mutter Natur auch stolz all die mater-iellen Abschlagszahlungen, von denen die Epikureer leben, die weiche Mütterlichkeit der Natur (hat man einmal die Seite abgezogen, die dem Vater vorbehalten ist). In der (phallischen) Säulenhalle der „Stoa poikile" sucht er die "Kunst der Lebensführung" in der Übereinstimmung der auf sich gestellten Persönlichkeit, wo Polis und Kosmos wanken, mit Mutter Natur. Aber diese Übereinstimmung ist keine genitale Vereinigung, aber auch keine effeminierende Identifikation. "Zu keinem Zwecke ist es nötig, Naturerkenntnis zu betreiben, als zur Scheidung des Guten und Schlechten." Und diese Scheidung läuft mitten durch die Scheide der zu erkennenden Mutter Natur, zwischen Vagina und Uterus. In Übereinstimmung mit der Natur leben, heißt für die Stoiker, im Einklang mit dem Willen des väterlichen Penis zu sein, der im Schoß der Großen Urmutter steckt. Gottes Phall bewegt sich als feurige Weltvernunft in den Tiefen der Mutter Erde, als Drache vor ihrem Eingang, als Messer in ihrer Scheide für den rivalisierenden Sohn. Er ist "der Schöpfer der Welt und Vater von allem." "Die ganze Erde und der ganze Himmel sind das Sein Gottes." Er ist „selbst in den Abwässern (: Menses, Urin, Pollutionen), den Spulwürmern und den Verbrechern."

Da "die Vernunft jeden Teil der Welt durchdringt", penetriert, ist Frau Welt vom Geist des Vaters völlig beherrscht, "vernünftig und beseelt und verständig" wie er, "göttlich" kraft des göttlichen Phallus in ihr. "Der Mensch ist durch seine Vernunft mit Gott verwandt", also durch sein Gewissen und penetrantes Ideal. Das Gewissen des Sohnes ist Vater, sein Ständer als Weltverstand in der Brust des Sohnes wie im Schoß der Mutter Natur. "In der Vernunft liegt das wahre Wesen des Menschen beschlossen", nicht in Ich oder Es, sondern im rationalisierten Vatergesetz. Die Vernunft des Sohnes ist die Natur des Vaters, Mutter Natur zu durchdringen. "Frei ist nur der Mensch, der innerlich frei ist und nur das tut, was seine Vernunft wählt", d.h. was der Vater von ihm will. Freiheit ist freiwilliger Gehorsam gegen die Notwendigkeit, genital von Mutter Natur zu lassen, also Freiheit von jeder urväterlichen Kastrationsstrafe.

"Es gibt ein Sittengesetz als das Gebot der höchsten Vernunft, das befiehlt, was zu tun, und verbietet, was zu lassen ist." Der Sohn wähnt, frei zu sein, d.h. sich selbst zu gehorchen, wo er der verinnerten Stimme des Vaters gehorcht. Dieses *Gewissen* ist "der Einklang des in der Brust des Einzelnen wirkenden Dämons mit dem Willen dessen, der das All durchwaltet." Tugend ist die "mit der Vernunft im Einklang stehende seelische Haltung", "die volle Entfaltung des Vernunftwesens und eben darum sein Endziel und sein Glück." "Die Tugend ist um ihrer selbst willen zu erstreben; sie verlangt keinen Lohn." Die Unterwerfung unter das väterliche Inzestverbot darf auf keinen einstigen Besitz der Mutter hoffen, da der Sohn nicht wie der Vater werden soll und kann, um später als sein eigener Vater Gatte seiner eigenen Mutter zu werden. Eher wird die effeminierende Unterwerfung unter das Verbot des Vaters, sich mit ihm zu identifizieren, fast schon masochistisch genossen. Der Stoiker ist stolz auf seine Fähigkeit, Schicksalsschläge mit ungerührtem Pokerface einzustecken. Lust bezieht er einzig noch aus seiner Kraft, sinnlose Unlust zu ertragen, ohne mit der Wimper zu zucken. Er ist verzweifelt verliebt in seine Apathie und stolz darauf, daß alles an ihm abgleitet, daß nichts ihn wirklich treffen kann, weil er ja den Leidenschaften, den „Krankheiten der Seele", abgeschworen hat : eine dürftige Freiheit.

"Die Affekte hindern uns am vernunftgemäßen Handeln und stören die Harmonie der Seele." Verwundbar ist der Mensch einzig durch seine kastrationsbedrohten Affekte. Nur die Subordination unter die Dekrete des im Mutterschoß der Natur regierenden Vaterphalls ergibt eine Schirmherrschaft des Vaters über alles, was dem Sohn zustößt. Mutter Natur und alle Liebesobjekte kann man ihm nehmen, nicht aber seinen Charakter, sein Gewissen, seine

Persönlichkeit, also seine Fähigkeit, den Selbsterhaltungstrieb eben stoisch über den Kastrationsschmerz zu stellen. Der Stoiker beißt die Zähne zusammen und verzichtet. Er kommt der ständigen Möglichkeit, von Vergeltungsschlägen des Schicksals ganz kastriert zu werden, durch stoisch durchgehaltene, mutige Selbstkastration entgegen und gar zuvor. Durch diese Selbstkastration bleibt er Herr seines Schicksals und damit unverwundbar, weil er nichts mehr zu verlieren hat, wo er nichts mehr ohne Penis gewinnen kann. Da er sich kastriert, um nicht mehr und von nichts mehr kastriert werden zu können, verliert er durch buchstäbliche Selbstlosigkeit die Angst um sich selbst und kann öffentlich-politisch auftreten und sich exhibitionistisch exponieren, weil ihm nichts mehr passieren kann. Was er sich selbst zugefügt hat, können ihm Väter nicht mehr zufügen : Das ist der Kern des angstfreien Mutes der Stoiker auch und gerade im politischen Kampf ums "Geziemende". Und da der Stoiker sich kastriert, indem er den Phallus des Vaters in seiner eigenen Brust installiert als Vernunft, darf er sich schmeicheln, sich die Kraft des Vaters angeeignet zu haben, die er allerdings nur als homosexuelle Härte und Kälte gegen sich selbst anwenden darf. Solcher Stoiker als der Schwächste ist stark gegen sich selbst. Masochistisch genießt er die Selbstkastration als die Schadenfreude darüber, von niemand und nichts mehr kastriert werden zu können.

Die völlige Selbstaufgabe findet sich mit der Macht des Kollektivs im Rücken belohnt. Nun ist der epikureische Rückzug nicht mehr nötig. "Eine naturhafte Zuneigung, die alle Menschen als Menschen miteinander verbindet", ist die stoische Bruderschaft der Kastraten. „Der tugendhafte Mann wird nicht in der Einsamkeit leben; denn er ist von Natur gesellig und für das tätige Leben geschaffen." Es ist „eine Forderung der Natur, sich in die Gemeinschaft der Vernunftwesen einzuordnen und diese mit allen Kräften zu fordern." Die Athener übergaben ihm sogar den Schlüssel der Stadt zur Verwahrung. Sie wußten, daß er mit dem Phall nichts "Ungeziemendes" anstellen würde. Einen Bedürfnislosen nannte man "enthaltsamer als der Philosoph Zeno".

Der Stoizismus überdauerte ein halbes Jahrtausend als Ethik. Von der älteren Schule mit Zenons Anhängern, dem bettelarmen ehemaligen Berufsboxer *Kleanthes* und dem scharfsinnigen Logiker *Chrysippos* vom Rennsport, ging es über die mittlere Stoa-

Schule mit Paneitos und Poseidonius zur jüngeren römischen Richtung um *Cicero, Seneca, Epiktet* ("Encheiridion") und Kaiser *Marc Aurel* („Selbstbetrachtungen"). Epikur fand in Rom nur einen bedeutenderen Nachkommen : *Lukretius*, der mit seinem der Venus gewidmetem langen Lehrgedicht "De rerum naturum" den gegen strafende Elternfiguren atomistisch abgeschirmten Hedonismus der "Philosophen im Garten" Eden abfeierte.

Der Neuplatoniker **Plotin** hat offenbar die platonische Verachtung des Leiblich-Sinnlichen auf die Spitze getrieben. Kaum in die Welt gesetzt, hat der Mensch nach Plotin nichts Eiligeres zu tun, als sich in den Ursprung zurückzusehnen, weil die Bekleidung der Seele mit dem Körper wie eine Verbannung ins Exil erlebt wird. Unklar und gleichgültig, ob es sich bei diesem Ursprung um den Mutterschoß oder Abrahams Schoß handelt. Wir nehmen an, daß es Plotin ungestüm ekstatisch hinzieht zu einer archaisch phallischen Mutterimago, die noch mit dem Vater identisch ist. Vielleicht leistet der Plotinismus in der Philosophiegeschichte etwas Ähnliches wie das, was Helm Stierlins familiale „Delegationstheorie" für die Psychologie darstellt. Plotin will nämlich nachweisen, daß die Menschenkinder ihre Mutter nie verlassen haben auch und gerade dort, wo sie eine relative Selbständigkeit und Ablösung von der Mutter erreicht haben und erreichen mußten. Die Dialektik Plotins aber ist eine Pseudodialektik : Zwar gibt es so etwas wie eine weltliche Ausfaltung der göttlichen Ureinheit und Rückkehr aus der Entäußerung in die mütterliche Heimat, aber der Erdensohn wird nur deshalb von der penisneidischen Mutter in die Welt hinausgeschickt und in die Unabhängigkeit entlassen, um als ihr glänzender Phallus, der es in der Welt zu etwas gebracht hat und von ihrem Ruhm zeugt und ihre Missionen erfüllt, an sie gebunden zu bleiben. Ängstlich sorgt Plotin dafür, daß es trotz der notwendigen Abnabelung des Kindes von der Mutter zu keiner wirklichen Entfremdung und bösen Trennung kommt im Herzen der Mutter-Kind-Union. Kann er Ablösung und Vielheit schon nicht leugnen und verhindern, interpretiert er sie um zu Prozessen, welche die Ureinheit nicht zerstören und dementieren, sondern paradox gerade befestigen und herstellen.

Die ehrgeizige Mutter schickt nur deshalb den Sohn ins feindliche Leben hinaus, damit er als ihr Delegierter ihre Ambitionen befriedige, damit sein Ruhm auf sie zurückfalle, um ihren Wert ihr zu bestätigen. Sich wirklich von der Mutter lösen hieße für den Sohn, sie zu kastrieren. Auf einen kleinen impotenten Penis aber kann sie nicht stolz sein, also muß sie nolens volens ihren Sohn erwachsen werden lassen. Dieser erwachsene Penis aber muß zugleich ihr Penis bleiben, darf also keinen eigenen Penis entwickeln, durch den der Sohn sich von ihr befreien würde. Deshalb bleibt der Mensch bei Plotin eigentlich impotent; er kastriert sich, um die Mutter nicht zu kastrieren, also ihres Schutzes und ihrer Wärme nicht verlustig zu gehen. Der Sohn ist hier nicht religiert an einen Vater, sondern delegiert von der Mutter. Weit entfernt, die Mutter-Kind-Einheit aufzuheben, zementiert die Entzweiung bei Plotin ihre Einheit erst recht eigentlich. So ist die Einheit durch die Vielheit nicht zerstört, sondern bestätigt und durch Negation der Negation doppelt affirmiert. Einheit wird erreicht durch ihr eigenes Gegenteil, durch spaltende Vielheit hindurch. Durch diesen philosophischen Trick hat Plotin die beunruhigende Notwendigkeit, die Einheit mit der Mutter aufzukündigen und sich weltlicher Vergänglichkeit und Mannigfaltigkeit auszusetzen, versöhnt mit seiner Sehnsucht, gerade *in* der Trennung von der Mutter bei ihr zu bleiben und im Rahmen der Symbiose mit ihr den Schritt ins Leben hinaus zu tun. Diese Vielheit im Herzen der Einheit sprengt sie nicht, sondern ist Einheit *innerhalb* der Zweiheit und Entzweiung *innerhalb* der Einheit zugleich. Der Vater tritt hier noch nicht mediatisierend zwischen Mutter und Kind, weil er phantasiert ist als identisch mit der Mutter. So wird der Bruch vermieden und der ödipale Konflikt elegant unterlaufen und philosophisch verdeckt.

Lateinisches Mittelalter

Das christliche Mittelalter war eine einzige Midlife Crisis des abendländischen Denkens, und es ist bezeichnend, daß wir, die heute bereits im kindischen Pensionsalter der europäischen Geistesgeschichte stehen, die rüstigen mittelalterlichen Denker veraltet, vergreist und verkalkt nennen. Am finsteren Mittelalter wird gemäkelt, daß es zuviel ans Göttliche und zu wenig ans Natürliche gedacht habe, aber in Wirklichkeit ist dem Mittelalter eher vorzuwerfen, daß es zu wenig an Gottvater und zu viel an Mutter Kirche geglaubt hat. Das Bedenkliche am Mittelalter war nicht, daß die Liebe zum himmlischen und stellvertretenden leiblichen Familienvater siegte über die kindische Sehnsucht des Menschenkindes zurück in der Mutterleib der Natur, sondern daß der Schoß der Mutter Kirche zu siegen drohte über das *Individuationsprinzip Vater*. Das Menschlein kam vom Regen der Mutter Natur in die Traufe der Mutter Kirche. Das Mittelalter blieb hier zweideutig in der Mitte(lmäßigkeit), nicht zwischen himmlischer und irdischer Liebe, sondern zwischen kindlicher Liebe zur Mutter und erwachsener Liebe zum Weibe. Die Menschen drohten, Kinder der Mutter Kirche zu bleiben statt erwachsen zu werden mit Hilfe des Vaters. Papam habemus? Der Heilige Vater ist gerade kein leiblicher Vater, sondern trägt Frauenröcke. Priester und Mönche waren keine Männer und Nonnen keine Frauen. Und Christus war ewiger Sohn geblieben. Die christliche Sohnesreligion war den heidnischen Naturreligionen so weit überlegen wie der altbiblischen Vaterreligion unterlegen, und das bekam diese in Kreuzzügen zu spüren. Sie wurde für minderwertig erklärt, weil ihre Feinde vor ihr diesen Komplex hatten. – Als Kinder galten fortan nur Söhne.

Die Vielfalt der Ausformungen und Schattierungen ist faszinierend, verschwindet aber vor dem einen Grundthema, das Gesetz der Väter gegen die emanzipatorischen Ansprüche der selbstbewußter werdenden Söhne zu verteidigen: ein einziges Defensivmanöver. Philosophie als Ideologie der Revolte des Sohnes soll hier, kann man sie schon nicht mehr ignorieren, wenigstens als einig erwiesen werden mit der hochheiligen Theologie, dieser Kernideologie der gottväterlichen Autorität. Die Offenbarung des göttlichen Willens und seiner einschüchternder Herrlichkeit dominiert 'das natürliche Licht der Vernunft' des aufmüpfigen Sohnes. Gezeigt wird die Vereinbarkeit der Vernunft mit dem Glauben, die Versöhnbarkeit des Sohnes mit dem Vater im Himmel, aber so, daß die Philosophie „Magd der Theologie" bleibt. Der Theologe des Mittelalters sucht mit aller scholastischen Raffinesse zu beweisen, daß all seine erzautonome Vernunft dem Erdensohn recht verstanden eigentlich nur die Erkenntnis nahelegt, was dem Willen des himmlischen Vaters gemäß ist und was ihm widerstreitet. Das autonome Gewissen, also die aufgeklärte Selbstgewißheit des Sohnes, gilt als angeborenes oder verinnertes Diktat Gottvaters. Alles, was das Kind von sich aus weiß, ist die Notwendigkeit seiner Unterwerfung unter die fraglose Autorität Gottes. Und das muß dem Kind nicht erst von oben herab zugerufen werden, sondern ist ihm bewußt von sich aus kraft des Gewissens. Die mittelalterliche Scholastik bildet ein einziges Unterfangen, das Reich des Vaters gegen den Aufstand des nachrückenden Sohnes zu sichern – mit den rationalen Mitteln des Sohnes selbst. Die eigene neuentdeckte Vernunft soll den Erdensohn dazu bewegen, sich der Weisheit Gottvaters in Mutter Kirche zu beugen und zu opfern. Gottvater ist bereits getötet, aber den Söhnen steht noch das eigene Schuldbewußtsein im Wege und verbindet sie homoerotisch miteinander durch die gemeinsame homosexuelle Bindung an den himmlichen Vater, der gleichwohl nicht aufhört, die Zielscheibe unterschwelliger Aggressionen zu sein bei aller demonstrativ christlichen Demut vor ihm. Jede Unterwerfungsgeste ist Sühne und bereits insgeheim wieder Vorbereitung auf eine erneute mörderische Attacke. Die Gestalt Jesu schillert zweideutig zwischen dieser Revolte und dieser Kapitulation, eine Einladung an die Gläubigen zu Aufstand und Gehorsam zugleich, zu Verbrechen und Sühne. Die selbstbewusste Vernunft, die den Sohn in die Revolte treibt, wird listig umfunktioniert zum Beweismittel aller Glaubenswahrheiten. Bewiesen werden soll, daß es im wohlverstandenen Eigeninteresse des Sohnes liegt, dem Willen des Vaters gemäß zu leben, daß nur die Identifikation mit dem Gesetz des Vaters die Identität des Kindes begründet, daß es sein eigenstes tieferes Wesen verwirklicht, wo es den Auftrag des Gesetzes erfüllt, daß die Weisheit des Ich mit der Weisheit des Über-Ich recht *eigentlich* identisch sei. Allerdings geben die Scholastiker zu, daß das Kind nicht durchaus von Mutter Natur her weiß, was der Vater von ihm will, es muß ihm offenbart werden von oben und außen, es wäre nicht selbst darauf gekommen. Aber was das Kind auch von sich aus einsehe, widerstreite nirgends den väterlichen Gesetzen, die das Beste des Kindes im Auge haben auch und gerade da, wo das Kind davor verstockt ist. Die Glaubenswahrheit ergänze die Vernunftwahrheit, die Gnade hebe die Natur nicht auf, sondern vollende sie:

„Gratia non tollit naturam, sed perfecit."

Da dient bei *Augustinus* auch noch die Sünde des Sohnes gegen den Vater dem Vater; da ist seine Revolte a priori in den väterlichen Heilsplan eingebaut und integriert. Der Sohn könne gar nicht anders, als sich gegen den Vater zu empören, weil dieser das selbst angeblich so wolle, um dem Sohn seine Erlösungsbedürftigkeit und Angewiesenheit auf väterliche Hilfe zu demonstrieren. Da wird bei *Thomas von Aquin* die Lehre von den zwei Reichen und den „zwei Wahrheiten" des Sohnes und des Vaters zugestanden, sofern nur der Vater die Oberhand und Priorität behält vor dem „lumen naturale" des Kindes, das gerade gut genug ist, die Anfangsgründe der väterlichen Weisheit zu buchstabieren. So wird der Verstand durch Umarmung gefesselt, gegängelt und angehalten, Vorstufe des Glaubens zu sein, für und nicht gegen den er rationale Gründe herbeischaffen muß, um überhaupt als gesunder Menschenverstand toleriert zu bleiben. Philosophie ist Vernunft als Magd der Theologie, der Sohn ist Mensch als Diener der Mutter Kirche „im Namen des Vaters".

Anselm beweist die Existenz des Vaters aus der Existenz der Idee, die der Sohn von ihm hat: Aus der Existenz des Gewissens folgt die Existenz des Vaters, dessen Gesetz es ja ist. Daß Gott lebt und nicht getötet ist, wird vom Sohn selbst bezeugt: Der Sohn lebt noch, also kann er seinen Vater nicht erschlagen haben, der ihn zur Vergeltung ja getötet hätte. Bei Augustinus ist selbst die Fähigkeit des Sohnes, dem Sittengesetz statt dem Naturgesetz zu folgen, eine Gnade des Vaters, hängt also nicht von der freien Verzichtentscheidung des Erdensohnes ab, auf die Augustinus nicht bauen mag, sondern von einer Vorsehung für den „Gottesgenuß".

Es sei Gnade des Vaters, ob er dem Sohn Moral genügend großer Resistenzkraft gegen die gefährlichen Versuchungen zurück zur Mama mitgebe oder von vornherein ihn dadurch dem väterlichen Gericht überantworte, daß er ihn durch Zuteilung eines zu schwachen Ich-Ideals den verpönten Regungen in die Arme treibe. Aus den „Confessiones" wissen wir, für wie schwach Augustin das Ich hält zwischen Vater und Mutter — weniger vor der realen Natur draußen, die ihn nur als Genußmittel interessiert. Das Ich hat keinen autonomen Spielraum, seine relative Wahlfreiheit sei Fiktion und Verblendung: Wo ich wähne, nur mir selbst zu folgen, vollstrecke ich bereits das über mich Verhängte, das „Prädestinierte".

Bei *Thomas* hat das einzelne Menschenkind einen wenngleich bescheidenen Anteil an einer Entscheidung für oder gegen die Stimme seines Herrn. Erkenntnis der Welt ist bei ihm möglich, weil Erkennender und Erkanntes beide von Gottvater sind. Der Sohn "erkennt" Frau Welt, weil beide Produkte des himmlischen Vaters sind, geprägte Stoffe. Die Welt ist freigegeben für den Sohn, aber eine Frau Welt für einen Sohn, die beide vom Vater präpariert sind dazu, nur noch zu erkennen, daß sie einander nicht "erkennen" können und dürfen. *Gnostiker* und *Manichäer* wurden zu Häretikern gestempelt, weil sie der Mater-ialität der Mutter Natur viel zu viel verführerische Eigenexistenz zumaßen und damit erst ernst nahmen.

Gottvater ist für Thomas das Sein selbst, und seine Geschöpfe haben am Sein teil in absteigender Folge. In der Rangfolge der „analogia entis" stehe ein Geschöpf umso tiefer, je mehr (weibliches) Nichts es zusätzlich in sich habe. Jedes Kind sei eine Mixtur aus gottväterlichem Sein im Kopf und erdmütterlichem Nichts zwischen den Beinen.

Kann die Scholastik schon nicht mehr die Ansprüche des stärker gewordenen Sohnes übersehen, so doch wenigstens die des Weibes. Die autonome Vernunft ist der Geist des Sohnes, also Christi selbst, aber Frau Welt, Mutter Natur, das *Mater*ielle, sind gar nichts, nichts als Mangel an väterlichem Sein qua Geist und bar selbst jeder Vernunft des Sohnes. Das Böse ist kein Prinzip für sich, sondern nur Abwesenheit des Guten, in das Vater und Sohn, nur graduell verschieden, sich teilen. Vater und Sohn mögen gegeneinander Krieg führen, um Priorität übereinander und über Frau Welt, aber vor dem gemeinsamen Feind, den eventuellem Emanzipationsansprüchen der Mutter Natur, sind sie sich einig. Sie ist böse, gerade weil sie nichts ist und nichts von der heiligen Dreieinigkeit des naturbeherrschenden männlichen Willens hat. Zugelassen ist sie höchstens als reine Jungfrau Maria, als Mutter Kirche, als Ziel von Schutz- und Versorgungsbedürfnissen der kleingehaltenen Kinder. *Frau Welt* ist kein Wesen eigener Art, sondern der Name, der dem Abfall von Gottvater gegeben wird, also Abfall. Damit ist sie nur negativ bestimmt, um sie nicht aufzuwerten: Inbegriff all dessen, was Gottvater nicht will und nicht ist und sein Sohn nicht werden soll. Das Nichts zwischen den Beinen von Mutter Natur ist für den Erdensohn als das Böse verteufelt, und ein reines Nichts zu lieben, wird als innerer Widerspruch und schlimmste Verblendung erwiesen. Alle Richtungen wurden exkommuniziert, die in Jesus Christus den geheimen militanten Rebellen gegen einen despotischen alten Vatergott begrüßten, statt daß ein Unschuldiger stellvertretend sich opfert, dem tyrannischen Moloch ein Blutopfer bringt, um ihn mit den von Mordphantasien gepeinigten Erdensöhnen zu versöhnen. – Vereinigung mit der Mama durch Identifikation mit dem Papa?

Duns Scotus Eriugena, der „*doctor subtilis*" und voluntaristische Gegenspieler des Thomas, spricht insgeheim schon vom neuzeitlichen Subjekt, vom Menschensohn, wo er offiziell scholastisch noch von Gottvater sprechen muß. Fast steht seine hochgezüchtete Begriffskunst bereits im Dienste dessen, was Scholastik zu widerlegen und abzuweisen antritt. Nach ihm tut Gott nicht das Gute, weil es gut ist, sondern das Gute sei gut, weil Gott es wolle. Damit hat er hinter der Autorität der Landesväter die blanke Willkür der Macht entlarvt, die Theokratie beruhend auf illegitimer Gewalt, die sich zum Recht deklariert. Purer Wille und sonst nichts setzt sich durch; noch die individuellsten Regungen der Kreatur sind durch Rücksicht auf ihn präformiert. Noch wo ihm etwas widersteht, ist es Geist von seinem Geist, und wo er selbst es ist, der sich selbst gegenübersteht, steht ihm eigentlich nichts entgegen: Die Welt ist geformt nach Seinem Willen bis in die naturhaften Strebungen hinein. Das Individuationsprinzip ist nicht unbestimmte Mater-ie, sondern männliche Form, die Duns „haecceitas" nennt.

Die Sozialpsychologie des Mittelalters steckt schon mystifiziert im sogenannten Universalienstreit, dem Problem also, welche Seinsweise den Allgemeinbegriffen zukomme. Der Realismus betont die Selbständigkeit der *abstrakten* Universalien, der Nominalismus sieht in ihnen nur ökonomische Erkenntnisinstrumente ohne eigenes Sein über den Realia der Sinnenwelt. Thomas sucht zu vermitteln durch die Formel : universalia ante rem in Deo, in rebus singularibus et post rem in mentem : *Vor* den Dingen als Idee Gottes (Plato), *in* den Einzeldingen (Aristoteles) und *nach* den Einzeldingen im menschlichen Geist als Wortmarken (Occam) und Begriffe des Sohnes. Wilhelm von Occam kennt wie die Neuzeit schon nur noch isolierte Einzelwesen, die kalkulierte Konstellationen, Bündnisse und Arrangements eingehen.

Philo von Alexandria (gest. 45 n. Chr.) gilt als der erste Religionsphilosoph überhaupt. Zwischen überweltlicher Transzendenz Gottes und materiellem Diesseits vermittle der stoische *Logos spermatikos*, der geistige Same der Engel. Erkenntnis komme aus weiblicher Wahrnehmung und männlicher Ratio zugleich.

Sa'adia (882-942) bewies mit Aristoteles, daß die Welt das Kind eines „unbewegten Bewegers" sei, und bewies gegen Aristoteles, daß Gottvater diese Welt aus sich selbst erzeugt und nicht aus einem ihm widerspenstig beigeordneten mütterlichen Weltmaterial geformt habe.

Israeli (850-950) wurde als frau- und kinderloser Armenarzt über hundert Jahre alt. Die Wahrheit sei eine Vereinigung des gesunden Menschenverstandes mit der „Sophia", der erstgeborenen Tochter Gottvaters. Gott schuf die „prima materia" und die „prima forma" (Sophia) aus dem Nichts und nicht aus der Materie. Sein Neuplatonismus ist ohne Verachtung der ewigweiblichen Materie, die gleichursprünglich wie die männliche Form sei. Jeder sei elitefähig zur erkennenden Vereinigung mit der Sophia des Gottesgesetzes.

Für *Avicenna* (980-1037) ist die Welt eine 'Emanation' (Ausfluß) des göttlichen Lichtes der Vernunft bis hinunter in den dunklen Schoß der Materie. Gottvater bedient sich der Mutter Natur als Ursprung aller Dinge. Zufälliges Sein und notwendiges Wesen fallen nur im Vatergott zusammen, in seinen Kindern nicht, und Mutter Natur sei nur kontingente Existenz ohne eigene Essenz.

Avicebrol (auch Avencebron, 1020-1070) lehrte in seinem neuplatonisch beeinflußten Hauptwerk „Quelle des Lebens", daß Gottvater die erdmütterliche Materie forme, die in ihm selbst sei. Dieses Ewigweibliche in Gottvater selbst faszinierte die Mystiker und die Materialisten bis Bloch. Der Wille Gottes liege in der „Sophia", der weiblichen Form, die etwas Besonderes sei und aus uns mache, während das Wesen Gottes in der Materie liege, die etwas allen Gemeinsames sei und jede Besonderheit in sich aufnehmen könne, ohne selbst etwas ganz Besonderes zu sein. Diese Aufwertung der Materie zum allgemeinen Wesen Gottvaters prägte Bruno, Spinoza, Schelling und bevorzugt alle Denker der Mutter Natur.

Noch einen Schritt weiter ging dann der nach Ernst Bloch „linke Aristoteliker" *Averroes* (1126 - 1198). Der Araber sah die weibliche Mater-ie nicht als bloßes Rohmaterial des Vatergottes, sondern als „Schoß aller Formen". Sie werde nicht erst vom Mann in weibliche Formen gebracht, sondern bringe auch die Männer und patriarchalische Ratio erst hervor. Ernst Bloch machte aus Averroes einen frühsozialistischen Stoffhuber, als führe die Beseelung der Stoffe zu hartnäckiger Verstopfung der Seelen.

Der vielleicht letzte große Philosoph Spaniens, *Abravanel* (1437-1509), schrieb 1502 die „Dialoghi d'amore" zwischen einem Mann und einer Frau. Das Werk beeinflußte die Philosophie des *heroischen Enthusiasmus* von Giordano Bruno und Spinozas 'amor Dei intellectualis'. Abravanel hatte 'Erkennen' gut biblisch als ein Lieben verstanden, dabei den Erkenntnisbegriff vom Rationalisten Maimonides übernommen und den Liebesbegriff vom Voluntaristen Hasdai Crescas. Diese personale Liebe wurde ihm zur kosmischen All-Liebe des Renaissance-Pantheismus, obwohl er versuchte, die platonische Liebe religiös zu deuten. Solche Liebesvereinigung zwischen Schöpfer und Geschöpfen übertrat aber schon das *Gesetz der Väter*.

Laut Freud haben die Christen gestanden, daß sie Attentate auf Gottvater verübten. Verzichtet Gottvater aber auf fällige Todesstrafe für die Vatermordwünsche seiner Menschenkinder? „Gott ist tot", weil seine Söhne ihn ermordet haben und weil er in ihren Schuldängsten übermenschengroß wieder aufersteht? An und wie Christus glauben heißt dann glauben, daß dem Sohn der Vatermordwunsch vergeben ist, wenn er glaubt, daß ihm vergeben ist, und wenn er aufhört, Gottvater töten und werden zu wollen.

Meister Eckart treibt es bis zur ekstatisch mystischen Verschmelzung des „Seelenfünkleins" mit der Gottheit. Dabei bleibt unklar, ob es sich um homosexuelle Bindung des effeminierten Klosterbruders an Gottvater handelt oder um eine Zielregression in den Mutterschoß der Kirche. Hymnisch gefeiert wird die „unio mystica" wie eine frühe Mutter-Kind-Einheit noch vor aller schmerzlichen Trennungsarbeit bzw. als Schritt hinter sie zurück in die Ursymbiose. Der Kirche jedenfalls ging diese Zutraulichkeit und enthusiastische Nähe zum Vater zu weit, Gottes Majestät litt dabei, und die Seele drohte ihre Konturen zu verlieren und sich todessehnsüchtig zurückzuziehen auf den kindlichen Größenwahn, durch demütigen Gehorsam den väterlichen Willen zu manipulieren und durch Unterwerfung unter das Über-Ich an Gottes Allmacht teilzuhaben. Eckart dekretierte : „Diu minne ist der natur, daz si den menschen wandelt in die dinc, die er minnet."

Auf der Schwelle zur subjektivistischen Neuzeit steht *Nikolaus von Kues*. Nach ihm bringt es alle Vernunft des Sohnes, alle philosophische Theologie lediglich zu einem "wissenden Unwissen" von Gottvater, zu einer nichts als „Negativen Theologie", die es dem Sohn verwehren will, den Vater im Himmel nach seinem Bilde zu denken. Der Vater, der Sohn und Mutter Natur sind sogar so verschieden, dass der Vater nicht einmal anders ist als der Sohn und die Mutter, sondern jenseits solcher Vergleiche, die noch in den Gegensätzen Einheit sehen. Es gibt "ein unablässiges Sehnen aller zum Einen" und die Einsicht, "daß die Welt in Gott ist", der sich als Welt ausfaltet und sie in sich eingefaltet hält.

Gottvater ist "das absolut Größte", das "pot-est", also die absolute Potenz. Er ist nun "unnennbar, unsagbar und unaussprechlich", nicht einmal anders als seine Geschöpfe, sondern der Ganz-Andere und der "Nicht-Andere" zugleich, "das Können selbst". "Ich weiß, daß all das, was ich weiß, nicht Gott ist, und daß all das, was ich begreife, ihm nicht ähnlich ist." "... zu dem unbegreiflichen Gott gelangt man durch dieses Wissen des Nichtwissens". Und wer "zum unendlichen Gott aufsteigt, sich eher dem Nichts als dem Etwas zu nähern scheint." Von ihm gilt, "daß er weder ist, noch nicht ist, noch auch, daß er ist und nicht ist". Man müsse da "über jede Grenze, jedes Ende und Endliche hinaufsteigen". Er wird "im Dunkel gesehen" und zwar "in einer unbegreiflichen Schau gleichsam auf dem Weg einer augenblicklichen Entrückung" und doch "unsichtbar für jede Art der Schau". "Gott ist verhüllt und verborgen vor den Augen der Weisen, aber er offenbart sich den Kleinen und Demütigen, denen er Gnade gibt". Hier haben wir das sacrificium intellectus des rationalen Vernunftkritikers. Da Gottvater selbst die *coincidentia oppositorum* und jenseits davon ist, überwindet der Sohn die Kluft zu ihm nur durch Selbstaufgabe und Abdankung des Verstandes durch den Verstand selbst. Von Gott weiß man nur aus seinen Gesetzen, man erkennt ihn in der Stimme des Über-Ich und im Verzicht, niemals im Versuch, sich mit ihm zu messen, ihm die Geheimnisse zu entreißen und wie Prometheus das Feuer vom Himmel zu holen. Ihn erkennen zu wollen, ohne seine Gebote zu befolgen, käme dem Versuch gleich, ihn zu kastrieren, was unmöglich ist, da er absolute Potenz ist, also als einziger einen Phallos hat, die Licht-Epiphanie.

Beginn der Neuzeit : Descartes und Pascal

Konnte der Mensch der mythischen und der religiösen Zeitalter an nichts so sehr zweifeln wie an sich und seiner Bedeutung, zweifelt man seit *Descartes* (1596-1650) schließlich an allem außer an dem, der an allem zweifelt und endlich verzweifelt. Hatte die Existenz der übermächtigen Umwelt einst höhere Evidenz als die eigene, setzt mit der Selbstgewißheit des cartesianischen „Ego cogito" das reine Subjekt, das individuelle Ego, philosophisch erstmals sich für sich selbst und macht den striktesten Unterschied zwischen sich und seinesgleichen auf der einen Seite und dem in Raum und Zeit ausgebreiteten Rest der Außenwelt auf der anderen. Diese „res cogitans", immaterielles Bewußtsein von der Welt im Ganzen, ist selber kein Bestandteil der Welt, deren Bewusstsein es ist. Das Bewusstsein von aller widerständigen Gegenständlichkeit ist selbst nicht raumzeitlich ausgedehnt. Ihrer beiden alte Einheit ist bei Descartes weder mehr vom Ich des Menschenkindes noch von der zu erkennenden Mutter Natur her erzwingbar. Nur beider Herkunft vom gleichen Schöpfergott garantiert dem Erkennenden wenigstens eine gelegentliche Übereinstimmung und Identität mit dem zu Erkennenden, also Wahrheit seiner Urteile über die Welt. Aber das Spezifische des menschlichen Bewußtseins, eben kein Teil der ihm bewußten Natur zu sein, hindert es auch daran, getreuer Spiegel der Naturverhältnisse zu sein. Sind erst einmal ein weltloses Bewußtsein und eine bewußtlose Welt auseinandergerissen, ist kaum noch plausibel zu machen, wie das Ego aus dem Kerker seiner solipsistischen Immanenz herausgelangen kann, um sein Objekt zu erreichen über den Graben ihrer substantiellen Differenz hinweg. Sind erst einmal zwei fix und fertige Substanzen angesetzt und einander gegenübergestellt, ist ohne eine vermittelnde dritte, eben gottväterliche Substanz nicht sicherzustellen, wie der Geist zur Natur soll kommen können über den Abgrund ihrer beider Unabhängigkeit voneinander. Das Subjekt kann den tiefen Graben, der es von seinem Erkenntnisobjekt trennt, nur noch überwinden durch den Rekurs auf Gott, der Vater des Subjekts wie des Objekts ist und eben deshalb dem Ich den Zugang zum Nicht-Ich öffnet, weil beide Kinder desselben Vaters, wenigstens beide ihm ganz

46

unterworfen sind. Das Subjekt gewinnt ein wahres Abbild von seinem Objekt, sofern beide Ebenbilder Gottes sind; darin geht Descartes nicht über die mittelalterliche Theologie hinaus, wenn er das neue Naturbeherrschungsideal der mathematischen Naturwissenschaft, die Physik der Mutter Natur, von der Metaphysik, der Philosophie des Vaters, her begründet. Nichts gilt, was der Sohn nicht "klar und deutlich" einsieht, seine Vernunft und sein Verstand sind die allerletzte Appellationsinstanz aller Wahrheitsansprüche, und doch wird die pure Rationalität dieses selbstbewußten Bewußtseins relativiert vor dem Forum gottväterlicher Allmacht und Allwissenheit. Der Gottesbeweis wird geradezu geführt aus der Unvollkommenheit und endlichen Natur des Sohnes heraus: die Gewissheit von der Existenz des Vaters wird aus der Existenz eines *Gewissens* im Sohn geschlossen, dem sein Ich unterworfen ist, wenn sich zwischen Sein und Denken dieser ontologische Abgrund auftut als Inzestschranke zwischen Erdensohn und Mutter Erde. Gott existiere, weil er sonst unvollkommen wäre, ich selbst existiere, weil ich daran zweifeln könne, und die Welt existiere, weil Gott nicht betrügen könne, ohne unvollkommen zu sein. Alles hat sich vor dem 'Ego cogito' auszuweisen und zu verantworten, aber die Selbstgewissheit des Ego ist im Gewissen fundiert, die Einheit des Ich ruht im Über-Ich. Man hat eingewandt, daß das „Cogito ergo sum" sich recht besehen reduziere auf ein 'cogito ergo cogitare'. Wenn Descartes gleichwohl das Ich konstituiert aus seinen Akten, dann deshalb, weil es ein mit dem Vater identifiziertes Ich des Sohnes ist, das sich der Welt gegenüber wie Gottvater aufspielt und den Druck von oben an die naturwissenschaftlich beherrschbare Mater-ie unten weitergibt.

Wir tun gut daran, die Entwicklung der großen Denkfiguren vom griechisch-römischen Altertum über das christliche Mittelalter in die philosophische Neuzeit noch einmal im Zeitraffer straff Revue passieren zu lassen, um das spezifisch Neue jeweils vor dem Hintergrund der darin aufgehobenen und überwundenen Epochen deutlicher hervortreten zu sehen. Dachten die Vorsokratiker noch ausschließlich nach über die Eigenart der Mutter-Kind-Beziehung des Menschen zum All, brach Platos Ideenlehre diese selige Urdyade auf, indem er sie zur Familientriade erweiterte und das Image des Vaters als gleichzeitig drohende und verheißungsvolle Vorbildinstanz in die Philosophie einführte, um der patriarchalischen Formation der Gesellschaft gerecht zu werden. Dieser bei Aristoteles mit der Mutter Natur zur Erzeugung des Menschensohnes verbundene und dann ins *Gewissen* des einzelnen Sohnes verinnerlichte Vater konnte sich im Mittelalter nur noch recht mühsam der rebellischen Ansprüche des Halbstarken gegen ihn auf Mutter Natur erwehren. Zwischen Vater und Sohn kommt es nur gerade noch eben zu einem gentleman's agreement, zu einem labilen divide et impera; der Sohn unterwirft sich dem Vater und darf dafür die Natur unterwerfen – aber nicht inzüchtig „erkennen": Die effeminierten Söhne in der Soutane der Priester und Mönche binden sich homosexuell an den himmlischen Vater und geben mit dem *Zurück zur Natur* demonstrativ das Vorwärts zur Frau Welt auf. Unter den Augen eines rach- und eifersüchtigen Vatergottes ist Mutter Erde dem Menschenkind nur noch als beherrschbares und formbares Mater-ial zugänglich, als Objekt aggressiver Bearbeitung, aus der alle andere Bedeutung verdrängt wird, weil ihre Früchte nur den von Gott eingesetzten Landesvätern zugute kommen. Ohne väterliche Hilfe bleibt der erbsündige Sohn der regressiven Sehnsucht heillos verfallen und bedarf seiner Gnade, aber nicht, um sich Mama zuwenden zu dürfen, sondern im Gegenteil ihrer Verführungskraft widerstehen zu können. In diesem Punkt bleibt René Descartes im Banne des Mittelalters oder ein vorsichtiger *homme en masque*: „Larvatus prodeo" pro Deo. Am Anfang des neuzeitlichen Denkens steht nicht der Vatermord, wie man meinen könnte, sondern die Radikalisierung jeder Emanzipation des Menschenkindes aus der Vormundschaft einer archaisch frühen Mutter Natur. Der Sohn gewinnt primär sein neues Selbstbewußtsein nicht im Widerstand gegen den Vater, sondern im Aufstand gegen die Rabenmütterlichkeit der unwirtlichen, der allmächtigen, grausamen Natur, von der sich das Subjekt unter dem Entwöhnungsgebot endgültig ablöst, um durch die Aneignung der gottväterlichen Rationalitätsmacht sie und den verpönten Hang zu ihr analsadistisch zu beherrschen. Es geht nicht im Namen der begehrten Gaben der Mutter Natur gegen einen allverbietenden Vater, sondern umgekehrt im Namen supranaturaler Rationalität des Vaters gegen die Rabenmutter Natur.

Und diese rationale Weltkonstruktion, diese Naturbeherrschung durch eine mathematische Physik, ist identisch mit der Befreiung aus jeder Naturverfallenheit. Die genetische Identität des Kindes mit der Mutter Natur wird aufgekündigt und geleugnet, und das Kind unterjocht seine Naturgrundlage unter dem wohlwollenden Blick Gottvaters. Mit Descartes erreicht das philosophische Denken gleichsam seine „anale Phase", in der der Geist trotzig seine Autonomie gegenüber der Naturbasis erklärt und verteidigt, seinen eigenen Willen bekundet und gegen die autoritären Zumutungen der Wirklichkeit durchsetzt, der erzdiktatorischen Realität sein Nein entgegenhält. Menschlicher Geist wird „reiner" Geist, der sich gegen seine natürlichen Ursprünge und Bedingungen abriegelt und sich selbst verabsolutiert zu einer Wesenssphäre sui generis. Diese Subjektivität wird nun zur platonischen Idee selbst. Dieser Geist ist in genau dem Maße der Natur überlegen, wie er (und die Natur natürlich) dem Geiste Gottes unterlegen bleibt. Ich bin ein Stück Natur vor Gott, bin aber Gottvater persönlich angesichts der Natur draußen und in mir selbst. Geist ist rein, autark, autonom, frei und souverän, und das heißt Souverän der Frau Welt, Geist vom Geist Gottes, dem er untertan bleibt, wo er seines Geistes Kind bleibt. Und der Herrscher muß, um herrschen zu können, also im Beherrschten nicht sich selber zu knebeln, von ganz anderer Seinsart sein als sein Opfer, am besten ein Tyrann von Gottvaters Gnaden. Das Ich des Sohnes leugnet seine Verwandtschaft mit und Herkunft aus der Mutter Erde, um ihrer Herr werden zu können, die zum schlechthin Anderen und Fremden erklärt wird, zur Zielscheibe reueloser Begriffe. Dieser reine, fleckenlose und schwerelose Geist hat all seine peinliche Naturhaftigkeit ganz auf die Außenwelt exportiert, um sie im Anderen attackieren zu können, ohne also im Anderen sich selbst zu treffen. Der wesentliche Unterschied zwischen denkender und ausgedehnter Substanz aber ist eine „petite différence" mit großen Folgen für die Geschichte des Denkens. Die „res cogitans" hat den Phallus, die „res extensa" ist „materia prima designata quantitate" schon im Mittelalter, also bloße Ausdehnung und Räumlichkeit. Das ist der Weltinnenraum der mütterlichen Leibeshöhle, die der Geist, sofern er Geist ist, verlassen hat. Der Unterschied von Sein und Denken, von Natur und Geist, von Objekt und Subjekt, ist der von Mann und Frau, ein

Geschlechtsunterschied. Zum ersten Mal rangiert das Menschenkind entschieden auf der Seite des Geistes und nicht mehr der Natur, also der Naturbeherrschung und nicht mehr der bloßen Selbstbeherrschung. Das Christentum hatte das „natürliche Licht der
Vernunft" zur Welthaftigkeit des Menschen gerechnet, nicht zu
seiner Gottesebenbildlichkeit. Die „Hure Vernunft" war ein Stück
verderbter und gefallener Natur. Seit Descartes ist die Rationalität
und das Bewußtsein kein Stück Weltlichkeit mehr, sondern Übernatur, nicht mehr das, was mit Frau Welt verbindet, sondern von
ihr zu befreien hilft als das naturbeherrschende Prinzip schlechthin.
Der Mann tilgt die peinlichen Spuren seiner Abstammung vom
Weibe und „setzt" selbst seine Welt in die Welt, statt von Mutter
Natur in die Welt gesetzt zu sein.

Das Selbstbewußtsein des Sohnes beruht auf nichts als der
Entdeckung, daß Mutter Natur keinen Penis hat (der um so mehr
verabsolutiert wird, je verbotener sein inzestuöser Gebrauch ist). Er
hat einen – wie der Vater im Himmel, zwar einen kleineren, aber
wie klein er auch sein mag: Mutter Erde hat gar keinen. Und stand
bei Plato der Sohn schon deshalb auf der Seite der Mater-ie, weil
beide nichts waren vor der göttlichen Idee hoch droben, so unterscheiden Mutter und Sohn sich bei Descartes schon deshalb voneinander, weil der Sohn mit dem Vater den Penis gemein hat, wie
klein und nichtig Mutter und Kind auch zusammen vor dem Vater
hoch droben sein mögen.

So gleicht das, was die 'res cogitans' zum Bewußtsein
macht, die ratio, das vormalige „lumen naturale", zum ersten Mal
eher dem Vater als der Mutter, ist eher selbst Geist vom Geist Gottes als ein Stück der Natur, die er beherrscht. Das Ich versteht sich
eher als verkleinerter Ableger des Vaters als der Mutter, es gleicht
eher dem Über-Ich als dem Es.

Vor dem Vater kommen Mutter und Sohn darin überein,
ihm gehorchen zu müssen, aber vor der Frau sind Vater und Sohn
einig im Besitz der phallischen Potenz. Die Todesangst des Sohnes
vor der kastrierenden Urmutter betäubt sich durch Abscheu vor der
kastrierten Mutter Natur, die verachtet und straflos geschändet
werden darf. Sie hat den vom Vater eingesetzten Naturgesetzen zu
gehorchen, die der Sohn in der mathematischen Physik rationalis-
tisch nachkonstruiert. Nicht zufällig ist Descartes Begründer der

Analytischen Geometrie, in der *Geos*, die Mutter Erde, *Gäa*, alge-braisch vermessen wird, also die Leibeshöhlenräumlichkeit ihrer Kurven durch Zahlenwerk beherrscht wird. Diese Identifizierung des Ich mit dem Vater statt mit der Mater-ialität der Mutter Natur, diese supranaturale Spiritualität des Ego führt aber tendenziell auch zum homosexuellen Virilismus dieses maskulinen sum res cogi-tans: Es verschiebt zwanghaft seine eigene feminine Mater-ialität auf die Frau Welt, um sie nicht in sich abwerten zu müssen. Das intelligible, transzendentale Ur-Ego leugnet seine eigene Mater-ialität, seine eigenen femininen Züge, und stilisiert sich zum reinen Geist vom Geist Gottvaters. So ist es unabhängig von Mutter Natur durch Abhängigkeit vom Vater hindurch, beherrscht von der zwanghaften Notwendigkeit, seine eigene weibliche Naturhaf-tigkeit in sich zu unterdrücken und sich von seiner Natur durch Beherrschung zu befreien. Aber vergessen wir nicht, daß hinter dieser ausbeutenden Verachtung des Geistes für die Natur Angst steckt und Gebärneid auf die schöpferische Potenz der Mutter Na-tur, ein Neid, der vom Geist verdrängt werden muß, um sich als das einzige beneidenswerte Wesen dastehen zu lassen, als Schöpfer der Welt, der vor sich verbergen muß, bloßes Kind der Mutter Na-tur zu sein. Der Mensch ist die "Mitte zwischen Gott und Nichts" zwischen den Beinen der Mutter Natur, reines Selbstbewußtsein, aber eben auch Form ohne Inhalt, unendlich vor der Natur und endlich vor Gott, Fundament aller übrigen Evidenzen.

(Man beachte, daß diese Unabhängigkeit des Ich von der Umwelt bei Descartes nicht als real unterstellt wird, sondern als ein Gedankenexperiment, als demonstrative Phantasieleistung und als technisch beflügeltes Wunschdenken.)

Der katholische Port-Royal-Jansenist *Blaise Pascal* (1623 - 1662) teilt nicht den rationalistischen Optimismus des Descartes. Zwar teilt er mit ihm die Begeisterung für mathematische Naturwissenschaft, erfindet als Zwölfjähriger die Euklidische Geometrie neu, verfaßt als echtes Wunderkind im Alter von 16 Jahren eine gewichtige Abhandlung über Kegelschnitte, konstruiert mit 19 für die Steuerpraxis seines Vaters eine erste brauchbare Rechenmaschine, entwickelt einmal unter Zahnschmerzen eine Theorie des Rouletts und damit die Wahrscheinlichkeitsrechnung, nimmt die Entdeckung der Infinitesimalrechnung vorweg und glaubt doch nicht an die naturbeherrschende Macht der Rationalität, von Valéry gerügt. Schwankend zwischen autonomer Philosophie des Subjekts und metaphysischem Irrationalismus, opfert er aber stärker als Descartes das Selberdenken des Sohnes dem Glauben an den Vater droben, d.h. die Philosophie der Mystik. War schon bei Descartes das Ego cogito endlich und unvollkommen vor Gottvater, so bei Pascal auch vor Mutter Kirche und Mutter Natur. Der Mensch ist hier wieder zermalmt von zwei Unendlichkeiten der Natur, eingeklemmt zwischen dem unendlich Kleinen, in das er zerlegbar ist, und dem unendlich Großen, vor dem er selbst zum Atom wird, aus dem er besteht. "Denn was ist der Mensch in der Natur? Ein Nichts im Angesicht des Unendlichen, ein All angesichts des Nichts, eine Mitte zwischen allem und nichts." – "Zwischen diesen beiden Abgründen des Unendlichen und des Nichts" ist er "gleichermaßen unfähig, das Nichts zu sehen, aus dem er gezogen, wie das All, in das er verschlungen ist". Dieses All und dieses Nichts sind aber die beiden Kehrseiten derselben Mutter. Das Nichts zwischen ihren Beinen, aus dem der Mensch stammt, *ist* der kosmische Weltraum, der ihn angähnt und „verschlingt". (Nicht umsonst heißt *Kosmos* wörtlich: Schmuckstück und Kleinod). Die Unendlichkeit, von der Pascal hier spricht, ist zunächst die der Mutter Natur, nicht wie bei René Descartes die Vollkommenheit des himmlischen Vaters. Gerade als kastrierte (nichts) ist die Mutter selber kastrierend (All): Sie ist gleichzeitig das gewährende und das versagende Prinzip, gut und bös ineins, und mit dieser inneren Widersprüchlichkeit der früh verstorbenen Mutter in ihm, die als ein Introjekt ihn zerreißt, wird Pascal nicht fertig, ohne bei Gottvater Zuflucht zu suchen. "Alle Dinge sind hervorgegangen aus dem Nichts und hinaufgetragen zum Unendlichen." Hier hat das Unendliche bereits väterliche Züge eines supranaturalen Prinzips, ist also ein explosives Gemisch aus Allmacht der toten Mutter und Omnipotenz des lebendigen Vaters. "Nie erfassen wir das wahre Wesen der Dinge, stets nur irgendeinen Anschein von der Mitte der Dinge, in einer ewigen Verzweiflung darüber, weder ihren Ursprung noch ihr Ziel zu kennen. Ich sehe überall nichts als Dunkelheit. Die Natur bietet mir nichts, was nicht Anlaß zu Zweifeln und zu Unruhe wäre." Sind wir Geschöpfe der Mutter Natur oder Kinder Gottes, soll ich wieder eins werden mit Mutter Erde oder dem Vater ähnlich werden?

"Das ist unser wahrer Stand im Dasein. Wir treiben dahin auf einer unmeßbaren Mitte, immer ungewiß und schwankend, von einem Ende zum anderen gestoßen. An welcher Grenze wir auch immer gedachten, uns anzuheften und Halt zu gewinnen, sie wankt und läßt uns fahren; und wenn wir ihr folgen, entwindet sie sich unserem Zugriff, entgleitet uns und flieht in einer ewigen Flucht" von dem Rabenmutterimage der Natur zum allgütigen Vater und vom strafenden Gott zurück zum Busen der Natur ad infinitum.

Was leisten da Ego und Geist? "Die ganze Würde des Menschen liegt im Denken". "Durch den Raum umgreift mich das All, durch das Denken umgreife ich es." Aber die Ichstärke der ihrer selbstbewußten Vernunft reicht nicht aus, sich gegen die Umklammerung durch die Arme der toten Mutter zu wehren. Der Mensch sei nur ein "denkendes Schilfrohr" : "Ein Dampf, ein Wassertropfen, reichen hin, ihn zu töten." Wissen ist Macht, aber es ist nicht mehr als die Macht des Wissens um die eigene Ohnmacht."Die Größe des Menschen ist darin groß, daß er sich als elend erkennt. Ein Baum erkennt sich nicht als elend. Das also heißt elend sein: sich als elend erkennen; aber es heißt groß sein zu erkennen, daß man elend ist." Der Geist reicht gerade aus, die verdrängte Urkränkung sich wieder bewußt zu machen, statt seinem Größenwahn nachzuhängen. Er ist Anwalt der Realität, kein Instrument der Naturbeherrschung. Der Mensch will seine eigenen Eltern werden, er "will groß sein, und er sieht sich klein; er will glücklich sein, und er sieht sich elend; er will vollkommen sein, und er sieht sich voller Unvollkommenheit". Dem Menschen

Pascals fehlt durchaus das, was Erikson "Urvertrauen" nannte, die Verläßlichkeit der guten Eltern *in uns.* Flucht vor der Hexe im Herzen der Fee? Die Fähigkeit zur Einsamkeit ist die Fähigkeit, mit den Bildern der Eltern angstfrei allein sein zu können, in einsamer Onanie ohne Panik, also in Lust aus glücklich gemeisterter Angst, die überwältigende Urszene ihrer kopulativen Vereinigung phantasmagorisch rekapitulieren zu können am eigenen Leibe. Der Mensch, wie Pascal ihn sieht, ist dazu nicht imstande, er flieht vor sich selbst, also vor seiner Identität, die ja ein Ergebnis von Identifikationen mit idealisierten Eltern darstellt. Der Mensch, sobald er allein ist, also all-eins mit einer *toten* Mutter, die ganz mit dem bösen Bild eines "erzürnten Gottes" verschmilzt, fühlt nur "Langeweile", die "Düsterkeit, die Traurigkeit, der Kummer, der Verdruß, die Verzweiflung", "sein Nichts, seine Verlassenheit, seine Unzulänglichkeit, seine Abhängigkeit, seine Ohnmacht, seine Leere". Diese Abwesenheit der Mutter wird als Anwesenheit einer Rabenmutter erlebt. Die gute Mutter hat mich verlassen, weil ich böse zu ihr war, und ich bin ihr böse, weil sie mich in Stich lässt.

Gottverlassen ist der Mensch einer für ihn gestorbenen Mutter ausgesetzt, und da Pascal kein Urvertrauen auf eine gute Mutter kennt, sieht er "das zerbrechlichste Ding der Welt" mit großer Verwunderung "sorglos in den Abgrund rennen". "Wenn ich die Verblendung und das Elend des Menschen sehe, wenn ich das ganze stumme All betrachte und den Menschen ohne Licht, sich selber überlassen und wie verirrt in diesen Winkel des Alls, ohne zu wissen, wer ihn dahin gestellt hat, wozu er dahin gekommen ist, was er werden wird, wenn er stirbt, unfähig zu jeder Erkenntnis – dann gerate ich in Entsetzen, wie ein Mensch, den man schlafend auf eine verlassene und schreckliche Insel gebracht hätte, und der erwachte, ohne zu erkennen, wo er ist, und ohne Möglichkeit, von dort zu entkommen. Und überdies wundere ich mich, wie man über eine so erbärmliche Lage nicht in Verzweiflung gerät." "Wie ich nicht weiß, woher ich komme, so weiß ich auch nicht, wohin ich gehe; und ich weiß nur, daß ich, wenn ich aus dieser Welt gehe, entweder in das Nichts oder in die Hände eines erzürnten Gottes falle, ohne zu wissen, welche dieser beiden Möglichkeiten ewiglich mein Teil sein wird. So ist mein Stand im Dasein, voller Schwachheit und Ungewißheit". Worüber sollte Gottvater aber erzürnt sein, um sein Jüngstes Gericht zu halten? Wir seien "auf einer Stufe der Vollkommenheit gewesen, von der wir unglückseligerweise herabgefallen sind."

Der Mensch sei "sichtlich verirrt und aus seinem wahren Ort gefallen; er sucht ihn überall, in Unruhe und ohne Erfolg, in undurchdringlichen Finsternissen." Diesen Abfall von Gottvater, der seinen Zorn hervorruft, begreift Pascal gut christlich als die Erbsünde, die er für "das allerunbegreiflichste Geheimnis" hält. Seit Freud wissen wir, daß sich hinter der christlichen Erbsünde der Urvatermord an Gott verbirgt und der Urinzest mit Mutter Natur und Frau Welt. Das will Pascal nicht wissen, oder er will nichts davon wissen, daß er das weiß, und schützt Ungewißheit vor: Das Herz soll fühlen, was der Verstand nicht sagt. Dieser „ordre du coeur" ist das Gewissen jenseits des Wissens, die Schuldangst vor Gottvater. So verbindet sich die verschlingende Rabenmutter Natur mit dem vergeltenden Vatergott, und keine allgütige Mutter schützt vor der Rachsucht des "erzürntes Gottes", und kein allgütiger Vater erlöst vom Tod in der Mutter, es sei denn durch bedingungslose Unterwerfung unter diesen Vater, durch das sacrificium intellectus. Der Sohn kastriert sich selbst: "Es geschieht nur durch die schlichte Unterwerfung der Vernunft, daß wir uns wahrhaft erkennen können." "Nichts ist der Vernunft so gemäß wie diese Verleugnung der Vernunft."

Jetzt übersehen wir das ganze Dilemma Pascals, das ihn die Philosophie aufgeben und der Mystik in die Arme treiben lässt. Im Kampf gegen die grausame Natur kann der Mensch Pascals sich nicht auf das Bild eines freien, starken, gerechten und gütigen Vaters im Himmel stützen, solange er der „Erbsünde" erliegt, diesen Vater immer neu töten zu wollen und damit seine Vergeltung herauszufordern, die Todesstrafe der ewigen Verdammung. Ein so "erzürnter Gott" schützt nicht mehr gegen den phantasierten Sadismus der unendlichen Natur, sondern verbündet sich mit ihr gegen das doppelt geschwächte Ich. „Das Endliche vernichtet sich in der Gegenwart des Unendlichen und wird zum reinen Nichts." Bei Descartes war dem Ich die Naturbeherrschung freigegeben durch seine Identifikation mit dem Vater, der vor der Naturverfallenheit bewahrte. Für Blaise Pascal fließen Vater und Mutter zu einer einzigen Omnipotenz zusammen, vor deren Schlägen ihm nur noch die blanke Selbstaufgabe bleibt. Pascal wirft Mathematik, Naturwissenschaft und Philosophie fort, stellt seine christliche Selbstbeherrschung nicht wie Descartes in den Dienst der Naturbeherrschung und kastriert sich selbst, um nicht vernichtet zu werden. Zu schwach, Mutter Natur aggressiv zu bearbeiten, zu schwach auch, den Vater zu töten, ohne von Schuldangst erdrückt zu werden, zu schwach, durch Demut einen so "erzürnten Gott" zu manipulieren, bleibt dem Ich nur die Abdankung vor der blanken Macht : „Gott Abrahams, Gott Isaaks, Gott Jakobs, nicht der Philosophen und der Gelehrten ... Gewißheit, Gewißheit, Empfindung, Freude, Friede ... Vergessen der Welt und aller Dinge, ausgenommen Gott, vollkommene, innige Entsagung".

Diese mystische Vision findet sich nach seinem Tode auf einem Zettel, eingenäht in seinen Rock. Er stirbt im frühen Alter von 39 nach Jahren der Askese und der ungeselligen Versenkung im Kloster, in Gebeten und Geißelungen.

„Wenn Pascal in Erinnerung an die Betrachtung des nächtlichen Himmels schreibt: "Die ewige Stille dieser unendlichen Räume versetzt mich in Schrecken", so kann man daraus schließen, daß bei ihm die Imago der bösen Mutter dominiert." (*Gérard Mendel*: "Die Revolte gegen den Vater", Frankfurt/Main 1972)

Descartes' *esprit de géometrie* wird (z)ersetzt durch moralistischen *esprit de finesse*, das eine selbstsichere Großsystem zerfällt schließlich in viele kleine skeptische Aphorismen.

Spinozas Denkmal für die tote Mutter

Fast scheint es, als habe sich Spinoza in der Ablehnung seiner Zeitgenossen selbst einen Vorwand geschaffen, seinem starken Hang zur mystischen Abgeschiedenheit folgen zu können. Mit einem Bannfluch aus Amsterdams orthodoxer Religionsgemeinde ausgeschlossen, brachte es der unbeirrt Sanftmütige, der aber auch Tiere quälen konnte, mit einem Pantheismus, der von der Kabbala beeinflußt war und die Naturphilosophie der Renaissance aufgriff, zum Ruf eines blasphemischen Atheisten und weltvergötzenden Naturalisten. Hatte er es doch gewagt, die Existenz eines persönlichen Gottes zu leugnen, der die Welt geschaffen hat, um sie einer relativen Selbständigkeit und die Philosophen ihrem autonomen Denken zu überlassen. Die Gottheit Spinozas thront nicht mehr majestätisch über ihrer Schöpfung wie der Vater über seiner Familie, sondern ist identisch mit Frau Welt, die nichts als die Art und Weise ist, wie Gottvater sich offenbart. So ist Benito Despinosa Atheist, weil seine Gottheit nicht mehr der biblische Vatergott ist, und so gilt er als schnöder Materialist, weil er Mater-ialist ist und in der autark unendlichen und vollkommenen Natur nur eine jungfräuliche Muttergottheit verehrt. In Wahrheit leugnet S. nicht Gottvater, verschmilzt ihn aber mit Mutter Natur zu einem einzigen Elternbild, und sein Mensch ist nur Ableger und Anhängsel, Erscheinungsform und Kind dieses idealisierten und androgynen Mannweibs, also „Modus und Akzidenz einer Substanz", um mit S. scholastisch zu sprechen.

Hier wird kein Vatergott beschrieben, der sich in der Person seines eigenen Sohnes freiwillig aus seiner Schöpferhöhe auf die sündige Welt herabläßt, um sie aus tödlicher Naturverfallenheit zu erlösen, sondern hier wird zurückgegangen in eine heidnische Vorzeit, in der Vater- und Mutterbild noch gar nicht geschieden, aus dem archaischen Elternbild noch gar nicht herausdifferenziert waren und auch das Kind sich von der Mutter, die ihr eigener Gatte war, nur abtrennt, um desto schneller sich wieder in ihre Arme zu stürzen. Spinoza holt Gottvater nicht deshalb auf Mutter Erde herab, um ihn durch Befleckung mit der sündigen Frau Welt zu profanieren und zu beleidigen, sondern um selbst in der Gottheit sich aufzulösen. Wenn Mutter Erde die bloße Form ist, in der Gottvater existiert, und der Erdensohn nichts als ein Stück Natur ist, dann ist der Mensch gerade in seiner Naturverstrickung, aus der kein Vatergott befreit, in der schützenden Gottheit gut 'aufgehoben', gerettet und vernichtet. Für Theologen sah es so aus, als sähe Sp. das gottwohlgefällige Leben nicht in einer Absage an die Weltlichkeit, sondern gerade im Buhlen mit Frau Welt. Aber die Beziehung des Menschenkindes zu jener Welt, in der Sp. die Gestalt Gottes erkannte, war ihm kein Mutterinzest, den seine Religion verteufelt. Er propagierte nie den Vatermord, um dann der Mutter als sein eigener Stammherr beizuwohnen. Gottvater ist bei ihm nicht getötet, sondern Ein Fleisch mit Frau Welt, und dieser Gott ist kein eifersüchtig rivalisierender Übervater, weil der Sohn ihm nicht jenen Phallus rauben will, mit dem er in Mutter Erde eindringt, weil er sie ihm gar nicht wegnehmen will, die von ihm gar nicht abgehoben ist. Diese verzehrende Sehnsucht Spinozas, der Mutter Natur gemäß zu leben, ist eine philosophische Sehnsucht nach symbiotischer Identifikation und nicht nach genitaler Vereinigung mit ihr. Der Mensch ist Weltkind, weil er Kind Gottes ist, und verliert sich in der pränatalen Einheit mit der gleichzeitig verschlingenden und bergenden Muttergottheit. Die aus der christlichen Dreieinigkeit verdrängte und auf die böse Welt projizierte Weiblichkeit der Gottheit schlägt in Gottvater zurück: das Verdrängte kehrt wieder. Gottvater wird so verführerisch weiblich wie Frau Welt, vor der er gerade bewahren sollte. Gottvater, Sohn und Heiliger Geist: Aus diesem Geist hatte das Christentum alle femininen Züge verbannt, die nur in Maria eine apokryphe Untergrundexistenz führten, sieht man ab vom Schoß der Mutter Kirche und von der homosexualisierten Effeminierung der Soutanenträger. Daß Spinoza in diesem 'Parakleten' wieder die verdrängte Mutter Natur entziffert hatte, zog ihm den Verfolgerhaß seines christlichen Zeitalters zu. Gottvater, Menschenkind und Mutter Erde: das ist die spinozistische Trinitätsformel. Diese theologische Dreifaltigkeit der göttlichen Personen besagt für S. keine demokratische Gewaltenteilung zwischen hebräischem Naturgesetzgeber, christlichem Weltenrichter und quoranischer Schwert-Exekutive, sondern die

Dreieinigkeit von Vater, Mutter und Kind, die familiäre *Urszene* einer konfliktlos zwangsharmonisierten Urgrundsymbiose.

Immaterielles Denken und materielle Ausdehnung, sie sind nicht wie bei Descartes „Substanzen", getrennt durch den Geschlechtsunterschied, sondern „Attribute ein und derselben Substanz", einer Magna Mater von archaischer Allmacht, aus der Sp. allerdings alle Destruktivität säuberlich verdrängt hält. Männlicher Esprit und weibliche Körperlichkeit sind Kehrseiten derselben weltschöpferischen Urmutter. Diese „Natura naturans" bringt ihre Kinder zur Welt, die sich aber nicht wirklich von ihr lösen, ihre Identität nicht in der Abnabelung von ihr finden, sondern ihr Eigentum auch und gerade dort bleiben, wo sie zu ganz selbständigen Menschen herangewachsen sind. Ist der Mensch nur ein Modus und Affekt der Substanz wie das Kind nur eine Akzidenz der Mutter, dann ist die Mutter notwendig und ihr Kind zufällig: Die Frau ist Frau auch ohne ihr Kind und ihren Gatten, das Kind aber Kind nur als Kind einer Mutter. Nun nennt Sp. das Sein und die Materie auch Ursache alles Seienden und Ursache ihrer selbst. Dabei ist die Mutter *ens causa sui* in dem Sinne, in dem sie sich selbst als Mutter erst hervorbringt dadurch, daß sie Mutter eines Kindes und zugleich Kind einer Mutter ist. Besonders der Sohn ist nicht Urheber seiner selbst, sondern Er-zeugnis eines anderen, also nicht durch und aus seinesgleichen entstanden wie seine Mutter. Spinoza scheint zu glauben, daß die Menschenkinder in jeder Sekunde von eben dieser Mutter neu im Sein erhalten werden müssen, um nicht im Nichts des Abyssos zu verschwinden, daß sie also in jeder Sekunde von dieser Mutter widerrufen und zurückgenommen werden können. Der einzige Unterschied zwischen Mutter und Kind, zwischen Substanz und Modus, zwischen esse-in-se und esse-in-alio ist einer ums Ganze. Weiblichkeit besteht und versteht sich nicht durch ihre Kinder, die nur aus der Mutter kommen und zu verstehen sind. Allerdings wird die Gottheit erst durch Menschenkinder zur Mutter Natur, aber durch sie in ihren Möglichkeiten auch eingeschränkt : Modus est determinatio substantiae. Determinatio negatio est („Ethica", epist. 50). Diese unsterbliche, schaffend unerschaffene Urmutter besteht aus ihrem Kopf und der Ausdehnung ihrer schwangeren Leibeshöhle, ein einziger „denkender Körper".

Ihr Verstand, das ist ihr Wille. Aus diesem vergötterten Mannweib ist das vaterlose Kind jungfräulich geboren. Ein Vater würde die *unio mystica* von Mutter und Kind nur stören und zerstören. Spinozas berühmte „Ethik" handelt vom Verhältnis seiner Gewißheiten zu einem urmütterlichen Gewissen. Als Weltschöpfer ist Gottvater seine eigene Gattin, er hat alle *Mater*ialität in sich, welche die Christen aus ihm verdrängen und auf die gefallenen Geschöpfe abschieben. Der männliche Geist wird eher naturalisiert als Mutter Natur (durch aggressive Materialbearbeitung) spiritualisiert.

Hier liegt ein Unterschied zu Descartes, dessen geistige Kinder vom Mutterleib der Natur abgenabelt sind, bis sie Macht gewinnen über ihre archaische Abhängigkeit von der Körperwelt. Spinozas Mensch ist nicht Herr der Natur, sondern ihr ewiges Kind: natura naturata. Sein Geist ist kein Instrument, der fatalen Naturverstrickung zu entkommen, sondern das bevorzugte Mittel, durch Erkenntnis der Naturgesetze dem freien Willen der übermächtigen Mutter Natur sich anzupassen, und diese Naturgesetze sind nicht wie bei Descartes die gottväterlichen Gesetze, denen Mutter Natur unterworfen ist, sondern jene Gesetze, die sie sich selbst erläßt und die Sp. als gutes Kind seiner Mutter kennen muß, um nach der Natur zu leben. Das Menschenkind liebt seine Mutter, aber dieser „amor Dei intellectualis" ist kein genitaler Inzest, sondern die platonische Liebe des Kindes zur Mutter ist jene Mutterliebe, mit der die Mutter narzißtisch sich selbst liebt — gleichsam durch die Liebe ihres Kindes hindurch.

Wer die Mutter liebt, kann nach S. keine Gegenliebe begehren, denn er würde damit begehren, daß die Mutter keine Mutter wäre. Gerade in seiner vollentwickelten Selbständigkeit bleibt und vermehrt der Sohn so nur das Eigentum seines Ursprungs. Die Natur eines solchen Menschen wird darin bestehen, einmal in die Welt gesetzt, die er wie ein Exil empfindet, so rasch wie möglich wieder in den Schoß der Mutter Natur zurückzukehren. Das Erdendasein wird erlebt als ein einziger abzukürzender Umweg heim zu den Müttern. Das Einzige, was Spinoza hindert, sich im Kurzschlussverfahren umstandslos in die lockenden Arme der Mutter Natur zu werfen, ist ihre Ordre, sich erst zu einem großen und starken Mann für sie zu entwickeln, um als *ihr* Phallus ihrem (durch die phantasierte Urkränkung der Kastriertheit) lädierten Selbstwertgefühl aufzuhelfen. Spinozas Hang zur Einsamkeit ist der Drang, jenseits aller Väter und Brüder allein zu sein mit dieser Großen Mutter, die er nicht zufriedengestellt hat, weil er sie genital befriedigt hätte, sondern weil er ihre Machtwünsche und seine Mission in ihrem Auftrag erfüllt hat. Zum Lohn darf der Mensch Spinozas in die kindliche Ursymbiose zurück. Die Glückseligkeit ist dabei kein Lohn für den Gehorsam gegen väterliche Gebote, sondern die Tugend, den narzißtischen Launen einer herrschsüchtigen *Magna Mater* willfahrt zu haben und dafür unter ihrem Rock zurückkriechen zu dürfen. Weltliche Existenz ist Dauerforum der Bewährung. Der Erdensohn wird von Mama in die Welt hinausgeschickt, für sie und an ihrer Stelle zu kämpfen, um ihr seinen Ruhm zu Füßen zu legen, zu ihrer größeren Ehre. Im frühen Alter verschwindet Spinoza dann aufatmend in ihrem Schoß: „Er starb den 21.2.1677, im 44. Jahre seines Alters, an der Schwindsucht, an der er lange gelitten — übereinstimmend mit seinem Systeme, in dem auch alle Besonderheit und Einzelheit in der Einen Substanz verschwindet." *(Hegel)*. Im Alter von sechs Jahren hatte S. seine leibliche Mutter verloren, und seine „Ethik" setzte ihr ein unsterbliches Denk-Mal. Die unvergleichlich Eine „ergießt" sich wie bei Plotin nur in eine weltliche Mannigfaltigkeit, die in die Ureinheit gleichwohl ganz „eingeschlungen" und „eingefaltet" bleibt. Körper und Geist bringen es nicht zu substantieller Selbständigkeit gegenüber dieser kindgefräßigen Gottheit, die als durch und durch gut phantasiert wird, weil ihr mater-ieller Leib keinen rächenden Vaterphallus beherbergt, auf den S. zu stoßen fürchten muß beim Versuch, in die frühverstorbene Mutter nekrophil sich aufzulösen. Da der Sohn weder den Vater töten noch die Mutter ihm wegnehmen will, droht ihm keine Todesgefahr, er kann sie vergöttern. Spinoza sieht alles mit den Augen der toten Mutter *sub specie aeternitatis*. Alles ist in der Gottheit und wird in ihr bewegt wie das Kind im Mutterleib. Der Geist erkennt die Körper, weil beide Attribute derselben archaisch unpersönlichen Mutter sind und ewig in ihr bleiben. Die Idee des Kindes in ihrem Kopf führt nicht notwendig zu dessen Existenz und Geburt. Wo das Menschenkind wähnt, seiner Willkür zu folgen, gehorcht es insgeheim der Stimme der Mutter Natur in ihm.

Zweckgerichtetes Handeln setzt ein väterliches Vorbild voraus, das bei Sp. nicht existiert : Kausal treibt mich, was ich final zu betreiben glaube. Beim späten Freud „Jenseits des Lustprinzips" sind Triebe so konservativ, den Organismus orgiastisch zurückzuführen in die tote anorganische Mater-ie. Die Bibel enthält gottväterliche Sittengesetze, die die Eihüllen sprengen, an der Mutter und Kind ersticken. Sp. fordert Freiheit der Philosophie, die nur rein mütterliche Naturgesetze erkennt, von der Offenbarung des Vaters.

„Liebe ist Lust, verbunden mit der Idee einer äußeren Ursache ... Lust ist Übergang des Menschen von geringerer zu höherer Vollkommenheit." *(Spinoza)*

Erst ein Leibniz gibt die potentiell unendlich große, friedlich homosexualisierte Geschwisterhorde selbständiger Individuen dann frei, zusammengehalten durch einen gottväterlichen Naturgesetzgeber, aber leider auch nur „more geometrico".

Philosophen „stellen sich sämtlich, als ob sie ihre eigentlichen Meinungen durch die Selbstentwicklung einer kalten, reinen, göttlichen, unbekümmerten Dialektik entdeckt hätten, ... während ... zumeist ein abstrakt gemachter und durchgesiebter Herzenswunsch von ihnen mit hinterher gesuchten Gründen verteidigt wird." *(Friedrich Nietzsche: „Jenseits von Gut und Böse")*

„Herr von Glövenix" : Leibniz

Gottfried Wilhelm Leibniz (1646-1710) war als Philosoph, Mathematiker, Naturwissenschaftler, Historiker, Jurist, Theologe und Diplomat der letzte europäische Polyhistor, der sich Zeit seines Lebens bemühte, die divergente Vielfalt der zunehmend sich verselbständigenden und zersplitternden Einzelwissenschaften noch einmal unter den Hut einer allgemeinen und einheitlichen, philosophisch fundierten Wissenschaftstheorie und humanistischen Praxisfinalität zu bringen und dieser endlos ausdifferenzierbaren Einheit des Wissens institutionalisierte Foren des interdisziplinären Diskurses zu verschaffen.

In den allermeisten Spezialdisziplinen seiner Zeit innovativ erfolgreich, war der Ehrgeiz dieses barocken Geistes gleichwohl vor allem gerichtet, die formalen Bedingungen der Möglichkeit wissenschaftlicher Forschung in Sozietäten und Akademien politisch zu institutionalisieren und neben dem Wissenstand seines Zeitalters die allgemeinen Prinzipien und Methoden szientistischer Wahrheitsfindung zu einem vereinheitlichten, theoretisch-praktischen Weltbild zu systematisieren. Sein konzilianter Geist litt wie später Hegel an der Zerrissenheit der Erkenntnisse und Lebensverhältnisse, an den Diskordanzen spezialisierter Borniertheit.

Greifen wir hindurch auf den Grundgedanken seines selbst in Korrespondenzen und Adhoc-Abhandlungen überfragmentierten Werkes, so sehen wir Leibniz umgetrieben vom Verhältnis zwischen Einheit und Vielheit, von Universalität und Individualität. Er zielt auf die harmonische Vereinigung, ohne sie durch Opfer an Mannigfaltigkeit und Singularität erkaufen zu wollen. Er will dem Individuellen jeder Partikularität gerecht werden und sie doch gleichzeitig „aufheben" in einen integrativen Zusammenhang, der ihr Besonderes aber nicht kastriert. Gesucht wird kein Kamm, über den alles sich umstandslos scheren läßt, sondern ein metaphysisches Fundament, in dessen Licht der ganze Reichtum einzelner, isolierter Bestimmungen als eine zwanglose Ausdifferenzierung

dieses Prinzips verständlich wird, ohne in einen sinnlosen Plunder-
haufen auseinanderzufallen. Überwunden werden soll der spinozistische Monismus einer Mutter-Kind-Zwei-einheit, in der das Menschenkind nur akzidentelle Modifikation der Mutter Natur ist und
in der Symbiose mit ihr ständig neu verschwindet. Überwunden
werden soll aber nicht weniger der cartesianische Zweisubstanzen-
Dualismus von Vater und Mutter, von Mann und Frau. Löst sich
bei Spinoza das Individuum in der vereinigten idealisierten Eltern-
Imago auf, gescheitert am übermächtigen Generationsunterschied,
so klafft bei Descartes der Geschlechtsunterschied unversöhnlich
auf. Beides ist für Leibniz unerträglich. Die Natur macht keine
Sprünge, weder von Eltern zu Kindern noch von Mann zu Frau.
Ein kontinuierliches Spektrum je kleinster Übergangsschritte verbindet Geschlechter und Generationen, das Bewußtsein mit dem
Unbewußten. Aber wie realisiert sich die Einheit der Welt nicht
gegen ihre Vielfalt, sondern im Gegenteil durch ihre Individuationen hindurch, ohne sich als Harmonie aufzugeben, ohne aber auch
diese Harmonie herzustellen durch Kastration des Nicht-Identischen am Individuum? Leibniz gibt sich alle Mühe, die pluralisti-
sche Multiversität des Universums nicht von oben herab wegzu-
identifizieren, das Viele nicht in einem Einerlei zu ertränken oder
aus dem hybriden Geist herauszuspinnen, um es desto leichter wieder auf den Geist zurückführen und in ihn zurückschlingen zu können. In der "Monadologie" nimmt er den ausgebreiteten Reichtum
der Welt ernst, gibt ihn frei, ohne ihn in ein geistiges Zwangssystem vorweg einzuspannen. Es gibt nicht mehr wie bei Spinoza
nur eine Substanz, die Elternimago, nicht mehr wie bei Descartes
nur zwei Substanzen, das Männliche und das Weibliche, sondern
unendlich viele, das riesige Reich der Kinder Gottes, die Welt rivalisierender Geschwister gleichsam.

Seine erste akademische Schrift trug den Titel: „De principio
individui". Leibniz verteidigte sie als siebzehnjähriger Baccalau-
reus der Philosophie. Das Individuationsprinzip hat er nie in Raum
und Zeit oder Materie gesehen, sondern im „principium identitatis
indiscernibilium", der Unterscheidbarkeit aller sozialen Atome, die
er Monaden nennt. Jedes Individuum ist eingemauert in seine Iso-

lation und solipsistische Innerlichkeit, durch einen Abgrund von Unbeeinflussbarkeit von jeder Brudermonade getrennt, die Gesellschaft ist quasi demokritisch atomisiert. Aber die Individualität stößt dem Individuum nicht von außen zu durch Negation des Universellen : "Omne individuum sua tota entitate individuatur. Negatio non potest producere accidentia individualia." Auch werde die Species nicht durch die differentia individualis der Haecceität zum Individuum kontrahiert, sondern alles, was existiere, sei durch sein Dasein selbst schon etwas Individuelles und Ausindividuiertes.

Diesen nominalistischen Individualismus hat er ja seinen universalistischen Neigungen nie geopfert. Das Individuum sei ein *ens positivum*, entstehe nicht via negationis, weder als Existenz aus der Essenz, noch durch Spezifikation des Universalen, das schon beim Siebzehnjährigen recht pythagoreisch-platonisch getönt ist: "essentiae rerum sunt sicut numeri ... non sunt aeterni nisi ut sunt in Deo." Schon der Zwanzigjährige kann sich das Universale nicht anders vorstellen denn als *ars combinatoria*, als Lullische Kunst der Weltrekonstruktion im log(ist)ischen Planspiel. Leibniz träumt davon, es müsse „eine Art Alphabet des menschlichen Gedankens ersonnen und durch Kombination der Buchstaben dieses Alphabets und durch die Analyse der aus ihnen gebildeten Wörter alles gefunden und beurteilt werden." Dieser Logische Atomismus des Gedankenalphabets nimmt schon die „Monadologie" vorweg, sind doch die Monaden keine materiellen, sondern metaphysische Atome und ideelle Punkte, aus denen die Welt kombiniert sein wie der Geist aus dem Puzzle logischer Elementarpartikel zusammengesetzt werden soll. Die Individuen bei Leibniz sind in sich bereits universell, das Naturhafte in sich schon geistig bestimmt, nicht gegen den Geist pointiert. Die *scientia universalis*, für die in der *characteristica universalis* eine Art mathematisch-logischer Formelsprache gefunden werden soll, die *lingua et mathesis universalis* des Geistes, ist der Trick, die geistige Einheit der atomistisch unendlich zersplitterten Welt dadurch zu erweisen, daß diese geistige Einheit selbst erst zusammengesetzt wird aus logischen Atomen und mathematischen Buchstaben. Der Geist sucht dem Individuellen gerecht zu werden, indem er sich selbst aus Elementarteilchen aufbaut, in die schon aller Geist a priori hineingepumpt ist, der dann darin gefunden wird. Leibniz wagt nicht wirklich den Sprung aus dem Geist heraus in die Realität, aus dem Universalen ins Nicht-Identische des Partikularen. Er liebt überhaupt nicht die Diskontinuität, sondern bestimmt das Individuum, die monadische *vis primitiva*, doch wieder privativ als mehr oder weniger Geistiges und Bewußtes, als "fulguration" der göttlichen Idee, als sich im Individuellen verlierende bloße Emanation des Geistes. Die Monade ist in sich so universal, wie das Universale aus logischen Monaden zusammengestückelt wird. So ist die Identität des Sohnes mit dem Vater wiederhergestellt und metaphysisch etabliert. Gottvater ist das Ich-Ideal, das gemeinsame Überich aller dnrchindividuierten Mitglieder der reichverzweigten Bruderhorde, der internalisierte Synchronisator ihrer aller biologischen Uhren. Jede Geschwistermonade weiß, was die Uhr geschlagen hat, ohne daß eine externe Vaterfigur ihr noch etwas sagen müßte : Die Monaden brauchen keine Fenster, durch die etwas ins Individuum herein- oder herauskommt, ist doch das Individuum die Einheit seiner internen Identifikate.

Jede der unendlich vielen Monaden, die auch dort nach dem Bild menschlicher Subjektivität entworfen sind, wo von. Materiellen, unbelebten Dingen die Rede ist, macht sich zu einer anderen als jede andere Monade, unteilbar, selbsttätig, unabhängig, von Gottvater geschaffen und nur durch ihn vernichtbar, raumzeitüberhoben, ohne "Fenster" auf eine andere Monade hin außer auf Gott, die *monas monarum*. Um aber zu verhindern, daß das bloß gleichgültige Nebeneinander der einander total entfremdeten Monaden zu einem feindseligen Gegeneinander und die personale Nichtidentität zwischen ihnen zu Gegensatz und Widerspruch entartet, also das bloß Konträre zum Kontradiktorischen, die tolerable qualitative Andersheit zum hobbesschen Krieg aller gegen alle sich aufwirft, hat Leibniz dafür gesorgt, daß jedes Individuum dadurch vergesellschaftet bleibt, daß es gerade in seiner Individuation das gesellschaftliche Ganze in sich reproduziert, deren Bestandteil es ist. Jede Monade ist so eine zweideutige „Einheit", numerische Einzelheit unter vielen und gleichzeitig vereinigende Allgemeinheit vieler Punktualitäten. Dieses Universum umfaßt dann ebenso viele Monaden, wie jede Monade *Perzeptionen* enthält, und in jeder

Monade ist die Totalität, deren Mitglied sie ist, verdoppelnd verinnerlicht, wie bei Freud das Subjekt ein Ensemble aus Es, Realitätsprinzip und Überich darstellt, die Gesellschaft noch einmal en miniature. Die metaphysischen Atome unterscheiden sich voneinander nur durch den Grad an Bewußtsein von ihren eigensten Introjekten, Identifikaten und Internalisaten. So ist die Monade vereinzeltes Individuum unter anderen und (Spiegel und Konzentrat der) Gesellschaft aller Individuen zugleich, weil sie sich zu ihren Perzeptionen (von den übrigen Monaden) verhält wie das Universum zu seinen Monaden. Das Verhältnis des einzelnen ideellen Weltkraftpunktes zu seinen unendlich vielen Vorstellungen a priori ist dem Verhältnis der Substanz zu ihren unendlich vielen potentiellen Akzidenzien isomorph, aristotelisch. Subjekt-Prädikat-Logik. Notwendige Vernunftwahrheiten, kurz „vérités éternelles de raison", artikulieren sich in analytischen Urteilen nach dem Satz vom Widerspruch, zufällige Tatsachenwahrheiten, „vérités contingentes de fait", aber nach dem *Grande Principe* des beizustellenden, zureichenden Grundes in synthetischen Urteilen, in denen das Prädikat nicht nur tautologisch expliziert, was im grammatischen Subjekt bereits a priori enthalten ist. Nach Leibniz sind nun die Monaden für einen endlichen Geist nur synthetische Urteile, die immer einen zureichenden Grund benötigen für die Wahrheit der Perzeptionen. Nur in den Augen Gottes stellt sich jede Monade als Tautologie dar und fällt in ihren Perzeptionen analytische Urteile über sich und das All.

Dem unendlichen Geist, der das Universum zu überschauen vermag in all seinen Bedingungsgeflechten, sind die Perzeptionen einer Monade nur tautologische Prädikate, die im monadischen Subjekt bereits impliziert waren, und der aktive *appetitus* von einer *perceptio* zur nächsten entfaltet nur diesen impliziten Gehalt des Subjekts. Dabei widersprechen die Perzeptionen einer Monade einander so wenig, wie die Monaden selbst einander gegenseitig ausschließen. Die psychoanalytische Entsprechung dazu bietet sich an: Die Biographie eines Menschen ist in nuce bereits in ihrer allerfrühesten Kindheit dispositionell festgelegt als Ineinander von hereditärer Anlage und interaktiv eingespielten familiären Verhaltensstilen. So rekapituliert die Lebensgeschichte nur die unbewußten infantilen Erfahrungsmuster, ohne daß mehr wesentlich etwas dazugelernt werden kann.

Nach Freud neigt jedes Leben dazu, zwanghaft tautologisch seine eigene Kindheit, in die es gebannt bleibt, zu wiederholen. So wird das Leben zum analytischen Urteil über das Individuum – für den Blick des Analytikers. Oberflächlich betrachtet, erscheint es allerdings als synthetisches Urteil a posteriori, als könnte in späteren Lebensjahren an Verarbeitungsweisen und an Handlungsstereotypen noch etwas dazukommen, was aus der Kindheit nicht schon erklärbar und ableitbar wäre, als könnte der Einzelne noch von außen geändert werden, statt wie ein Pfeil von der vorgespannten Bogensehne abzufliegen. Aber nur *sub specie aeternitatis*, in den Augen des Psychoanalytikers oder Gottes, entpuppt sich das fassadär synthetische Lebensurteil als analytisches, die späteren Schicksale einer Person als geheime tautologische Kindheitsfortschreibungen, die scheinbar kontingente Begebenheiten eines Lebens als notwendig aus unbewußten Infantilmustern folgende Konsequenzen, die Tatsachen als versteckte Tathandlungen des Kindes im Erwachsenen, die rationalisierten *verites de fait* als *vérités de raison* des überzeitlich Unbewußten. „Omne ens habet rationem", „nullum ens sine ratione". Alles, was ist und nur so da zu sein scheint, habe einen zureichenden Grund dafür, daß und was es ist und warum es so und nicht anders ist, als es nun einmal ist, und dieses Motiv liegt zunächst außerhalb des Bewußtseins, also der Reichweite des Ich, im Es oder Überich oder der Realität, und das Ich kann sich darauf entschuldigend berufen, als sei ihm da etwas unverschuldet von außen zugestoßen. Wäre nun ein Mensch vollständig durchanalysierbar, argumentiert Leibniz, wäre also der Psychoanalytiker Gottvater persönlich und der Analysand in dem Maße total analysierbar, als er ein Geschöpf seines Analytikers wäre, so würde sich zeigen, daß die *ratio sufficiens reddenda*, die ichdystone causa efficiens eines Verhaltens, eine geheime causa finalis des Unbewußten ist, daß also im Grunde der Grund für das, was den Einzelnen wie von außen zu bewegen scheint, sein eigenes Unbewußtes ist und tautologisch aus der Kehrseite des Ich hervorgeht, und daß das Ich, weit entfernt, in dem, was ihm heteronom begründet passiert, was ihm widerfährt und was es erfährt, seine Identität zu verlieren, sich im Gegenteil in all seinen verschiedenen Perzeptionen nicht selbst widerspricht, sondern substantiell gerade durchhält wie „Gott in seinen Myriaden diverser Monaden". Der zureichende Grund für die *connexio* des Subjekts mit seinen akzidentellen Prädikaten ist für Leibniz letztlich das monadische Subjekt selbst. Das monadisch verkapselte Ich ist nichts als die generalisierte Einheit seiner prädikativen Vorstellungen, und jede bewußte Perzeption wie das Meeresrauschen aus vielen unbewußten *petites et insensibles perceptions* zusammengesetzt. Die libidinöse Appétition der Monade, ihre *vis activa* und energetische *force primitive*, ist zwar keine autoerotische Besetzung, richtet sich aber nicht allo-erotisch auf andere exogame Liebesobjekte, sondern bleibt inzestuös fixiert an frühkindliche Internalisate.

Im Es und Überich hat das Menschenkind Mutter und Vater per-zipiert, in der Elternimago die ganze Welt durch-genommen und vorweggenommen als Urmodell, in dessen Licht es alles weitere später sehen und beurteilen wird. Alle patri-syntonen, patri-synchronen Brudermonaden des großfamiliären Universums leben bei Leibniz im „consentement préétabli", weil sie auf das gleiche Ich-Ideal homosexuell vereidigt sind und denselben gefürchteten und geliebten Vater im Himmel haben. So bricht trotz des immensen Kinderreichtums der leibnizschen Welt die Geschwisterrivalität nicht aus. Sexualneid und fratrizide Phantasien sind ab ovo unterbunden durch gemeinsame Überichbindung der Söhne an denselben postpatrizidal idealisierten Übervater. Jedes Individuum ist mit jedem anderen identifiziert und doch ganz ausindividualisiert durch den jeweiligen Bewußtseinsgrad seiner Identifikationen. Jeder der Brüder ist so ein narzißtisch autonomes Subjekt mit tolerierten egoistischen Sonderwünschen, und doch ist seine unverwechselbare spezifische Differenz als ein bloßes Differential integriert in die großfamiliale kosmische Kontinuität. Konfliktuöse Differenzen zwischen den Brüdern und zwischen der Bruderhorde und dem Vatergott werden von dieser metaphysischen Differentialrechnung weginfinitesimalisiert, limes gegen Gottvater, „die Gosse, worin alle die Widersprüche zusammenlaufen." (G. F. Hegel: „Vorlesungen über die Geschichte der Philosophie", Werkausgabe, Frankfurt

/Main 1971, Bd. 20, Seite 255).

Die gemeinsame Überich-Bindung aller Monaden an das gleiche patri-lineare Ichideal ist dabei umso stärker, je unbewußter es ist. Jede Monade darf wähnen, ihren ureigensten Interessen und Trieben zu folgen, während sie in Wirklichkeit hinterrücks dem universalen Überichdiktat gehorcht, das sich gleichsam durch den Egoismus der Monaden hindurch über deren Köpfe hinweg durchsetzt. So schlägt das scheinbar egoistisch Böse immer zum allgemeinen Besten aus, wenigstens *sub specie aeternitatis*. Auf diesem Liberalismus beruht die „Theodizee" des Ganzen bei Leibniz.

Der Aufstandstrotz von Junior ist als hörnerablaufender Dummejungenstreich in das übergroße gottväterliche Trainingsprogramm vorweg eingebaut, die Sünde in den übergreifenden Heilsplan integriert. Hierzu bedarf es keiner mechanischen toten Holzklötze und demokritisch passiven Atome mehr, die von außen und von oben hin und her zu schieben sind, sondern die Stimme des Vaters ist im Herzen des Sohnes selbst installiert, die Eigendynamik des Individuums insgeheim teleologisch auf die väterliche Ziele und Endzwecke einprogrammiert. Die pseudo-autonome Spontaneität der Monade kann freigegeben werden, mündet ihre Eigen-Entelechie und Schwerkraft doch sowieso in das ein, was vom *Unum dominans* von Anfang an beschlossen, vorgesehen, entschieden und verhängt war. Die Bäume wachsen nicht in den Himmel, die Monade ist nicht primär-narzißtisch omnipotent, sondern durch die je private Perspektive ihrer Perzeptionen vorweg beschränkt. Sie „erdrängt" nie das Ganze, sie drückt nur den undeutlichen Wunsch danach auf höchst persönliche Weise aus. Streng mechanistisch determiniert als bloßer Teil der Familie, ist sie doch gleichwohl final gerichtet als Versuch, in ihrer rivalisierenden Partikularität totalitär zu regieren. So ist alles vernünftig, d.h. patriarchalisch eingerichtet "in der besten aller möglichen Welten", die die Interessen der Brüder und des Vaters gleichgut berücksichtigt, dem einzelnen Kind den Schein von Freiheit läßt, den inneren Frieden der Bruderhorde gewährleistet und sie mit dem himmlischen Vater "versöhnt". Leibniz unterschrieb viele seiner Briefe mit "Pacidius". Wir sehen, daß dieser Familienfriede mit der Respektierung des Inzest- und Patrizid-Fratrizid-Tabus erkauft ist, daß er nur eine „pseudo-community" begründet, wie auch die infinitesimal wegdifferenzierten Differenzen der fragmentierten Bruderhorde nur zu einer „pseudo-hostility" führen, eine „schizophrenogene" Familiensituation des Leibnizschen Universums der vielleicht „abgründigen Mengen".

Niemand kommt zu dem Seinen, weil jeder dazu kommen soll. Descartes habe nur ins Vorzimmer der Wahrheit geführt mit der Dominanz des männlichen über das weibliche Prinzip. Leibniz macht den Anspruch, ins Audienzzimmer kurz vor dem geheimen Kabinett der Mutter Natur vorgelassen zu werden, allerdings „sans prétendre de pénétrer dans l'interieur". In der Tat. Ihr paternaler Idealismus, die verinnerte Kastrationsdrohung, hindert die Geschwistermonaden daran, das Innere der Mutter Natur zu penetrieren, subsumiert sie unters eine, allgemeingültige notwendige Vernunftgesetz a priori gerade dort, wo sie jede ihre *vis activa* und *force primitive* auszutoben wähnen. Die Trennung und Ablösung der Kinder voneinander und von der einen spinozistischen Muttersubstanz, die Individuation aus der Ursymbiose heraus ist beendet und voll gelungen. Die Vergesellschaftung und Reintegration der losgelassenen cartesianischen Egoitäten, um ihre anome Autonomie und aggressive Acedie wiedereinzufangen, gelingt nur noch über die Vaterimago im Herzen der monadischen Individualität selbst, über das Überich durch das Ich hindurch, nicht von oben und außen übers Ich hinweg. So ist die neuzeitliche Autonomie des Subjekts im gleichen Moment wieder eingezogen, wo sie konzediert ist, der Sieg des Mannes über den Muttermoloch der Natur eingebunden in den Gehorsam der Brüder gegen den Vater, Die individuelle Partikel ist der mathematischen Logik Gottes unterworfen, deren Universalität durch die innere Logizität, Vernünftigkeit und Konsensualität der Sozialatome hindurch sich herstellt. So wenig die Brudermonaden miteinander gemein haben und auf den gleichen Nenner zu bringen sind, die Logik stellt ihre Relationen dar, zu denen sie selbst nicht geneigt sind. Mutter Erde wird vom väterlichen Geist vermessen, der zur Geometrie wird.

Der Vater gibt die perspektivischen *points de vues* wie die *points metaphysiques* vor, damit die *Erkenntnis* der Mutter Natur durch die Brudermonaden unvollständig bleibt, das Überich restringiert ihre Omnipotenz. Die *materia prima* ist das Krafthindernis, das Inzest- und Fatrizidtabu, an dem die Brudermonaden sich individualisierend zerstreiten, an dem die Omnipotenzaspirationen der Einzelmonaden sich wechselseitig relativieren, in Schach halten und ausbalanzieren. Bei Leibniz kommt es unter dem vergesellschaftenden Druck der väterlichen Kastrationsdrohung zu keiner Regression der Monaden auf die Ebene der primärnarzißtischen Mutter-Kind-Zweieinheit, sondern zu homo-erotischer Identifikation aller Mitglieder der Geschwisterhorde aus der gemeinsamen homosexuellen Identifikation mit dem Vater heraus.

Die berühmte "prästabilierte Harmonie" aller Uhren im Hause muß nicht ständig neu durch himmlische Donnerwetter rektifiziert werden, sondern die Uhren sind gleichgestellt, das Getriebe gleichgeschaltet von Anfang an. Der Vater weiß am besten durch Furcht vor ihm, wie die Söhne daran zu hindern sind, einander die hitzigen Köpfe einzuschlagen im Kampf um Mutter Natur, die bei Leibniz nirgends explizit thematisch wird, nur als Einheit und gemeinsamer Ursprung ihrer Kinder auftaucht. In der Welt ist so die Kompatibilität aller Söhne miteinander und mit dem Vater ganz gesichert, ohne den permanenten Mord zu institutionalisieren : das *principium plurimarum compossibilitatum*, das Prinzip der größtmöglichen Mitmöglichkeit aller Individuen. Die einzige klare Idee der Seelenmonade ist die Vorstellung vom Vater, das Überich, alle übrigen Vorstellungen vom weiblichen „Kosmos" (Kleinod) werden verworren gehalten : „L'ame est un petit monade, où les idées distinctes sont une représentation de Dieu et où des confuses sont une représentation de l'univers."

Das weibliche All, Mutter Natur, wird zwar durch die Sinne vom Sohn "erkannt", aber immer nur im Lichte des Überich, des väterlichen Verstandes: *Nihil est in intellectu quod non fuerit in sensu nisi ipse intellectus.* Was der Vater will, weiß der Sohn, bevor er irgendeine Erfahrung mit Frau Welt gemacht hat. Welche Frau dem Sohn dann wie begegnen und erscheinen mag, bleibt zufällige Tatsachenwahrheit, wenn nur die Überichbildung als notwendig anerkannt ist. Descartes' *ego cogito* wird als vérité de fait relativiert, weil es kein Überich kennt, kein supra-ego cogito, weil es nicht zur Raison des Vaters gebracht ist, weil es nichts weiß von der axiomatischen vérité innée des Überich. In den „Principes de la nature et de la grace" (1714) drängt es die Natur des Sohnes von sich aus zur Gnade des Vaters, dessen Liebe höchste Glückseligkeit verheißt, weil er die glücklichste, liebenswerteste und vollkommenste Substanz ist. Der Vater widerspricht mit seiner Gnade nicht der Natur des Sohnes, zerstört und bricht sie nicht, vergewaltigt sie nicht, sondern hebt sie hegelisch auf, weil ja der Sohn in nuce selbst ein Vater ist, ein Mann, der potentiell seine Entelechie, seine *perfectiohabia* in sich hat und sie nachahmt. Die Brudermonaden beeinflussen und dominieren einander nicht, sondern sind einzig dem idealen Einfluß des Vaters ausgesetzt, der sie pazifiert. Der Leibnizianismus bringt also für sein Zeitalter die optimale Verbindung der größtmöglichen Vielheit und Individualität mit der größtmöglichen Einheit, Ordnung und Kompossibilität zuwege, indem er die unendlich vielen koexistierenden Welten als unendlich viele perspektivische Abschattungen derselben Naturmutter in den Augen ihrer Anbeter versteht. Die Hitzköpfe der Söhne stehen unter dem löschenden Urinstrahl des Vaters, unter der "fulguration continuelle de la Divinité", unter seiner homosexuellen Dauer-Insemination. Aber eigentlich halten sich die Söhne eher gegenseitig in Schach, als daß sie vom Vater und von oben eingeschränkt werden. Bei Leibniz leuchtet eine postpatriarchale Welt auf, in der die Geschwister sich durch ihre Rivalität selbst wechselseitig in die Schranken der Kompossibilität verweisen. Die maternale *materia prima* ist nämlich nicht mehr die verbotene Mutter, in der abschreckend der väterliche Phallus sitzt, sondern die Grenze, die der primärnarzißtisch omnipotente Vateranspruch jeder Monade am Omnipotenz-Anspruch des „confrater" findet: „Neque enim materia prima in mole seu impenetrabilitate et extensione consistit". *Und :* „Omnis substantia est activa, et omnis substantia finita est passiva, passioni autem connexa resistentia est". Jede Monade hat die konkurrierenden Ambitionen aller übrigen Monaden in sich verinnerlicht, und ihr Gewissen besteht aus dem Es aller Brudermonaden, die sie equilibrieren muß. All diese Es-Ansprüche der rivalisierenden Geschwister vereinigt jede Monade in sich unter dem vorgängigen Gesichtspunkt einer Einheit unter dem einen Vater in der Antezipation seines Willens. Sie ist *mundus concentratus* aller übrigen Monaden samt der göttlichen *monas monarum* darüber, *speculum vitale*, „un miroir vivant perpetuel de l'univers", „par des petites perceptions insensibles", ein gebremster inzestuöser *conatus, nisus praeexistens, primum constitutum*, das *in* seiner individuellen Vereinzelung den Konsensus aller Monaden unter dem Vater realisiert und spiegelt. Widerstand findet jede Monade an der Brudermonade, nicht direkt am väterlichen Penis im Schoße der begehrten Mutter Natur. Der *nexus* mit mütterlichen *massa*, der materiellen *materia secunda*, wird reguliert von dieser passiv erlittenen Koexistenz der Brudermonaden, die miteinander auskommen müssen, nolens volens.

Bezeichnend für Leibniz ist, daß er der Bruderhorde der Monaden nicht die Selbstregulation ihrer friedlichen Koexistenz zutraut, sondern Gottvater herbeizitieren muß, der die Konvergenz der divergenten Wünsche sichern muß durch homosexuelle Bindung an ihn. (Noch heute funktioniert ja der aus dem politischen Kompetenzraum ausdifferenzierte marktwirtschaftliche kapitalistische Konkurrenzliberalismus auch nur, solange Vater Staat die politischen Rahmenbedingungen der bürgerlichen Ökonomie garantiert als interventionistischer Supervisor. Der Vater sorgt dafür, daß die Spielregeln ungestörten Wettbewerbs auch eingehalten werden, er ist apriorische Bedingung der Möglichkeit brüderlicher Kompetitionskoexistenz.) Daß die Monade nach dem Bilde des Ich konzipiert ist, gesteht Leibniz an vielen Stellen : Sie ist "une véritable unité qui repond a ce qu'on appelle MOI en nous …"

"Weiterhin aber ist zu erwägen, daß dieses Prinzip der Tätigkeit (Drang, Trieb) uns in höchstem Grade verständlich ist, weil es gewissermaßen ein Analogon zu dem bildet, was uns selbst innewohnt, nämlich zu Vorstellung und Strebung." (30. 6. 1704) „Dieser Gedanke meiner selbst ... fügt zu den Gegenständen der Sinne etwas hinzu... Da ich nun einsehe, daß auch andere Wesen das Recht haben können, Ich zu sagen, oder daß man es für sie sagen könnte, so verstehe ich durchaus, was man ganz allgemein als Substanz bezeichnet." (Brief an Königin Sophie Charlotte von Preußen, Lettre touchant ce qui est indépendant des Sens et de la

Matière, 1702).

„Denn da die Natur der Dinge gleichförmig ist, so kann unsere eigene Wesenheit von anderen einfachen Substanzen, aus denen sich das ganze Universum zusammensetzt, nicht unendlich weit verschieden sein." (Brief an de Volder am 30. 6. 1704).

Die Übergänge zwischen Mann und Frau, Vater und Sohn und Mutter, Belebtem und Unbelebtem, Bewußtem und Unbewußtem, sind fließend. Lassen wir Leibniz seine Lehre selbst resümieren:

„Enfin la somme de mon système revient a ceci, que chaque Monade est une concentration de l'univers, et que chaque Esprit est une Imitation de la divinité. Qu'en dieu l'univers se trouve non seulement concentré, mais encore exprimé parfaitement, mais qu'en chaque Monade crée il y a une partie exprimée distinctement, qui est plus où moins excellente, et tout le reste, qui est infinit n'y est exprimé que confusément. Mais qu'il y a en Dieu non seulement la concentration, mais encore la source de l'univers. Il est le centre primitif, dont tout le rest émane, et si quelque chose émane de nous en dehors, ce n'est pas irnmédiatement, mais parce qu'il a voulu accomoder d'abord les choses à nos désirs. Enfin lorsqu'on dit, que chaque monade Ame, Esprit a reçu une loi particulière, il faut ajouter, qu'elle n'est qu'une Variation de la loi générale qui règle l'univers; et que c'est comme une meme ville parait différente selon les diffférents points de vue dont on la regarde."

(Bemerkungen zum Artikel Rorarius in Bayles Dictionnaire, Gerhardt, IV, 553).

Uns bleibt nur hinzuzufügen, daß die Stadt ein psychoanalytisches Symbol für die Mutter ist, der man beiwohnen und in deren Weichbild man geborgen sein möchte. Da aber jeder Mikrokosmos ein Internalisat des fraternalen Makrokosmos bildet, bleibt Leibniz mit jeder seiner Monaden außerhalb der Stadtmitte, „sans prétendre de pénétrer dans l'intérieur."

Rousseau : Aufklärung oder zurück zur Mutter Natur?

"In Rousseaus Phantasie auf der Insel Saint-Pierre ist die Identifikation mit dem Bild der "guten Mutter" ebenso enthalten wie die Unmöglichkeit, sich mit der Vaterimago zu identifizieren außer durch Sublimierung." (*Gerhard Mendel*: "Die Revolte gegen den Vater", Frankfurt/Main 1972, Seite 65 f.).

"Die Fusionslust ist von außerordentlicher Intensität - darin dem Orgasmus ähnlich sowie, in anderer Hinsicht, jenem Lustgefühl, das Rousseau auf der Insel Saint-Pierre erlebt hat." (a.a.O., S. 75): "Während Rousseau eine Allianz mit der guten Mutter – einer idealisierten Mutter-Natur – herzustellen versucht, um seinen homosexuellen Wünschen zu entfliehen, versucht (ein Diktator) sich mit der erbarmungslosen, grausamen Natur – der Imago der bösen Mutter gegen den Vater zu verbünden." (a. a. O. , S. 259)

Mit seiner Absage an die korrumpierenden Wirkungen von Wissenschaft und Kunst steht Rousseau zwischen Dialektik der Aufklärung und romantizistischer Gegenaufklärung, wenn er den in die Prähistorie zurückprojizierten Urzustand des Menschenkindes, das mit Mutter Erde allein und all-eins ist, gegen alle spätere patrilineare Überformung und Entartung ausspielt. Der Sündenfall, die Vertreibung aus dem primärnarzißtischen Paradies, beginnt nach Rousseau mit der soziohistorischen Premiere des Phalls und seines inzestuösen Gebrauchs in der Einführung von Bergbau und Ackerbau in die wohl mutterrechtlich urkommunistische Gesellschaft. Von da an verdrängt der analsadistische Egoismus der Eigentumsgesellschaften das kontrationale Mutter = Naturrecht. Im "Contrat social" (1754-1762) versucht Rousseau, seine naturrechtlichen Phantasien, welche dann die Französische Revolution mitinspirierten und auf Kant, Fichte und Hegel mächtig wirkten, zu vereinbaren mit der nicht mehr rückgängig zu machenden Tatsache eines Vaters Staat. Hier wird die Möglichkeit eines politischen Lebens diskutiert, das nach dem Vatermord nicht mehr von übermächtigen Schuldgefühlen der Täter erstickt wird wie im Christentum. Der *contrat social* will den gemeinsamen postpatrizidalen Verzicht aller Brüder und Schwestern auf den Besitz jener Frau Welt regeln, um deren willen der Vater überhaupt zu beseitigen sei. Der homoerotische *volonté générale* der Bruderhorde ist dabei nicht identisch mit dem inzestuösen, rivalisierenden *volonté de tous* aller Brüder im Einzelnen und damit auch gegeneinander.

Dieser Gesellschaftsvertrag erlaubt ihr gemeinsames friedliches retour à la nature, ihr inkonfliktuöses, prä-ödipales Nebeneinander an den Zitzen der Großen Weltmuttersau. Jeder narzißtische Macht- und Freiheitsanspruch findet seine "natürliche" Grenze am Respekt vor dem Macht- und Freiheitswillen des Mitbruders, und diese verbleibende Freiheit, welche sich die Brüder gegeneinander und gegen die feierlich aufgegebene Mutter Natur noch herausnehmen, ist oralnutritiver Natur, nicht einmal ein analpossessives Abgrenzungsmanöver, geschweige denn inzestuös bzw. fratrizidal. Dieser Kompromiß zwischen akzeptiertem Inzestverbot und der Freiheit zur degenitalisierten Rückkehr an den Busen der Natur macht diese Theorie so populär, attraktiv und suggestiv.

Alles Übel komme nur vom *Prinzip Vater*, das den Sohn von den Mutterimagines fernhalten wolle, aus denen alles Böse und Versagende auf den feudalistischen Souverän projiziert ist, den es fortan zu desavouieren gilt, auch und gerade zu treffen gilt in seinen szientistischen und kulturellen Machtinstrumenten. Mutter Natur ist gut, der Vater ist schlecht, das ist alles: das Über-Ich, vor dem das Es böse ist, ist böse. Aber insgeheim wird dem Über-Ich doch wieder rechtgegeben, wenn nicht zur Befreiung jener unterdrückten Bedeutung des Es aufgerufen wird, gegen die das Über-Ich sanktionierend gerichtet ist, sondern zur Emanzipation seiner präinzestuösen Intention, welche das Über-Ich eher unterläuft als provoziert.

Die Brüder erschlagen den Vater und schließen, um sich nicht gegenseitig zerfleischen zu müssen oder von postpatrizidalen Schuldängsten erdrückt zu werden, den Gesellschaftsvertrag zum gemeinsamen Verzicht auf den inzestuösen Gebrauch der Mutter Natur. Aber nach Mendel ist dieser Vater nicht nur deshalb böse, weil er sich zwischen Mutter und Sohn stellt, sondern auch, weil der mit der Mutter effeminiert identifizierte Sohn seine eigenen verpönten homosexuellen Wünsche nach dem Vater auf ihn projiziert hat. Er ist der Teufel, der auto-erastische Verführer und sadistische Verfolger, auf den die böse, paranoid persekutorische Mutterimago projiziert ist. Später holte das Verdrängte ihn dann ein: Rousseau endete im Verfolgungswahn, aus den ihn auch David Hume nicht mehr zu befreien vermochte, von Voltaire ganz zu schweigen.

Versuch einer Psychoanalyse
von Kants Transzendental-Idealismus

Eine der großen Entdeckungen Kants sind die *syntheti-schen Urteile a priori*. Sie geben an, was das Menschenkind von Mutter Natur wissen kann, bevor es *sinnliche Erfahrung* mit ihr gemacht hat, und *transzendental* gilt ein unerfahrenes Wissen, wenn es diese sinnliche Erfahrung überhaupt erst möglich macht. Adam *erkennt* Eva, sagt die Bibel, der Erdensohn erkennt seine Mutter Natur nicht so, was sie *an sich,* d.h. für Gottvater sein mag, sondern nur so, wie sie für das Menschenkind da ist, als Mutter. Das Inzesttabu und Kastrationsverbot untersagen dem Erdensohn strikt, ihr Dingsbums an sich zu erkennen. Für ihn ist sie nur da wie eine Mutter für ihr Kind, nicht wie eine Frau für ihren Mann. Sie ist ganz für ihn da, das Kleinkind hat die Mutter ganz für sich, sofern es darauf verzichtet, das junge *Ding an sich* erkennen zu wollen. Das Kind sieht Mutter und Vater neben- oder übereinander und sich selber zwischen ihnen, dort hat es seinen Spiel-Raum, und es setzt sein Bild von Mutter Natur aus ihren Partialobjekten und seinen eigenen Partialtrieben mit der Zeit langsam zusammen. Die *sinnliche Mannigfaltigkeit* der *Sinnesreize,* die ihm sein Empfinden von ihr vermitteln, liefern erst einmal, mit Sigmund Freud gespro-chen, "Partialobjekte" wie Stimme, Blicke, Augen, Gesicht, Brüste, Schoß etc., die von ihm Schritt für Schritt zur Identität ein und derselben Mutter vereinigt werden müssen, wie auch das Baby seine eigene Selbstidentität stufenweise aus Identifizierungen mit Partialobjekten seiner primären Bezugsperson langsam synthe-tisiert und integriert. Die Identität der Mutter im Wechsel ihrer As-pekte (und ihrer An- und Abwesenheiten) entspricht der Identität des Kindes im Wechsel seiner Stimmungen und Vorstellungen. Das Menschenkind lernt mit der Zeit, die Bezugsperson wiederzu-erkennen und sich selbst als dasselbe *apperzeptive* "Ich denke" im Wechsel seiner Vorstellungen zu identifizieren. Über die Präsenzen der Mutter Natur gewinnt der Erdensohn immer mehr Macht, nicht über das Dingsbums an sich der Frau Welt, die ganz für den himm-lischen Vater reserviert bleibt. Divide et impera, beide teilen sich die Natur: Dem Sohn erscheint sie als Mutter, als solche ist sie ganz für ihn da, ihr *Ding an sich* aber ist allein für den himmlischen Vater da. Der Ständer des männlichen Verstandes schreibt der Mutter Natur ihre Gesetzte vor, er nötigt sie, auf seine Verhörfragen zu antworten, und zwingt sie, sich von der gewünschten Seite zu präsentieren. Die *transzendentale Ästhetik* malt aus, woraufhin der Erdensohn die schöne Frau Welt in aller unbefleckten Sittenreinheit anschaut, bevor er sinnliche Erfahrung mit ihr macht: Seine *reine Anschauungsform* ihrer ansehnlichen Formen ist das bloße Auseinander, nicht das ganze Ineinander. Vater, Mutter und Kind(er) sind durch den kleinen Unterschied räumlich und den Generationsunterschied zeitlich voneinander getrennt. Das abgenabelte Kind kann gar nicht anders, als sich räumlich getrennt von der Mutter zu empfinden und zwischen seinen Elternteilen, die durch den kleinen Unterschied voneinander getrennt sind. Der Raum ist der Kinderspielraum zwischen ihnen. Wie die Mutter das Kind aus sich heraus gebiert, so stellt seine Vor-Stellung sie vor sich hin als Vor-Bild, das er sich von ihr macht. Der Erdensohn ist *sinnlich affiziert* von ihrem genitalen *Ding an sich,* das er gleichwohl nicht *erkennen* kann und darf. Er richtet sich nicht nach ihr, sondern sie muß sich als Mutter ganz nach ihm richten. Sein Blick wandert langsam an ihrer schönen Leibesfülle entlang, wie die Hand auf dem Papier eine Linie zieht, und integriert dann mit Hilfe seiner Einbildungskraft aus ihren vielen Körperteilen, deren jedes zuerst für die ganze Mutter steht, langsam ein Du nach dem Bilde des Ich, und aus den eigenen Triebakten ein konsistentes Cogito sum nach dem Bilde des Du – nicht des bloßen Gewohnheitstiers David Hume. Wie unsere Urteile diverse Individuen unter ihren *einen* Begriff bringen, so bringen unsere Kategorien diverse Aspekte von ihm unter *ein* Anschauungsobjekt. Diverse Vorstellungen von ihm sind Aspekte desselben Objekts wie diverse Individuen Objekte desselben Verstandesbegriffs.

Bevor ich sinnliche Erfahrung mit Mutter Natur mache, weiß ich *a priori,* also ex ovo von früher her, vom bergenden Mutterleib her, wie sie mir in ihrer Mater-ialität gegeben ist, nicht wie sie ihrem himmlischen Gemahl sich hingibt. Was ich somit *vor* aller sinnlichen Erfahrung von meiner Mutter Natur weiß, macht alle spätere sinnliche Erfahrung mit Frau Welt überhaupt erst *transzendental* möglich, *a priori,* von meiner intimen Vertrautheit aus vorgeburtlicher Einheit mit ihr im Mutterleib. Das Kind in ihrem Leibe ist ja nicht die Ursache seiner Mutter, bringt sie aber in mütterliche Form. Die Vernunft des Gotteskindes will Mutter Natur „nehmen", ver-nimmt aber die väterliche Donnerstimme, und sie gibt, was sie an sich hat, dem Gatten. Was Mutter Natur ihrem Menschenkind gibt, ist ihre *Mater*ialität, die es in anschauliche mütterliche Leibesform bringt. Reine Ästhetik bedeutet: „Der Raum macht Beziehungen."

Die *Deduktion seiner reinen Verstandesbegriffe* in der *transzendentalen Analytik* führt die Gegenstandsformen der Mutter Natur auf die Urteilsformen ihres Kindes zurück. Die Formen, über Mutter Natur zu urteilen, bestimmen dabei die Formen, in denen sie sich mir als Gegenüber präsentiert. Die Einheit einer oder mehrerer Bezugspersonen in all ihren Aspekten oder in einigen oder in nur einem einzigen Aspekt, ein und dieselbe Bezugsperson einmal ganz anwesend (positiv) oder ganz abwesend (negativ) oder nur eingeschränkt (limitiert) verfügbar, dann als meine Ursache, die mich in die Welt setzte oder auf die ich als Kind Wirkungen ausübe, dann das Kind als Ziel und Zweck seiner Eltern oder umgekehrt oder beides in Wechselwirkung zugleich, alle immer durcheinander und füreinander da. Ein Urteil ist eine Aussage primär über die (erst durch den Vater) entwöhnende Ur-teilung von Mutter und Kind und spricht ihre teilweise Wiedervereinigung aus in den alten logischen *Kategorien von Quantität, Qualität, Relation* und *Modalität.* Der *transzendentale Idealismus* idealisiert das Vermögen des Erdensohns, Mutter Natur und Gottvater in seiner Vorstellungswelt zu idealisieren, ohne sich mit ihnen real zu vereinigen.

Wenn Kant in sich selber den Raum ausspannt, kann er (die ihm von Gottvater freigegebene Seite der) Mutter Natur als Introjekt oder Internalisat in diesen transzendentalen Innenraum hereinholen und ganz umfassen, andernfalls wird er selbst vom kosmischen Uterus der Mutter Natur verschluckt, also von dem Welt-Raum, dessen Weiten der himmlische Vater aufgespannt hat. Kant entscheidet sich für die erstere Möglichkeit, um die Oberhand wenigstens über die Inhalte seiner Immanenz zu behalten. Er zieht es vor, daß die rein aktive Potenz seines Verstandes den nur passiv empfangenen gefährlichen Sinnesreizen der Mutter Natur die männliche Form aufprägt, also den eher unwillkürlichen Eindrücken seine ureigene Ausdruckskraft willkürlich aufdrückt. Um kein verschlungener Inhalt für weibliche Formen zu werden, erklärt Kant sich zur be-greifenden Form für ihre passiv *rezeptiven Materialien*. Seine Konzepte bestimmen ihre Konzeption, und er prägt dem weiblichen Sinnes*material* seinen kategorialen Verstandesstempel auf, um kein ohnmächtiges Wachs in formgebenden Händen zu werden.

Die *transzendentale Dialektik* zeigt die Vernunft, die über die sinnliche Erfahrung hinaus "aufs Ganze geht" und sich dabei notwendig in Widersprüche verstricke. Ist Mutter Natur beschränkt oder grenzenlos (teilbar bzw. erweiterbar)? Weder noch, befindet Kant. Sie ist ja nicht zusammengesetzt aus den Partialobjekten, in die sie zerlegt werden kann, und sie ist von sich aus nicht unendlich groß, läßt sich vom Menschenkind aber beliebig über alle Maßen "idealisierend" zur Vollkommenheit ausweiten. Ist das Menschenkind frei oder abhängig von Mutter Natur und Gottvater? Sowohl als auch, befindet Kant. Als Sproß der Mutter Natur ist es abhängig, als Geschöpf des himmlischen Vaters kann es sich befreien vom „Gängelband der Natur" und selber eine ganz neue Generationenfolge anfangen, also auch in freien Akten neue Wesen in die Welt setzen. Die vermeintlichen Gottesbeweise seien gar keine, denn : mater certissima, pater semper incertus. Aus dem Wunschdenken über Gottvater folge noch nicht, daß er für die Erdenkinder auch wirklich da sei. Er bleibe nicht mehr als eine *regulative Idee,* ein sinnvolles Leitbild: Es sei vernünftig, so zu leben, *als ob* wir Kinder dieses himmlischen Vaters seien. Wenn das Gotteskind sich der Mutter Natur nicht sinnlich unsittlich nähere und wenn es seinem "Über-Ich", der verinnerlichten Stimme Gottvaters, immer folge, werde es nicht belohnt durch sinnenglückliche Vereinigung mit Mutter Erde, aber doch würdig, glücklich zu werden durch intellektuelle Identifizierung mit Gottvater, der jedes Gotteskind für eine friedliche Koexistenz mit seinen übrigen Kindern freigegeben habe.

Der *kategorische Imperativ* ist das Verbot des väterlichen Imperators: Tue nichts, was einem deiner Brüder verhaßt wäre. Kants *praktische Vernunft* regelt den Verkehr in der Bruderhorde, die gemeinsam auf die Schändung der von allen geliebten Mutter

Natur verzichtet. Wenn *ich* sie nicht erkennen kann, soll niemand sie erkennen dürfen; wenn jeder der Brüder die Mutter Natur für sich allein beanspruche, könne niemand sie für sich allein haben.

Alle enthalten sich ihrer dem himmlischen Vater vorbehaltenen „Erkenntnis", also des Mutterinzests und des Vatermords. Der Erdensohn erkennt in der Natur, was er sinnlich von ihr erfährt, nur die Mutter und nicht die Gattin. Die *Triebfeder meines Willens* dürfe keine *sinnliche Neigung* sein, sondern ich gehorche gleichsam nur mir selber, wo ich mich vom leiden-schaftlichen Zwang dieser sinnlichen Zuneigung zu ihr befreie. Wer dem Trieb nachgebe, werde von ihm getrieben und sei unfrei in seiner Willkür. Die Freiheit sei Selbstbeherrschung, und dem gottväterlichen Über-Ich gehorche ich nicht aus Liebe zu ihm, sondern aus Achtung vor seinem Wunsch, der mir Gesetz und Befehl ist. Affekte überwältigen uns, und Willkür sei Freiheit von verzehrender Leiden-schaft des Erdensohns für Mutter Natur, die Gattin des himmlischen Vaters, dessen Idee Idealist Kant im "Kanon der reinen Vernunft" huldigt, wo er dessen Existenzbeweise gerade noch bestritten hatte. Ein emanzipiertes Subjekt mache sich frei von verstrickenden Affekten für sein erstes hinreißendes Liebesobjekt, das *an sich* für den Herrn im Himmel da sei und den Gotteskindern lediglich ganz seine nährende und fürsorglich nützliche Seite zukehre, meint der Moraltheologe Kant.

Mein *guter Wille* genüge, die Folgen meines Tuns liegen nicht bei mir. Kant will seine Ichstärke bewahren und bewähren. Er will sich von der Mutter Natur weder um ihn herum noch in ihm selbst („sinnliche Neigung") versklaven lassen und dem himmlischen Vater schon genügt haben, indem er seinem eigenen Über-Ichideal gehorcht. Seine *praktische Vernunft* versucht nachzuweisen, daß er sich eigentlich nur seinem eigenen Ich unterwirft, wo er seinem „Über-Ich" folgt, also auch dort herrschen kann, wo er nur sich selbst beherrschen muß, um nicht von den eigensten Triebneigungen vollends beherrscht zu werden. Mein Ich bestimme ja nur über sich selbst, wo es sich vom eigenen Über-Ich bestimmen lasse. Dadurch glaubt Kant seine stolze Kontrolle über eigene Naturregungen gesichert. – „Alle Neigungen setzen uns in Sklaverei." „Über alle Vorstellungen des Gemüts Herr zu sein; man nennt dies den Verstand."

Die *transzendentale Ästhetik* preist die ansehnliche Schönheit der Mutter Natur mit der genitalen Ur-teils-Kraft des Erdensohns, der schöne Kunstwerke so erschaffen will, wie er selber das schönste Kunstwerk seiner Mutter ist. Ein geschmackvolles Ur-Teil beweisen alle brüderlichen Menschenkinder mit "interesselosem Wohlgefallen" an Mutter Natur. Kunst kommt von Können und sexueller Potenz, aber jeder erfreut sich an Mutter Natur im Kunstgenuß, ohne ihre leibhaftige Existenz ganz für sich allein haben zu wollen. Sinnlicher Kitzel sei unästhetisch wie Völlerei und Habgier. Ein Kunstgenuß bestehe im belebend gesunden und freien Spiel aller Gemütskräfte wie Sinnlichkeit, kühler Kopf, Begehren, Gefühl, Einbildungskraft etc., aber ohne Anspruch darauf, das *Ding an sich* der sinnesreizenden Mutter Erde genital zu *erkennen*. Erhaben und nicht nur schön wirkt sie, wo das Menschenkind von seinem eigenen Vermögen überwältigt ist, der überwältigenden Macht ihrer mater-iellen Formen über sein *spontanes Vermögen* nicht ganz erliegen zu müssen. Die Kritik der Kraft von Kants Ur-Teil hat einen zweiten Teil, der zeigt, daß jedes zweckgerichtete Tun des Erdensohns so tun muß, *als ob* auch die schöne Mutter Natur und der himmlische Vater über (und in) ihr als übergroße Personen so zweckgerichtet handeln wie ihre Menschenkinder, die es somit in der ganzen Schöpfung stets und überall mit sich sinnvoll kreuzenden Absichten zu tun haben.

Kants „*transzendentale Synthesis des sinnlich Mannigfaltigen*" bedeutet psychoanalytisch betrachtet eine volle Integration von Partialobjekten zum Liebesobjekt und von Partialtrieben zum *apperzeptiven* Cogito, „das alle meine Vorstellungen muß begleiten können". Sie zielt auf eine präödipale Verschmelzung des Kindes mit seiner Mutter, nicht auf eine fruchtbare Vereinigung mit der Gattin des Vaters. Kant zeigt hier eine bemerkenswert analerotische Vorliebe für jede Form von puritanischer Reinheit, säuberlicher Trennung und diskreter Ordnung. Das transzendental Subjektive bei ihm heißt „rein", wenn es frei bleibt von Sinnesreizen und Affizierungen durch Sinnes*material* der Natur. Die analsadistische Phase seiner Entwicklung sucht feste Kontrolle zu gewinnen über die Natur in ihm und um ihn herum, über das bloße *Material* seiner Verfügungswillkür. Kant will nicht foetaler Inhalt mütterlicher Leibesformen bleiben, sondern seine reine Verstandes- und Anschauungsform will sich diese *sinnlich affizierenden Mater-ialien* oralsadistisch einverleiben, verdauen und ganz zu eigen machen. Dazu muß er fein säuberlich, eben *kritisch* unterscheiden lernen, was in seiner eigenen Macht liegt, was seine geistigen Stanzformen sich an leibhaftigem Material von außen sinnlich (vor)geben lassen müssen, und was endgültig anzuerkennen ist außerhalb seiner Verfügungsgewalt.

Selbsterkenntnis ist bei Kant unmöglich, das Ich kann sich als „Ding an sich" nur anerkennen und bestimmt sich doch als selbsttätige Synthesis des spontanen Cogito. Das Über-Ich des Sohnes ist das väterliche Ich im Sohn, und der systematische Zwangsneurotiker Kant identifiziert sein Über-Ich mit seinem Ich, um sein Es abgewehrt zu halten, damit die verinnerlichte Unterwerfung unter Gottvaters Gesetz und unter allgemeingültige Mutter-Naturgesetze vom Erdensohn als seine freie „Selbstgesetzgebung" erlebt werden kann. Das entschädigte ihn dafür, dass er aus seiner Subjektivität so wenig je herauskam wie aus seiner Geburtsstadt Königsberg.

Ein transzendentaler Ödipuskomplex?

„We never advance one step beyond ourselves"
(David Hume)

Es fällt zu leicht, den Menschen Immanuel Kant als *analen Charakter* wegzuanalysieren, um dann im transzendentalen Idealismus und Selbstkritizismus der reinen Vernunft ein anankastisches Zwangssystem ritueller Abwehrmechanismen (gegen die Rückkehr verdrängter "Erkenntnis"-Wünsche ins Bewußtsein) zu entdecken. Gewiß, Kant war so pünktlich, daß die Leute nach seinen Spaziergängen ihre Uhren stellten, und gewissenhaft bis zur Pedanterie der Architektonik seiner Werke. Er liebte diese "Reinheit" über alles, wusch Vernunft und Anschauung frei von aller mater-ialen Befleckung, getraute sich nach eigenem Bekunden nicht, einer Frau, die ihm gefiel, sich mit diesem "groben und einfältigen Gefühl" zu nähern, ordnete das Chaos der Weltreize so weit weg, daß nur noch physikalisch purifizierte Welt und preußische Pflichterfüllung übrigblieb. Seine Schüchternheit vor dem

Ding-an-sich, seine Bescheidenheit vor der Scheide der Mutter Natur, diese Mischung aus bedauernder Resignation und rationalisierter Angst – und Verzicht auf die Freßgier gegenüber der Welt – zeigen schon sympathisch das Scheitern der idealistischen Weltusurpation des Subjekts an seiner eigenen infantilen Maßlosigkeit.

Immer fiel auf, wie wenig sich die epochale Tragweite seiner Grundgedanken von der Dürftigkeit seiner engen Lebensverhältnisse relativieren ließ, wie sehr sein Genie gerade darin bestanden hat, weiter zu denken, als er selbst biographisch reichte. Und doch : Kam nicht die menschliche Subjektivität bei Kant aus ihrer Immanenz so wenig heraus wie er selbst zeitlebens je aus seiner Vaterstadt Königsberg und seinem Junggesellenstand?
Seine zwangsneurotisch hypochondrischen Anwandlungen regten ihn zur Abfassung einer Schrift an, auf deren Psychoanalyse man sich beschränken könnte, wollte man ein Psychogramm der Privatperson Kant entwerfen: "Von der Macht des Gemüts, durch den bloßen Vorsatz seiner krankhaften Gefühle Meister zu sein". Noch der Marast sah mit achtzig Jahren wie ein Jüngling aus.
Seine Ehescheu rationalisierte er so, "daß unverehlichte ... alte Männer mehrenteils länger ein jugendliches Aussehen erhalten, als verehlichte ... Sollten wohl die letzteren an ihren härteren Gesichtszügen den Zustand eines getragenen Jochs verraten?" Unzufriedenheit, Unruhe und Angst brachen auf, sobald Kant die geordnete Regelmäßigkeit seiner Lebensführung nur gefährdet sah; alles Spontane, Unvorhergesehene, Ungeplante drohte sein Abwehrsystem sofort zu erschüttern. Der Angewiesenheit der reinen Vernunft auf sinnliche Erfahrung hat er in seinem System eher ein Denkmal gesetzt, als daß er sich den kategorial unpräformierten, qualitativen Sinnesreizen wirklich ausgesetzt hätte ohne Überich-Filter. Er hat die Leere der „Begriffe ohne Anschauung" eher auf den Begriff gebracht als sie anschaulich gefüllt. "Die Metaphysik, in welche ich das Schicksal habe verliebt zu sein", verglich er mit einem babylonischen "Turm, der bis an den Himmel reichen sollte". Aber Kant scheute zurück vor dem Konflikt mit dem phallischen Turm des Vaters und kroch in ein präödipal-uterines "Wohnhaus", das "zu unseren Geschäften auf der Ebene der Erfahrung gerade geräumig und hoch genug ist". Aber nach Kant ist meta-

physisches Bedürfnis des Menschen, eine von den Elternimagines frei und unsterbliche narzißtische Allmacht, die Identität mit dem Vater und die "Erkenntnis" der Mutter Natur zu erreichen, ebenso unausrottbar wie unerfüllbar: die Idee bewahrt auf, was der Begriff sich verbietet, die „Träume eines Geistersehers" überleben die Selbstkastration einer unbefleckten Vernunft, die jene verspottet.

Jedermann sieht die Welt nur durch seine Brille, alles ist subjektiv. Wir kennen Objekte nur so, wie sie uns erscheinen, wissen nur, was sie für uns, nicht was sie für sich selbst sind. Das "Ding an sich" bleibt uns verborgen hinter der persönlich gefärbten Fassade, die es uns zukehrt: Das ist es, was der gesunde Menschenverstand des durchschnittlichen Halbbildungsbürgers von Kant weiß und an ihm so schätzt. Praktisch gewendet: Ich sehe die Gegenstände daraufhin an, ob und wie sie mir nützen können oder nicht. In meinen Augen *sind* sie das, was ich von ihnen habe, ist das Gegebene das, was es mir gibt oder verweigert.

Wenn ich einen Sachverhalt aber nicht so beurteile, wie er ist, sondern wie ich bin und will, nicht so, wie es sich verhält, sondern wie ich mich (zu ihm) verhalte, dann werde ich der Maßstab für die Wahrheit meines Urteils, das sich an mir selbst bewähren muß um den Preis, daß mir die *wirkliche* Wirklichkeit verschlossen bleiben muß, aber auch gleichgültig sein kann, ist sie doch nur Rohmaterial meiner Bearbeitung. Für sie wird wichtig, was ich aus ihr mache, und in der Erkenntnis paßt und schmiegt mein Urteil sich nur einem Objekt an, das ich bereits auf meine Zwecke und Absichten hin zurechtgestutzt, mir auf den Leib zugeschnitten habe, damit es mir recht in den Kram passt. Die Dinge sollen so sein, wie sie schmecken; ich höre nicht auf sie, sondern sie gehören mir? Was "an" einer Sache ist, bestimmen meine Bedürfnisse, der Rest ist unverwertbar; die Welt ist das, was sie mir wert ist. Das 'Ding an sich' ist alles, was der Abfall ist? Das Bedürfnis danach kommt eben erst auf, sobald das Gegebene nicht genug herzugeben scheint und unbefriedigt läßt, sobald das, was ich an einer Sache finde, als Abfindung empfunden wird, die mir das Eigentliche vorenthält? Kratzen wir nur resignierend an einer zu harten Schale herum oder werfen wir mit diesem Ding-an-sich nur den ohnehin unverdaulichen Kern der Frucht weg, den Knochen unter dem abgenagten

Fleisch, oder sind wir gar froh, der Welt gar nicht auf einen schauerlichen oder kränkenden Grund kommen zu können, wollen wir nur nicht auf Granit oder in einen Wurm beißen?

Nach Freud ist das Erkenntnisvermögen eine späte, mit neutralisierter Triebenergie vollbrachte Ichleistung, das Denken ein inneres, ökonomisches Probehandeln mit minimaler Energiebesetzung. Steht die Wahr-nehmung psychischer Selbst- und Objektrepräsentanzen ontogenetisch zu Beginn der menschlichen Entwicklung fast ganz unter der Herrschaft des (quasi prä-subjektiven) Lustprinzips, so zwingt im Zuge weiterer Entwicklung eben dieses Lustprinzip uns zunehmend zu einer generalisierten "Realitätsprüfung".

Die Welt, so wie sie wirklich sein mag, muss ja vom Subjekt, das seine Lust in ihr sucht, in genau dem Maße berücksichtigt und richtig eingeschätzt werden, in dem es ganz reale Unlustquellen und Hindernisse seiner Lustsuche als solche erkennen muß, um ihnen aus dem Wege gehen oder sie beseitigen zu können. Dem Lustprinzip folgen heißt also nicht nur, von der Welt selektiv nur das zur Kenntnis nehmen, was Spaß macht, und den Rest übersehen, sondern auch und gerade das ins Auge fassen, was sich den eigenen gebieterischen Wünschen hart widersetzt, um noch größere Unlust zu vermeiden, die aus der Fehleinschätzung des realen Widerstandskoeffizienten der Dinge erwachsen kann. Gerade die fortschreitende "Realitätskontrolle", das Interesse an dem, was wirklich da und zu gewärtigen ist, womit also zu rechnen ist, steht bei Freud im Dienst des Lustprinzips, ohne es aufzuheben. Das Wissen darum, daß und wann die Welt nicht so will, wie ich wohl will, die gesicherte Erkenntnis dessen, was an sich und nicht für mich, sondern für andere da ist, wird Instrument eines klug gewordenen Wunschdenkens, statt es abzulösen. An anderer Stelle begegnet Freud dem radikalen erkenntnistheoretischen Skeptizismus mit dem entwicklungspsychologischen Hinweis, daß unser gesamter "Erkenntnisapparat" ja doch durch graduelle Ausdifferenzierung jener Realität selbst entstammt, die er zu erkennen hat, daß es also nicht zwischen Subjekt und Objekt eine solche substantielle Kluft gibt, die zu sophistischen Zweifeln an der Existenz einer Außenwelt überhaupt berechtigen könnte.

Scheuen wir uns nicht, die kantische "Unerkennbarkeit" des Dinges-an-sich in biblischem Sinne zu verstehen. Kant hat an einer Stelle selbst einmal von den Gründen etwas durchblicken lassen, die ihn ledig bleiben ließen, Gründe für die Unerreichbarkeit des Dinges-an-sich, die pure "Unerkennbarkeit" seiner Dulcinea, der femme introuvable: „Man schätzt manchen viel zu hoch, als dass man ihn lieben könne. Er flößt Bewunderung ein; aber er ist zu weit über uns, als dass wir mit der Vertraulichkeit der Liebe uns ihm zu nähern getrauen." – "Ein sehr verfeinerter Geschmack dient zwar dazu, einer ungestümen Neigung die Wildheit zu benehmen und, indem sie solche nur auf sehr wenige Gegenstände einschränkt, sie sittsam und anständig zu machen; allein sie verfehlt gemeiniglich die grosse Endabsicht in der Natur, und da sie mehr fordert oder erwartet, als diese gemeiniglich leistet, so pflegt sie die Person von so delikater Empfindung sehr selten glücklich zu machen ... Daher entspringt der Aufschub und endlich die völlige Entsagung auf die eheliche Verbindung ... "

Wir unterstellen, daß die Gründe, aus denen er nach langem Zaudern zweimal sich wieder entlobte, um wie Kierkegaard als Junggeselle und wahrscheinlich sogar als "Jungfrau" zu sterben, die gleichen waren wie die, die ihn die berühmte 'Unerkennbarkeit' des Dinges-an-sich postulieren ließen. Zwischen dem Subjekt und dem Objekt liegt bei Kant der konstitutive Ödipuskomplex des Subjekts, also Kastrationsangst, die dem Ich verwehrt, aus seiner autoerotischen Immanenz auszubrechen und den Graben, der ihm vom anderen Geschlecht trennt, zu überbrücken. Der von Kant sanktionierte und festgeschriebene erkenntnistheoretische Chorismos zwischen dem Menschenkind und dem genitalen Ding-an-sich von Frau Welt ist der Respekt vor dem philosophisch hypostasierten Inzest-(und Patrizid-)Tabu, und diesen Respekt vor dem Verdikt des Vaters hat Kant dann in der "bloßen Achtung vor dem Gesetz" des „kategorischen Imperativs" gleichsam heiliggesprochen, eine Achtung, aus der sorgsam alle libinöse Bindung an den Vater, alle homoerotische Gefühlsregung gegen ihn, getilgt ist zu kalter preußischer Pflicht.

Kant "schätzte" das Ding-an-sich seiner Verlobten "zu hoch ein", (begehrte in ihm das tabuierte Genital seiner Mutter), als daß er sich ihm mit der "Vertraulichkeit" des genitalen Erkenntnis-

Willens "zu nähern getraut" hätte. Es erhellt, daß dieses Ding-an-sich dann und nur dann für den Erdensohn "unerkennbar" ist, solange die Mutter und ihr für den Sohn verbotenes Genital dort hinein projiziert werden. An sich, unabhängig von dieser ödipalen Projektion, ist das Ding an sich so erkennbar, wie Mann und Frau einander eben gemeinhin "erkennen". Deshalb hat der vom metaphysischen Ödipuskomplex weniger belastete Hegel sich über die vermeintliche Unerkennbarkeit der Frau Welt und der Impotenz des beschränkten Verstandes in Kants Philosophie später gern mokiert, um allerdings ins andere Extrem zu verfallen und die weibliche Mater-ie vom männlichen Geist allzu umstandslos vergewaltigen zu lassen – aus prä-ödipaler Angst vor der archaisch omnipotenten, "phallischen Mutter", wie zu vermuten steht.

Als Grundfrage seiner Philosophie nannte Kant: "Wie sind synthetische Urteile a priori möglich?" Wie ist es möglich, daß ich "verbindlich" etwas von ihr weiß, noch bevor ich reale Erfahrungen mit Frau Welt gesammelt habe? Wie ist es möglich, fragte Kant verwundert, daß ich kleines Menschenkind Frau Welt durchaus schon "erkannt" habe, bevor ich reale (erotische) Erfahrungen mit ihr machen konnte, und was "erkenne" ich an ihr, mit der ich als Individuum und als selbständiges abgenabeltes Wesen ja gar nicht mehr identifiziert bin, bevor ich eine Liebesbeziehung und ein Verhältnis zu und mit ihr habe? Antwort: Ich kenne Frau Welt *a priori*, von früher her. Ist doch sie, die ich 'erkennen' will (und die sich mir in dem Maße verschließt, als ich in ihr meine Mutter begehre), identisch mit jener Mutter Erde, mit der ich prägenital und alimentär längst sehr vertraut bin, seit meiner Geburt. Über sie, wenn ich längst nicht mehr symbiotisch mit ihr identifiziert bin, über mein primäres Nicht-Ich weiß ich etwas, weil ich selbst längst vorentschieden habe über die Art, wie sie mir erscheinen soll und wird.

Da ich das Bild meiner primären Bezugsperson auf diese Frau Welt projiziere, die ich erkennen will, und nur die erkennen will, in die ich ihre Imago hineinsehen kann und will, und da ich aus Frau Welt nur jene Mutter Natur erkennend wieder heraushole, die ich zuvor in sie hineinprojiziert hatte, ist meine Erkenntnis von Frau Welt befangen durch die Subjektivität meiner re-externalisierten Mutterintrojekte, viel subjektiver befangen aber auch und gerade durch das strikte Inzesttabu. An sich ist mein Liebesobjekt deshalb anders, als es mir erscheint, weil erstens die Frau, die ich "erkennen" will, eine andere Frau ist als meine Mutter, unter deren Bild ich sie begrabe, und weil zweitens diese Mutter, die ich in ihr begehre, die reale Frau "unerkennbar", weil neurotisierend verboten macht. Das sinnlich-*material* „Gegebene" darf sich mir nicht hingeben, weil es an den Vater schon vergeben ist. Was ich von Frau Welt erkenne, ist nicht das, was sie an sich selbst ist, sondern die Mutter, und was ich von dieser Mutter Natur in Frau Welt erkenne, ist nicht das, was sie für den "intuitus originarius" Gottvaters ist, nämlich ein exklusives genitales Sexualobjekt, sondern lediglich ihre präödipale Erscheinung als nutritiv prä-inzestuöse Mutter. Was ich Erdensohn von ihr kennenlerne, ist ihr nährendwärmender Uterus, nicht ihre koitale Vagina, die nur dem himmlischen Vater vorbehalten ist. Ich bin darauf beschränkt, sie allein im Lichte des verinnerten paternalen Inzesttabus, sie nur auf ihre prägenitale Mütterlichkeit hin ansehen zu dürfen. Die "Kritik der reinen Vernunft" zeigt genau jene Grenze auf, bis zu der das Erkenntnisvermögen des Sohnes gehen kann, wenn es "rein" bleibt und Vernunft annimmt. "Reine" Vernunft des Kindes, die sich also nicht durch verbotene Regungen befleckt, hat sich mit der Mütterlichkeit der Mutter Natur zu begnügen, weil deren Genitalität gar kein Gegenstand (sexueller) Erfahrung für das Kind werden kann. Dem Sohn "erscheint" Frau Welt nicht, wie sie an sich selbst, d.h. vor Gott, sondern wie seine Mutter ist, und diese Mutter Natur nicht, wie sie an sich, d.h. für den Vater im Himmelbett ist, sondern wie sie für ihn da ist und sorgt, in präödipaler Fürsorglichkeit. Diese Frau Welt zu erkennen, heißt für den Sohn nicht, es ihr zu „besorgen", sondern von ihr versorgt zu werden, sozial-uterin in ihr zu wohnen, statt ihr vaginal beizuwohnen. Der Sohn sieht Mutter Natur so, wie das Überich, der Vater in ihm, es will, also nicht, wie sie an sich ist, sondern an sich hält, und Mutter Natur läßt sich deshalb nicht von ihrem Sohn *erkennen*, weil der Penis des eifersüchtigen Gatten in ihrem Schoß es nicht will, das Es seines Sohnes dort nicht anerkennen will. Das Ich des Sohnes "erkennt" also bei Kant sein primäres Liebesobjekt nur im Lichte des Über-Ich, sieht Mutter Natur nur mit den Augen des Vaters. Sie ist immer für den Sohn da, aber nicht so, wie sie leibhaftig an und für sich selbst ist. Das Kind kann sie sich nur "vorstellen", vors geistige Auge hinstellen; was sie an und für sich ist, d.h. für den Vater, bleibt ihm ein "bloßes Gedankending", nebelhaft numinoses *Noumenon*, ein *Grenzbegriff* seiner Erfahrung, die an die vom Vater gesetzte Grenze stößt.

Die "transzendentale Ästhetik" zeigt, daß Raum und Zeit als "reine Formen der Anschauung" das sinnlich *material* Gegebene bereits subjektiv vorstrukturieren. In der "transzendentalen Logik" wird aufgewiesen, daß und wie die Kategorien des Verstandes die Mannigfaltigkeit sensueller Empfindungen zur Einheit ein und desselben Erfahrungsgegenstandes verknüpfen, die Vorstellung vom Objekt synthetisch herstellen aus dem verstreuten sinnlichen Roh-*mater*-ial. Die Art, wie rezeptive Sinnlichkeit und aktiver Verstand in der "transzendentalen Einbildungskraft" zusammenwirken, um die konstante Objektrepräsentanz zu erstellen, hält Kant für eine "Kunst in den Tiefen des Gemüts, die wir der Natur schwerlich jemals ganz ablauschen werden".

Die aktive Leistung des Verstandes soll nach Kant im "Vermögen der Synthesis" bestehen. Ordnung in das sensorische Reizchaos, das von der frühen Umweltmutter' *(Spitz, Winnicott)* ausgeht, bringen bereits die "reinen Anschauungsformen" Raum und Zeit. Das Kind lernt, die Körpergestalten von Vater und Mutter voneinander zu unterscheiden und in der Individuationsphase schließlich sich als von der Mutter ganz getrennt zu erfassen in räumlichem Nebeneinander und Auseinander. Die Zeit schließlich erlaubt es dem Kind, den Abstand zwischen Eltern und Kindern in einem generativen Nacheinander, auch schließlich der Geschwister, zu erleben, die Reize aber als Sequenz von Signalen, die von ein und demselben selbstidentischen Objekt emittiert werden als Beziehungsangebote.

Räumlich von der Mutter abgenabelt, von ihrem uterinen Innenraum schon getrennt, *zeitlich* noch Kind gegenüber den schon Erwachsenen, hat das Subjekt mit der Raumbrille die Reizflut und Introjekte externalisiert, die Voraussetzung für seine Individuationsphase geschaffen, die Genitaldifferenz auf verschiedene Personen verteilt und durch die Zeitbrille den Generationsunterschied und die Konstanz des Objekts im Wechsel seiner Zustände zur Kenntnis genommen. Das sinnlich gegebene *Mater*ial besteht so zunächst aus raumzeitlich-genitalgenerativ vorsortiertem Reiz-angebot, das von der primären Bezugsperson, der Mutter, ausgeht und das sensorisch bombardierte Menschenkind stimuliert zu motorischen Interaktionsantworten, die nach Kant vom Verstand formuliert werden. Dieser Verstand wird "Vermögen der Synthesis" genannt. Er verbindet die chaotisch divergierenden Empfindungen des Kindes, indem er sie als Reize auffaßt, die von ein und demselben Objekt, eben der Mutter, ausgesandt werden. Alle Stimuli, die das Kind aus seiner paradiesisch primär-narzißtischen Urhomöostase herausreißen, alle zeitlich gereihten Binnen- und räumlich angeordneten Außenreize, werden auf die eine mit sich identische Mutter bezogen, zu Ur-Akzidenzen derselben einen Ursubstanz integriert. Besonders die notwendig frustrierende gelegentliche Abwesenheit der Mutter wird zuerst als Anwesenheit einer bösen anderen Person, z.B. des Vaters, schließlich als nur anderer Aspekt derselben Person objektiviert. Melanie Klein hat diesen Übergang von der protoschizoiden zur urdepressiven Phase der Kindesentwicklung beschrieben: Die gute Imago der anwesenden und böse Imago der abwesenden Mutter werden auf ein und dieselbe ambivalente Umweltmutter bezogen, als zwei Seiten derselben Medaille erkannt (so daß das Kind fürchten muß, mit seinen Aggressionen gegen die versagende Hexe die gewährende Fee mitzutreffen, und depressiv zu retirieren droht.) In dem Maße, wie der Verstand die Reizflut durchordnet zu Stimulationen durch ein und dieselbe Person, wird diese Person als die Mutter und d.h. vom Vater mit Beschlag belegtes Eigentum identifiziert. Die Vorlust-Partialtriebe werden integriert zum Sexualtrieb.

Der „oberste Grundsatz aller Erfahrung" lautet für Kant: Die transzendentale Bedingung der Möglichkeit von Erfahrung ist die transzendentale Bedingung der Möglichkeit des Gegenstandes der Erfahrung. Nicht, als erzeugte das Kind die Mutter, deren Geschöpf es ja umgekehrt ist, aber die "Form der Gegenständlichkeit" des Erfahrungsobjekts entstamme der Subjektivität des Menschenkindes. Das impliziert, daß die Mutter erlebt wird als ständig verfügbares und doch vom Kind schon abgetrenntes, selbstständiges Gegenüber, als eindeutig identifizierbare, in ihren wechselnden Präsenzformen, in An- und Abwesenheit, in Lob und Tadel, auch durch gegensätzliche Appelle hindurch ganz identisch sich durchhaltende Person. Diese Zusammenstellung unterschiedlicher, auch widersprüchlicher Anmutungen zur entgegenstehenden Selbständigkeit und gleichzeitig ständigen Vorhandenheit desselben Gegenüber wird ganz vom vergegenständlichenden Verstand des Kindes zustande gebracht: "Reines Entgegenstehenlassen" (*Heidegger*: „Kant und das Problem der Metaphysik", Frankfurt/M. 1929). Und zwar wird die Mutter aus den Sinnesdaten vom Kind nach dem Bilde seines eigenen Ich geformt : So bleibt die Bezugsperson gerade in ihrer vorgestellten Gegenständlichkeit verläßlich mit der Selbstidentität des Kindes identisch, in sein Selbstbewußtsein eingeschlossen als beständiges Gegenüber und fürs Kind verständlich. Mit dieser Form der Konstitution von Objektivität ist der Entwöhnung und Individuation des Kindes nicht weniger Rechnung getragen als seinem Bedürfnis nach Einheit mit der Bezugsperson, auf deren Zuwendung es angewiesen bleibt : Selbständigkeit *in* der Identität und Symbiose *in* der Nichtidentität zugleich.

Damit ist die Vereinigung des abgenabelten Kindes mit der Mutter gerade durch seine notwendige Trennung von ihr hindurch sichergestellt, und diese Vereinigung ist keine genitalinzestuöse, weil das mütterliche Ding-an-sich unter väterlicher Kastrationsdrohung ja "unerkennbar" für das Kind bleiben muß, sondern ein prä-ödipales, oral-kannibalisch getöntes Inkorporieren bzw. analsadistisch gefärbtes Ausnutzen der Mutter.

Der Idealismus enthüllt sein gefräßiges, unterdrückendes Wesen schon bei Kant. Kraft seiner kastrationsfürchtigen Identifikation mit dem Geiste Gottes fühlt sich der Sohn imstande, autorisiert und genötigt, Mutter Natur umso rücksichtsloser als eine prä-ödipal nutritive Mutter auszubeuten, zu erpressen, zu tyrannisieren, je mehr er die Unerkennbarkeit ihres Dinges-an-sich als genitales Eigentum Gottvaters zu "achten" hat.

Diese Trennlinie zwischen Geist und Natur, Ding *an sich* und Phänomen, intelligibler und empirischer Welt, verläuft mitten durch Mutter Natur selbst: als Graben zwischen Uterus und Vagina, zwischen Mutter und Gattin, zwischen "Eigentum" des Sohnes und des Vaters (als Berufstätige war sie zu Kants Zeiten noch nicht gefragt). Als Mutter vom Kind aufgefressen und manipuliert, als Frau für das Kind verboten, führt sie diese Doppelexistenz als Erscheinung für den Sohn und Ding-an-sich für den Gatten im Himmel. Als Reaktion auf notwendige frühe Versagungen richtet das Kind seine orale Destruktivität auf den Busen der Natur, sucht die Mutter zu verschlingen, um sie ganz in seine Gewalt zu bekommen und sie für ihre (vom Kind auf sie projizierte) vermeintliche Aggressivität zu bestrafen und sie sich zu assimilieren. Aus Schuldgefühlen und aus Angst, das geliebte Objekt, ohne das es nicht leben kann, durch den Inkorporationsakt ganz zu zerstören, auch aus Kastrationsangst, externalisiert das Kind die aufgefressene Mutter exkrementell immer neu, um sich zu vergewissern, daß sie noch intakt, noch nicht gegen den väterlichen Befehl vernascht ist, um sie erneut sich einzuverleiben, zu verdauen und von sich auszuscheiden, zu unterscheiden als Ding-an-sich, anal zu erzeugen und schöner als vorher neu zu erschaffen, als unerkennbares Ding-an-sich. Die orale und die anale Aggression legieren sich zu einem kontinuierlichen Akt von Rekreation und Vernichtung des Bezugsobjekts, der dessen völlige Selbständigkeit als Ding-an-sich und gleichzeitig auch völlige Manipulierbarkeit als Vorstellung erst herstellt, eben die "subjektive Form der Gegenständlichkeit des Erfahrungsobjekts". So verleibt das Ich sich den *mater*iellen Erkenntnisgegenstand ständig neu ein und läßt ihn im gleichen Moment als verbotenes Ding-an-sich draußen stehen, um ihn als *Phänomen* einnehmen zu können, und einvernehmen, um sich seiner erneut zu entäußern, sich durch ihn "auszudrücken" und sich in ihm zu spiegeln.

Der "transzendentalen Apperzeption" durch ein subjektives "Ich denke, das alle meine Vorstellungen muß begleiten können" entspricht auf der Objektseite die transzendentale Einheit, beständige Güte und Sichselbstgleichheit des Gegenstandes in all seinen sequentiellen, zum Teil widersprüchlichen Äußerungen, primär in seiner zeitlichen Folge von An- und Abwesenheit-beim-Kinde. Ich bin es, ein und dasselbe Ich, das all diese Reize von der Mutter empfängt, und all diese Reize sind Appelle, die von ein und derselben Mutter ausgehen, um mir zu gelten. Die Selbstidentität des Gegenstandes, so sehr er nicht mit mir identisch ist, sondern selbständig mir gegenübersteht, ist von gleicher Art wie meine eigene Selbstidentität und nach deren Bilde und Willen erschaffen, um in all ihren Äußerungen von mir verstanden, als mir geltend aufgefaßt zu werden. So gleicht mir die Mutter, sofern ich prä-ödipal symbiotisch mit ihr vereinigt bin und sie zum Fressen lieb habe, und auf dem Boden dieser strukturellen Isomorphie und Identität meiner mit ihrer von mir geschaffenen Selbstidentität entfaltet sich erst die ebenso strukturelle Unvereinbarkeit meiner inzestuösen Vereinigungswünsche mit der vollgenitalen "Unerkennbarkeit" ihres Dingbums an ihr. So gibt der Bezugsgegenstand als prä-ödipale *materi*ale Gegebenheit den Versorgungswünschen des Sohnes nach und leistet seiner ödipalen Zudringlichkeit Widerstand als inzesttabuiertes Ding-an-sich. Das begründet die Ambivalenz des transzendentalen Idealismus: Die Identifikation des Sohnes mit den hehren Ideen der Väterlichkeit vereinigt die asketische Unterdrückung und Verdrängung aller auf das Mater-ielle gerichteten Sehnsüchte des Erdensohnes mit rücksichtsloser Vergewaltigung der Mutter Natur selbst: Der Sohn gibt den Druck des Vaters an Mutter Erde weiter, rächt sich an ihr für das väterliche Verbot, für ihr Vergebensein an ihn. Im Namen des Vaters, auf den er sich stützt beim Versuch, sich dem Würgegriff ihrer Übermacht zu entziehen, unterjocht der Sohn Mutter Natur zusammen mit seinem ihr geltenden Inzestwunsch, subsumiert beides unter die väterliche Idee, das versagende Realitätsprinzip, aus reiner "Achtung vor dem Gesetz".

Kant muß ausgehen von der vollendeten Trennung des Subjekts vom Objekt, des Kindes von der Mutter. Die Identifikation mit der väterlichen Rationalität ermöglichte es dem Ich des Kindes, sich der absorbierenden Übermacht der archaischen Rabenmutter Natur zu entwinden, sich aus ihren Armen zu befreien. Die Identifikation mit dem Vater bedeutet aber die Bildung nicht nur eines paternalen Ichideals, sondern auch eines verbietenden Überichs, so daß der Mensch mit Kant sich fragt, wie er den Graben des Inzesttabus zwischen sich und der Mutter Natur überwinden und seine durch Identifikation mit der Idee des Vaters gewonnene Ichstärke zur Wiedervereinigung mit der Mutter einsetzen kann. Einst war das Kind mit der Mutter allein und all-eins, mußte unter Realitätsdruck sich von ihr lösen, einen Teil seiner Selbstliebe in Objektbindung verwandeln und sucht nun mit Hilfe der verinnerten Vaterimago, welche die Befreiung von der grausamen Naturimago ermöglichte, sich ihr durch aggressive Bearbeitung wiederzuvereinigen, die Objektliebe in Autoerotik zurückzuverwandeln, durch sadistische Einverleibung und durch eine analpossessive Formung sie sich anzugleichen. Bekanntlich hat Kant unreflektiert das naturwissenschaftliche Objektivitätsideal à la Newton übernommen, die planmäßige Vergewaltigung und Nötigung der Mutter Natur, sich unter experimenteller Folter zu enthüllen und zu öffnen, ihm zu willen zu sein. Die Art, wie die 'reinen Formen der Anschauung' und des Verstandes mit dem sinnlichen Material umgehen, mit der Mutter Natur und den auf sie inzestuös gerichteten Wünschen, unterscheidet sich kaum von der Art, in der ein Handwerker aus einem passiven Rohstoff ein Fertigprodukt formt : Der Mann entreißt der Frau das schöpferische Monopol, indem er getöteter, willenlos gemachter Mater-ie seine willkürlichen Formideen aufprägt mit dem phallischen Stempel, Produzent seiner eigenen Mutter. Indem er das passive Rohmaterial nach seinem ideellen Bilde formt und dessen Eigenform zerstört, darf er die narzißtische Kränkung kompensiert zu haben glauben, sich nicht seiner selbst, sondern einer Mutter zu verdanken.

Frau Welt muß *a priori* so zugerichtet werden, daß sie mit dem Kinde sich wieder vereint, sie wird oral verschlungen und anal beherrscht – bis zu dem Punkt, an dem der Forschungsdrang des Sohnes auf das Genitalprivileg des Vaters trifft. Die klassisch aristotelischen Urteilsformen können von Kant als Gegenstandsformen aufgegriffen werden, da ja das Urteil über Mutter Natur die Form erst schafft, in der sie sich unter der Urteilsfolter präsentiert, gleicht das Kind sich doch nur nachahmend einer Mutter an, die es zuvor sich selbst angeglichen hatte, indem es sie introjektiv verschlang. Umgekehrt schluckt das Kind seine Mutter, der es sich zuvor ganz angeschmiegt hatte. Aber dieses cartesianische Ich der Neuzeit ist kein archaisch primär-narzißtisches Selbst mehr, das magisch mit der Welt verschmolzen ist. Das Ego muß Erfahrung mit Objekten machen, die nicht mehr mit ihm identisch sind, weil ein Vater das Kind zwang und ihm half, sich von der übermächtigen Mutter zu lösen. *A priori* weiß nur der Narzißt aus reiner Vernunft, was Frau Welt im Wesen ist, weil er sie phantasiert als bloße Fortsetzung seiner selbst. Die Metaphysik beschäftigt sich nach Kant dogmatisch mit den Dingen, als seien sie noch narzißtisch mit dem Ur-Ich identisch, aus reiner Vernunft ableitbar, auf reine Vernunft zurückführbar, als stünde auch noch kein Inzest- und Patrizidtabu zwischen dem Ich und den Dingen-an-sich. Die Metaphysik ist von daher eine philosophische Phantasie noch vor dem Sündenfall der Subjekt-Objekt-Trennung, Spekulation des Kindes auf Einheit mit Frau Welt, die Art, wie Gottvater sie sieht.

Nun ist das Subjekt, als empirisches Ich, selbst dem Raum und der Zeit und den kategorialen Bedingungen der Möglichkeit von (Gegenständen der) Erfahrung unterworfen, weil es Teil der Objektivität ist, die es allererst konstituiert. Es erstellt die Gegenständlichkeit der Gegenstände und damit seine eigene, sofern es auch ein Objekt unter anderen Objekten ist, ein Bestandteil der sinnlich mater-ialen Gegebenheiten, endlich, vergänglich und kausalbestimmt. Als sich psychologisch erfahrendes Ich ist das Kantische Subjekt Teil von Frau Welt und Mutter Natur, ihren Gesetzen unterworfen, dem Entstehen, Werden und Vergehen anheim gegeben, in das Kausalnetz schicksalhaft verstrickt. Nur als "transzendentale Apperzeption", als "reines" intelligibles Ego, bin ich frei von "Naturzwängen"; nur die Identifikation mit der Idee väterlicher Kraft, Güte und Gerechtigkeit verhilft zur Unabhängigkeit von der archaischen Omnipotenz der Rabenmutter Natur. Das paternale Ich-Ideal, das dem blinden maternalen Kausalnexus zu entgehen glaubt, ist aber, wie wir sahen, nur die eine Seite einer Medaille, deren Rückseite der "transzendentalen Einbildungskraft" ein anderes Bild vom väterlichen Vorbild zeigt: das kastrationsdrohende Über-Ich. Immanuel Kant verspricht, Wissen und (inzestuöse) "Erkenntnis" nur einzuschränken, um Platz für Handeln und Glauben zu machen, die "überschwengelichen"(!) "Anmaßungen" der reinen Vernunft des Sohnes zurückzuweisen, um seiner "moralischen Freiheit" zum Durchbruch zu verhelfen. Mit der theoretischen Vernunft wollte der Sohn Frau Welt wie Gottvater nehmen – und scheiterte am Inzestverbot, am Über-ich. Dieses Über-Ich ist aber in ein und derselben Bewegung das Ichideal des Sohnes, das Vorbild eines starken, gütigen, gerechten und freien Vaters, der mit der Mutter fertig wird und auf den das Kind sich stützen kann beim Versuch, sich ihrer Übermacht zu entwinden. So versagend das ödipale Über-Ich, so gewährend ist es als Ichideal der Lösung von der grausamen, prä-ödipalen Gewalt der archaisch omnipotenten Mutter Natur. Wir analysieren das intelligible und transzendentale Ego also schlicht als Überich, das qua Ichideal die Unabhängigkeit

97

von der tyrannischen *Mater*ie ermöglicht. Die Freiheit von *mater*-ieller Bevormundung als "Unabhängigkeit der Willkür von der Nötigung durch Antriebe der Sinnlichkeit" verweist aber schon darauf, daß der Akt der Befreiung von der mütterlichen Fürsorge nicht auch die Freiheit vom väterlichen Reglement einschließt, sondern im Gegenteil mit Gehorsam gegens väterliche Inzesttabu erkauft ist. Die Freiheit, die dem Ich von Kant mit der einen Hand gegeben wird, ist ihm mit der anderen sogleich wieder genommen. Diese Selbständigkeit gegenüber der absorbierenden Mutter, die Fähigkeit, sie durch Ichstärke auf Distanz zu halten, die auf sie gerichtete Libido als Rohstoff aggressiv zu bearbeiten, Herr über seine kindliche Abhängigkeit von ihr zu werden, gelingt nur durch Nachahmung des bewunderten Vaters, der im Tausch dafür "Ach-tung vor dem Gesetz" des Inzesttabus fordert. Das Ich kommt vom Regen seiner empirischen, *mater*ialen Bedingtheit in die Traufe des Gehorsams gegen den Vater – wo es eigener Vernunft "gehorcht". Kant pointiert die Selbstbestimmung des intelligiblen Ich gegen die Fremdbestimmtheit des empirischen, aber wenn er die transzenden-tale Ich-Autonomie des Sohnes gegen die maternale Heteronomie der "Naturkausalität" abgrenzen soll, verrät er sich ungewollt: An-geblich gehorcht der Sohn *(statt der Mutter Natur in ihm)* nun nur noch sich selbst, ganz frei von seinen versklavenden Versorgungs-bedürfnissen, seiner infantilen Hilfsbedürftigkeit, frei von der Bin-dung an seinen maternalen Ursprung, selbständig genug, sich nicht mehr bloß als Wirkung seiner Ursache, d.h. als Kind seiner Mutter, als Geschöpf ihres Schoßes, begreifen zu müssen, aus ihm ableit-bar und auf ihn zurückführbar. Nur noch sich selbst gehorchen, heißt für Kant aber gerade nicht, nun den eigensten "Neigungen" und der "Willkür des Begehrungsvermögens" zu folgen, ganz im Gegenteil. Er erkennt, daß das Es ichdyston ist, daß ich also Sklave der Primärprozesse werde, wenn ich unmittelbar dem nachgebe, wohin es mich wie von sich aus drängt, z.B. zur Vagina der Mutter. Viel ichsyntoner erscheint da das Über-ich, das bei Kant eigentlich mit dem Ich identisch ist, wo es gegen die vermeintliche Ichdysto-nie des Es geht, in dem noch die böse Mutter Natur droht, ihr ver-schlingender Sog in den „Abyssus".

Der Sohn "gehorcht nur sich selbst", wo er dem Vater gehorcht, während vor der egoistisch-inzestuös begehrten Mutter nicht nur Vaters Kastrationsdrohung warnt, sondern eher die Wiederkehr ihrer mit väterlicher Hilfe mühsam überwundenen, archaischen Omnipotenz-Imago, der frühesten, prä-ödipal „phallischen Mutter", vor der das halbstarke Subjekt wieder zum schwachen Kleinkind zu werden fürchtet, wenn es inzüchtig mit ihr verschmilzt. Sich selbst zu "gehorchen", ist bereits ein Selbstwiderspruch, setzt schon geheime Heteronomie wie das Rollenspiel voraus, das Einverständnis des Ich mit dem Überich eher als mit dem eigenen Es. Die "Kausalität aus Freiheit" ist immer noch eine Kausalität: Das Kind wird frei *von* der Mutter nur, indem es frei *für* den Vater wird. Es verdankt sich jetzt der Kraft des Schöpfers statt dem Schoß der Mater-ie, und in der Tat ähnelt es ja durch die maskuline Form sadistischer Naturbeherrschung als Mann eher dem Vatergott als der Mutter Natur; es gehorcht nur seiner eigenen patriformen Virilität, will es doch sein eigener Vater werden. Allerdings hat das Ich sich aus dem Kopf voller Ideen zu schlagen, daß es je seine Mutter Natur doch noch freien darf. Der "kategorische Imperativ" rationalisiert nur das Inzestverbot: "Handle so, daß die Maxime deines Willens jederzeit zugleich als Prinzip einer allgemeinen Gesetzgebung dienen kann". An sich bist du frei, aber was wäre, wenn nun alle deine Brüder so wie du die Mutter für sich haben möchten? Antwort: Niemand hätte etwas von ihr, weil alle Geschwister, läßt man Gottvater einmal aus dem Spiel und regelt das ohne Religion rein ethisch, einander im Kampf um sie die Köpfe einschlagen würden. Die Maxime des Inzestwunsches – wenn du deine Mutter für dich allein haben willst, nimm sie und erschlage Vater und Brüder – würde schon rein formallogisch sich selbst widersprechen, wenn jeder der Aspiranten auf den Besitz der Mutter nach ihr handeln würde. Dieser Sonderanspruch eines Kindes auf seine Mutter läßt sich nicht generalisieren, nicht einmal veröffentlichen, ohne seine Erfüllung unmöglich zu machen. Er muß verdrängt, der allgemeinen Kommunizierbarkeit entzogen, in das Unbewußte abgeschoben werden, um nicht mit seinen eigenen Konsequenzen zu kollidieren. Das Kind verdrängt seinen Inzestwunsch, weil er zur Maxime allgemeiner Gesetzgebung nicht taugt; es muß vor sich und anderen verbergen, daß es die Muter triebenergetisch weiter besetzt hält. Kant benutzt zur Illustration das Beispiel vom Depositum: Wenn du dir etwas ausleihst, nimm dir vor, es nicht zurückzugeben. Handelte jeder explizit nach dieser Maxime, würde niemandem mehr etwas geborgt. (Marxisten haben zu bedenken gegeben, daß diese Regelung erst in einer kommunistischen Gemeinschaft gleichberechtigter Geschwister ohne privilegierte Vaterfiguren wirklich gerecht wäre, während unter den kapitalistischen Vorzeichen nur durch juristischen Gewaltakt von oben jene als gleich behandelt werden, die es faktisch sehr ungleich träfe, einen Kredit aufzunehmen und nicht zurückzuzahlen, überhaupt einen in welcher Höhe nötig zu haben. Eine Welt, die überhaupt Depositen kennt, sei schon so unmoralisch wie nach Kant erst der Kreditbetrüger. Nicht zufällig wählte Kant sein Beispiel aus der analen Sphäre kapitalistischer Eigentumsverhältnisse). Liehe jeder sich die Mutter zum alimentären Gebrauch von seinen Mitbrüdern aus mit dem publik werdenden Hintergedanken, sie exklusiv für sich zu behalten, hätte niemand etwas von ihr, nicht einmal prä-ödipal-nutritiv. In der Tat verzichten ja alle Brüder gemeinsam auf den Besitz der Mutter und bleiben homosexuell an den Vater und aneinander gebunden, obwohl Kant peinlich darauf bedacht ist, aus der Beziehung der Söhne zum Vater und seinem Dekret jede libidinöse Färbung zu eliminieren. Keine Neigung, kein Begehren verunstaltet diese "reine Achtung vor dem Gesetz" des Vaters.

In der Tat ist das Inzesttabu aufgezwungen, und es ist nur natürlich, daß es ohne emotionale Wärme befolgt wird. Der Kantische Rigorismus spiegelt die Rigidität des Überich, und das Sittengesetz ist rein formal, weil es die patriarchale Form ohne *materiale* Konzession ist, die dem Sohn aufgeprägt wird. Und nach Freud ist das reine Sittengesetz nicht zu achten, ohne es ambivalent auch zu ächten und unbewusst zu verachten. Der Sohn kann aber auch nicht hoffen, durch nur taktische Einhaltung des Inzesttabus und durch Nachahmung des Vaters die Mutter einst doch noch in dem zu "erkennen", was sie „an sich selbst" ist. Er soll Gottvaters Gesetz einhalten, nicht, um schließlich dafür mit der Mutter belohnt zu werden, sondern nur, wenn er es bedingungslos – und ohne auf Vergütung zu schielen – befolgt, kann er sich begründete Hoffnung machen auf (prä-ödipale) Glückseligkeit, auf die oralen

Schlaraffenlandwonnen des Jenseits am Busen einer degenitalisierten Mutter Maria gleichsam. Im Übrigen ist die asketische Tugend ihr eigener Lohn, weil ja der Abstand zur begehrten Mutter auch ein Schutz vor ihrer archaischen Übermacht bedeutet. In den Formeln wie der "bloßen Liebe zum Gesetz" des Vaters klingt allerdings doch wieder libidinöse Bindung an ihn an, nicht nur kalter Gehorsam und preußische Unlust aus Selbsterhaltungskalkül. Der Zwangsneurotiker Kant hat allerdings alle Mühe, die verdrängten Inzestgelüste nach dem Ding-an-sich an der Rückkehr zu hindern. Ist sein Hymnus auf die Erhabenheit der Pflichterfüllung nicht anankastische Gegenbesetzung, ein kompulsiver Widerstand gegen jede Wiederkehr des Verdrängten? Wichtig ist ihm nur die patriforme "Form des Gesetzes", aus der jede peinliche Erinnerung an den ganz besonderen *material*en "Gegenstand des Begehrungsvermögens" verbannt ist, die *eine* Mutter, und dieser besondere Vater mit seinen selbst ganz partikularen Privilegien, der ganz konkret auf die Wahrung der notwendigen und allgemeingültigen, für alle Söhne und ihre Liebesobjekte geltenden Form hält, hinter der er sich als Machthaber verschanzt, der Frau Welt an sich für sich reserviert hat. Die transzendentale Freiheit des intelligiblen Ich ist eigentlich die sexuelle Freiheit des Vaters gegen Frau Welt und gegens empirische Ich des Erdensohns, und er siegt über den Sohn durch dessen eigenes Überich hindurch, mit dem der Sohn sich als Ichideal identifiziert, um durch aggressive zwangsneurotische Beherrschung der äußeren Mutter Natur und seiner eigenen inneren inzestuösen Natur gegen jeden Rückfall in die archaische Naturverstrickung gefeit zu bleiben. Das ist der alte "ruchlose soziale Verblendungszusammenhang", den Adorno verklagte.

Rationale Psychologie, Kosmologie und Theologie werden als unmöglich erwiesen : Das Ich sei unfähig, das frühe primärnarzißtische Selbst, Frau Welt und Gottvater omnipotent aus sich hervorzubringen. Die archaische Einheit mit der idealisierten Elternimago ist von einer späten Ichinstanz, die sich aus der Ursymbiose mit den Eltern herausdifferenziert hat, nicht mehr durch die Metaphysik animistisch zu erzwingen. Mathematische Naturwissenschaft, die Herrschaft des Ich über die innere und äußere Natur, ist ebenso freigegeben, wie Metaphysik, mythisch-magische Allmacht über die Eltern aus der Ureinheit mit ihnen heraus, nicht

mehr möglich ist. Metaphysik ist dann nur sexuelle Allmachts-
phantasie ohne alloerotische Erfahrung mit den Eltern: der phantas-
tische Wunsch des Ich, Vater seines Vaters und Mutter seiner Mutter zu sein, das Nichtich aus sich herauszuspinnen zu einer Zeit, wo
die Naturwissenschaft längst die Unabhängigkeit der inzesttabuierten Mutter vom Sohn anerkannt hat, um dann durch die patriformen Machtinstrumente der Experimentalfolter den freien Willen
der Mutter Natur nachträglich doch noch zu brechen und das sepa-
ratistische Objekt in den Bannkreis des narzißtisch gekränkten Ich
zurückzuholen. Die Mutter und ihr Ding ist nur in Gedanken zu
erträumen, als Sexualobjekt darf der Sohn keine sinnliche Erfahrung mit ihr haben; zu erfahren an ihr ist nur das asexuell Mütterliche an ihr. 'Erkennbarkeit' der Frau Welt wird kritisch eingeschränkt auf Gegenstände möglicher sinnlicher Erfahrung, und das
Zeugnis der Sinne ist ab ovo verfälscht dadurch, daß der Sohn die
Mutter von vornherein mit den Augen des Überich "rein" anschau-
en muß, als räumlich getrennt von ihm und zeitlich älter und damit
an den Vater längst vergeben: Die Mutter ist weit weg und der
Sohn kommt zu spät. Das *Ding an sich* bleibt eine Idee der Er-
kenntnisaufgabe *(Cohen)*, nichts nur Ausgedachtes, sondern durchaus Reales, aber eben nur ersehnt Unzugängliches. Diese "Revolution der Denkungsart" in Kants Vernunftkritizismus ist die "koper-
nikanische Wende" vom geozentrischen zum heliozentrischen
Weltsystem, von Mutter Erde zur phallischen Sonne der reinen,
paternalen Vernunft des Sohnes, um den die Mutter sich fortan zu
drehen hat, eines Sohnes, der allerdings immer vom Vater eingeschränkt bleibt als das kleinere Licht. Er gibt den Druck von oben
nur an die Mutter weiter, die er im Namen des Vaters unterdrückt,
statt sich mit ihr zu vereinigen.

Die "transzendentale Analytik" ergibt die Tafel der reinen
Verstandesbegriffe, unter die alles sinnlich Besondere, die ange-
schaute Mannigfaltigkeit der empfangenen Außenweltreize, subsumiert wird. Was griechisch *Kategorie* heißt, bedeutet lateinisch
Akkusativ: Anklage, Vorwurf. Den Menschen wird auf freiem
Platz vor aller Augen auf den Kopf zugesagt, was sie sind. Das Ich
des Sohnes wird von seinem Überich daraufhin be- oder ver-urteilt,
wie es sich zum Es verhält, zu seinem primären Liebesobjekt, auf
welches das Es sich ja immer bezieht. Die rationalen Kategorien

sind die Verurteilungsformen des Ich durch sein Überich, die Befehle des Vaters an den Sohn, auf welche Weise er die Mutter sehen soll: Sie erlauben eben nicht den Zugang des Sohnes zum genitalen *Ding an sich* der Mutter, sondern nur zu ihrer mütterlichen Erscheinung, die der Sohn zum Fressen lieb haben darf. Die Elementarbegriffe, die der Sohn intus haben muß, wenn er endlich zum Verstand des Vaters gekommen ist, sind der aristotelischen Tabelle rein logischer Urteilsformen entnommen, durch die Subjekt und Objekt, Mann und Frau, Mutter und Sohn, sich miteinander verbinden dürfen. Vielleicht ist diese Tabelle wirklich nicht vollständig, und vielleicht sind diese "Stammbegriffe" historisch bedingter, als Kant glauben machen wollte. Aber ihre gemeinsame Wurzel läßt sich aus ihrem Zweck doch besser rekonstruieren, als Kants Kritiker an diesem Punkt oft zu monieren pflegen. Hegel begrüßte die dialektische Triade unter jeder der vier Arten von Prädikamenten. Am Anfang bilden Mutter und Kind eine Einheit. Unter dem Druck des väterlichen Realitätsprinzips zerschlägt sich diese Einheit zur Vielheit von Vater, Mutter und Kind, welches versucht, durch Identifikation mit dem Vater die verlorene Einheit mit der Mutter wiederherzustellen. Das Ziel ist eine Einheit, welche die Vielheit durchlaufen hat, die Einheit einer Vielheit statt *vor* aller Vielheit: "Allheit", die narzißtische Einheit mit der vereinigten Elternimago. Qualitativ betrachtet, negiert der hinzutretende Vater die Wirklichkeit der Mutter-Kind-Dyade; unter seiner Einwirkung negiert das Kind die absorbierende Symbiose mit der Mutter und grenzt sich gegen sie ab. Erst das *unendliche Urteil* negiert die Negation und führt alle wieder zusammen. Die Beziehungen gehen von der "Inhärenz" des Kindes in der mütterlichen Substanz aus, ihrer Identität in all ihren Akzidenzen. Mit der Individuationsphase löst sich das Kind zwar von der Mutter ab, bleibt aber von ihr abhängig, Wirkung einer Ursache, Kind seiner Mutter, Frucht ihres Schoßes. Das Auftauchen des Vaters zwingt den Sohn zur Konkurrenz mit ihm, bis eine relativ konfliktfreie Zone von *Gemeinschaft*, ein Nebeneinander von Vater, Mutter und Kind, gefunden ist und jeder seine Rolle annimmt, eine Reziprozität der Erwartungshaltungen sich eingespielt hat: Ich kann erwarten, daß du meine Wünsche erfüllst, weil du mit Fug erwarten darfst, daß ich die deinen erfülle. Darüber wird sich verständigt.

Dabei konkurrieren die genitalen Wünsche von Vater und Sohn miteinander nur in Bezug auf dieselbe Frau, die Mutter, nicht aber in Bezug auf verschiedene Frauen. Koexistenz zwischen Vater und Sohn bezüglich der einen Mutter ist genital unmöglich, nicht aber als Nebeneinander genitaler und kurativer Bedürfnisse. *Modal* gesehen, verhält sich die Mutter zum wirklich geborenen Kind wie Möglichkeit zur Wirklichkeit, während der Vater die Notwendigkeit hineinbringt, wenn er das Kind nötigt, sich von ihr zu trennen und sich mit ihm zu identifizieren. Darin spiegelt sich eine alte kompensatorische Phantasie:

Pater semper incertus et mater certissima.

Durch juristischen Gewaltakt dekretiert der Vater, sich nicht aufs Zeugnis der Söhne zu verlassen, sondern dem logischen Schluß auf seine Vaterschaft einen höheren Grad an Allgemeingültigkeit zu geben als der sinnlichen Gewißheit der Mutter, Mutter ihres Kindes zu sein. Seither hat das Kind die *mater*ielle Möglichkeit zur Mutter und die formal(juristisch)e Notwendigkeit zum Vater, damit es nicht zufällig bleibt, also nicht in der Materie wieder verschwinden kann. In der "transzendentalen Deduktion" dieser zwölf Verstandesbegriffe klärt Kant die "empirische Realität" und die "objektive Gültigkeit der Kategorien", ihre Anwendbarkeit auf den Gegenstand möglicher sexueller Erfahrung, eben das Liebesobjekt Mutter. Subjekt und Objekt, Prädikat und Subjekt also, werden im Urteilsakt kopuliert, weil die verschiedenen Vorstellungen vom Objekt dadurch synthetisch verbunden sind, daß sie *meine* Vorstellungen sind, also Vorstellungen ein und desselben Subjekts von ein und demselben Objekt sind – durch ihre sinnliche Mannigfaltigkeit hindurch, die dadurch "verknüpft" wird zur Subjekt-Objekt-Einheit des vom Subjekt verschlungenen Objektes. Die "transzendentale Einheit der Apperzeption" aller Vorstellungen von der *einen* Mutter im Selbstbewußtsein des *einen* Kindes soll nach Kant nicht empirisch assoziativ ablaufen, sondern durch sein "reines, ursprüngliches, unwandelbares Bewußtsein".

Die verschiedenen Bilder stehen in "reiner Affinität" zueinander, "unter den Regeln a priori der synthetischen Einheit": Allerdings sind Mutter und Kind ja miteinander zutiefst "verwandt". "Unsere Erkenntnis hat es nicht mit Dingen an sich, sondern mit Erscheinungen zu tun, deren Möglichkeit in uns liegt." Die "transzendentale Urteilskraft" des Ich wendet die väterlichen Kategorien auf das weibliche Roh*mater*ial an als Potenz", unter Regeln zu subsumieren", macht aus Erscheinungen der Mutter "einen Zusammenhang nach Gesetzen". Der "Schematismus des reinen Verstandes" verfährt mit Mutter Natur und dem auf sie gerichteten Erkenntniswunsch nach Schema F. Kurz : Zwischen Ich und Es, zwischen Sohn und Mutter, schiebt der Vater das Überich-Schema, nach dem der Sohn seine Mutter zu erfahren habe.

Diese "Grundsätze des reinen Verstandes" muß der Sohn beherzigen, an sie ist er gebunden beim Versuch, die väterlichen Kategorien auf das Sexualobjekt Mutter anzuwenden. Das "Schema", nach dem der Verstand des Sohnes verfährt, wenn er unter väterlichen Argusaugen die Mutter *erfährt*, muß von der Anschauung der Mutter das Sinnliche, vom Begriff des Vaters die apriorische, internalisierte Form haben: die Zeit als innerer Sinn, der das räumlich Abgetrennte wieder verinnert. Auf die Mutter (und ihre Beziehung zu Kind und Gatten) angewendet, wird aus den Kategorien Folgendes: Das Schema der *Quantität* ist die Zahl; zuerst war nur die Mutter, dann Mutter und Kind, dann Vater, Mutter und Kind. Das Schema der *Qualität* ist jetzt das *Dasein* oder *Nichtdasein* der Mutter. Das Schema der *Relation* macht aus der *Substanz* die Beharrlichkeit des Realen in der Zeit, also ständige Anwesenheit der Mutter für das Kind, aus der *Kausalität* die geregelte Sukzession der Zustände, in denen die Mutter sich dem Kind präsentiert, die wohlbegründete Abfolge ihrer An- und Abwesenheit, ihrer guten und bösen Momente, aus der *Gemeinschaft* das allgemein geregelte "Zugleichsein der Bestimmungen der einen mit denen der anderen Substanz", ihre Kompatibilität und Synchronisation der familiären Ansprüche. Das Schema der *Modalität* macht aus der Kategorie der *Möglichkeit* das Dasein der Mutter fürs Kind zu irgendeiner beliebigen Zeit, aus der *Wirklichkeit* ihre Anwesenheit beim Kind zu einer bestimmten Zeit und aus der *Notwendigkeit* ihre ständige Verfügbarkeit fürs Kind zu jeder Zeit.
Um die Mutter als identisch im Wechsel ihrer Erscheinungen "festhalten" zu können, muß das Kind Gegenwart, Vergangenheit und Zukunft aufeinander beziehen, also die Wahrnehmung, die Erinnerung und Voraussage bzw. Erwartung ihrer Anwesenheit.

Recht psychologisch vollzieht sich da in der 1. Auflage der KdrV die "Synthesis der Apprehension der Vorstellungen" als „Modifikationen des Gemüts" in der gegenwärtigen Anschauung ihrer leibhaften Präsenz, die "Synthesis der Reproduktion" in der Einbildung, wenn sie noch nicht da ist und erwartet wird und ihre künftige Wiederkehr in der Phantasie vorweggenommen wird, schließlich die "Synthesis der Recognition im Begriff", wenn sie nicht mehr leibhaft da ist und das Kind sich an sie er-innert, seinen Begriff von ihr aus seinen Erinnerungsspuren an ihre frühere Gegenwart gewinnt. Die "Amphibolie der Reflexionsbegriffe" entsteht, wenn die Kategorien des Kindes sich am genitalen Ding an sich vergreifen, als wäre es dem Kind sinnlich gegeben.

Die "transzendentale-Dialektik", der zweite Teil der "transzendentalen Logik", beschäftigt sich nicht mehr mit dem Verstand, sondern mit der Vernunft als dem "Vermögen der Einheit der Verstandesregeln unter Prinzipien". Drei Gegenstände sind es, die mir nach Kant sinnlich nicht zugänglich sind, von denen meine Vernunft sich aber notwendig Ideen macht, die aber nicht ausreichen, die ihnen "korrespondierenden" Objekte auch in die Gewalt des Ich zu bringen: Sie sind nicht vom Ich bedingt. Es sind 1.) die "kategorische Synthese" aller psychischer Instanzen in einem narzißtisch besetzten Selbst, 2.) die "hypothetische Synthese" aller Determinationen des Ich zu einer kompletten Mutter Natur, aus der das Ich als Ursache letztlich stammt, 3.) die "disjunktive Synthese" von Mutter und Kind unter Gottvater, dessen Existenz aber so unbeweisbar ist wie die Mutter als letzter Ursprung aller Geschöpfe oder ich selbst als unsterbliche Seele. Ich habe weder Allmacht und Allwissenheit über mich selbst noch über meine Eltern. Dem "psychologischen Paralogismus", nach dem das Ich sich nicht als Überich und Selbst erkennt, folgen die "kosmologischen Antinomien", wenn der Sohn seine Kategorien auf das *Ding an sich* der Frau Welt anwenden und die Fragen beantworten will, ob sie 1.) mit ihrem Innenraum selbst wieder in einem Raum steht oder räumlich grenzenlos ist, und ob sie selbst Kind einer Mutter ist, also einen zeitlichen Anfang hat oder nicht, 2.) ob ihre Liebe unbegrenzt teilbar ist zwischen Vater und Kindern, 3.) ob ihre Gesetze alles determinieren oder ob es (Freiheit für sie vom Gatten bzw.) Freiheit des Sohnes von ihr gibt, 4.) ob es einen notwendigen Vater gibt (sei es als Teil der Frau Welt oder gar als ihr Ursprung), der über ihr ist.

Die Thesen zeugen vom "praktischen Interesse der Vernunft"' an der Unsterblichkeit der Seele, daß sie aus einer Mutter kommt, von deren Naturgesetzen sie gleichwohl frei ist, weil sie sich identifiziert mit dem Vater im Himmel etc. Die zwei letzten dynamischen Antinomien fragen nach der Möglichkeit des Mannes, sich von Mutter Natur zu befreien, des Sohnes in 3.), des Vaters in 4.).

Die dritte Antinomie diskutiert die Möglichkeit eines Kindes, das als Sohn seiner Mutter durch sie determiniert ist, als Sohn seines Vaters aber von ihr frei ist. Das patriforme Soll des sittlichen Imperativs, des Überich, durchbricht die determinierende Triebkraft der auf die Mutter gerichteten Primärprozesse. Einmal ist die Mutter als Triebobjekt Ursache unseres Tuns, ein andermal der Vater via Gewissen und Inzesttabu. Nach Kant hat allerdings der Inzestwunsch eine empirische Ursache, die leibliche Mutter.

„Das Höchste, was der Mensch erreichen kann, ist jene Ruhe, jene Heiterkeit, jener innere Friede, die durch keine Leidenschaft beunruhigt werden." *(Immanuel Kant)*

"So ist mir nämlich die Natureinrichtung: daß alle Besamung in beiden organischen Reichen zwei Geschlechter bedarf, um ihre Art fortzupflanzen, jederzeit als erstaunlich und wie ein Abgrund des Denkens für die mensch-liche Vernunft aufgefallen, weil man doch die Vorsehung hiebei nicht, als ob sie diese Ordnung gleichsam spielend, der Abwechslung halber, beliebt habe, annehmen wird, sondern Ursache hat zu glauben, daß sie nicht anders möglich sei." (*Kant* : Brief an Schiller vom 30. März 1795)

"In welchem Dunkel verliert sich die menschliche Vernunft, wenn sie hier den Abstamm zu ergründen, ja nur zu errathen es unternehmen will?"

Subjektiver Idealismus : *Totschlag der Natur?*

"Das zu fressende Lebewesen muß böse sein. Dies anthropologische Schema hat sich sublimiert bis in die Erkenntnistheorie hinein. Im Idealismus - am ausdrücklichsten bei Fichte - waltet bewußtlos die Ideologie, das Nichtich, l'autrui, schließlich alles an Natur Mahnende sei minderwertig, damit die Einheit des sich selbst erhaltenden Gedankens getrost es verschlingen darf. Das rechtfertigt ebenso dessen Prinzip, wie es die Begierde steigert. Das System ist der Geist gewordene Bauch, Wut die Signatur eines jeglichen Idealismus; sie entstellt noch Kants Humanität, widerlegt den Nimbus des Höheren und Edleren, mit dem sie sich zu bekleiden verstand." (*Th. W. Adorno*: „Negative Dialektik", Frankfurt/M. 1966, Seite 31 f.)

Johann Gottlieb Fichte (1762 - 1814) glaubte, in seiner "Wissenschaftslehre" (**W**, 1794) Kant nur zu Ende gedacht zu haben, dem jedoch der absolute Idealismus seines Nachfolgers irgendwie "gespenstisch" vorkam, so ganz ohne Halt an einem geistig unverdaulichen Ding an sich. Bei Kant verschlingt das Ich wohl auch sein Nichtich, aber nur bis zu der Grenze, wo das Ding an sich anfängt. Das Kind okkupiert die Mutter nur bis zu dem Punkt, an dem die Gattin seines Vaters beginnt. Weiter kann es – mit Rücksicht aufs paternale Realitätsprinzip – die Einverleibung der geliebten Mutter Natur nicht treiben. Der Versuch, das Paradies der primärnarzißtischen Ursymbiose zu restaurieren, scheitert am Inzestverbot der Vaterfigur und an der archaischen Absorptionsangst des Menschenkindes. Wohl wird das Erkenntnisvermögen vom vaginalen Ding an sich sinnlich-*mater*ial affiziert, aber doch nur, um aus diesen stimulierenden Sinnesreizen eine präödipal gewährende wie auch ödipal versagende Mutterimago zu konstituieren nach dem Bilde dessen, was von den väterlichen Grundkategorien, den verinnerten Vergegenständlichungsnormen, freigegeben ist. Das Kind reicht nicht an die tabuierte Vagina der Mutter Natur heran, aber was es beherrscht, beherrscht es völlig : die Seite, die die Gattin seines Vaters ihm in hingebender Mutterliebe zuwendet, ihre ständige Verfügbarkeit als ein fürsorgliches Bezugsobjekt fürs

Kind. Getrennt auf ewig von der Gattin seines Vaters, macht es sich ihre "Erscheinung" als Mutter Untertan.

„Kritik der reinen Vernunft" : „Kritik" kommt von griechisch *krinein*: scheiden, abtrennen, schneiden. Der legitime Vernunftbereich wird vom verbotenen Bezirk der bezirzenden Mutter Natur säuberlich geschieden, der Sohn um den inzestuösen Gebrauch seines rationalen Phallus, um die väterliche Allmacht gebracht, also kastriert, in die Schranken reiner Kindlichkeit verwiesen. Er ist nicht so allmächtig, daß er die Mutter so aus sich heraus produzieren könnte, wie er selbst von dieser Mutter geschaffen wurde. Er braucht sie und ist darauf angewiesen, daß sie sich ihm in sinnlich *mater*ialer Fürsorge hingibt. Der Sohn wird vom sinnlichen Anstoß wohl gereizt, aber auch genarrt : Zuerst macht die stimulierende Säuglingspflege ihm den Mund wässrig, dann wird er ödipal zurückgestoßen, da das Ding *an sich* gar nicht *für ihn* bestimmt ist.

Damit will Fichte sich nicht zufrieden geben und geht aufs Ganze, wo er Kant, diesen "Dreiviertelskopf", verzagt und eingeschüchtert auf halbem Weg zu den Müttern hinab stehengeblieben wähnt. In der Tat wird das Ich des aufständischen Sohnes eine Art Vampir, der dem Nichtich das Blut aussaugt, und dieses Nichtich ist da nichts als ein gespenstischer Wiedergänger, der erschlagene Vater, der immer wieder aufersteht, um immer neu erschlagen zu werden. Das Nicht-Ich ist das dauernd neu aufgehobene Über-Ich. Jede der beiden gegensinnigen Bewegungen ist in sich ambivalent und treibt deshalb reaktiv die Gegenbewegung aus sich hervor : Das Ich verleibt sich die gute, nutritiv gewährende Mutterbrust ein, sucht mit ihr symbiotisch zu verschmelzen, eignet sich aber mit der Fee die Hexe an, würgt an seinen Schuldgefühlen darüber, daß es die gute Mutter durch den Akt der aggressiven Assimilierung verletzt haben könnte, projiziert seine orale Destruktivität entlastend auf die vermeintlich böse, versagende, entwöhnende oder absorbierende Mutterbrust, speit also seine eigenen bösen Vernichtungs- und Vergeltungswünsche aus, indem es auf die böse Mutterimago abwälzt und sie als Nicht-Ich aus sich entfernt, in die Außenwelt verlegt, sich der bösen Brust entäußert, um einen Grund zu haben, sie oralkannibalisch erneut in sich hineinzuschlingen : "Das System, in dem der souveräne Geist sich verklärt wähnte, hat seine Urgeschichte im Vorgeistigen, dem animalischen Leben der Gattung. Raubtiere sind hungrig; der Sprung aufs Opfer ist schwierig, oft gefährlich. Damit das Tier ihn wagt, bedarf es wohl zusätzlicher Impulse. Diese fusionieren sich mit der Unlust des Hungers zur Wut aufs Opfer, deren Ausdruck dieses zweckmäßig wiederum schreckt und lähmt. Beim Fortschritt zur Humanität wird das rationalisiert durch Projektion. Das animal rationale, das Appetit auf seinen Gegner hat, muß, bereits glücklicher Besitzer eines Über-Ichs, einen Grund finden. Je vollständiger, was es tut, dem Gesetz der Selbsterhaltung folgt, desto weniger darf es dessen Primat sich und anderen zugestehen ; ... " (*Adorno*, a.a.O. S. 31)

So frißt das Ich seine eigene Scheiße autoerotisch, beinahe autistisch-solipsistisch in sich befangen, wiewohl es den ganzen Weg über die Welteroberung macht. In der „Wissenschaftslehre" wird das Bewußtsein seiner selbst bewußt : Es hat nun gefressen, d.h. kapiert, was es da frißt und kapert.

Es begreift, daß und was es angreift und ergreift, erfaßt und packt. Die alte traumatisierende Abnabelung des Kindes von der Mutter wird hier aggressiv wieder rückgängig gemacht : Das Kind verzehrt sie, von der es im Individuationsakt der Separation sich trennen und lösen mußte; es vergewaltigt sie, um sie nicht lassen zu müssen, und lieber tötet es die Mutter, als daß es sie aufgibt. Daneben nimmt das kindliche Ich an der Mutter, die zum Nichtich geworden ist, Rache für Entwöhnung und Inzestverbot. Frau Welt verschwindet im gefräßigen Bauch des Ich, wie umgekehrt bei Spinoza der Sohn im nahrhaften Bauch der Mutter Natur untergeht. Fichte hat sich fürs Fressen entschieden, um nicht gefressen zu werden, wie sehr auch immer die Drohung, gefressen zu werden, aufs Nichtich nur projiziert sein mag. In jedem Fall ist bei ihm das Prinzip des Fressens oder Gefressenwerdens nicht in Frage gestellt; das ist Fichtes Grenze, die er nicht kennt, wenn es gilt, den Kopf über Wasser zu behalten, auf Kosten anderer. Das *Ding an sich* bleibt bei dieser Totemmahlzeit nicht einmal als Haut und Knochen übrig, dieser Magen verdaut schier alles. Das Ich ist nicht von Frau Welt in die Welt gesetzt, sondern setzt sie und maßt sich ihre kreative Potenz an, wie früher der Vatergott aus Angst vor ihrer Omnipotenz als Weltschöpfer die Fruchtbarkeit der allgebärenden Mater-ie usurpierte durch die Fiktion der quasi-kreativen Penispotenz mit Welt-Ejakulation. Die Selbstgewißheit des maskulinen Ichs ist zwanghafte Selbstbestätigung durch Niederwerfung der passivierten Mater-ie.

Die Wut des Ich erstreckt sich aber nicht nur auf den gehaßten väterlichen und brüderlichen Rivalen, sondern auch auf die böse, weil versagend- entwöhnende Imago der Mutter Natur selbst. Dieses Ich des Sohnes ist nichts als diese "Tathandlung", diese Untat des Patrizids und Mutterinzests, der einem Muttermord ähnelt. Der Lustmord des Sohnes an der Mutter ist die Perversion eines Inzests, eigentlich nur eine Überwältigung und schiere Vergewaltigung dieser archaisch omnipotenten „phallischen Mutter", mutmaßlich als Rache für prä-ödipale Frust-Rationen.

Das Ich kennt bei Fichte keinen anderen Gegenstand, also Widerstand mehr als jene Grenzen und Schranken, die es sich selbst setzt, die es aus sich hervorbringt, um im Überspringen selbstaufgestellter Hürden seine Allmacht über die Elternbilder immer neu zu beweisen. Dieses Ich ist größenwahnsinnig geworden, dreht durch und läuft leer, nur noch mit den narzißtischen Kreationen seiner Omnipotenzphantasien halluzinatorisch befaßt. Entweder ich oder die Eltern, denkt dieser Sohn, und tötet beide. Selbstherrlich thront dieses megalomane Ego, das seine eigenen Eltern wurde, über den Leichen des unterdrückenden Gottvaters und der grausamen Mutter Natur. Vor dem Rheinfall (Reinphall?) bei Schaffhausen ruft er aus, er trotze seiner Gewalt, die keine Macht über ihn habe. Das cartesianische *Ego cogito* muß Mutter Natur treffen, um den gefürchteten Phall des Vatergottes in den Tiefen ihres Schoßes mit zu treffen; es schüttet die Mutter mit dem Vater aus, um deren Willen dieser überhaupt beseitigt werden sollte. Die *res cogitans* begräbt die *res extensa* unter sich, ja, reißt die ewig-weiblichen Züge der gebärenden *natura naturans* an sich, um selbst die Mutter zu sein, die sie vergewaltigt als ein herrischer Heman. Schelling spürte den "Totschlag der Natur" in Fichtes Wahnsystem, den Matrizid dessen, der nach dem Patrizid sein eigener Urvater wurde. Die unendliche männliche Idee, das Es des Vaters im Überich und Ichideal des Sohnes, triumphiert endgültig über die entmächtigte urweibliche Mater-ie, die zum bloßen *Mater*ial des patriarchalischen Herrschaftsanspruchs degradiert ist, zum Objekt willensbrechender Schändung. Unüberhörbar die Vorwegnahme des sartristischen Existenzialismus : Nichts gilt hier, was sich nicht auch ausweisen, legitimieren, behaupten und bewähren kann vor dem Selbstbewußtsein des cartesianischen Ich, das immer der Egoismus des siegreichen Erdensohnes ist. Aber dieses Ich ruht nicht als feste Selbstidentität substantiell in sich, es droht sofort zu zerfallen in die Naturbestandteile, aus deren Überwindung es besteht. Es droht zu depersonalisieren, sobald es aufhört, seine Gegner zu vernichten, die es unablässig neu aus sich hervorbringt, um sie zu besiegen, d.h. um sich auf ihren Kadaverbergen zu konstituieren als Nicht-Nicht-Ich. Das Ich bei Fichte ist nichts als die Überwältigung des Nichtich, also nichts als dieser Akt, jenes Nichtich durch eine Art oraler Inkorporation wieder in das Ich einzugemeinden, Vater und Mutter trotzig analsadistisch von sich abzutrennen, um sie dann oralkannibalisch verschlingen zu können, sie dadurch zu beherrschen.

Der Sohn scheidet die Mutter in einer phantastischen Verkehrung der wirklichen Verhältnisse als Nichtich von sich aus und ab, um sie verzehren zu können, und sein Ich frißt sein maternales Nichtich auf, um es paranoid als böses Nichtich defäzieren zu können. Es er-zeugt als seine eigene Mutter in dieser doppelten, in sich zurücklaufenden Bewegung sich selbt. Es scheißt Frau Welt gleichsam aus sich aus, um nichts als sich selbst zu fressen, wenn es die zum Fressen süße Mutter verzehrt. Adam Müller hat darauf aufmerksam gemacht : "Fichte begründet die Rechte des Mannes über die Frau in der Ehe auf die vermeintliche absolute Thätigkeit des Mannes und die Unthätigkeit der Frau im Beyschlafe." – "Was für eine Philosophie man wählt, hängt davon ab, was man für ein Mensch ist." Also entweder ein Kind, das spinozistisch von seiner Mutterbindung determiniert ist, oder ein Mann, der frei ist von der Kausalkette, die ihn an seine Herkunft aus dem Mutterschoß bindet, also Junge oder Mädchen. Dieser so sehr selbständige, eigenmächtige, schroffe, ungestüme, ebenso religiös erregbare wie gefühlskalte Mann berauschte sich eitel an seiner rhetorischen Kraft, er redete, "als wollte er durch einen Befehl, dem man unbedingten Gehorsam leisten müsse, einen jeden Zweifel entfernen." Er neigte aber auch dazu, egoistische Engherzigkeit idealistisch zu verbrämen, ohne sich selbst jedoch zu schonen. "Seine Sprache war von schneidender Schärfe". Der andere ist deshalb auch schon der Gegner, der zu kastrierende väterliche oder geschwisterliche Rivale. Selbst kurz und stämmig gebaut, will sein Denken die phallische Körperkürze überkompensieren, wohl auch die niedere Herkunft von sehr armen Leuten. Er ist hin und her gerissen zwischen vita activa und vita contemplativa, will kindlich mit guten Mutterimagines verschmelzen und sie doch hypermaskulin geißeln und züchtigen. Dieser herrsch- und selbstbeherrschungssüchtige Philosoph wirft einmal seiner Frau eine lebensgefährliche Erkrankung als Verantwortungslosigkeit vor, getreu seiner Lehre, daß dem Ich nur durch sich selbst das Nichtich zustoßen kann, schon ganz ein Sartre des Aufklärungsjahrhunderts.

Das Ich konstruiert das Nichtich, spinnt es aus sich heraus, setzt es in die Welt wie eine Mutter ihr Kind, produziert sich selbst erst durch Produktion des Nichtich hindurch, leitet das Nichtich nur aus sich ab, um es auf sich zurückzuführen, verinnert das, dessen es sich zuvor entäußert hat, und externalisiert nur das zuvor Introjizierte, indem es das zuvor Projizierte re-internalisiert. Es fühlt sich ganz leben nur als Sieger, der seine Siege und Vernichtungsfeldzüge gegens Nichtidentische dauernd wiederholen muß, um nicht vom Gefühl der eigenen Nichtigkeit und phallischen Insuffizienz eingeholt zu werden. Es meint, durch Aggression gegen seine Objekte deren paranoid verfolgenden Anschlägen zuvorkommen zu müssen, und glaubt sich nur durch den Angriff des Begriffs gegen die Ergriffenheit durch das Objekt verteidigen zu können. Er bekämpft offensiv die auf die Mutter Natur projizierte Destruktivität der zu rächenden Entwöhnungszeremonien. Hegel applaudierte diesem Fichteschen Ich, welches sein Nichtich nur als "leeren und unbestimmten Anstoß" empfindet, an dem seine provozierte Wut sich entzündet, mit der es übers Fremde herfällt und "stoßend" unter sich begräbt.

Ein Ich, das darauf verzichten würde, gegen das Nichtich tätig-tätlich zu werden, würde dieses Nichtich erleiden und vor ihm zu Nichts werden, also in den Schoß zurücksinken, aus dem es sich steil hochstemmt, fressend und mordend und vergewaltigend. Was Hegel an Fichte bemängelt, ist jene Halbherzigkeit, die Fichte selbst an Kant rügte. Denn bei Fichte kommt der Wunsch, das

Nichtich ins Ich aufzulösen, nicht über eine Sehnsucht hinaus, sondern bleibt ein "moralischer Imperativ", eine unerfüllbare, unendliche Aufgabe, eine endlose Kette von Annäherungsversuchen an ein unerreichbares Ichideal, weil des Ich sofort sich zurückverwandeln würde in das mater-ielle Nichtich, dem es entstammt, sobald es den Teller der Welt wirklich leergefressen hätte. Gewinnt es doch Realitätsbewußtsein von sich selbst nur, solange etwas da bleibt, solange es also etwas aus sich er-zeugt, worin es seine Zähne schlagen kann. Der Hunger des Ich aufs Nichtich wird hier verewigt. Es ist wie mit dem Witz über die Polizei, die kein Interesse daran haben kann, das Verbrechen abzuschaffen, um sich selbst nicht entbehrlich zu machen. Sie muß die heikle Weltordnung stützen, die das Verbrechen unvermeidlich macht, also die Verbrecher hervorbringt, von denen sie lebt, indem sie von deren Beseitigung lebt.

Durch diese Sucht nach Einnahme der Droge Nichtich ist das Ich aber vom Nichtich abhängig, mit dessen Einnahme es steht und fällt. Die Identifikation mit dem Vater bei Kant ist dann eine ebenso unendliche moralische Aufgabe wie hier die orale Introjektion der Mutter, die deformierende Bearbeitung des sinnlichen Rohmaterials der Mutter Natur, der Matrizid als pervertierter Mutterinzest, die Vollendung der Rache an der bösen Rabenmutter. Moralisch ist diese Aufgabe, weil der Sohn solange auf seine natürlichen Impulse losschlägt, bis die Mutter für ihn gestorben ist, bis sie für ihn nicht mehr existiert, bis er sie sich aus dem Kopf geschlagen hat in Übereinstimmung mit dem Überich.

Was das Ich daran hindert, das Nichtich wirklich restlos ins Ich zu transformieren, ist kein inzesttabuiertes vaginales *Ding an sich* der Mutter der Natur, sondern Schuldangst vor der Aggression gegen eine Mutter, auf die das schwache Ich gleichwohl angewiesen ist, und gegen einen Vater, der immer erneut in einer Totemmahlzeit verzehrt werden soll.

Dieses Ich ist eine in jeder Sekunde sich wiederholende Selbstvergewisserung durch Abstoßung und Anziehung der geliebt-gehaßten Ur-Objekte, eine Art Brummkreisel, der nur steht, solange er auf sich einpeitscht, als sei der aufrechte Gang, die erektive Potenz, nur ein beständiges, durch Rennen aufgehaltenes Fallen, wo man dauernd über etwas stolpern muß, um nicht zu stürzen.

Es liegt etwas hektisch Atemloses und Süchtiges darin, und die Affektion des Ich durch das Nichtich gleicht einer unablässigen Selbstinjektion und -infektion. Wir sind hier weit entfernt vom der Phantasie des ödipalen Inzestes zwischen Ich und maternalem Nichtich, ebenso weit wie vom Patrizid des Überich durch das Ich. Der Kantische Analsadismus gegen die Natur, also die zwangsneurotische Abwehr der inzestuösen Mutterbindung, ist bei Fichte auf die Spitze des oralen Kannibalismus getrieben, des Mordes an Vater und Mutter.

Frau Welt ist nur Mater-ial der Pflicht, Anstoß zu ihrer Überwindung, bis sie für das stolze Ich gestorben ist, und diese *agi(ti)erte* Beherrschung der inzestuösen Wünsche gelingt am besten dadurch, daß der Gegenstand der verbotenen Liebe geschändet, vergewaltigt, ausgebeutet, konsumiert, gedemütigt, gefoltert wird, so daß das Ich sich selber und dem Überich beweist, daß es sich nichts, also das Nichts, aus der Mutter macht, wenn es sie vernichtet.

Der Sohn macht aus der Not, sich ohnehin von ihr trennen zu müssen, die Tugend, sie von sich zu stoßen und auszuscheiden, um sie wie der Vater wieder unter sich zu bringen, und er wird seine eigene Mutter, wo er sie aus sich er-zeugt und das Kind in sich zurücknimmt, um durch Rollentausch die Vernichtungsängste bannen zu lernen. So spielt das Kind mit Puppen als "Übergangsobjekten" *(Winnicott)* zwischen Mutter und Kind, um als seine eigene Mutter sein Kindsein beherrschen zu lernen. Kommen wir zum Kern von Fichtes "Wissenschaftslehre". Das Ich hat Grundsätze, es besteht aus drei Grundsätzen, die vorweg zur Übersicht ein wenig formalisiert seien.

Das Ich ist bei Fichte kein toter Klotz, nicht einfach und vorgegeben wie ein Ding, sondern ein Selbstbezug und nichts, wenn es sich nicht ständig macht und herstellt : er-zeugt. So werden erst einmal die unmittelbaren logischen Verstandesgewißheiten wie der alte Satz der Identität und des Widerspruchs aus der Struktur dieses Ich selbst abgeleitet und aus der Evidenz heraus erklärt, mit der das Ich seiner selbst bewußt ist. „A = A“ bezieht nach Fichte seine unmittelbar einleuchtende Über-Zeugungskraft aus der Selbstgewißheit des ICH = ICH, aus der Selbstidentität jeder Person. Dieser Grundsatz wird sofort ein Programm, statt auf der Stufe

einer zweifelsfreien Prämisse und eines fixen Axioms stehenzu-
bleiben: Subjekt ist Prädikat : Jedes Objekt soll in die Form gebracht werden können, daß es mit dem Subjekt identisch ist. Das
subjektive Prädikat ist der Begriff als Klasse aller unter sie fallen-
den Exemplare, und das Objekt ist identifiziert, wo es in seinen
Begriff klassifikatorisch eingeordnet ist, wo es vom begreifenden
Ich verschlungen ist:

S est idem P : S inest P.

Die Kopula geht auf Kopulation von Subjekt und Objekt.

Im zweiten Grundsatz setzt das Ich sich ein Nichtich entgegen, auf das es nicht nur stößt, sobald es sich schlechthin selbst
als Ich setzt, sondern das es als Ich in die Welt setzt. Das Ich kann
sich nur dadurch auf sich selbst beziehen, daß es ein Nichtich auf
sich bezieht, das es zum Ich macht, indem es etwas von sich als
Nichtich aus sich heraussetzt.

Im ersten "unbedingten Grundsatz" setzt sich das Ich als
Grund seiner selbst, als unendlich und unbegrenzt, es ist immer
und überall und kennt nichts außerhalb seiner als gleichsam narzißtisches Größenselbst. Im 2. Grundsatz, der nur den ersten entfalten
will, setzt das Ich sich als schon begrenzt, es definiert in sich eine
Stelle, wo es selbst nicht ist, und alle Dinge außerhalb des Ich sind
nur negativ bestimmt, sofern sie nur die eine Eigenschaft miteinander gemein haben, nicht Ich zu sein. An sich ist die Mutter nicht
bestimmt, sie ist Nichtich, wo sie nicht so will wie das Ich ihres
Kindes. Niemals wird bei Fichte etwa umgekehrt das Ich negativ
bestimmt als Nicht-Nichtich, als Nichtobjekt, als das, was sein
Bezugsobjekt nicht ist und will. Das Nichtich kann sich nicht selbst
beschränken durchs Ich, es erleidet sein Objektsein, weil und wenn
es kein selbstreflektiertes Ich ist. Es kann sich nicht sagen : Bis
hierher reiche ich, und dort beginnt das Ich als Nichtding. Das Ich
des Sohnes aber kann sich selbst nicht setzen, ohne ein Nichtich zu
setzen, von dessen Grenze her es überhaupt ist, was es ist : Ich und
nicht Nichtich. Die Schranke zwischen Ich und Nichtich ist eben
jene Grenze, an der das Ich anfängt, kein Nichtich zu sein, an der
es aufhört, Ich zu sein, und an der das Nichtich beginnt, nicht Ich
zu sein, und an der sein Nichtichsein doch gleichzeitig endet, um
ins Ich überzugehen. Das Nichtich ist nicht nur nicht Ich, sondern
der Gegensatz des Ich: Gegner. "Ist es einem bestimmten A entge-

gengesetzt, so hat es Materie; Es ist irgendetwas Bestimmtes nicht." (**W**, 24) Die theoretische Vernunft erkennt ein Nichtich, und erst die praktische Vernunft erkennt ein *alter ego* an.

Als Mutter ist dieses Nichtich kein Mann und Penisträger, sondern nur Mater-ie und Mater-ial für die Tathandlungen des Ich. Wir tun gut daran, dieses idealistische "Setzen" einmal ganz wörtlich zu nehmen: Wenn das Ich sich selbst setzt, dann sitzt es eben, und zwar auf dem Stuhl und zu Stuhle, wo es das Nichtich ausdrückt. Das "Entgegensetzen des Gegenstandes" ist analer Widerspruchstrotz und eine sadistische Abgrenzung gegen die symbiotisierende Mutter, wo narzißtisches ICH = ICH noch das Nicht-Ich einschloß.

Der dritte Grundsatz schließlich ist der Satz vom Grund, wo die "Limitation" die "Synthese" von Realität und Negation wird. Hier wird die wechselseitige Beziehung von Ich und Nichtich geregelt sowie ihre kopulative Vereinigung gedacht. Das Ich ist aus der autistisch-autoerotischen Tautologie herausgetreten, trifft, sobald sein Narzißmus allerotische Objektbeziehungen eingeht, auf ein Liebesobjekt, das primär als feindselig erlebt wird, weil es nicht mehr symbiotisch mit dem Ich identisch ist und in frustrierenden Entwöhnungen und Inzesttabus Distanz hält. Dieses Ich sinnt auf Wiedervereinigung mit der anal als böse aus ihm ausgeschiedenen Mutter, die es gleichwohl braucht und will. „Ich setzt im Ich dem teilbaren Ich ein teilbares Nicht-Ich entgegen." Ich wie Nichtich werden beide im Ich und durchs Ich gesetzt als Wesen, die einander gegenseitig beschränken, "daß die Realität des einen die Realität des anderen aufhebe", - aber "nur zum Teil." Das Ich ist nicht Nichtich, und das Nichtich ist nicht Ich, während vorher vor dem absoluten Ich das Nichtich bloß ein Nichts war, weil das Ich alles war. Das Ich, das ein Nichtich sich gegenüber weiß, ist ein anderes als jenes, das absolut, d.h. von jeder Rücksicht auf ein Nichtich freies, primärnarzißtisches Größenselbst war. Der Satz vom Grund und von der Limitation gilt nicht fürs absolute, intelligible Ego, sondern nur für ein Ich, das seine archaische Omnipotenz relativiert hat zu einer Koexistenz von Ich und Nichtich, die überhaupt den Koitus erst möglich macht, also eine Vereinigung, in der die Partner nicht aufhören, verschiedene Wesen zu sein, und eine Trennung von Mutter und Sohn, die, weit entfernt, die Kohabitation im Inzest zu verhindern, die Kopulation erst möglich macht, sobald die solipsistische Ursymbiose der frühkindlichen Personalunion aufgelöst ist. Will sagen : Das Ich ist zum Teil dem Nichtich entgegengesetzt, z. T. aber mit ihm identisch. Das Kind bleibt Teil der Mutter, und die Mutter Teil des Kindes, aber auch nur Teile, eben *Partner*. Das primärnarzißtische Ur-Ich teilt sich nolens volens in Ich und Nichtich, wobei das Nichtich die Modifikation der Mutter und jenes Vaters annehmen kann, der als Überich im Ich gesetzt ist, wie die Mutter als Introjekt vom Ich assimiert wird. Divide et impera, heißt es ja in der triadischen Dreierfamilie.

Wird das leidende Ich vom tätigen Nichtich begrenzt und bestimmt, haben wir den Realismus und Dogmatismus vor uns, das theoretische Bewußtsein, das passiv erleidend dem andrängenden Objekt sich unterwirft, während das praktische Bewußtsein ein tätiges Ich sein erleidendes Nichtich bestimmen, beschränken und setzen läßt. Entweder bin ich Grund oder Folge, Ursache oder Wirkung, des Nichtich; entweder wird das Kind Herr über seine Elternbindungen oder bleibt an sie versklavt; entweder macht das Ich sich frei vom Überich oder bleibt vom Heteronomen schizoidal abhängig. Entweder grenze ich mich gegen die Mutter ab oder werde von der anaklitischen Anlehnung an sie verschlungen. Verschlingt das Ich sein Nichtich, hebt es dessen Anderssein auf und verwandelt es ins Ich. Umgekehrt gibt es sich als Ich auf, sobald es sich vom Nichtich absorbieren läßt wie die Tinte vom Löschblatt. Dann verschwindet es, sich selbst entfremdet, im Nichtich. Bei Fichte verweisen Ich und Nichtich einander in die Schranken und versuchen, ihre Reviere vor der Gefräßigkeit des anderen zu schützen. Das *theoretische Bewußtsein*, die reine Intelligenz, paßt und schmiegt sich auf der Suche nach der Wahrheit, dem bergenden Verwahrtsein im Mutterleib, dem Nichtich an, gibt sich an Vater oder Mutter auf, läßt sich von Ahnen bestimmen und formen, so daß die Partizipation zur Identifikation ausartet. Im *praktischen Bewußtsein* zwingt umgekehrt das Ich dem Nichtich seinen Willen auf, prägt es nach seinen Vorstellungen, setzt sich von ihm ab und wird Weltschöpfer, Gottvater und Mutter Natur seiner selbst. Als freies, transzendentales und intelligibles Ego setzt das Kind die Mutter in die Welt, deren Schoß es entstammt: sein eigener Vatergott. Fichtes System ist die Umkehr des Spinozismus, wo das Ich des Kindes als bloßer Appendix in den Tiefen des Mutterschoßes verschwindet auf Nimmerwiedersehen. Fichte zeichnet den Entwicklungsweg nach von der Mutter-Kind-Urdyade des Absoluten Ich, das mit sich identisch ist, weil es mit der Mutter noch identisch ist, zur Individuationsphase, in der das Ich vom maternalen Nichtich sich trennen muß und auch seine Eigenständigkeit anstrebt, wo es also im Herzen des Ich den ichfremden Anderen entdeckt und zu überwältigen strebt, ihn in die Außenwelt projiziert, um ihn dort angreifen, seinen Eigenwillen als Nichtich brechen und narzißtisch ins Ich zurückholen zu wollen. Theoretisch ist das Kind Wirkung und Erzeugnis seiner Eltern, denen es sich anzugleichen hat, als deren determiniertes Produkt es sich verstehen soll, um die Wahrheit, die Anpassung des Ichs ans Nichtich, zu erreichen. Erst die Praxis macht das so theoretisch subordinierte Ich des Menschenkindes wieder zum potentiellen Potentaten, zum Herrn über das Nichtich, zum Urheber aller Ursachen aller Sachverhalte, zum Vater seines Vaters, zur Mutter seiner Mutter. Das verlorene Paradies der primärnarzißtischen Grandiosität des absoluten Ich, das von jedem Nichtich qua Nichtich abgelöst ist, wird bei Fichte aber nun nicht angezielt via regressionis durch homosexualisierende oder schizoidale Identifizierung des Kindes mit der Mutter Natur, sondern durch oral-kannibalische Aggression gegen das *materi*elle Nichtich, von dem es sich analsadistisch freigemacht hat.

Einerseits wird Mutter Natur vom Ich des Erdensohnes verschlungen, vergewaltigt und getötet, andererseits macht dieses Ich sich zu seiner Mutter, um ihre kreative Omnipotenz zu usurpieren, um nicht beliebiger Teil der Welt zu bleiben, in die es von der Allmutter gesetzt ist. "Ursprünglich enthält das Ich alles, später scheidet es eine Außenwelt von sich ab." (*S. Freud*, "Das Unbehagen in der Kultur", GW XIV, S. 425). So "wird ein Teil der narzißtischen Libido, mit der das All-Ich besetzt war, auf das Ich-Subjekt, der andere Teil auf das Objekt übertragen. Eben diesen Teil versucht das Subjekt nach und nach durch Identifikation zuerst mit der Mutter, sodann mit dem Vater sich wiederanzueignen, um sozusagen bis zum letzten Blutstropfen den narzißtischen Aderlaß der Urspaltung in Ich und Nicht-Ich zu kompensieren. Mit der Wiedergewinnung seiner Selbstliebe durch Identifikation erlangt das Subjekt zugleich die Fähigkeit, seine Beziehungen zur Welt rationaler Kontrolle zu unterwerfen." (*Gérard Mendel* : „Die Revolte gegen den Vater", Frankfurt/M. 1973, S. 69). Dieses schöne humanistische Programm einer Vateridentifikation gegen die mörderische Rabenmutter Natur, der Aufklärung gegen die Barbarei, schlägt bei Fichte um in den Muttermord als eine Reaktion auf die väterliche Kastrationsdrohung – und das väterliche Beispiel und Vorbild, den männlichen Raubbau an Mutter Erde.

Das Ich erschlägt Mutter Natur, um ihr zu gleichen, es identifiziert sich mit ihr durch Mord, d.h. droht sich selbst zu töten, um mit der toten Mutter vereinigt zu sein. Die *unio mystica* wird zum Gemetzel und Schlachtplatz. Selbst die kontemplative Versenkung in die Mutterimagines ähnelt dem aktiven Grundsatz: dem aggressiven Satz qua Sprung des Raubtiers auf den Ur-sprung des maternalen Grundes. Auch im theoretischen Bewußtsein gibt das Ich sich nicht effeminiert hin an das Nichtich, bleibt nicht Rezeptivität, die sich wirklich beeindrucken ließe : „Es setzt hier, daß das Nichtich etwas in mir setzt ... Das Ich setzt sich als Begrenztwerden vom Nicht-ICH, aber ich mache diese Beschränkung zur meinigen; so ist sie für mich in mir, diese Passivität des Ich ist selbst die Tätigkeit des Ich." (*G. W. F. Hegel* : „Vorlesungen über die Geschichte der Philosophie", Theorie Werkausgabe Suhrkamp, Bd. 20, S. 400). Auch im Masochismus verfolgt das Ich passive Ziele mit aktiven Mitteln. Der Masochist will also, *daß* er nicht selbst will; er bestimmt sich selbst dazu, von anderen bestimmt zu werden, und er benutzt, wie Sartre in "L'Etre et le Néant" (dt. Hamburg 1962, S. 484 f.) analysiert hat, den anderen dazu, ihn als Objekt zu benutzen. Das Ich ist nicht vom Nichtich begrenzt, es sei denn, es setzt sich selbst als davon begrenzt, um Herr seiner Knechtschaft durchs Nichtich zu bleiben, also für alles verantwortlich, was ihm vom Nichtich widerfährt.

Real-empirisch ist das Kind von seiner Mutter abhängig, idealiter sie von ihm, weil sie für das Kind da zu sein hat, nicht das Kind für sie, obwohl es an ihr hängt und klebt, und auch physisch ihr entstammt. Die selige Urmonade einer frühen Mutter-Kind-Einheit wird bei Fichte im Ich des Kindes und durch dieses Ich wiederhergestellt, und das Ich ist nichts anderes als der Akt, den

Anderen wieder ins Ich zu reintegrieren, indem es sich als allmächtiger Schöpfer und Schoß aufspielt, aus dem es das Nichtich, seine eigenen Eltern, gebiert. Aber die Urszene der angstfreien Vereinigung des Kindes mit den kopulierenden Elternteilen gelingt in Fichtes spekulativer Phantasie nicht. Im mütterlich *Mater*iellen "findet die ins Unendliche gehende Tätigkeit einen Anstoß, durch den sie zurückgedrängt wird in sich, gegen den sie dann aber wieder reagiert." (*Hegel*, a.a.O., S. 399) Warf Kant Fichte vor, den Widerstand des Dinges an sich nicht ernst genug genommen zu haben, moniert Hegel im Gegenteil, bei Fichte werde dieser Widerstand des Ansichseins der Mater-ie noch immer nicht weit genug gebrochen, das Huhn bleibe ihm im Halse stecken : "... das Letzte ist nur ein Sollen, Bestreben, Sehnen."

Fichte bringt es wie Kant also nur bis zum moralischen Appell, nicht zur Vollendung und Erfüllung, nicht zur Befriedigung des Hungers des Ich aufs Nicht-Ich. Fichte hat zwar die Scheu vor dem Matrizid verloren, da ihm die Mater-ie zum grenzenlos schändbaren Arbeits*mater*ial seines Pflichteifers heruntergekommen ist, aber er erreicht nicht wirklich sein Ziel wie der Vater. Und dieses paternale Ichideal, mit Mutter Natur fertig zu werden, sie fix und fertig machen zu können, ist imgleichen das Überich, das ständig vor der Verwechslung des kulturstiftenden Mordes an Mutter Natur mit dem Mutterinzest warnt. Das Ich verzweifelt an seiner Aufgabe, die Mutter Natur, ihre phallische Omnipotenz, und seine eigene innere auf Mutterinzest abzielende Natur in den Griff des unterdrückenden Begriffs zu bekommen; es kapituliert vor der Überlegenheit des Vaters über die Mutter Erde: "Das Ich muß gänzlich vernichtet sein." Das Ich beugt sich am Ende auch bei Fichte dem Über-Ich, schwört dem sexuellen Egoismus reuig ab, es empfindet sich als "Dasein und Offenbarung Gottes." Wenn "der Mensch durch die höchste Freiheit seine eigene Freiheit und Selbständigkeit aufgibt und verliert, wird er des einigen wahren, des göttlichen Seins ... teilhaftig." "Gott allein ist, und außer ihm nichts." – "Leben in Gott ist frei sein in ihm." Hier endet Fichte so spinozistisch, wie Sartre an Heidegger seine "Kehre" *nicht* erlebt hat, anders als sein Freund-Feind Merleau-Ponty.

Warum kriecht hier Fichte am Ende doch zu Kreuz, was schreckt ihn? Wird das Ich mit dem Nicht-Ich, mit Mater-ie und Über-Ich, nicht fertig? Scheitert es vor dem väterlichen Vorbild, Mutter Erde sich untertan zu machen? Zuckt es vor dem Matrizid als Mutterinzest zurück? Oder macht es sich selbst fertig, da es mit dem Nichtich nur zu gut fertig wird? Sehen wir genauer hin : Das Ich setzt die Welt, es ist als sein eigener Vater Weltschöpfer und als seine eigene Mutter Schoß der Welt. Wenn es aber alles setzt, dann auch sich selbst, sich als beliebigen Teil der von ihm konstituierten Welt und gleichzeitig als Schöpfer von allem samt seiner selbst. Das Ich setzt das Nichtich sich gegenüber, und es setzt sich selbst, sich selbst aber als Teil des Nichtich und als den, der Ich und Nichtich erst setzt. Als Schöpfer des Ich samt Nichtich setzt sich das Ich außerhalb seiner Schöpfung, die dann nur ein Teil von ihm ist.

Andererseits setzt es sich selbst als Teil des Nichtich unter anderem, und Teil des Nichtich u.a. ist es gerade paradox als Schöpfer des Ichs und Nichtichs im Ganzen. Setzt es sich nun als Teil des Ganzen oder als das Ich, das das Nichtich mit dem Ich als empirischen Teil davon setzt? Fichte sucht diese *Russellsche Paradoxie* von Teil und Ganzem, von Exemplar und Klasse, von Element und Menge, gut kantisch zu lösen: Der Inbegriff vom Ganzen ist kein Teil des Ganzen, kein Element der Menge, deren Namen es trägt.

Wenn das Ich sich selbst setzt, dann so, wie das intelligible transzendentale Ego das real-empirische Ich konstituiert, das absolute Ich das durch ein Nicht-Ich eingeschränkte Ich. Das *absolute Ich* setzt sich bei Fichte als absolutes *und* als vom Nichtich begrenzbares, als jener Teil des Ganzen, der das Ganze aus empirischem Ich und Nichtich zu seinem Teil hat. Das Nichtich bestimmt das empirische Ich, nicht das absolute, während es vom absoluten, nichtempirischen Ich determiniert wird. Das Nichtich ist immer nur das empirisch-reale gegenüber dem empirisch-realen Ich, während doch beide gesetzt sind vom absoluten Ich. Also wird das faktische Ich nicht nur theoretisch vom Nichtich determiniert, sondern auch vom absoluten Ego im praktisch-tätigen Bewußtsein. Damit wird wenigstens das reale Ich zum Teil des vom absoluten Ego gesetzten Nichtich, eine bloße Erscheinung und Vorstellung seiner selbst.

Fichte ist am Ende unfähig, das absolute Ich des primär-narzißtischen Selbst vor dem Absturz in die Welt der von ihm gesetzten Objekte zu bewahren, die typenlogische Scheidung von absolutem und empirischem, idealem und realem Ego durchzuhalten. Sobald aber das absolute Ego sich mit dem empirisch realen Ich vermischt, fällt es unters Nichtich und löst sich als Ich auf: Das Ich setzt das Nichtich, und es setzt sich selbst als Teil davon: „eine bloße Erdichtung" des Ich, des "spielenden und leeren Bildner(s) von Nichts zu Nichts". "Ich weiß überall von keinem Sein und auch nicht von meinem eigenen. Es ist kein Sein. - Ich selbst weiß überhaupt nicht und bin nicht. Bilder sind : sie sind das Einzige, was da ist, und sie wissen von sich nach Weise der Bilder; - Bilder, die vorüberschweben, ohne daß etwas sei, dem sie vorüberschweben; die durch Bilder von den Bildern zusammenhängen, Bilder, ohne etwas in ihnen Abgebildetes, ohne Bedeutung und Zweck. Ich selbst bin eins dieser Bilder; ja, ich bin selbst dies nicht, sondern nur ein verworrenes Bild von den Bildern. – Alle Realität verwandelt sich in einen wunderbaren Traum, ohne ein Leben, von dem geträumt wird, und ohne einen Geist, dem da träumt; in einen Traum, der in einem Traum von sich selbst zusammenhängt." („Die Bestimmung des Menschen")

Vom Kantischen Kritizismus bleiben Halluzinationen ohne das *Ding an sich* auf der Seite des Erkennenden wie des zu Erkennenden; das Ich existiert hinter den Erscheinungen an sich so wenig wie das Nichtich.

„So viele Teile der Negation das Ich in sich setzt, so viele Teile der Realität setzt es in das Nicht-Ich ... Es setzt sich demnach sich bestimmend, insofern es bestimmt wird, und bestimmt werdend, insofern es sich bestimmt." Das empirisch-reale Ich, sofern es ein ebenso empirisch-reales Nichtich gegen sich hat und angreift, um es aufzufressen, ist nur noch blasses Abbild jenes narzißtischen Größenselbst des absoluten Ego, das Deckbild für die Einheit mit der idealisierten Elternimago ist. Fast könnte man sagen, daß dieses reine, absolute, intelligible Ego für das individuell-empirische Ich so etwas wie ein Nicht-Ich, ja Über-Ich, weil Ich-Ideal ist, angestrebt durchs Niederwerfen des Widerstandes des empirisch-realen Nichtich der Welt hindurch. Das transzendentale

Ich ist jenes väterliche Überich im Ich, das es moralisch aufruft, den realen Widerstand des empirischen Nichtich der Mutter Natur zu brechen, statt sich inzestuös an sie im theoretischen Leben hinzugeben. Das Bestimmtwerden des Ich durchs Nichtich wird einerseits gefürchtet als ein Überfall der archaisch phallischen Mutter aufs schwache Ich des Kindes, andererseits als inzestuöse Versuchung abgewiesen. Wenn das praktische Bewußtsein das theoretische dominiert, dann deshalb, weil der Muttermord den Mutterinzest moralisch überwinden soll, weil die theoretische Hingabe ans Nichtich der frühen phallischen Mutter Natur suizidal wäre, weil nur die Identifikation mit dem verbietenden Vater von der omnipotent präödipalen Mutter Natur befreit. Seiner Idealität nach ist das Ich vom maternalen Nichtich unabhängig - qua Überich, also absolutem Ich. Seiner empirischen Realität nach aber ist der Sohn von der Mutter abhängig. Das ist der "Zirkel, den er in das Unendliche erweitern, aus welchem er aber nie herausgehen kann", weil er nie seine eigenen Eltern wird, denen er unermüdlich moralisch nacheifert.

"Ich bin tätig, gehe hinaus; Ich findet sich aber in seiner Tätigkeit gehemmt, findet eine Grenze, geht in sich zurück. Das sind zwei entgegengesetzte Richtungen, Hinaus und Hinein, beide sind in mir; ich schwebe zwischen beiden, will sie vereinigen, so bin ich Einbildungskraft." (*Hegel*, a.a.O., S. 403 f.) "Ich mache einen Rock, Stiefel selbst, indem ich sie anlege. Es bleibt zurück nur der leere Anstoß; das ist das Kantische Ding an sich." (*Hegel*, a.a.O., S. 404). Rock und Stiefel : weibliche Sexualsymbole, die Hegel als Beispiele fürs *Ding an sich* wählt. Die Einbildungskraft des Gehemmten stellt sich das koitale Hinein und Hinaus vor, wird von allo-erotischer Begierde durch die Kastrationsangst immer wieder ins autoerotische Denken zurückgetrieben, bis es durch permanenten Lustmord an der inzesttabuierten Mutter in jeder Frau für alle ödipalen und präödipalen Frustrationen sich rächt und dabei noch dem väterlichen Diktat und Normenkatalog ganz hochmoralisch willfährig gewesen zu sein wähnt.

Leider gibt es offenbar zu viele Frauen und zu viel Mutter Natur, um dem patrigenen Ichideal ganz Genüge zu tun.

Monsieur le Capital, Madame la Terre und die Herren Knoten :

Die Heilige Familie des Mohren

Kurz vor Karls Geburt konvertierte sein Vater zum preußischen Protestanten Heinrich Marx, um als Advokat zu reüssieren im katholischen Trier. Die Mutter Henriette geb. Pressburg weigerte sich über ein Jahrzehnt lang, diesen Schritt mit zu vollziehen, und das nicht nur aus Rücksicht auf ihre Eltern. Am Ende folgte sie ihrem Mann widerstrebend, um den familiären Wohlstand nicht zu gefährden. Der *liebe Carl* wurde als Sechsjähriger christlich getauft, auf dem zeitlichen Höhepunkt der sogenannten phallischen Phase kindlicher Entwicklung; er trat nie aus der Kirche aus. Diesen Verrat an ihrer Religion muß Carl seinen Eltern als Opportunismus übelgenommen haben. Der Atheist Marx folgte weder dem Gott der Mutter noch dem christlichen des Vaters: der Mammon schien mächtiger als dieser Gott, zu dessen Dienst seine Eltern ihn als ältesten Sohn ursprünglich bestimmt hatten. Der männliche Erstgeborene war von den stolzen Eltern überverwöhnt und in dem Gefühl erzogen worden, als "Gottes Sohn", wie viele Familienvorfahren für die Gelehrtenlaufbahn ausersehen, etwas ganz Besonderes zu sein. Die männliche Erstgeburt war dem Dienst an jenem Gott geweiht, der als Souverän sich seine Gesetze selbst gibt, Carl sein autonomer Sohn, der Autochthone, der zuerst kommt. Der zeitlich Erste ist in der Tradition der Rangerste, der die Priorität beanspruchen darf : im Falle des Karl Marx die Priorität als Entdecker der Universalität dessen, was ihm zustieß, die Degradierung vom 'Gottessohn' zum Spießbürger, der sich seine Brötchen selbst verdienen sollte, statt daß ihm ewig die gebratenen Tauben aus Schlaraffia in den Mund flogen. Nach der ihr aufgenötigten christlichen Taufe war wenigstens die Mutter kaum noch bereit, in ihrem *Liebenswertesten und Besten* noch Gottes Sohn in spe zu hofieren, den er doch mit der Muttermilch eingesogen hatte. Nach seiner Verlobung mit dem 'schönsten Mädchen von Trier, der Ballkönigin Jenny von Westphalen, wurde dem over-protected child zugemutet, einen gemeinen Brotberuf zu ergreifen, statt sich zu Höherem berufen zu fühlen, als seine Familie so zu ernähren, wie er von seinen Eltern ernährt worden war. Der scheue, unsichere, sentimentale, kompromißlerisch devote Vater war da länger bereit, die Berufung des Sohnes über den Brotberuf zu stellen, und suchte beides vereinbaren zu helfen. Auch hoffte er, im Sohn den eigenen unbefriedigt gebliebenen Ehrgeiz befriedigt zu sehen, und blieb geschmeichelt durch dessen hochfahrend unrealistische Ambitionen, die er kleinbürgerlich unterzubringen dachte. Aber Carl verachtete diesen brav liberalen Anhänger Voltaires, Lessings und Rousseaus, der es verstand, gleichzeitig preußischer Monarchist zu sein und um der Karriere willen jene Religion zu verleugnen, die dem Sohn eine himmlische Karriere vorgesehen hatte.

Bis zur Konversion vertritt die Mutter die Religion der Väter, und der leibliche Vater ist der mütterlich Besorgte : Aus dieser Konfusion wird Marx nie mehr herausfinden. Nach dem Tode des Vaters 1838 saß die Mutter allein auf dem Familienbesitz und erwartete vom Ältesten zu *pronowiren*, um der Herkunftsfamilie vorstehen und eine eigene Familie endlich gründen zu können. Spätestens jetzt wurde ihm die *arme Schmerzensmutter*, eine einfache, brave, tüchtige, sparsam wirtschaftende und ungebildete Hausfrau, die zeitlebens ihre *Entfremdung* von ihrer holländischen Familie bejammerte, zur *geizigen Alten*, die den verbummelten Studenten nicht länger pekuniär säugen wollte. Aber der liebe Carl war nicht mehr willens, bereit oder fähig, die im kleinen Jungen früh stimulierten Größenphantasien realistisch zu ermäßigen und vom Weltenschöpfer zum Familiengründer sich herabwürdigen zu lassen, vom Sohn Gottvaters zum bourgeoisen Familienvater depotenziert zu werden, der nicht mehr zum *Wohl der Menschheit* an seiner 'Vervollkommnung' arbeiten könnte.

Die Zumutung, seine Berufung zum Allerhöchsten in den Dienst eines Brotberufs zu stellen, hat Marx stets zurückgewiesen. Als sie ihn noch ernährten, hatten seine Eltern in ihm das Gefühl genährt, nicht sich und die Seinen ernähren zu müssen. Als die stolz besorgte Familie anfängt ihn zu drängen, er müsse für sich selbst sorgen, sieht er gar nicht ein, weshalb er plötzlich schuften soll für weniger als das, was er einst umsonst in Überfülle genießen durfte, im Namen seiner göttlichen Bestimmung, auf die er nicht mehr verzichten kann und mag. Er bleibt das, was er einmal war: das gehätschelte Vorzugskind. Er sieht sein Wesen in dem, was er für seine Eltern einmal gewesen ist : Erstgeburt, die für die Welt arbeitet statt wie sie und seine Geschwister für sich und die Familien. Als die Alten nach der Konversion und nach dem Tod des Vaters und vor Carls Eintritt ins Berufsleben und vor seiner Familiengründung alle aufhören, ihn zu vergöttern, beginnt seine Selbstberufung als Rückgriff auf seine frühe Kindheit, kurz vor seiner drohenden kleinbürgerlichen Reife. Vor diesem Erwachsenen, den sie ihm viel zu spät zugedacht haben, weicht er aus ins Infantile und erfindet die von den Eltern verraten geglaubte Religion neu. Aus der Not des geborenen Königssohns, der sich als Tagelöhner verding(lich)en soll, macht Marx die Tugend, in jedem Tagelöhner den betrogenen Prinzen zu sehen und herauszukitzeln. 'Mit Marx- und Engelszungen' werden die Erniedrigten und Beleidigten der Welt verführt, sich als Opfer des gleichen sorgsam maskierten Schicksals zu fühlen, als verkappte Königskinder, als verwunschene Prinzen, die für ein Linsengericht aus Kapitalistenhand ihr Erstgeburtsrecht verkaufen mußten. Sein Intellekt erlaubt ihm die kosmische Projektion seines privaten Elends als frühverzärteltes Kind, dem mehr versprochen war, als der spätere Arbeitslohn und die bürgerliche Erwerbswelt der Eltern abwirft. Es gelingt ihm, der Gesellschaft sein persönliches Problem zu unterstellen als allgemeingültiges, was unmöglich wäre, wenn die Gesellschaft ihm nicht im Innersten entgegen käme. Marx reaktiviert die regressive Sehnsucht aller, als Erwachsene wie verantwortungslose, liebevoll vollversorgte Babies zu leben bis an ihr seliges Ende, heim zu den Müttern, am Busen der guten Mutter Natur zu liegen, ohne deshalb aufzuhören, die Privilegien der Großen zu genießen. Er zeigt den Ausweg auf, die Vertreibung aus dem Paradies des Säuglings rückgängig zu machen, indem wir uns die Erde untertan machen, jene Mutter Natur, der wir entwöhnt und entfremdet werden. Aber zwischen Karl Marx und der allgütigen Mutter Natur stand nicht nur kastrationsdrohend der Vater Heinrich, sondern *Engelsmutter* Henriette selbst. Der Auserwählte sollte sich wieder einreihen unter die Geschwister, nur einer unter anderen sein. Das war zu viel, weil es zu wenig war. Einer unter anderen sein, heißt noch unter ihnen stehen, wenn man einmal so hoch über ihnen thronte. Die so früh geweckte und dann notwendig enttäuschte Anspruchshaltung verkehrte sich in zynische Rachsucht und maßlosen Haß. Wenn nach Adorno „Utopie von der Liebe der Mutter zehrt", gegen das bloße Realitätsprinzip des Vaters, dann zehrte Marxens Utopie von der überängstlich überfürsorglichen Verwöhnung der Mutter, von ihrem frühen Stolz auf den Erstgeborenen.

Die Mutter, das war die Hexe, die das Erstgeburtsrecht des Ältesten verkaufte, das war das vom Vater geerbte Kapital, das den Sohn Gottes hatte finanzieren sollen, das war die „ökonomische Scheiße", das mütterliche Privateigentum an Produktionsmitteln. Die Mutter, das war Natur und Kapital in einer Person. Geld war ursprünglich Schneckengehäuse und Muscheln, Vagina-Substitute; für Marx ist der Geldfluß der verdinglichte Strom der Muttermilch. Sie saß auf dem Geld, das der Mann für sie erarbeitet hatte, analpossessiv be-saß sie das dreckige Gold und rückte nie genug davon heraus. Dagegen wurde der zeitlebens arbeitende Vater fast schon der von ihr ausgebeutete *Herr Knoten*.

Die Mutter hatte stärker am Glauben festgehalten, der Vater länger an Carls Erstgeburtsrecht. Des Vaters schämte er sich, die Mutter haßte er. "Seine Mutter hat eine merkwürdig unbedeutende Rolle in seinem Leben gespielt." (*Isaiah Berlin* : „Karl Marx", S. 40). Ganz im Gegenteil, wie bei Kierkegaard, der nur von seinem Vater sprach. Marx war nicht in der Lage, vom hohen Roß herunterzusteigen, auf das seine Eltern ihn selbst gesetzt hatten, und nun sollte er den Amtsschimmel oder die Rosinante reiten statt den Pegasus oder die Rösser des Helios? Gott war für ihn gestorben, nachdem die Eltern für ihn gestorben waren, für die Gott gestorben war um des Mammons willen. Wie aber sorgt man für den eingeborenen Sohn aus der Verbindung Gottvaters und der leiblichen Mutter, ohne ihn um den Mehrwert der Arbeit zu betrügen, die er für die Welt verrichtet? Schwiegersohn Paul Lafargue überlieferte Marxens Lieblingslosung: "Für die Welt arbeiten" statt für die Familie, also am "Kapital", statt für das Kapital (das der Unternehmer Engels beisteuerte). "Ich lache über die sogenannten 'praktischen' Männer und ihre Weisheit. Wenn man ein Ochse sein wollte, könnte man natürlich den Menschheitsqualen den Rücken kehren und für die eigne Haut sorgen. Aber ich hätte mich wirklich für unpraktisch gehalten, wenn ich krepiert wäre, ohne mein Buch, wenigstens im Manuskript ganz fertig zu machen."

Er machte die Menschheit zu seinem Problem, indem er sein Problem zu dem der Menschheit machte und umgekehrt. Und er versuchte, das Problem der Menschheit zu lösen, um einen Ausweg aus seinem persönlichen Dilemma zu finden. Jeder könnte der Erlöser sein, also ist jeder der Erlöser, ohne es zu wissen, alle zusammen sind es. Wenn jeder ein Vorzugskind ist, ist es keiner mehr – außer Marx, der es als erster und einziger ganz ausspricht. Zwischen ihm und seiner Berufung als Schriftgelehrter stand das Kapital – der Mutter, die darauf sitzenblieb, wie Carl auf dem „Kapital", für das er die Rezensionen dann selber schrieb. Seine Arbeit für die Welt war Schreiben, seine Praxis war Theorie, daß (fast) alle in seiner Lage waren, ihre Berufung für das Linsengericht des Arbeitslohns an einen Brotberuf verkaufen zu müssen, und daß ihre Berufung genau darin bestand, das nicht zu tun, während seine Berufung darin bestand, es ihnen zu sagen. Je mehr er der Menschheit gibt, umso weniger glaubt er zu bekommen von — der Mutter, verelendet in der Fremde erst des Studienorts Bonn usw. Nur das Nötigste, um weiter schreiben zu können, daß jeder sich das verkaufte Erstgeburtsrecht zurückeroberт, weil er mehr verdient, als er verdient. Je mehr der Vater für die Familie arbeitete und der Sohn für die Welt, umso reicher wurde sie, die Monopolistin, die alle vampyrhaft aussaugte wie der Säugling die Mutter. Marxens Antikapitalismus war auch Antifeminismus, Rache des sich sitzen gelassen geglaubten Lieblingskindes, das die Frauen durch Ausbeutung bestraft und sich paranoisch verfolgt durch das fühlt, was sie zu vergeben haben und ihm vorenthalten: Sinekuren für Gottes Rentner. Die Mutter schickte ihn auf die Straße : das war Anstiftung zur Prostitution. Der Egoist sieht sich gefangen in einer Welt von Egoisten. Sie schreibt ihm: " ... nun kanst du mirs gahr als eine schwäche unseres geschlechts ansehn, wan ich neugierig bin wie du deine kleine haushaltung eingerichtet, ob die Oekonomie auch die Hauptrolle schpielt ... deine Liebenswürdige Muse wird doch nicht durch die Prosa deiner Mutter beleydigt fühlen, sage ihr durch das niedere wird das höhere und bessere erziehlt ... " . Das ist die Theorie von Unterbau und Überbau in nuce. – "Im Falle von Marx mag die Aversion gegen seine Mutter eine besondere Bedeutung im Zusammenhang mit seinem Antisemitismus zukommen." *(Arthur M. Prinz).*

Unter den gegebenen Umständen ich jedenfalls noch nötiger als die Alte, schrieb er Engels bei ihrem Tod, in Sorge um sein Erbe. Zeitlebens bleibt Marx, indem er ihnen in allem trotzt, an die Ordnungs- und Reinlichkeitsermahnungen dieser überängstlichen, "großen, herrlichen Frau" fixiert. Dem ältesten Sohn schrieb sie es: " .. ich las das Gefühl den vorang für den Verstand und ich bedaure lieber Carl das du zu vernünftig bist ... " Der überlegen distanzierte Intellekt entfremdet ihn der Familie zusätzlich, die in der Diaspora schon entfremdet genug ist. Nur der Vater himmelt ihn noch an, als er das Elterhaus verläßt, um zu studieren: „Ich wünsche in Dir das zu sehn, was vielleicht aus mir geworden wäre, wenn ich unter ebenso günstigen Auspizien die Welt erblickt hätte. Meine schönsten Hoffnungen kannst du erfüllen und zerstören... Ich will und kann meine Schwäche gegen dich nicht verbergen ... Dein hohes Emporkommen, die schmeichelnde Hoffnung, Deinen Namen einst in hohem Rufe zu sehn, sowie dein irdisches Wohl ... Ob du Deine Karriere für dies oder jenes Fach gestaltest, ist mir im Grunde gleich ... desto heiligere Pflicht übernommen, sich selbst dem Wohle eines Mädchens zu opfern ... in der wirklichen Welt, nicht im beräucherten Zimmer bei der dampfenden Öllampe neben einem verwilderten Gelehrten... " Am Ende überwiegen Unverständnis, Sorge, Vorwurf und Angst: "... daß der Egoismus in deinem Herzen vorherrschend ist ... etwas mehr, als zur Selbsterhaltung nötig ist ... Nein, Schwachheit, Verzärtelung, Eigenliebe und Dünkel allein reduzieren so alles auf sich ... So jung noch warst Du Deiner Familie entfremdet ... kränkelnde Empfindlichkeit ... stürmische Eigenheiten, heftige Aufbrausungen etc. etc. etc. ... So sehr ich Dich über alles , - die Mutter ausgenommen - liebe ... zurückscheuende Ungeselligkeit mit Hintansetzung alles Anstandes und selbst aller Rücksichten gegen den Vater - Die Kunst, mit der Welt zu verkehren, auf die schmutzige Stube beschränkt ... " — Schon im Abitursaufsatz will Karl nur der "Stimme der Gottheit" folgen, "von der Menge bewundert und über sie erhaben." Der Kampf gegen die Mutter Natur auch in ihm selbst beginnt: Die geliebte Frau Jenny büßt den Haß auf die Mutter und fühlt sich wie alle Frauen vom Paranoiker Marx bis zum Schluß angezogen. Der Mann, der so viel über Lebensmittel schrieb, soll nicht aus seinem

Darm erklärt werden, aber seine lebenslänglichen gastro-intestinalen Störungen bezeugen die negative Mutterfixierung. Das Leben seiner Frau und seiner Töchter ruinierte er für sein Werk. Hegel kehrte er nur um, um ihn zu übertreffen im Kampf "gegen alle himmlischen und irdischen Götter, die das menschliche Selbstbewusstsein nicht als die oberste Gottheit anerkennen. Es soll Keiner neben ihm sein." Kants Widerlegung der Gottesbeweise benutzte er für seine Zwecke : "Wenn jemand sich vorstellt, hundert Taler zu besitzen, ... so haben ihm die hundert eingebildeten Taler denselben Wert wie hundert wirkliche. Er wird z.B. Schulden auf seine Einbildung machen, sie wird wirken, wie die ganze Menschheit Schulden auf ihre Götter gemacht hat ... Hat ein wirklicher Taler anderswo Existenz als in der Vorstellung?" Die hundert Taler seiner Mutter gingen ihm nicht aus dem Kopf, die fixe Idee wurde zur "materiellen Gewalt", "denn die Natur muß entzweigeschlagen werden, damit der Geist sich in sich selbst eine".

"Ich bin nichts, und ich müßte alles sein". "Der Mensch, der Beherrscher der Natur", "reproduziert" sie nach seinem Willen: "Die Welt soll aus mir selbst entsteigen". "Marx bekennt sich zum Kommunismus, aber er ist ein Fanatiker des Egoismus" *(Arnold Ruge)*. Der Schoß der Mutter war ihm eine lebende Geldbörse. "Das Proletariat vollzieht das Urteil, welches das Privateigentum durch die Erzeugung des Proletariats über sich selbst verhängt".

Das hatte der Aristo-Säugling gegen den Bürger : "Er wurde nicht von dem Egoismus des Gewerbes befreit, er erhielt Gewerbefreiheit." Marx liebte sich und seine Eltern, sofern und soweit und solange sie in ihm den ältesten Sohn liebten und bevorzugten. "Ich habe den Eindruck mitgenommen, daß seine persönliche Herrschaft der Zweck all seines Treibens ist, und all seine Socien sind weit unter und hinter ihm, und wagen sie das einmal zu vergessen, so stuckst er sie in ihr Verhältnis zurück mit einer Unverschämtheit, die eines Napoleon würdig." (Techow). Mazzini nannte Marx einen "zersetzenden Geist, dessen Herz eher vor Haß denn voll Menschenliebe birst ... außerordentlich schlau, verschlagen und verschlossen. Auf seine Autorität als Parteichef ist Marx eifersüchtig, gegen seine politischen Rivalen und Gegner ist er rachgierig und unerbittlich; er ruht nicht, bis er sie zugrundegerichtet hat; seine vorherrschende Eigenschaft ist grenzenlose Ambition und Herrschsucht." "Wie oft ... denke ich an die Geschichte dieses babylonischen Königs, der sich selbst für den lieben Gott hielt, aber von der Höhe seines Dünkels erbärmlich herabstürzte, wie ein Tier am Boden kroch und Gras aß ... In dem prachtvoll grandiosen Buch Daniel steht die Legende, die ich ... auch meinem noch viel verstockteren Freunde Marx ... und wie sie sonst heißen mögen, diese gottlosen Selbstgötter, zur erbaulichen Beherzigung empfehle." (Heinrich Heine: „Lutetia") "Diese Doktoren der Revolution und ihre mitleidlos entschlossenen Schüler sind die einzigen Männer in Deutschland, die Leben in sich haben und ihnen, fürchte ich, gehört die Zukunft."

Einmal bewarb er sich um einen Job und war froh, daß die Bewerbung wegen schlechter Handschrift abgelehnt wurde. Was war Engels für ihn? "Er ist mein intimster Freund. Ich habe kein Geheimnis für ihn. Ohne ihn wäre ich längst gezwungen gewesen, ein 'Geschäft' zu beginnen." Marx konnte auch ihn ertragen nur, weil er freiwillig die zweite Geige spielte – und die bessere Mutter war: "Marx war ein Genie, wir anderen höchstens Talente." Erst nach dem ersten Band des 'Kapital' konnte er ihm schreiben: "Ohne dich hätte ich das Werk nie zu Ende bringen können, und ich versichere Dir, es hat mir immer wie ein Alp auf dem Gewissen gelastet, daß Du Deine famose Kraft hauptsächlich meinetwegen kommerziell vergeuden und verrosten ließest und, into the bargain, noch alle meine petites misères miterleben mußtest ... I embrace you, full of thanks! ... Deine selbstaufopfernde Sorge um mich ist unglaublich, und ich schäme mich oft im Innern – , doch ich will nicht jetzt weiter auf dies Thema eingehn." Was ihn nie hinderte, mit seiner Frau, die auf Engels eifersüchtig war, über das alter ego herzuziehen, das *seinen* unehelichen Sohn Frederick als sein Kind ausgegeben hatte, um die Ehe der Marxens zu schützen. Als Engels Lebensgefährtin Mary Burns starb, bat Marx im Kondolenzschreiben um mehr Geld. Die Freundschaft drohte zu zerbrechen, da entschuldigte sich Marx zum ersten und einzigen Mal in seinem Leben. Der Egoist verachtete den "Kommunismus als liebevollen Gegensatz des Egoismus" als "Liebesabbelei", den "Staat, sowohl als den Menschenkehricht, worauf er basiert". Die "rücksichtslose Kritik alles Bestehenden" rechtfertigte Gewalt als "Geburtshelfer".

Höhepunkt im "Kapital" : "Je ein Kapitalist schlägt viele tot. Hand in Hand mit dieser Zentralisation oder der Expropriation vieler Kapitalisten durch wenige entwickelt sich die kooperative Form des Arbeitsprozesses auf stets wachsender Stufenleiter, die bewußte technische Anwendung der Wissenschaft, die planmäßige Ausbeutung der Erde, die Verwandlung der Arbeitsmittel in nur gemeinsam verwendbare Arbeitsmittel, die Ökonomisierung aller Produktionsmittel durch ihren Gebrauch als Produktionsmittel kombinierter und gesellschaftlicher Arbeit, die Verschlingung aller Völker in das Netz des Weltmarkts und damit der internationale Charakter des kapitalistischen Regimes. Mit der beständig abnehmenden Zahl der Kapitalmagnaten, welche alle Vorteile dieses Umwandlungsprozesses usurpieren und monopolisieren, wächst die Masse des Elends, des Drucks, der Knechtschaft, der Entartung, der Ausbeutung, aber auch der Empörung der stets anschwellenden und durch den Mechanismus des kapitalistischen Produktionsprozesses selbst geschulten, vereinten und organisierten Arbeiterklasse. Das Kapitalmonopol wird zur Fessel der Produktionsweise, die mit und unter ihm aufgeblüht ist. Die Zentralisation der Produktionsmittel und der Vergesellschaftung der Arbeit erreichen einen Punkt, wo sie unerträglich werden mit ihrer kapitalistischen Hülle. Sie wird gesprengt. Die Stunde des kapitalistischen Privateigentums schlägt. Die Expropriateurs werden expropriiert."
(MEW 23, 701) Und am Ende des Lebens: "Die Geschichte hat uns und allen, die ähnlich dachten, unrecht gegeben." (MEW 22, 515).

Marx hatte nur ein Produkt auf den Markt zu werfen : "Das Kapital". Sein Wert: die zur Herstellung nötige Arbeitszeit – seine Lebenszeit. Sein Arbeitslohn: das zur Reproduktion der Schreibkraft Nötigste. Der Gebrauchswert: unbezahlbar; der Tauschwert geht gegen Null, ein Ladenhüter zu Lebzeiten. Gegenstand der Arbeit ist die Arbeitswelt selbst. Am Ende hat der Sohn nichts mehr zu geben und alles zu nehmen, die Mutter nichts mehr zu nehmen und alles zu geben. Sie bleibt auf dem Kapital sitzen, ihre Erstgeburt auf dem „Kapital". Sie hat ihn erzeugt, er das Buch der Bücher über sie beide; also hat nicht sie seine Produktivität produziert, aber er ihr Kapital, das zur Fessel seiner Schreibkraft wird. Die Arbeit am „Kapital" ist am Ende keine Arbeit am Kapital mehr. Warum nicht? Rosa Luxemburg kritisierte früh, es gebe das von Marx beschriebene Proletariat nicht. Warum statte das Kapital die Arbeitskraft nicht mit Kaufkraft aus? Ganz einfach : Mutter Marx hielt ihren Carl kürzer als das Kapital die Lohnarbeit. Der wirkliche Proletarier ist eben keine aristokratische Erstgeburt, die sich soweit unter Preis verkauft fühlt, wie Karl Marx sich fühlte, der immer gleich Surplusarbeit für die Menschheit leistete, mehr wert als alles, was er an kapitalisierter Mutterliebe zurückbekam. Er beanspruchte nicht mehr Materielles, sondern über den rohen Kommunismus hinaus mehr und anderes als Finanzielles: Materielles, das Erstgeburtsrecht zurück. Esau Marx wirft das Linsengericht in den Dreck, für das er verkauft wurde und sich verkaufte; anders als der Proletarier, der von seinen Eltern nicht zu Höherem bestimmt, d. h. für die Fabrikarbeit verdorben wurde. Der *Herr Knoten* wird nicht als 'Sohn Gottes' geboren, die Arbeitermutti erzieht ihn nicht anspruchsvoll und ungenügsam genug, nicht als verhinderten Schriftgelehrten, der auszuhalten ist. Er erwartet nicht mehr, als die Chefs zu geben bereit sind, die mit der Arbeitermutti wie unter einer Decke stecken, bislang. Die Herren Straubinger fühlen sich keiner Berufung entfremdet für ein Linsengericht, ihnen war, anders als Marx, nie mehr versprochen als die Abschöpfung der Geschöpfe bis zur Erschöpfung der Schöpfer. Sind die proletarischen Mütter nicht frustriert genug, um ihre Kinder so systemuntreu zu verwöhnen, daß sie kapitalistisch nicht mehr zufrieden zu stellen sind durch bloße Nachschläge auf den Teller?

Die Entfremdung der Produzenten von ihren Produkten, Wesenskräften und Mitmenschen, also von sich selbst, von *dem* Anderen und von *den* Anderen, entstamme nicht erst der Ausbeutung durch den Produktionsmittelbesitzer, sondern schon dem Ursündenfall der Arbeitsteilung. Die „Deutsche Ideologie" spricht von "naturwüchsiger Teilung der Arbeit, die ursprünglich nichts war als Teilung der Arbeit im Geschlechtsakt, dann Teilung der Arbeit, die sich vermöge der natürlichen Anlage (zum Beispiel Körperkraft), Bedürfnisse, Zufälle etc. etc. von selbst oder naturwüchsig macht ... endlich bietet uns die Teilung der Arbeit gleich das erste Beispiel davon, daß, ... solange die Tätigkeit also nicht freiwillig, sondern naturwüchsig geteilt ist, die eigne Tat des Menschen ihm zu einer fremden, gegenüberstehenden Macht wird, die ihn unterjocht, statt daß er sie beherrscht ... Die Teilung der Arbeit wird erst wirklich Teilung von dem Augenblicke an, wo eine Teilung der materiellen und geistigen Arbeit eintritt ... Von diesem Augenblick an ist das Bewußtsein imstande, sich von der Welt zu emanzipieren. "

Ist die Urproduktion aber die Reproduktion der Gattung selbst, deren Wesen der Mensch sich soziohistorisch zunehmend entfremde, dann haben sich bereits im urkommunistischen Gemeinwesen Mann und Frau die Arbeit an der Erzeugung der Kinder geteilt. In der von Marx beschworenen genitalen und generativen Urdifferenz sah Freud die Matrix des Ödipus, der damit zum Ur-Entfremdeten wird, zu einem von der Brust der Mutter Natur Entwöhnten: "Innerhalb der Familie, weiterentwickelt eines Stammes, entspringt eine naturwüchsige Teilung der Arbeit aus den Geschlechts- und Altersverschiedenheiten, also auf rein physiologischer Grundlage, die mit der Ausdehnung des Gemeinwesens, der Zunahme der Bevölkerung und namentlich dem Konflikt zwischen verschiedenen Stammen und der Unterjochung eines Stammes durch den ändern ihr Material ausweitet ... Es ist diese naturwüchsige Verschiedenheit, die bei dem Kontakt der Gemeinwesen den Austausch der wechselseitigen Produkte und daher die allmähliche Verwandlung dieser Produkte in Waren hervorruft ... Es ist nicht die absolute Fruchtbarkeit des Bodens, sondern seine Differenzierung, die Mannigfaltigkeit seiner natürlichen Produkte, welche die Naturgrundlage der gesellschaftlichen Teilung der Arbeit bildet. "

Das Urprivateigentum sei das an Mutter Erde gewesen: „Das Verhalten zur Erde als Eigentum ist immer vermittelt durch die Okkupation, friedliche oder gewaltsame, von Grund und Boden durch den Stamm, die Gemeinde ... " Entfremdung komme durch den Fortschritt in die Welt, der bereits in der "Reproduktion ihrer Glieder" stecke: „Die Produktion selbst, Fortschritt der Bevölkerung (auch dieser gehört zur Produktion) ... " Da „geht das Gemeinwesen unter mit den Eigentumsverhältnissen, auf denen es gegründet war. " "Reproduktion ist zugleich notwendig Neuproduktion und Destruktion der alten Form." – "Der Mensch vereinzelt sich erst durch den historischen Prozeß. Er erscheint ursprünglich als ein Gattungswesen, Stammwesen, Herdentier ... "

Marx hält dafür, "daß dem Menschen sein Gattungswesen entfremdet ist" und "daß die kommunistische Revolution ... die Teilung der Arbeit aufhebt", ja, "daß die kommunistische Revolution ... die Arbeit beseitigt." Die Naturgrundlage der Arbeitsteilung sei die launische Mutter Natur selbst: hier gibt sie von sich aus diesem viel, dort jenem weniges, mal dieses, mal jenes, in aller Ungerechtigkeit teilt sie aus, in deren Konsumtion sich so viele teilen.

"In Hegels Geschichtsphilosophie, wie in seiner Naturphilosophie, gebiert der Sohn die Mutter, der Geist die Natur ... das Resultat den Anfang." Bekanntlich wollte Marx diesen Idealismus vom Kopf auf die Schweißfüße zurückstellen.

"Die Materie selbst hat der Mensch nicht geschaffen."

Umgekehrt ist der Erdensohn ja durch die Mater-ie gezeugt. "Denn der Mensch ist ein Teil der Natur." Er "tritt dem Naturstoff selbst als eine Naturmacht gegenüber." "Eine zu verschwenderische Natur hält ihn an ihrer Hand wie ein Kind am Gängelband. Sie macht seine eigene Entwicklung nicht zu einer Naturnotwendigkeit. Nicht das tropische Klima mit seiner überwuchernden Vegetation, sondern die gemäßigte Zone ist das Mutterland des Kapitals." Entwöhnung muß sein, also Entfremdung von der Brust der Mutter Natur. Und der leiblichen Mutterbrust werden wir entwöhnt und entfremdet, um die unwirtliche äußere Natur zu bearbeiten, also so umzuformen, daß sie eine gute Mutter Natur wird, an deren Brüsten wir dermaleinst liegen können. Erst diese industriell fabrizierte Mutterbrust der Natur, die rohstoffverarbeitende Fabrikmaschine, aus der soviel Milch und Honig fließt, daß keine Verteilungskämpfe mehr nötig sind, bringt die uns nach Marx mögliche Rückkehr des verlorenen Paradieses der frühen Kindheit. In der Arbeit macht der Mensch die Natur zu(seine)r Mutter: "Die Natur wird ... rein Gegenstand für den Menschen, rein Sache der Nützlichkeit; hört auf, als Macht für sich anerkannt zu werden; und die theoretische Erkenntnis ihrer selbständigen Gesetze erscheint selbst nur als List, um sie den menschlichen Bedürfnissen, sei es als Gegenstand des Konsums, sei es, als Mittel der Produktion zu unterwerfen." Marx spricht "von der modernen Naturwissenschaft, die in Verbindung mit der modernen Industrie die ganze Natur revolutioniert und neben anderen Kindereien auch dem kindischen Verhalten des Menschen zur Natur ein Ende macht", das darin besteht, schon die unbearbeitete Natur wie eine Muttergottheit zu verehren. Von irgendeinem Gegner sagt Marx, er "flüchtet vor der geschichtlichen Tragödie, die ihm drohend zu nahe rückt, in die angeblich reine Natur, d. h. in die blöde Bauernidylle und predigt den Kultus des Weibes, um seine eigene weibische Resignation zu bemänteln." Nun ist im Kapitalismus dem Bearbeiter der Natur, der aus den Roh*material*ien milch- und honigspendende künstliche Mutterbrustäquivalente formt, die spezifische soziohistorische Form seiner Naturbeherrschung und Naturbearbeitung, nämlich unter dem Privateigentum des gottväterlichen Kapitalisten an den Produktionsmitteln, selbst zur *zweiten Natur* geworden, die ihn beherrscht und die er durch eine soziale Revolution seinerseits zu bearbeiten lernen muß wie die erste Natur. Arbeit ist Praxis an der (ersten) Natur, revolutionäre Praxis ist Arbeit an der (zweiten) Natur dieser besonderen Form, in der sich die industrielle Formung der *Mater*ialien zu Brüsten der Mutter Natur vollzieht. Der Arbeiter eignet sich produzierend die Mater-ie an, aber der Kapitalist eignet sich die aus dem Roh*material* geformte Mutter Natur an und genießt die Früchte der proletarischen Arbeit, weil nur ihm die phallischen Produktionsmittel zu eigen sind, mit denen der Arbeiter aus dem *Mater*ial die immer verfügbare und genießbare Mutter Natur herstellt. Marx erkannte, "daß die Gesetze der Ökonomie in aller plan- und zusammenhanglosen Produktion den Menschen als objektive Gesetze, über die sie keine Macht haben, entgegentreten, also in Form von Naturgesetzen." Das sind die Gesetze der zur zweiten (Mutter) Natur gewordenen Formen, in denen wir unsere eigene Natur äußern, d. h. die Selbsterhaltungstriebe, die uns zu Feinden werden, an der Außennatur befriedigen.

„Die Neigung der Neuzeit geht vielmehr dahin, die Vorgänge der Menschheitsgeschichte auf versteckere, allgemeine und unpersönliche Momente zurückzuführen, auf den zwingenden Einfluß ökonomischer Verhältnisse ... " Freud wies darauf hin, "wie unmöglich es ist, den persönlichen Einfluß einzelner großer Männer auf die Weltgeschichte zu leugnen, welchen Frevel an der großartigen Mannigfaltigkeit des Menschenlebens man begeht, wenn man nur Motive aus materiellen Bedürfnissen anerkennen will." Das ist, mit wie wenig Recht auch immer, auf Marx ge-

137

münzt, diesen father to end all fathers. Der *große Mann* war für S. Freud immer eine Vaterfigur wie z.B. Moses. Der Patriarch Freud warf dem Patriarchen Marx vor, die Rolle des Vaters, also des Über-Ichs, zu unterschätzen. Zu Unrecht: im 'Kapitalisten' wollte Marx den Vater treffen. Und hinter den "materiellen Interessen" sah er durchaus die mater-iellen Bedürfnisse nach *Magna Mater*.

"In Hegels Geschichtsphilosophie, wie in seiner Natur-philosophie, gebiert der Sohn die Mutter, der Geist die Natur ..." (aus: „Die Heilige Familie"). Als "ökonomische Trinität" führte Marx ein : *Monsieur le Capital, Madame la Terre* und den proleta-rischen Erdensohn. Man sieht, daß Mutter Natur wie im Christen-tum die Rolle des Heiligen Geistes spielt, gegen den man nur die Todsünde begehen kann. Nach Freud war Moses ursprünglich der aristokratische Anhänger des ägyptischen Pharao Echnaton gewe-sen, des Ur-Ödipus, der von 1375 bis 1358 v. Chr. die Erinnerung an seinen (homophilen?) Vater Amenophis III. auslöschen wollte und in der Sonne fast naturwissenschaftlich die geistige Quelle allen Lebens verehrte, gegen alle magische "Allmacht der Gedan-ken" aus der primärnarzißtischen Symbiose mit der frühen Mutter heraus. Mit dem Sonnenkult der Aton-Religion führte Echnaton ein universales und rationales Prinzip ein gegen alle animistischen Lokalgötter. Marx lehnte im Monotheismus den rationalisierten Polytheismus der vielen Naturtriebe ab.

Hegel wollte er vom Kopf auf die Füße zurückstellen. Im Idealismus mache der Erdensohn diese Mater-ie zu(seine)r Mutter, um sie wieder zu verschlingen. Daß bei Hegel der Sohn vom Vater gezeugt wird, unterschlägt er. Seine dialektische Triade kommt aus ohne väterliche Triangulierung des Verhältnisses zwischen Erden-sohn und Mutter Natur. These : Mutter Natur. Antithese : Entfrem-dung des Erdensohnes von der Mater-ie durch Entwöhnung und Inzesttabu. Synthesis : Wiedervereinigung, Ver-söhn-ung von Er-densohn und Mutter Natur, vermittelt durch genitale Werkzeuge (Bearbeitung von Mutter Natur und entmannende Enteignung des die beiden trennenden kapitalistischen Vaters). Dieser Atheismus ist matriarchalisch. Das kapitalistische Patriarchat ist notwendige Durchgangsphase, um Macht über Mutter Natur zu gewinnen. Die-se Macht übernimmt der Erdensohn als Erbe. Ziel ist aber nicht die

Identifikation mit dem Vater, sondern mit Mutter Natur selbst, also nicht Inzest. Sein Wesen ist, was er immer gewesen ist, ein Stück (der produktiv-fruchtbaren Mutter) Natur, und die Materie humanisiert sich zur Mutter Humuserde. Diese 'Identifikation mit dem Aggressor', der in der frühen Kindheit überwältigenden Mutter, eignet sich ihre Macht an. Trennung von ihr, das Prinzip Vater, ist böse und macht böse und Angst: Die getrennte ist die böse Mutter. Der marxistische Mensch der Zukunft wird selbst diese frühe, als phallisch phantasierte Mutter : Produktion als Selbstzweck, so unsterblich wie ihre produziert-konsumierten Kinder vergänglich.

Hatte der exzessive Atheismus des Trierer Bürgers Karl Marx (1818-1883) eine Ursache in der Konversion des zeitlebens verachteten Vaters Heinrich, eines zwischen französischer Aufklärung und preußischer Monarchie schwankenden Advokaten, zum Protestantismus um der beruflichen Karriere willen? Der zeitlebens von seinem Unternehmerfreund Friedr. Engels "pekuniär gesäugte" (Arnold Künzli) "Mohr" haßte die als zu geizig erlebte Mutter und verachtete den weichen Vater, der ihn vergötterte. Hielt der tyrannische Liebling der Eltern sich für Gottes eingeborenen Sohn, der die proletarischen Gotteskinder, die geringschätzten "Knoten und Straubinger", aus der kapitalistischen Gefangenschaft und dem Tanz ums Goldene Kalb des Mammons zu befreien versprach in einer revolutionär säkularisierten Apokalypse? War seine Spielart des *Mater*ialismus Reaktion auf die Enttäuschung an der Religion der Väter? Marx sah das menschliche "Gattungswesen" gefesselt in repressiven Formen der Befriedigung seiner fundamentalen Urform, der Selbsterhaltungstriebe der bedürftigen Kreatur.

Über Marx, für wie gegen ihn, scheint alles gesagt. Wer ihn wieder zum Sprechen bringen will, muß eine neue Lesart gegen den Strich erfinden. Sein Denken ist heruntergekommen zur zuchthausgeschlossenen Weltanschauung, zur Gesinnungsplakette und Universaldechiffriermaschine für alle Welträtsel, zum machtpolitischen Legitimationsinstrument jeder Nomenklatura, zum terroristischen Alibi, zum Antichrist-Sündenbock scheinheiliger Gegner, zum naturwissenschaftlich-positivistisch abgesegneten Geschichtsfatalismus und zum ideologischen Deckmantel seines Gegenteils. Im Osten wurde dieses Denken selbst Teil von Produktionsverhältnissen, welche die Produktivkraftentfaltung eher behinderten als förderten. Im Westen hielt es her als Kronzeuge gegen seine eigene Realisierung, gegen die es gern in Schutz genommen wird. Hatten Frankreichs *nouveaux philosophes* das Kind mit dem Bad ausge-schüttet, als sie unter dem Eindruck des Archipel Gulag und der Mairevolte von 1968 dann Lenin mit Stalin, Marx mit Lenin, Hegel mit Marx, Kant mit Hegel etc. als „maitres penseurs" machiavellis-tischen Machtdenkens abkanzelten, einer *Barbarei mit mensch-lichem Antlitz*, auch auf die Gefahr hin, dem rechten Widersacher in die Hände zu spielen, der es eh ja immer schon gewußt hatte? Zeigte sich in Ostblockstaaten, was der Marxismus seinem inners-ten Wesen nach wert oder wozu er mißbrauchbar ist? Überlebt der Marxismus sich selbst? Nachdem die ökonomischen Prognosen des Marxismus nicht ohne Mühe als erfüllt ausgegeben werden kön-nen, wird vom 'wissenschaftlichen Sozialismus' im Westen fast nur noch so etwas wie die humanistische Entfremdungstheorie des jungen Marx übrig behalten und gegen die Mängel des "Kapitals" ausgespielt. Die Existenz roter Parteien bezeugt wie die der christ-lichen Kirche nicht einmal mehr eine „Parusieverzögerung" im Anbruch des verheißenen Gottesreiches. Entfremdung ist Entfer-nung vom vertrauten Ursprung, vom Heimischen und vom eigenst Gewohnten. Keine Heimat ohne Kindheit. Von daher ist der geleb-te Kern jedes Entfremdungsgefühls die Vertreibung aus dem Para-dies, die Erinnerung an das Goldene Zeitalter der frühen Kindheit. Meint nicht auch bei Marx Entfremdung ursprünglich so etwas wie Entwöhnung von der Mutterbrust? (Aber ist nun die berüchtigte Selbst-Entfremdung eine Entfremdung von der frühen pimärnziß-tischen Mutter-Kind-Zweieinheit oder psychotische Entfremdung in diese Symbiose hinein? Ist das 'wahre Selbst' jenes, das in seli-ger Einheit mit Mutter Natur lebte, oder jenes, das sich von ihrer Fessel befreite zur Selbständigkeit? Ist also die Aufhebung der Entfremdung Emanzipation oder Regression?)

Dieser Versuch von so etwas wie einer Psychoanalyse des Marxismus, nicht des Karl Marx und nicht seiner Anhänger oder Gegner, unterstellt der manifesten theoretischen und praktizierten Form des Historischen Materialismus, selbst nicht ganz frei zu sein von jenen (Ir-)Rationalisierungen unbewußter Phantasien, die er als Ideologien zu entmystifizieren beansprucht. Sicher ist das Bewußt-sein nur bewußtes Sein, aber ist das Sein nicht oft auch nur unbewußt gewordenes Bewusstsein?

Ökonomie ist psychologisch das organisierte Verhältnis von Ich/Selbsterhaltungs-Trieben und Realitätsprinzip. Sie knüpft an die orale Urform der Liebe an, mater-ielle Ernährung und Ge-säugtwerden. Zwischen dem psychophysisch hilflosen Säugling und der gesellschaftlichen Bearbeitung einer gleichgültigen bis feindselig übermächtigen Natur entwickelte sich dann als spezi-fisch humane soziohistorische Errungenschaft die Familiarisierung der Menschen, die Marx in auffälligster Weise peripherierte. Die moderne Anthropologie sieht die Familie konstituiert mit der Ver-wandlung des homophilosophisch jagenden Mannes zum Vater, der durch das Tochter-Inzesttabu gebunden ist, während der Mut-ter-Sohn-Inzest bereits prähuman verboten war bei den Hominiden. Zu Hause bearbeitet die Mutter den künftigen Bearbeiter der Mut-ter Natur draußen. Da Marx die familiale Form der Reproduktion der Produzenten verdrängte aus seiner Analyse der soziohistori-schen Selbsterzeugung des Menschen durch gesellschaftliche Pro-duktion von Lebensmitteln, können wir erwarten, daß dieses Ver-drängte seine expliten Befunde systematisch verzerrt und unver-merkt auch seine Rezeption verfälschend mitsteuert, bei Bewunde-rern nicht weniger als bei Widersachern, in Ost und West. Das verleiht dem Hilfsinstrument einer freudianischen Exegese ihre Legitimation, im Interesse größerer Selbstverdeutlichung des *wis-senschaftlichen Sozialismus*, nicht seiner bloßen De(kon)struktion durch psychologistischen Reduktionismus. Die durch Projektion verdrängter Gehalte belastete Theorie der sozialen Produktion muß lernen, sich selbst noch besser zu verstehen. Letztlich wollen wir nur einige Schritte weit Freuds einzigem Vorbehalt gegen den So-zialismus nachgehen, er unterschätze die Macht des kollektiven Überich in der Geschichte. Spätestens seit 'Totem und Tabu' wis-sen wir, wer oder was auf die Machthaber projiziert wird, wer oder was auf die beackerte Natur. Marx sah nur einen Weg, das kollek-tive Überich zu überlisten, das Freud fürchtete: Eine Revolution ist unmöglich, die den Menschenkindern nicht den Elternmord er-spart, den sie in diese Umwälzung mit hineinsehen müssen. Bei Marx nun nehmen die Naturgesetze der Geschichte selbst den Er-densöhnen den bösen Vatermord ab. Jedes Erzeugnis von Arbeit wird potentielles Rohmaterial und Werkzeug zur Produktion neuer

Gebrauchswerte: Wenn die Natur als weiblich phantasiert ist, macht der Erzeuger die Tochter der Mutter zur Mutter einer neuen Tochter, also die Arbeit an Mutter Natur in dem Maße (wieder) zum Inzest, in dem sie humanisiert wird. Was phantasiert Marx „eigentlich" als klassenlos vaterlose Gesellschaft?

Der proletarische Erdensohn macht sich produzierend zur Mutter der Mutter Erde, identifiziert sich überbietend mit der Übermacht der Natur, deren Gesetze er für sich ausnutzt. Er macht den weiblichen Rohstoff der Welt zur Mutter Natur, indem er mit dem Roh*mater*ial eine Tochter er-zeugt, eine jungfräulich reine Natur, die er wieder zur Mutter neuer Tochterprodukte macht. Marx läßt keinen Zweifel daran, daß im Grunde Mutter Natur aus dem phallischen Instrumentarium des Erzeugers das neue Produkt macht, ihr Kind. Der Erzeuger macht aus der Mater-ie Mutter Natur, indem er sie zur Mutter Natur 'seiner' Kinder macht. Der Erdensohn begeht also, wo er mit diesem Roh*mater*ial den Mutterinzest vollzieht, als Vater seiner Produkte, aus denen er neue Produkte erzeugt, zugleich den Tochterinzest. Dieser Doppelinzest des als männlich phantasierten Proletariers mit der Natur als sein eigener verdrängter Vater, auf der gleichzeitigen Grundlage einer Identifikation dieses Sohnes mit der frühen phallischen Mutter, zu der der Sohn aufwächst, nachdem er zuvor vor dem kastrationsdrohenden Vater zum homophilen kleinen Mädchen geworden war : Ist das der Urtraum des Karl Marx und der Marxisten? Bringt dieser Erdensohn sich selbst hervor, indem er die Tochter zur Mutter und die Mutter zur Tochter macht – im Umweg über die Weltherstellung nach seinem Bilde? Es ist klar, daß der Vaterphallus inzesttabuierend steht zwischen Mutter und Sohn, Vater und Tochter. Der Phallus des Feudalherrn war noch als ein Leibeigener an seine Person gebunden. Erst der des Kapitalisten ist als Produktionsmittel von seiner Person ablösbar und verdinglicht, entfremdet.

Der Produzent objektiviert sich in seinen Kindern, die sich von ihm ablösen und die er in Identifikation und Inzest wieder anzueignen sucht. Anders als Hegel will Marx dabei die 'Gegenständlichkeit' der Mutter Natur nicht 'aufheben', indem er sie sich einverleibt. Sie muß als ein Gegenüber gerade stehen bleiben, um für den Erdensohn ganz da und verfügbar zu sein, ihm zu Willen und zu Diensten. Habe ich sie nur zum Fressen lieb, wäre sie rasch

ganz aufgebraucht. Sie muß Produktivkraft bleiben, als bloßes Konsumgut verschwände sie im Magen. Ich bin nicht meine Mutter, sie ist nicht ich, also kann sie immer ganz für mich da sein. „Religion hindert die Armen, die Reichen umzubringen."
(Napoleon Bonaparte)

Besteht die 'Entfremdung' darin, daß sie mehr da und wert ist für den Vater als fürs Kind, versorgend wie besorgend? Das mater-iell Gegebene ist für den Sohn an den Vater immer schon vergeben, und beide sind eifersüchtig aufeinander. Während bei Hegel der Vater sich in den Sohn und der Sohn in Mutter Natur fortpflanzt, will Marx den Vater eliminieren durch dessen Selbstkastration. Der Sohn erzeugt Mutter Natur, indem er mit ihr zeugt; Mutter Natur erzeugt den Erdensohn; also erzeugt der Sohn sich selbst – über die bearbeitete Natur. Kurz: Macht der Arbeiter bei Marx nicht genau das mit und aus der Natur, was bei Hegel das (biblisch verstandene) Erkennen tut?

Fritz Raddatz nahm Marx in seiner Biographie in Schutz: Sein Antitheismus sei nur Antikapitalismus gewesen. Uns scheint, das Gegenteil sei der Fall: Sein Antikapitalismus war nur eine Form seines A(nti)theismus gewesen. Die Revolution war gerichtet gegen die säkularisierte Religion der Väter, gegen das *Prinzip Vater*. Die klassenlose war als vaterlose Gesellschaft gedacht von kommunistischen Geschwisterhorden allein und all-eins mit der guten Mutter Natur, versorgend wie besorgend. Der DIAMAT war ein Matriarchat gewesen: Marx wollte nicht den Kapitalisten im Vater treffen, sondern den Vater im Kapitalisten. Die Herrschaft des Vaters über den Sohn, also des Menschen über den Menschen, des Mannes über den Mann, ist ersetzt durch Herrschaft des Sohnes über Mutter Natur durch Überidentifikation mit ihr und ihren Eigengesetzen, deren Narzissmus der Sohn für sich ausnutzt. Die Herrschaft über Mutter Natur durch Aneignung ihrer Allmacht und Produktivitätsfruchtbarkeit bleibt an sie gebunden, wo nur die kapitalistische Herrschaft des Vaters über die Herrschaft des Sohnes über Mutter Natur aufgehoben wird. Auch der Marxismus verwirklicht nur die Homophilosophie der Neuzeit. Vor Hegels Idee des Vaters sind Mutter und Sohn gleich: Natur, Naturmacht, welche Naturstoff formt. Die „Dialektik der Aufklärung" besteht ja gerade darin, daß der Begriff vom Objekt selbst Objekt des Begriffs wird.

Die Idee, die der Arbeiter in seinem Stoff verwirklicht, ist die des Kapitals, ist das Kapital selbst die absolute Idee. Das falsche Klassenbewußtsein des Proletariers bestehe darin, die Selbstverwertungsbedürfnisse des Kapitals für seine ureigensten Bedürfnisse zu halten, den besonderen Gebrauchswert seiner Arbeitsprodukte mit deren allgemeinem Tauschwert zu verwechseln. Lust ist nicht mehr, wie in Schopenhauers „Metaphysik der Geschlechtsliebe", ein Arterhaltungstrick, sondern Trick zur Selbsterhaltung dieser Art von Produktionssystem. – Vom Kopf auf die Füße?

„Ohne Köpfen geht das Ding nicht."

Der Vater ist tot, es lebe die Mutter Sozialstaat! Heute äußert sich die Herrschaft der Mutter Natur über den Menschen in der Herrschaft des Menschen über die Natur. Die selbstreflexive Beherrschung dieser Naturbeherrschung wäre Sache des abgeschafften Prinzips Vater. So muß der Marxismus vergeblich hoffen auf den die konkurrenzkämpferischen Geschwisterrivalitäten verüberflüssigenden Überfluß an mutternatürlichen Konsumgütern. Die Fesselung an die zweite Mutter Natur überlebt die mater-ielle Sättigung; die Produktivitätsfruchtbarkeit wird zur zweiten Mutter Natur auch im „Sozialismus". Die Ausbeutung bestand hüben wie drüben nicht nur darin, daß der Produzent den Mehrwert für das Kapital erarbeitet, sondern auch für sich selbst: daß er mehr und anderes als das Nötige haben muß, um das Nötige zu haben. Arbeit, subjektiver Geist der Natur, verdummt zu einem Stück blinder Natur vor dem objektiven Geist — des Kapitals oder des getöteten Vaters. Die Logik als Kapital des Geistes erhebt den physischen Zwang zur metaphysischen Notwendigkeit: Nichts transzendiert mehr die Immanenz der Mutter Natur, Kreativität im Joch der Produktivität des Immergleichen. Marx kennt nur die Mathematik der Gesellschaft, der homophilosophischen Gesellen, die Brüderlichkeit der Horde, welche sich in den Überfluß der guten Mutter Erde teilt und produktiv-destruktive Natur bleibt: Produktion als Selbstzweck. Aber erst innerhalb der Familiarisierung des Mannes zum Vater wird auch Mutter Natur das, was gibt, ohne daß ihr gegeben wird, Widerstand gegen die homophilosophische Identitätslogik des Äquivalententauschs, gegen das anale Gleich um Gleich : Die Ungerechtigkeit der Liebe zum Besonderen statt des gerechten Tauschs von Leistung gegen Verdienst. Der allgemeine Begriff vom besonderen Objekt ist heute allgemeines Objekt eines absonderlichen Begriffs, das Objekt noch nicht Begriff seines Begriffs, der Begriff noch nicht Objekt seines Objekts. In seiner "Wahrheit der psychoanalytischen Erkenntnis" setzte Alfred Lorenzer seine mater-ialistische Sozialisationstheorie auf diese eine Karte : auch die *interaktionistische Einigung* von Mutter und Kind ist eine (immerhin wechselseitige) Bearbeitung der inneren Natur von beiden, sobald sie sich aus ihrer psycho-physischen Symbiose herausdifferenziert haben, ist Produktion und Technik, also vormenschlich unmenschlich konzipiert. Der Arbeiter Wilhelm Weitling schloß den Manifestentwurf des „Bundes der Gerechten" mit: „Alle Menschen sind Brüder". Marx präzisierte: Proletarier aller Länder, vereinigt euch! Vater Staat stirbt von selbst ab, der Vater im Staat, doch nicht der Staat im Vater, Schiedsrichter aller Differenz(ierung)en.

ERZEUGNISSE, WERKZEUGE UND ZEUGUNG DER NACH KÖPFEN GEZÄHLTEN

Wenn wir den Marxismus immer neu aufheben müssen, dann nicht, um ihn zu überwinden durch Positionen, die nur hinter ihn zurückfallen auf die Ebenen, zu deren Überwindung er ja gerade angetreten war. Theologie und Pragmatismus, technokratischer Positivismus, Kommunitarismus, Neue Naturfrömmigkeit, Sozialutopismus, bürgerinitiativer Partizipationalismus, kritischer Rationalismus, Systemtheorie etc. etc. sind, wo sie nicht von vornherein reaktionär auftreten, ohne linke Perspektive von bürgerlicher Ideologie integrabel. Den Marxismus proletaristisch aufheben heißt, seine staatspolitisch-administrative Gestalt diskreditieren, seine Grundgedanken immer neu rekonstruieren und sein Zurück zur Zukunft auf die Ebene der je gegenwärtigen Systembedingungen retten, ihn also um seine jeweilige Geschichte bereichern statt seine reine Wahrheit vor seiner Realisierung bewahren, aber auch seine Geschichte nicht vor seiner Wahrheit retten. Seine Diagnose war stets triftiger gewesen als die sozialistische Therapie. Solange die Philosophie nicht durch Verwirklichung aufgehoben ist, ist der Proletarismus eine Meta-Physik to end all metaphysics und die von ihm postulierte Einheit von Theorie und Praxis eine bloße Theorie, wenn nicht Theologie.

Unterziehen wir also einige zentrale Begriffe des Historischen Materialismus einer erneuten Überprüfung, die Konsequenzen haben könnte für den Reflexionsstand der Neuen Überwinterungslinken. — Der wissenschaftliche Sozialismus will die Herrschaft über den Menschen durch Herrschaft über die Natur ersetzen. Untersuchen wir also aufs Neue das Verhältnis des Menschen zur Natur. Erstens geht ja das Verhältnis der Menschen zueinander über ihr Verhältnis zur Natur, zum anderen ist das menschliche Naturverhältnis der Wechselbeziehung von Menschen nachgebildet - wir verhalten uns zur Natur wie zu Menschen - und drittens ist nach Marx der Mensch selbst ein Naturwesen durch und durch. Programm ist die Humanisierung der Natur als eine Naturalisierung des Menschen, Rationalisierung der Sinne als Versinnlichung des Sinns. Ist für Marx der Mensch jenes ausgezeichnete Naturwesen, dessen Natur darin besteht, zu seiner wie jeder Natur ein leidend leidenschaftliches Verhältnis zu unterhalten, dann können wir uns beschranken auf das Studium der menschlichen Naturbeziehung, unter kapitalistischen wie auch unter utopischen Bedingungen. Im Zentrum steht der Naturbegriff, da die Geschichte und Gesellschaft für Marx Formen des Selbstverhältnisses der Natur sind. Der Begriff der Natur soll die Natur des Begriffs zeigen, die Materialität der Idee als Idealismus materieller Erfüllung. Im Arbeitssklaven macht Natur sich zu ihrem eigenen Arbeitsmaterial.

"Der Mensch verliert sich nur dann nicht in seinem Gegenstand, wenn dieser ihm als menschlicher Gegenstand oder gegenständlicher Mensch wird. Dies ist nur möglich, indem er ihm als gesellschaftlicher Gegenstand und er selbst sich als gesellschaftliches Wesen, wie die Gesellschaft als Wesen für ihn in diesem Gegenstand wird." "Also die Gesellschaft ist die vollendete Wesenseinheit des Menschen mit der Natur, die wahre Resurrektion der Natur, der durchgeführte Naturalismus des Menschen und der durchgeführte Humanismus der Natur." Also der Erdensohn soll eins werden mit Mutter Natur und diese ihr eigenes Menschenkind sein. Wo eine Resurrektion der Natur nötig ist, ihre Wiederauferstehung und Wiederaufrichtung, da muß sie gefallen sein wie ein Mädchen. Wird der Mensch seine eigene Mutter Natur, dann bringt er sich selbst hervor, und genau das will Marx zeigen : Die Geschichte wird Dauer der Schwangerschaft des Menschen mit sich

146

selbst, der in der gesellschaftlichen Arbeit an der Materie diese zur Mater-ie macht und in ihr sich selbst wie einer Mutter Natur gegenübersteht. "Indem aber für den sozialistischen Menschen die ganze sogenannte Weltgeschichte nichts anderes ist als die Erzeugung des Menschen durch die menschliche Arbeit, als das Werden der Natur für den Menschen, so hat er also den anschaulichen, unwiderstehlichen Beweis von seiner Geburt durch sich selbst, von seinem Entstehungsprozeß." Das menschliche Subjekt "schafft, setzt nur Gegenstände, weil es durch Gegenstände gesetzt ist, weil es von Haus aus Natur ist."

Der arbeitende Mensch also setzt die Mutter Natur in die Welt, die ihn in die Welt gesetzt hat, das Produkt kommt aus ihm, der aus der Natur kommt. Entscheidend ist, daß die unwirtliche Welt erst durch Arbeit zum sozialen Uterus einer nährend schützenden Mutter Erde gemacht werden muß, aus der ein Mensch als Mensch geboren werden kann. Indem die Arbeiter in *lockerer Assoziation* die sperrige gleichgültige Materie zur mütterlichen Mater-ie machen, wird ihre Arbeit zur Mutter der Mutter Natur, die zum Kind ihrer Kinder wird.

Was die Arbeiter nach dem Sieg über die kapitalistischen Weltherrn noch eint, ist keine gemeinsame religiöse Gotteskindschaft, sondern die Naturkindschaft, ihre gemeinsame Abkunft von derselben Mutter Erde statt vom selben Vater im Himmel. Dazu ist das gleichgültig bis fremde bis feindselige Sein aber zuvor zur bergend-versorgenden Mater-ie zu machen, zum Arbeits*material*. Diese Materie aber zur Mutter Natur machen heißt, sie erst Gottvater, dann den kapitalistischen Usurpatoren zu entreißen. Die Aneignung der Natur ist also doppelte Aggression – gegen das Sein wie gegen dessen Herren, also nichts als Raubbau.

"Wenn er sich also zu dem Produkt seiner Arbeit, zu seiner vergegenständlichten Arbeit, als einem fremden, feindlichen, mächtigen, von ihm unabhängigen Gegenstand verhält, so verhält er sich zu ihm so, daß ein anderer, ihm fremder, feindlicher, mächtiger, von ihm unabhängiger Mensch der Herr dieses Gegenstands ist." Es *gibt* Sein: Mutter Natur ist an Gottvater und seine Statthalter und Erben vergeben für die Erdensöhne. Unter kapitalistischen Bedingungen des 'Patriarchats' wird die Arbeit zur Religion : "Je mehr der Mensch in Gott setzt, je weniger behält er in sich selbst." Marx trennt zwischen der Arbeit, die die Materie zur Mutter Natur des Menschen macht, und der revolutionären Praxis, welche diese Mutter Erde dem Vater im Himmel und seinen irdischen Vertretern entwindet. Psychologisch gesprochen, also seelisch erlebt wird das so, dass eine archaisch omnipotente, oralsadistisch verschlingende, analsadistisch festhaltende und kontrollierende, phallische Muttergottheit der Frau Welt solange vereint bearbeitet wird durch analsadistische Formungen und Abgrenzungen der *ouvriers*, bis sie eine gute, verständige und verständliche, einhüllend-pflegende Mutter Natur ist, die für das Menschenkind da ist und nicht als unwilliger Gegen-Stand ihm widersteht. Gerade diese mütterliche Mater-ialität der vormals grausam übermächtigen Natur aber ist es, welche ihre kapitalistischen Gatten für sich beanspruchen und den proletarisierten Erdensöhnen stets kastrationsdrohend vorenthalten. Dieselbe Arbeit, welche die Materie zur Mater-ie macht, liefert sie den phallischen Produktionsmitteln der Herren über Frau Welt und ihre Kinder aus. Die *nach Köpfen gezählten* Proleten erzeugen eine menschliche Natur und erleben "die Zeugung als Entmannung", als "eine Arbeit der Selbstaufopferung, der Kasteiung". Psychologisieren wir nur? "Man sieht, wie die Geschichte der Industrie und das gewordne gegenständliche Dasein der Industrie das aufgeschlagene Buch der menschlichen Wesenskräfte, die sinnlich vorliegende menschliche Psychologie ist ... "

Wir versuchen nur zu zeigen, wie die industriell externalisierte Psychologie des Menschen rückverinnerlicht wird von den arbeitenden Individuen, wie Sartre sagen würde.

"Der Mensch ist unmittelbar Naturwesen. Als Naturwesen und als lebendiges Naturwesen ist er teils mit natürlichen Kräften, mit Lebenskräften ausgerüstet, ein tätiges Naturwesen; diese Kräfte existieren in ihm als Anlagen und Fähigkeiten, als Triebe; teils ist er als natürliches, leibliches, sinnliches, gegenständliches Wesen ein leidendes, bedingtes und beschränktes Wesen, wie es auch das Tier und die Pflanze ist, d.h. die Gegenstände seiner Triebe existieren außer ihm, als von ihm unabhängige Gegenstände; aber diese Gegenstände sind Gegenstände seines Bedürfnisses, zur Betätigung und Bestätigung seiner Wesenskräfte unentbehrliche, wesentliche Gegenstände. Daß der Mensch ein leibliches, naturkräftiges, lebendiges, wirkliches, sinnliches, gegenständliches Wesen ist, heißt, daß er wirkliche, sinnliche Gegenstände zum Gegenstand seines Wesens, seiner Lebensäußerung hat oder daß er nur an wirklichen, sinnlichen Gegenständen sein Leben äußern kann. Gegenständlich, natürlich, sinnlich sein und sowohl Gegenstand Natur, Sinn außer sich haben oder selbst Gegenstand, Natur, Sinn für ein drittes sein, ist identisch."

(Aus : „Philosophisch-Ökonomische Manuskripte von 1844")

Dieser Dritte zwischen Erdensohn und Mutter Natur ist der kapitalistische Gottvater. "Ein Wesen, welches seine Natur nicht außer sich hat, ist kein natürliches Wesen, nimmt nicht teil am Wesen der Natur. Ein Wesen, welches keinen Gegenstand außer sich hat, ist kein gegenständliches Wesen. Ein Wesen, welches nicht selbst Gegenstand für ein drittes Wesen ist, hat kein Wesen zu seinem Gegenstand, d. h. verhält sich nicht gegenständlich, sein Sein ist kein gegenständliches." Warum *drittes Wesen*, wenn gerade von zweien die Rede war, vom Menschen und seinem Gegenstande? Ist der Gegenstand, den ich notwendig als gegenständliches Wesen habe, ein anderer als derjenige, für den ich Gegenstand bin? Daß hier der Gegenstand, das Zweite neben mir, drittes Wesen genannt wird nur, weil er in einer dritten Hinsicht betrachtet wird, scheint mir eine Rationalisierung, die eine Freudsche Fehlleistung kaschiert und enthüllt. Wahrscheinlicher ist, daß hier urdialektisch der Weg vom primärnarzißtischen Monismus über den Mutterkind-Dualismus zu der Mami-Papi-Ich-Triade abgeschritten wird: „Ein ungegenständliches Wesen ist ein Unwesen. Setzt ein Wesen, welches weder selbst Gegenstand ist noch einen Gegenstand hat. Ein solches Wesen wäre erstens das einzige Wesen, es existierte kein Wesen außer ihm, es existierte einsam und allein. Denn sobald es Gegenstände außer mir gibt, sobald ich nicht allein bin, bin ich ein andres, eine andre Wirklichkeit als der Gegenstand außer mir. Für diesen 3ten Gegenstand bin ich also eine andere Wirklichkeit als er, d.h. sein Gegenstand ..."

Ist der dritte Gegenstand Mutter Natur oder der kapitalistische Gottvater? Im ersten Falle ist das zweite Wesen die Mutter Natur, sofern ich sie zum Gegenstande habe, drittes Wesen aber, sofern ich ihr Gegenstand bin. Im zweiten Fall bin ich Gegenstand des Patriarchen, sofern ich Mutter Natur, seine Gattin, zum Objekt meiner (inzestuösen oder präödipalen) Wesenskräfte mache. Je nachdem, ob ich Gegenstand bin oder ihn habe, bin ich leidend oder leidenschaftlich: "Sobald ich einen Gegenstand habe, hat dieser Gegenstand mich zum Gegenstand ... Sinnlich sein ist leidend sein. Der Mensch als ein gegenständliches sinnliches Wesen ist daher ein leidendes und, weil sein Leiden empfindendes Wesen, ein leidenschaftliches Wesen. Die Leidenschaft, die Passion ist die nach seinem Gegenstand energisch strebende Wesenskraft des Menschen ... denn das Leiden, menschlich gefaßt, ist ein Selbstgenuß des Menschen".

"Ein Wesen gilt sich erst als selbständiges, sobald es auf eignen Füßen steht, und es steht erst auf eignen Füßen, sobald es sein Dasein sich selbst verdankt. Ein Mensch, der von der Gnade eines andern lebt, betrachtet sich als ein abhängiges Wesen. Ich lebe aber vollständig von der Gnade eines andern, wenn ich ihm nicht nur die Unterhaltung meines Lebens verdanke, sondern wenn er noch außerdem mein Leben geschaffen hat, wenn er der Quell meines Lebens ist, und mein Leben hat notwendig einen solchen Grund außer sich, wenn es nicht meine eigne Schöpfung ist ... Nun ist es zwar leicht, dem einzelnen Individuum zu sagen, was Aristoteles schon sagt: Du bist gezeugt von deinem Vater und deiner Mutter, also hat in dir die Begattung zweier Menschen, also ein Gattungsakt der Menschen den Menschen produziert. Du siehst also, daß der Mensch auch physisch sein Dasein dem Menschen verdankt. Du mußt also nicht nur die eine Seite im Auge behalten, den unendlichen Progreß, wonach du weiter fragst: Wer hat meinen Vater, wer seinen Großvater etc. gezeugt? Du mußt auch die Kreisbewegung, welche in jenem Progreß sinnlich anschaulich ist, festhalten, wonach der Mensch in der Zeugung sich selbst wiederholt, also der Mensch immer Subjekt bleibt."

Die geschichtliche *Selbsterzeugung des Menschen* bedeutet, daß ich in der Arbeit an der Natur zur Mutter meiner Mutter Erde werde und die Mater-ie zum Kind ihrer Kinder wird. Indem ich mein Produkt hervorbringe, schaffe ich mich selbst; ich zeuge in der Natur mich selbst und die Natur, mache sie zu meiner Mutter, die mich gemacht hat. "Der Gegenstand der Arbeit ist daher die Vergegenständlichung des Gattungslebens des Menschen : indem er sich nicht nur wie im Bewußtsein intellektuell, sondern werktätig wirklich verdoppelt und sich selbst daher in einer von ihm geschaffenen Welt anschaut." Nun betrachtet er sich mit den Augen seiner Produkte und genießt den 'stillen Glanz im Auge der Mutter' Natur, zu der er die rohe Materie geformt hat – nach dem Bilde seiner leiblichen Mutter (sobald sie vom Absoluten einer kosmischen Umweltmutter herabrelativiert ist zu einem sterblichen, bedürftigen, fehlbaren Glied der Gesellschaft u. a). Diese alte Frau, seine leibliche Mutter, ist embryonaler Keim, aus dem der soziale Welt-Uterus herausgearbeitet werden soll. Ich stelle in Zusammenarbeit mit meinen Geschwistern unsere Mutter (wieder) her, bewundere mich in ihren bewundernden Augen und genieße ihre Anerkennung: Die Arbeit der Magie macht den Umweg über den Narzißmus der Arbeit : „Unsere Produktionen wären ebenso viele Spiegel, woraus unser Wesen sich entgegenleuchtete."

Aber meine Geschwister und ich sind nicht allein und damit nicht all-eins mit Mutter Natur, die wir aus dem rohen Stein hauen und beseelen. Sobald sie unter unseren Händen zu leben beginnt, ist sie uns auch schon weggenommen, sind wir ihrer Brüste entwöhnt, werden wir von ihr abgenabelt : *Als* Mutter Natur ist sie Gottvater, ihrem Gatten, vorbehalten, wir sind nie ein Fleisch mit ihr. Das Inzestverbot schiebt sich recht kastrationsdrohend zwischen die Vereinigung der Erdensöhne und der Mutter Natur. Wir waren unsere eigenen Eltern und haben unsere Mutter gezeugt und also auch den Status des Vaters mitusurpiert, an den sie vergeben ist, statt sich uns zu geben und hinzugeben. Gottvater bewundert sich in dem Spiegel, den seine Söhne geschaffen haben, die mit leeren Händen übrig bleiben, vertröstet mit Substituten und Surrogaten, die an ihre Flexibilität appellieren, sich mit Überlebensnotwendigem abspeisen zulassen.

Wie eine Mutter ihre Kinder bringt der Arbeiter seine Produkte aus sich hervor, indem er seinen *unorganischen Leib, die Natur* zur Mater-ie macht, sie in die Form einer guten Mutter Natur bringt, die umgekehrt ihn zum Menschenkind macht. So noch ganz allein mit Mutter Erde, ist er all-eins mit ihr gerade, wo er sein Werk aus sich heraus sich gegenüberstellt: Es löst sich von ihm wie das Kind von der Mutter, ohne deshalb aufzuhören, sein Geschöpf zu sein, in dem er sich spiegelt und sein Sein-für-andere.

In seinem Geschöpf erkennt er sich wieder auch dadurch, daß er es mit den Augen derer betrachtet, denen er es vor die Nase gesetzt hat. Ich bin für mich unmittelbar und mittelbar, was ich für andere in dem bin, was ich objektiv getan habe.

"Gesetzt, wir hätten als Menschen produziert: Jeder von uns hätte in seiner Produktion sich selbst und den anderen doppelt bejaht. Ich hätte 1. in meiner Produktion meine Individualität, ihre Eigentümlichkeit vergegenständlicht und daher sowohl während der Tätigkeit eine individuelle Lebensäußerung genossen, als im Anschauen des Gegenstandes eine individuelle Freude, meine Persönlichkeit als gegenständliche, sinnlich anschaubare und darum über allen Zweifel erhabene Macht zu wissen. 2. In deinem Genuß oder deinem Gebrauch meines Produkts hätte ich unmittelbar den Genuß, sowohl des Bewußtseins, in meiner Arbeit ein menschliches Bedürfnis befriedigt, also das menschliche Wesen vergegenständlicht und daher dem Bedürfnis eines andren menschlichen Wesens seinen entsprechenden Gegenstand verschafft zu haben. 3. für dich der Mittler zwischen dir und der Gattung gewesen zu sein, also von dir selbst als eine Ergänzung deines eignen Wesens und als ein notwendiger Teil deiner selbst gewußt und empfunden zu werden, also sowohl in deinem Denken wie in deiner Liebe mich bestätigt zu wissen, 4. in meiner individuellen Lebensäußerung unmittelbar deine Lebensäußerung geschaffen zu haben, also in meiner individuellen Tätigkeit unmittelbar mein wahres Wesen, mein menschliches, mein Gemeinwesen bestätigt und verwirklicht zu haben."

Hier ist der Dritte noch abwesend, der das wechselseitige Spiegelspiel von mir und dir noch nicht stört, die Interaktionsform der primärnarzißtischen Mutter-Kind-Dyade gleichsam. Ein Schritt weiter, und ich muß mich mit Geschwistern in diese „Aneignung der Natur" teilen. Marx beschreibt den kapitalistischen Äquivalententausch zwischen gleichberechtigten Mitgliedern der Geschwisterhorde. Selbst wo der Kapitalist mit seinem Monopol auf Mutter Natur noch gar keine Ungerechtigkeit ins freie Spiel der Kräfte auf dem Markt von Angebot und Nachfrage gebracht hat, entdeckt Marx die ganze Ungerechtigkeit selbst im gerechten Tausch, die Perversion der Gleichheit als Gleichheit der Perversion: Der Arbeiter "produziert die eine Sache, aus Begierde, die andere zu besitzen. Die Produktion dieser Sache ist ihm das einzige Mittel, die andere Sache zu erhalten ...", die der andere produziert in der arbeitsteiligen Gesellschaft. Da er ihn nur zum Tausch benutzt, kann "der Gegenstand seiner Produktion ihm schlechthin gleichgültig sein". Aber auch du bist mir gleichgültig, der du den Gegenstand herstellst, der dir in dem Maße gleichgültig sein kann, als er mir nicht gleichgültig ist. Die Gleichgültigkeit unserer Produkte ist das Geld, welches Inkommensurables kompatibel macht: zehn Eier und ein Taschenbuch sind gleich, weil sie gleich viel kosten. Ich mache mich selbst zum Instrument zur Herstellung von zehn Eiern mit Hilfe einer Hühnerzucht. Diese zehn Eier, die mir gleichgültig sein können, benutze ich als Mittel, das dich zum Mittel macht, für mich ein Taschenbuch herzustellen, das dir nichts bedeutet, aber dein Instrument ist, das umgekehrt mich zum Instrument macht, für dich zehn Eier bereitzustellen: "Ich produziere der Wahrheit nach einen andren Gegenstand, den Gegenstand deiner Produktion ..." „Du giltst mir vielmehr als Mittel und Instrument zur Produktion dieses Gegenstandes, der ein Zweck für mich ist ..." "Als bloßer Mensch, ohne dies Instrument ist deine Nachfrage ein unbefriedigtes Streben deinerseits, ein nicht vorhandener Einfall für mich. Du als Mensch stehst also in keinem Verhältnis zu meinem Gegenstande, weil ich selbst kein menschliches Verhältnis zu ihm habe ... und daher schauen wir wechselseitig unser Produkt als die Macht eines jeden über den ändern und über sich selbst an ..." So habe ich "Bedürfnis, das nicht unmittelbar in dieser Produktion, sondern in der Produktion eines andren seine Vergegenständlichung findet."

Ich erkenne mich in deinem Produkt und dich in meinem Produkt wieder, du findest dich in meinem und mich in deinem Produkt wieder. Hier beschreibt Marx die Entfremdung des gerechten Tausches, nicht erst der Ausbeutung.

" ... dein eigner Gegenstand ist dir nur die sinnliche Hülle, die verborgene Gestalt meines Gegenstandes; denn seine Produktion bedeutet, will ausdrücken: den Erwerb meines Gegenstandes." Hier ist die materialistische Genesis der idealistischen These vom Chorismus zwischen Wesen und Erscheinung : das Wesen des von mir gemachten Dinges ist das Ding, das ich damit kaufen kann, sein Tauschwert für mich als Gebrauchswert für dich. Das Wesen des Gebrauchswert ist sein Tauschwert, nicht umgekehrt: verkehrte

Welt. Jeder stellt in seinem Produkt eine Mutter Natur her, die er gegen die Mutter des anderen eintauscht und die ihm ganz gleichgültig ist. Genauer: Jeder stellt einen Teil der Mutter Natur her und tauscht Brüste gegen Schoß, Milch gegen Honig. Die unverwechselbar eine Mutter, die jeder hat und ihn unaustauschbar geliebt hat, verschwindet im Begriff "Mutter" : Jeder will seine ganz besondere Mutter Natur, und gerade darin sind alle Materien gleich: gleichgültig, allgemeingültig, substituierbar.

Eine Theorie dieser „zweiten Natur" des Geistes ist ein Materialismus, der nicht geistige Reflexionen in körperliche Reflexe auflöst, sondern zeigt, daß diese Auflösung längst geschehen ist und daß die positivistische Rationalität längst so naturwüchsig wuchert wie vormals der Urwald. Gerade der im Kapitalismus praktische Vernunft gewordene Idealismus hatte ja die Einverleibung der Welt durch den Geist gepredigt, der dadurch zum allverschlingenden Weltbauch wurde. Der *wissenschaftliche Sozialismus* studiert die Gesetze der zweiten Natur der Kultur, den Sozialcorpus des „objektiven Geistes", wie nur die Physik die Gesetze der ersten Natur.

Er ist *Historischer Materialismus,* sofern er die Geschichte dieser zweiten Natur verfolgt, die Naturgeschichte des Menschen als seine Vorgeschichte. Der Marxismus untersucht die dialektische Beziehung zwischen der ersten Natur materieller Substratbedingungen und der zweiten Natur der Produktionsverhältnisse. Folgerichtig beginnt das "Kapital" mit einer Analyse der Ware als Einheit von Gebrauchswert (1. Natur) und Tauschwert (2. Natur). Dabei erweist sich *worth* als Resultat von work, *value* als Ergebnis von labour. Die „dialektische Vernunft" erlaubt es nun, den „objektiven Geist" der Produktionsverhältnisse einer Gesellschaft so zum Gegenstand einer formenden Praxis zu machen, wie die materielle Produktion das Arbeitsmaterial formt, also rationale Herrschaft zu gewinnen über die zur zweiten Natur gewordene Formen der Naturbeherrschung, d. h. der Ware die *theologischen Mucken* auszutreiben.

Die Naturwüchsigkeit kapitalistischer Naturbeherrschung kann nur von einer Rationalität beherrscht werden, die nicht identisch ist mit der positivistisch-analytischen Vernunft der Naturkontrolle. Marx hat gerade die Naturgesetze dieser positivistischen

Rationalität untersucht, um die zweite Natur des technologischen Denkens durch eine dialektische Technologie in den Griff zu bekommen, die im Bunde mit der grünen Natur der Ökofrömmler steht, aber deren Wald- und Wiesenansicht über Wald und Wiesen nicht utopistisch verfällt. Er verteidigt die „reine Natur" gegen die technische Rationalität ihrer Ausbeutung dadurch, daß er das Prinzip rationaler Naturbeherrschung ausdehnt auf sich selbst, denn die industrielle Ratio ist ihm noch viel zu natürlich. Revolutionäre Praxis bricht ihren Widerstand wie nur die Arbeit den Widerstand des Produktionsmaterials. Die politische Praxis bearbeitet die Formen technischer Arbeit an der Natur wie ein Rohmaterial selbst. In diesem und nur in diesem Sinne bearbeitet der Marxismus den geistigen Überbau, den objektiven Geist der Produktionsverhältnisse wie einen materiellen Gegenstand, also die kapitalistische Kultur wie einen wilden Rohstoff, der erst in Form zu bringen ist.

Ist nach Marx aber der Kapitalismus der rohe Naturzustand der Naturbeherrschung, dann stellt er gleichsam eine Wiederholung der instinktungesicherten „physiologischen Frühgeburt" des Menschen auf der Ebene des Sozialuterus dar. Die sozialistische Utopie unterstellt, erst die klassenlose Gesellschaft stelle dann jenen Sozialuterus bereit, den die kapitalistische Produktionsweise nur ideologisch zur Verfügung stelle. Danach würfe jeder kapitalistische Uterus die sozialen Frühgeburten, bevor sie durch bewußtes Handeln und rationale Praxis ihr natürliches Naturdefizit gegenüber den Tieren kompensiert hätten, in eine angsterregende Heimatlosigkeit hinein, die ideologisch zur Freiheit verklärt würde. In Wirklichkeit ähnele die Freiheit des Menschen im Kapitalismus der Freiheit des Kleinkindes gegenüber den Tieren. Noch ist die Vertreibung aus dem Uterus nicht der Uterus selbst, eher besteht er in der Vertreibung aus ihm: Als soziale Frühgeburt im Kapitalismus ist der Mensch so wenig determiniert gegenüber dem instinktgefangenen Tier wie der hilflose Säugling, den man sich überließe. Ich bin frei, d.h. von materiellen und kulturellen Voraussetzungen der Selbständigkeit, die mir nur unterstellt wird, um mich verantwortlich machen zu können für mein Scheitern. Um mich zur Rechenschaft ziehen zu können, muß die Freiheit mir supponiert werden. Erst der sozialistische Weltuterus wäre identisch mit der Welt, in die er mich setzt, der Halt als Freiheit von jedem Halt. Marx

155

studierte die Gesetze des kapitalistischen Sozialkörpers und seiner Organmechanismen, um freie Verfügung darüber zu gewinnen. Die Dialektik ahmt die Bewegung der Natur nach, ihr eigenes Defizit kulturell zu kompensieren, auch und gerade als Mängelwesen der zweiten Natur. Unsere Studie hat sich zum Ziel gesetzt, den rohen Zustand dieser zweiten Natur spätkapitalistischer Frühgeburt des Menschen durch Rekonstruktion einiger Grundgedanken des Historischen Materialismus erneut zu beschreiben, um ihn der sozialen Bearbeitung durch eine Rationalität der Praxis zu empfehlen, die keine bloße Rationalisierung des verdrängten sozialen Geburtstraumas mehr wäre. Dieser Mater-ialismus untersucht den unausgebildeten Körper der Kultur, des in den kapitalistischen Uterus hinausgeborenen Menschen, seine Natur, die darin besteht, das Defizit auch der zweiten Natur des rationellen Geistes triebgehemmt und vernunftpraktisch auszugleichen. Welche kapitalistischen Triebe sind das? Die Leidenschaft des leidenschaftslosen technischen Blicks? Haben (Erich Fromm) oder begriffliches Denken (Adorno)?

Was ist Arbeit? Natürlich zweckrationale Verformung von Materialien, strategisches Handeln als Organisation von Mitteln zur Realisierung objektivierter Ziele. Psychologisch stellt sie eine Form von Triebverzicht dar, und kann nur sekundär mit Funktionslust aufgeladen werden. Sie benutzt Instrumente und ist selber Instrument, Treibbefriedigung durch Triebaufschub. Als Umweg von Wunsch zu Erfüllung stellt sie in Rechnung, daß die Welt, wie sie ist, Nicht-Ich ist, das in dem Maße Ich wird, wie ich mich umgekehrt ins Nicht-Ich verausgabe, ins Gegebene. Urbild des Seins, das für mich ganz da war, ist die gute Mutter, und Arbeit ist genau diese Anstrengung, Materie zur Mater-ie zu machen, mit phallischen Werk-Zeugen aus toten Rohstoffen den Busen der Natur zu bilden, nachzubilden, aus dem Milch und Honig flössen, durch analsadistische Deformation etwas schaffen, was oralkannibalisch einverleibt werden kann. Das Produkt ist geformter Stoff : der Inhalt Erbe der von Muskeln ausgestoßenen Kotsäule oder der inkorporierten Mutterbrust, die Form Nachfahre der mütterlichen Vagina, aus der der Vaterphallus hinausgetrieben ist. Der Arbeiter macht die Materie zur Mater-ie, indem er sich selbst zu Mater-ie macht, zur Mutter seiner Produkte. In der Arbeit tritt der Mensch

Mutter Natur, "dem Naturstoff selbst als eine Naturmacht gegenüber." („Kapital" I, Seite 185) Genauer : Die Arbeit macht aus der Materie nicht Mutter Natur, sondern Schoß und Busen der Natur, formt Kotsäulen und GegenStänder, also nur Partialobjekte in arbeitsteiliger Gesellschaft. Erst die Gesellschaft, die Interaktion der Produzenten, synthetisiert sie durch sprachliche Symbolisierung zur Mutter Natur, zu einem Sozialuterus der Menschenkinder, humanisiert sie zu Sozialäquivalenten. Im Kapitalismus ist das Gut eine Ware auf dem Markt, eine Synthese von Gebrauchswert (Busen der Natur) und Tauschwert (Geld als Substitut für Mater-ie). Entwöhnung von der Mutterbrust und Inzesttabu, das Gesetz des Vaters, lenken das Menschenkind von der Mutter auf die Mater-ie ab, auf die Bearbeitung der Materie. Es gibt die Mutter her, die an den kapitalistischen Vater, den Eigentümer phallischer Produktionsmittel, vergeben ist. Es liefert den Elternfiguren zuliebe seine kunstvoll geformten Kotmassen ab und wird mit oralkonsumistischen Gratifikationen abgespeist. Die Ausscheidungsprodukte des Arbeiters sind die Kinder, die der Kapitalist mit Mutter Natur hat, und alle Waren Muttersurrogate. Von daher gesehen ist die Mehrwertabschöpfung Reinlichkeitserziehung und Dressurakt. Die Güter dieser Welt sind Substitute von Bruchstücken der Mutter Natur, Scherben ihres narzißtischen Spiegels.

Das Äquivalenzprinzip der Tauschgesellschaft generalisiert die Konvertibilität aller Dinge, die Substituierbarkeit der einen Materie durch beliebige Materialien. Die Mobilität und Flexibilität der Charaktere macht Libido tendenziell unbeschränkt verschiebbar. Tausch des einen gegen das andere beendet Enttäuschbarkeit am Einen Einzigen, bis das Original zu einem Surrogat seiner Surrogate wird. Das Urbild des Originals : die urmütterliche Origo, die der Sohn gegen eine andere Frau, die Tochter gegen den Vater in einem anderen Mann herzugeben hat. Erotische Vereinigung wird noch von der Allgemeinheit des Begriffs angerufen, in dem die originäre Zwei-Einheit von Mutter und Kind sehnsüchtig nachklingt und nachträglich erzwungen werden soll als Subsumption des Nicht-Ich unters *Ur-Ich*, das primärnarzißtische Größenselbst der frühesten Kindheit, das reine Lust- und Körper-Ich. Am Ende ist allgemein nur der Ersatz selbst, den jedes logische Urteil formal ausspricht: etwas für etwas anderes halten und nehmen.

S ist nicht P und soll gerade deshalb für P gelten, jedes Material für die *mater-ia prima*. Der Geist des Vaters ersetzt die Ausdehnung der ursprünglichen Leibesfülle durch den Umfang seiner Gleichungen. Nur der Neurotiker will und kann das Selbe nicht gegen das nur Gleiche handeln, in dem er den toten gLeichnam der Mutter ablehnt. I.A. ist die Mutter generalisiert zur Summe weltlicher Güter, und jeder hat sich mit der Grundbefindlichkeit abzufinden, sich für den Verlust des Ur-Objekts mit ökonomischen Werten abfinden zu lassen. Erst die Unabhängigkeit vom Ur-Objekt subjektiviert das Subjekt dazu, frei für die Objektivierung der Welt zu werden und sie sich so verfügbar zu machen, wie die Mutter für das Kind war auf dem Boden völliger Abhängigkeit des Kindes von ihr. Die magische Allmacht des kindlichen Gedankens über die (mütterliche) Realität war die Kehrseite der realen Ohnmacht des Babys vor der omnipotenten Mutter, die sich freiwillig, liebend, zum Instrument der Allmachtsphantasien des Kindes macht. Diese Dialektik von Liebe und Macht pocht noch in den Wunschbildern der Arbeit, welche Mutter Natur nötigen will zur Liebe. Erwachsen wäre erst die Einsicht, daß Natur freiwillig gegeben hat, was wir ihr abzuherrschen wähnten, und daß sie sich zum Sklaven unserer Ohnmacht macht, in uns über sich selbst herrscht und ihrer Allmacht Herr wird. Das logische Urteil sagt: Nicht-Ich ist Ich, Dieses Urteil ist ein Schluß: dieses beliebige Mater-ial da ist die geliebte Mama, und Mamas Wille ist mit meinem identisch, quod erat demonstrandum. (X ist MA. MA ist Ich. X ist Ich.) Das Urgeld waren Muscheln, Vaginalsymbole: dafür gab der Urmensch das anale Gold her. Selbständigkeit der Menschenkinder gegen dieselbe Mutter Erde nötigt zum universalen Vergleich: Alles gleich (der Mutter), also jedes anders anders als jedes andere.

Man könnte vielleicht sagen, der proletarische Erdensohn sei oralkonsumistisch abgefunden dafür, daß seine anale Herrschaft über die grausame Mutter Natur den Kapitalvater in deren genitalen Genuß bringe. Das kastrationsdrohende Inzesttabu hindert den Arbeiter, sich jenen großen Kuchen zu nehmen, den er täglich herstellt, einen Mutterkuchen. Sie wagen den vom Vater, den einzig legitimen Besitzer dieses (Er-)Zeugungswerkzeugs, ausgeborgten Phallus nicht zum genitalen Genuß jener Mutter Natur zu benutzen, die sie damit aus der unwirtlichen Welt herstellen – für den Vater, der sie mit 'Abfällen' ihrer Arbeit versorgt. Die industriell fabrizierte Kunstmutter Natur werde eben nicht genossenschaftlich genossen. Oder ist die Geschichte ein Vaterschaftsprozeß um die Frage, wer der Vater der mit Mutter Natur gezeugten Kinder ist? Der moderne Kapitalismus hat den von Marx beschriebenen überlebt, man wird nicht müde, das mit Genugtuung zu wiederholen. Statt zu verelenden, wird Arbeitskraft durch Kaufkraft gezwungen, ihre überflüssigsten Produkte zu konsumieren, um sich selbst verkaufen zu können.

Der heutige Kapitalist wird nicht länger als kastrationsdrohender Vater erlebt, sondern eher als entzugsdrohend ausbeutende Mutter, deren Narzißmus die Menschenkinder delegiert, für sie Missionen zu erfüllen, von ihrer Fruchtbarkeit zu zeugen, sie aufzuwerten. Mit Gott fiel das Prinzip Vater, diese religiöse Erfindung. Das caput des Kapitals ist heute eher das Haupt der Gorgo, eine matriarchalische Medusa, deren Blick versteinert und verdinglicht, nachdem der Schild des Perseus erblindet und zerbrochen ist, die Reflexion der Väter. Der Ruf nach sozialer Verteilungsgerechtigkeit der Gütergüte deutet eher auf neidische als auf eifersüchtige Geschwisterrivalitäten vor den Brüsten von Mutter Staat, die sich Mutter Natur angeglichen hat, erste und zweite Natur ineins. Die *Neueste Stimmung im Westen*, der Anti-Ödipus von Deleuze/Guattari, reflektiert das nur, indem er die Regression der Kultur (zur zweiten Natur der Naturbeherrschung) als das Progressivste verkaufen will. Im *neuen* kapitalistischen Vater fürchtet der Erdensohn nun jene Mutter Natur mitzutreffen, um die es beiden geht. Die Macht tritt auf als Vatermutter und Muttervater, also unangreifbar. Mit der zur zweiten Mutter Natur gewordenen technokratischen Welt drohe ich die erste Mutter Natur mit zu vernichten, deren Güte(r) ich ja will, und umgekehrt. Seit der Kapitalist in versorgend ausbeutender narzißtischer Mutterimago sich maskiert, regredieren die Menschenkinder auf die paranoid-schizoidale Entwicklungsstufe, die zugleich mit der bösen Hexe nicht die gute Fee töten mag. Trennung von Natur und Kapital, von Gebrauchs- und Tauschwert, schwindet. Der von Marx gleichsam ödipal beschriebene Sozialismus wird vom prä-ödipal und homophilosophisch gewordenen Kapitalismus, dem Matriarchat der zweiten Natur der Organisationsmaschinerien, unterlaufen. Mater-ialistischer Vatermord hat jene rationale Instanz vernichtet, die vor dieser Symbiose mit der zweiten Natur der Technokratie schützen und befreien konnte. Der historische Mater-ialismus ist sein eigener Totengräber. Privateigentum an Produktionsmitteln hat nicht mehr der Vater, sondern die 'phallische Mutter' als das Prinzip hemmungsloser Produktivität, welche Destruktivität gegen alles Einzelne impliziert, das ersetzbar Massenhafte. Wir alle sind *gebundene Delegierte* von Madame le Capital, selbständig genug, ihre Aufträge zu erledigen, und zu abhängig, um ohne sie zu können. Nicht umsonst liegt für Marx die Utopie bereits in der Produktion ohne Notwendigkeit, in der Fruchtbarkeit als Selbstzweck. Im *Reich der Freiheit* wird dann komponiert: Musik als Bannformal gegen Paranoia, also gegen Verfolgungsangst vor der archaisch bösen Mutter, die in der zweiten Natur der Kultur aufersteht.

Produktion ist in sich schon Tausch : Austausch mit der Natur, die ich mir aneigne, indem ich mich arbeitend in sie entäußere. Rollentausch: Das Kind der Natur macht sich zur Mutter seiner Mutter. Diese Identifikation ist Edentifikation, weil sie die Vertreibung aus dem Paradies zum Paradies machen will. Macht euch die Erde untertan: ein Appell an die homophilosophische Analität des männlichen Menschen. Allein der Erdensohn hat gegen die erdrückende Übermacht der archaisch frühen Mutter jenes phallische Gegengewicht, das in Europa zum Aufstieg der mathematischen Naturwissenschaft führte, einer Sorte von Vernunft, welche Mutter Natur experimentell verhört und vernimmt, statt auf sie zu hören und ihre Gaben und Gifte entgegen zu nehmen. Der Erdensohn reißt sich von Mutter Erde los, kündigt die Symbiose mit ihr auf, wo er aus der geistigen Distanz zu ihr sie seinerseits zwingt, sich ihm anzugleichen und ihm dadurch unterworfen zu sein. Diesen abendländischen Weltentwurf übernimmt Marx unbefragt, und Heidegger hat Unrecht, wenn er das Wesen des Marxismus darauf reduziert, das Sein zum bloßen Arbeitsmaterial zu machen. Heidegger unterschlägt, daß Marx im Kapitalismus gerade die menschliche Subjektivität selbst zum Arbeitsmaterial ihrer selbst gemacht sieht: Der Kapitalist bearbeitet die innere Natur des Proletariers dahin, die äußere Natur für ihn zu bearbeiten. Revolution ist Praxis, Arbeit an der (zweiten) Natur der sozio-historischen Formen der Naturbeherrschung.

Kein Inzesttabu hindert den Kapitalisten am Genuß der Mutter Natur: es ist ja nicht *seine* Mutter, sofern nicht er sie oder sie ihn gemacht hat. Zwischen dem Arbeiter und der von ihm erzeugten Mutter Natur, die ihn gezeugt hat, steht die Kastrationsdrohung des kapital(istisch)en Vaters, welcher dem proletarischen Erdensohn ja dann auch wirklich das phallische Produktionsmittel wieder wegnimmt, mit dessen Hilfe der Arbeiter die Natur unterwarf — und der Kapitalist sie genießt. Der Arbeiter zeugt mit dem toten Mater-ial die lebendige Kunstmutter Natur (mit der ein Unternehmer potentiell zeugen könnte, wenn ihm selbst nicht die bloße anale Aneignung des Geldes, die Akkumulation der Goldhaufen, zur zweiten Natur seiner „Charaktermaske" geworden wäre). Der *pauper* er-zeugt Mutter Natur, ohne mit ihr zeugen zu können, und der Kapitalist zeugt nicht in ihr, weil er sie nur aneignet. Meine Mutter Erde heißt dann nur noch: sie gehört mir. Die wirklich genitale Zeugung mit den zur Mutter Natur gemachten Mater-ialien ist für beide eine Utopie jenseits frühkapitalistischer B-analität und spätkapitalistischer Mmm-oralität. Solange es nur um die Macht geht, ist noch die 'Diktatur des Proletariats' oralkannibalisch und analsadistisch: Raffen und Schreien, Fressen und Zusammenscheißen. Beide Antagonisten sind strukturell unfähig, mit Mutter Natur etwas zu zeugen, was mehr und anders ist, als die es schaffen. Familie als organisierte Zeugung gerät im Kapitalismus in den Dienst organisierter Erzeugung der Lebensmittel, nicht umgekehrt. Materielle Güter werden er-zeugt, mit diesen Mitteln wird ja nichts gezeugt, sondern Selbstzweck getrieben. Kurz: Vom technologischen Phallus wird nur homophilosophischer Gebrauch gemacht, selbst von den Kapitalisten, die Kotsäulen sammeln und narzißtische Symbole.

"Ökonomie der Zeit, darin löst sich schließlich alle Ökonomie auf." Marx analysierte den Wert einer Ware, auch den Tauschwert der Arbeitskraft selbst, als die zu ihrer (Re-)Produktion gesellschaftlich durchschnittlich nötige Arbeitszeit. Zeit, Zahl, Ziel haben die gleiche indogermanische Wortwurzel und bedeuten eigentlich: Zeitabschnitt, also Kastration, Abtrennung. Produktive Entäußerung, die von der Arbeitskraft verausgabte Zeit, findet sich ontologisch mystifiziert wieder bei Heideggers *Entwurf, Zeitlichkeit des Sich-vorweg-seins.* (Die „W-elt" ist das Menschenalter.)

161

Bei Kant war die Zeit als innerer Sinn und reine Anschauungsform das transzendentale Schema, nach dem die subjektiven Kategorien das sinnliche Rohmaterial zu den erfahrbaren Objekten bearbeiten. Marx war es, der in jedem Erkenntnisakt die praktische Tätigkeit entdeckte, also die „Arbeit" des Verstandes am sinnlichen Rohstoff. Konstituiert wird der Gegenstand der Erkenntnis als eine Substanz, als Selbstidentität im zeitlichen Wechsel seiner Zustände, nach dem transzendentalen Bilde der *apperzeptiven Einheit des Bewußtseins*, der Identität des intelligiblen Ego im Wechsel seiner Akte. Diese Selbstidentität-des-Ich-in-der-Zeit taucht bei Marx wieder auf als die zur Reproduktion der Arbeitskraft gesellschaftlich durchschnittlich notwendige Arbeitszeit. Die Substanz als Einheit in der Zeit ist die zur Reproduktion der Subsistenzmittel erforderliche Arbeitszeit

Der Arbeiter macht sich gleichsam ständig selbst zu dem, was philosophisch Substanz ist, zum immer Gleichen, der um das betrogen wird, wodurch er mehr als bloße Substanz ist. Dieses Transsubstantielle ist der abgeschöpfte Mehrwert seiner Selbsterzeugung. Wie wir schon sahen, ist der Mehrwert nicht nur Mehr oder Weniger des qualitativ Gleichen, sondern in einer sozialistischen Gesellschaft die genitale Zeugung mit der Natur mehr und anderes als ihre anale Erzeugung und Aneignung: der Mehrwert des Kommunismus gegen den Konsumismus. Der Marxismus als historischer *Mater*ialismus sieht den Vatersuizid als einzigen Ausweg, gestützt auf die materiellen Voraussetzungen selbst, also mit Mutter Natur im Rücken (und sei es auch die zur zweiten Natur gewordene Herrschaft über sie). Das Privateigentum des Vaters am Phallus wird aufgehoben, die Söhne geben ihm den ihnen zur analen Bearbeitung der Natur überlassenen Phallus gar nicht zurück, sondern teilen sich nach seiner genitalen Enteignung brüderlich in den Besitz der ja von ihnen hergestellten Mutter Natur. Postpatrizidale Brüderrivalitäten sind bei Marx nicht vorgesehen, die zum gemeinsamen freiwilligen Verzicht führen könnten. Die von Freud im Sozialismus vermißte Berücksichtigung der Macht des kollektiven Überich mag sich erklären aus Marxens Bemühung, den wissenschaftlichen Sozialismus von allem utopistischen Wunschdenken und bloßem Triebwerk zu befreien : Fällt die kapitalistische Herrschaft der Väter, dann nicht, weil die Söhne es so wollten, sondern weil die Kapitalisten nach den Gesetzen der zweiten Mutter Natur sich am Ende selbst entmannen und ihr phallisches Privateigentum ihnen keinen Lustgewinn mehr bringt.

Eine tendenziell fallende Lustprofitrate des Kapitalisten, als ein Naturgesetz jedes politökonomischen Selbsterhaltungstriebwerks, braucht keine vatermörderischen Sohneswünsche als die schuldigen Verursacher. Das Wissen um die Gesetze der zweiten Mutter Natur dispensiert die Söhne vom Gewissen, das Über-Ich ist umgangen. Die ausgebeutete Mutter Natur selbst wirft den urkapitalistischen Usurpator von sich, das phallische Monopol kehrt sich stets gegen seinen Besitzer, die Mutter Natur fällt den Söhnen automatisch zu.

Kein Schuldgefühl muß sie erdrücken, sie haben sich die Hände nicht schmutzig gemacht. Mit dem Blut sind die Hände der Arbeiter nun auch frei vom Dreck. Die Kastration des Proletariers durch seine Reduktion auf anale Naturbearbeitung kastriert Kapitalisten zu bloß unfruchtbaren Homophilosophen.

Wir haben versucht, das Unbewußte des Marxismus ein Stück weit zu analysieren, um zu verstehen, wieweit der Spätkapitalismus ihn wirklich überlebt hat und umgekehrt von ihm überlebt wird, anders, als Anhänger und Gegner häufig meinen. Weder die bei Marx noch im Kapital virulenten Phantasien sind zu Ende geträumt. Es kömmt darauf an, sie weiter zu denken, also mit Marx über ihn hinaus, ohne hinter ihn zurückzufallen.

Marx verspottete die Sozialutopisten, die vom Vatermord träumen. Er wußte, daß der postpatrizidale Schuldkomplex den beseitigten Vater übermächtiger als vorher ins Leben zurückruft und dann auf neue Machthaber projiziert, die den Tausch von Gehorsam gegen Schutz und Sündenvergebung anbieten. Also galt es, das Gelingen der Revolution ein wenig loszukoppeln vom elternmörderischen Wunschdenken der proletarisierten Menschenkinder. Freuds Verdacht, der Sozialismus unterschätze wohl die Macht des kollektiven Überich in Situationen, in denen eine Machtübernahme durch die bislang Benachteiligten real möglich sei, ist nur im Falle des Marxismus vorweg gegenstandslos gemacht worden. Die Geschichte mache uns, und sie mache uns zu denen, die die Geschichte selbst machen können : *Daß* wir sie selbst machen können, geschehe ohne unser Dazutun. Indem sie den innersten Triebwünschen der Unterdrückten entgegenkomme, befreie sie diese vorweg von nachträglichen Schuldängsten. Der Determinismus dieses Geschichtsschicksals setze nur noch das politische Geschick voraus, rechtzeitig zuzugreifen, sobald die entfaltete kapitalistische Welt in Widerspruch zu sich selbst gerate, also das akkumulierte Kapital sich nicht mehr weiter zu verwerten wisse. Wenn das fäkale Gold nicht mehr zur Steigerung des Lustprofits benutzt werden könne, diene der Phallus dem Kapitalisten zu nichts mehr. Seine anale Investition amortisiere sich nicht länger, er *phalle* in sich zusammen. Bei Marx phantasiert der Erdensohn, der Vater habe ihm den Phallus geraubt und zum nur anal-homosophischen Gebrauch überlassen : Revolution ist auch Wiederaneignung des Erzeugungswerkzeugs. Im Kapitalismus tritt der Phallus nur als enteigneter in die Phantasie, die Kontrahenten tauschen ihn, losgelöst von ihrer Person, von ihren Körpern, gegen symbolische Substitute. Er wird zum Ding-an-sich, zur ent- und veräußerbaren Kotsäule. Auch die Vagina gerät in die Nähe des kloakalen Ausscheidungsorgans, Produktion ist Defäkation, Geburt per anum. Daß das Haus der Kultur aus Scheiße gemacht sei, steht beim Marxisten Bert Brecht.

An eine exkulpierende Geschichtsautomatik mag kaum noch jemand so recht glauben, seit die Homophilosophie des aufgeklärten Kapitalismus, zusammen mit der Regression auf ungestörten privatkonsumistischen Oralinzest, den ödipalgenitalen Wunsch ersetzt und die Lebensmittel zum Selbstzweck gemacht hat. Das heterologische Ziel, das der wissenschaftliche Sozialismus am Gewissen vorbei erreichen wollte, ist vergessen, verleugnet und verdrängt, also abgedrängt auf analen Instrumentalfetischismus der anti-ödipalisierten Kleinfamilie oder an ihr vorbei.

Der Marxismus will die Verantwortung für den revolutionären Vatermord oder für die Kastration des Kapitalisten von den Menschenkindern nehmen und auf die immanenten Bewegungsgesetze der mater-iellen Voraussetzungen abschieben und verlagern, damit kein Schuldbewußtsein die Geschwister zwingt, nach der Entmachtung und Enteignung des Herren diesen sühnend zu idealisieren, zu reinthronisieren, ihre Solidarität in neu aufbrechenden Rivalitäten aufzugeben, sobald der sie gut zusammenschweißende gemeinsame Gegner fehlt, oder ihre Solidarität nur noch zu bekunden im gemeinsamen Verzicht auf den Genuß jener frei werdenden

Mutter Natur, um deren Besitz der Kampf ja ging. Bei Ernst Bloch kommt diese Seite des Marxismus zu sich selbst : Mutter Natur im Bunde mit den Menschenkindern gegen die Väter.

Die grünen Erben von Marx fürchten nicht erst in der revolutionären Praxis die ödipale Untat, sondern bereits in der Industriearbeit an Mutter Natur das prä-ödipale Verbrechen, das sich rächt. Kultur ist prä-ödipale Hege und Pflege, aber auch genitale Bebauung und Beackerung der Mutter Natur. Im Rohstoffmangel und in den ökologischen Folgeschäden der Ökonomie wird der Muttermord an der mater-iellen Natur phantasiert, der in genau jenem Akt, durch den er sich die Natur gefügig und verfügbar macht, das mit zu zerstören droht, wovon er lebt. Der distanzierende Abschied von der Natur, aus dem wir kommen, wird depressiv verarbeitet, also nicht geleistet. Der Grüne fürchtet sich, die ablösende Aggression gegen die Natur nicht leisten zu können, von der er sich weiter abhängig fühlt. Von solchen Skrupeln war Marx nicht nur frei, weil er das destruktive Potential der Produktivkraftentfesselung etwa nicht hatte voraussehen können. Er phantasierte einfach den Muttermord durch das Kind nicht als dessen Suizid. Was er nicht voraussah, war der Trick des Kapitalisten, sich als frühe 'phallische Mutter' zu maskieren, vor der die Menschenkinder sich zu aufeinander neidischen statt gemeinsam auf den Vater eifersüchtigen Geschwistern desolidarisieren und reinfantilisieren. Die Einheitsfront gegen den Übervater im Monopolisten im Kampf um die alimentär versorgende *und* ödipal begehrte Mutter Natur zerbrach im Dienst an der staatlichen Versorgungsgottheit, die gut feministisch in den massendemokratisch organisierten Ameisenstaat treibt und zu Homophilosophen erzieht. Proletarische Solidarität ist atomisiert zu privatistisch analem Besitzindividualismus eines materiellen Oralinzests, ständig neu zentrierbar um Herren, die die zugleich grausame und jungfräulich reine Natur gegen jede patriarchalische Besudelung verkörpern können.

Das feministische Bündnis mit der als jungfräulich rein phantasierten Natur gegen das, was als kapitalistisches Patriarchat anachronistisch mißverstanden wird und doch nur totalitäre Homophilosophie ist, bildet ein „historisches Bündnis" mit der zur zweiten Natur gewordenen phallischen Mutterimago der administrativen Systemirrationalität gegen zu schwache Vaterfiguren, die zu Sündenbockpopanzen dämonisiert werden, weil ihre sadomasochistische Mutterbindung viel zu stark ist, um Männer zu sein. Marx sah den 'Herren Knoten und Straubinger' frei *von* phallischen Produktionsmitteln *für* den unfreien Vertrag mit dem Kapital : Er darf mit der toten Mater-ie eine jungfräulich reine Natur zeugen, an deren Genuß ihn das Inzesttabu hindert. Das Ius primae noctis mit dieser Tochter der Materie und der proletarischen Arbeitskraft hat der als Vater nur imaginierte Kapitalist, der Privateigentümer an der genitalen Potenz der Werkzeuge, deren anale Leistungsfähigkeit dem Proleten verbleibt. Mit dem Phallus des Werkzeugs erzeugt der Erdensohn eine jungfräulich reine Natur, mit der er nicht zeugen darf, weil sie samt dem Phallus dem Vater gehört. Diese von ihm produzierte virgo intacta führt der Sohn dem Führer zu, der sie verführt. Auf diese Weise will der Kapitalist im Genuß der fabrizierten Natur zugleich die eigene Mutter und Tochter deflorieren dürfen, die der Arbeiter für ihn herstellt. Mit dem Vaterphallus erzeugt er, aus Scheiße gleichsam geformt, seine eigene Tochter *und* Mutter Natur, und der als Vater Phantasierte behält über jedes Arbeitsprodukt das Erstverfügungsrecht. Der erotische Goldglanz der kapitalistischen Ware, den die Ästhetik der Werbung ausnutzt, ist ihr nicht äußerlich: Nicht erst die Vermarktung macht in der Kollektivphantasie aus jedem Arbeitsprodukt potentiell das Bruchstück einer industriell synthetischen Mutter Natur, Fragment des Inzestobjekts. Die Warenästhetik der Reklame verkauft die Frau als Ware und die Ware als Frau, weil die Produkte eo ipso Güte(r) der Mutter Natur sind. Der proletarische Erdensohn phantasiert sich unbewußt, sofern er sich in seinen Arbeitsprodukten selbst erzeugt, als Sohn seiner Tochter und als Vater seiner Mutter. Damit wird die dialektische Triade zur Dreigenerationentheorie: die fabrizierte Natur ist Tochter, Gattin und Mutter des Produzenten, der zum Sohn, Gatten und Vater seines Erzeugnisses wird. Verwandte dürfen nicht verwendet werden, und der Brauch des Inzesttabus hindert am Genuß des Gebrauchswerts.

In seinen Überlegungen „Zur Rekonstruktion des Historischen Materialismus" (Frankfurt 1976) meinte Habermas gegen Marx, daß gesellschaftliche Arbeit zwar den Hominiden vom Primaten unterscheide, das spezifisch Humane aber erst die Familiarisierung des Mannes vom Jagdhorden-Homosophen zum Vater sei. Jürgen Habermas erinnert daran, "daß erst die Inzestschranke zwischen Vater und Tochter den kulturell innovativen Weg zur Familienstruktur bahnt" (a. a. O., Seite 195), da die Inzestschranke zwischen Mutter und Sohn schon im prähumanen Status gesellschaftlicher Arbeit an der Natur existierte, also schon zur Homophilosophie der Hominiden gehörte. Erst das Tochterinzesttabu des Mannes gründe Familie, die das spezifisch Menschliche sei, die Integration von Produktion und Reproduktion der Produzenten. Danach rekapitulierte der Kapitalismus diese spezifisch humane Errungenschaft der Evolution nur auf der Ebene der juristischen Trennung der Produzenten von ihren als genitalpotent erlebten Produktionsmitteln. Der Erdensohn darf weder mit Mutter Natur zeugen noch mit der Tochter, die er mit der toten Mater-ie gezeugt hat. Die Tochter fällt wieder dem Häuptling der homophilen Jagdhorde zu, der mit den Früchten der proletarischen Arbeit ungestraft den Mutter- und Tochterinzest begeht. Der Besitzer des Phallus ist nicht der Vater und der Vater nicht der Besitzer des Phallus. Der homosophische Eigentümer des Phallus delegiert die Vaterschaft für die jungfräulich reine Natur an den Bearbeiter der Mater-ie und der proletarische Vater diese Tochter samt Phallus, mit dem er sie erzeugt hat, an den Kapitalisten. Das Virginitätsideal verknüpft Inzesttabu mit analer Reinlichkeitserziehung. Das Mutter-Sohn-Inzesttabu führt schon zur Subjekt-Objekt-Spaltung als Voraussetzung analsadistischer Naturbeherrschung und deren kapitalistischer Disziplinierung.

Man kann über Kapitalismus nicht sprechen, ohne über Homophilosophie zu reden. Karl Marx decouvrierte den analsadistischen und analpossessiven Sozialcharakter des Kapitalismus (Aneignung der Natur durch Bearbeitung, experimentelle Vernehmung der Natur, bis sie etwas hergibt, Entäußerung des Arbeiters und Verausgabung der Arbeitskraft, Produktion der Güte(r), Privateigentum an Produktionswerkzeugen, Akkumulation der Goldhaufen, Äquivalententausch etc., heute Erweiterung der Arbeitskraft um Kaufkraft, die entäußerten Produkte zu einem Minderwert wenigstens oralkannibalisch wiederanzueignen und zu er-innern). Zwischen dem Arbeiter und seinem Produkt steht auch das humanisierende Inzesttabu zwischen Vater und Tochter, nicht zwischen dem Unternehmer und seinem Eigentum. Das „Unmenschliche" am Kapitalismus ist die praktizierte Homophilosophie, also der Rückfall hinter die monotheistische Form der monogamen Familie.

Die humanistische Entfremdungstheorie hat die ökonomische Form überlebt, in der sie beim späteren Marx einzig noch zugelassen war. Selbstentfremdungsphänomene werden ja studiert heute in staatskapitalistischen und -sozialistischen Produktionsverhältnissen von ihren pathologischen Implikationen aus. Universell in hochindustrialisierten Gesellschaften ist heute die quälende Leere eines *falschen Selbst,* das jeder sich und dem anderen zukehren muß als seine zweite Natur, die Maske der Persona als gespielte 'Rolle', die den Soziologen so teuer ist, daß sie die nicht mehr kritisch analysieren, sondern unter ihre Grundbegriffe gereiht haben. Das Ich erlebt seine eigenste Aktivität als die eines anderen, sobald es die Intentionen der anderen in ihm als seine ureigensten empfindet. Es erkennt und findet sich in seinen eigenen Regungen und Hervorbringungen nicht mehr wieder, nur noch in denen der approbierten Allgemeinheit, die es verinnerlicht hat, ohne es wahrhaben zu wollen. Adorno beschrieb in den „Minima moralia" (Nr. 147) die sozialpsychologische Genese der Schizophrenie als Spaltung in ein Ich als den Betriebsleiter seiner selbst und seinen Triebgrund als Betriebsmittel : Desintegration als Dialektik forcierter Selbstbeherrschung. Ist das nur die psychische Internalisierung dessen, was Marx als Selbstentfremdung beschrieb, oder umgekehrt dieses die soziale Projektion dessen, was Marx als Dissoziation von bürgerlichem Beruf und feudal-infantiler Berufungsphantasie in sich austrug? Eins durch das andere. Dieser Prometheus wollte das Feuer vom väterlichen Himmel holen, indem er die Milch aus Mutter Erde holte. Die Verantwortung für sein Leben, das er weder führte noch meisterte, schob er ab auf die haushälterisch besorgte zweite Mutter Natur, um frei zu sein für libidinöse Arbeit des Intellektuellen, dem Anstrengung und Vergnügen zusammenfallen. Er beschrieb die Absatzkrise der rabenmütterlichen Güte(r): Marx hatte nichts zu geben als das, was sie nicht gebrauchen konnte und wozu sie ihn doch ausgebildet und qualifiziert hatte, eine Bücherverwertungsmaschine, eine Fehlinvestition, die sich gar nicht *amor*-tisieren wollte. Der Jurist schrieb lieber eine Kritik der Hegelschen Rechtsphilosophie; statt seine Mandanten zu betreuen, kritisierte er die idealistische Lösung von bürgerlichen Widersprüchen. Dieser Narziss blieb mit sich selbst vermittelt durch das Andere, nicht über den Anderen, über Güter, nicht durch Güte. (Siehe M. *Theunissen*: „Sein und Schein", Frankfurt/Main 1980). Er untersuchte die Verallgemeinerungsfähigkeit seiner Sonderwünsche und stieß auf die borniert Partikularität des Gemeinwohls seiner Zeit. Sein Anspruchsniveau, stimuliert durch die alte Religion seiner Eltern, stieg schneller als die disponible Wertmasse seiner Klasse.

Im Allgemeinen erzeugt der Kapitalismus genau die Bedürfnisse, die er auch befriedigen kann, Nachfrage nach jener Nachfrage, die er bedienen will. Und unsere Eltern suchen nicht mehr Begehrlichkeiten in uns zu wecken, als die prospektiven Chefs uns später erfüllen werden als Lohn unserer Surplusarbeit für sie. Zu frustrierte Eltern rächen sich, indem sie ihre Kinder vernachlässigen oder verwöhnen – bis zur Unbrauchbarkeit für alle Mehrwertarbeit. Martin Walser hat das in seinem Roman „Die Gallistlsche Krankheit" (Frankfurt/M. 1974, S. 102 - 107) gut beschrieben. Den Proletarier seit Marx bis heute hat die systemtreue Arbeitermutti viel zu gut erzogen, Entfremdung als solche gar nicht zu spüren, immer etwas mehr sich zu verausgaben, als er zurückerhält, und doch bei der Stange zu bleiben und das Recht auf Arbeit statt auf Arbeitslosigkeit zu fordern wie Marx. Rationalisierung droht mit Freistellung der Arbeitskraft für Tätigkeiten, für die er nicht gebildet wurde. Er ist so konditioniert, den Himmel auf Erden als arbeitslose Hölle zu fürchten, die Delegation der entfremdeten Arbeit an Maschinen.

Aber den Bourgeois verbindet heute mit dem Proletarier die verbissene Abwehr systemtranszendierender Bedürfnisse. Der eine hat seine eigene Kultur freiwillig als Ballast über Bord geworfen, der andere will gar keine erst entwickeln oder beerben. Marx war gegen Bürger und Arbeiter Anwalt der Aristokratie einer intellektuellen Utopie. (Was heute als 'alternativ' herumgeboten wird, fällt meistens hinter Marx zurück. Ökologie will vorerst einen nur etwas umweltfreundlicheren Kapitalismus. Und hinter das Brötchenverdienen fallen die noch zurück, welche sich ihr Brot wieder selber backen wollen, statt übers Brotbacken endlich hinauszukommen – durch die automatische Fabrik und ihre billigen Massenprodukte. Am Fabrikbrot fürchten sie weniger die Chemie als die freie Zeit, zu der es ihnen verhilft, und mit der sie nicht mehr anzufangen wissen, als sich ihr Brot eben lieber wieder selbst zu backen, im Schweiße ihrer guten Miene zum bösen Spiel der Gitarren und Flipperautomaten. Sie wollen nichts davon wissen, daß das Fabrikbrot schlechter ist nicht durch die Maschinen, sondern durch deren kapitalistische Verwaltung.) Nur der Geistesarbeiter, der nicht davon leben muß, ohne sich deshalb gleich wie Marx von den Arbeitenden aushalten zu lassen, nimmt schon heute ein Stückchen jener Utopie vorweg, die auch in Marxens gelehrtenaristokratischem Selbstbewußtsein lag, im privilegierten Kampf gegen die Privilegien, im elitären Kampf gegen alle Eliten, samt seiner eigenen Existenz. Entfremdung setzt Entwöhnung von dem voraus, was schon einmal wesentlich gewesen ist, von gewohnter Verwöhntheit. Der Arbeiter bis heute kennt, anders als Marx, nicht die Entzugsqualen dessen, dem mehr und anderes versprochen war. Schließlich sind die *höheren Dinge* nicht dadurch Falschgeld, daß sie höher sind, sondern solange sie Privileg sind, also Gewalt. In seiner ersten Arbeit für die 'Rheinische Zeitung', den Artikeln über die Pressefreiheitsdebatten im rheinischen Landtag, machte der Vierundzwanzigjährige sich nach dem Abitursaufsatz erneut Gedanken über Beruf und Berufung:

„Der Schriftsteller muß ... erwerben, um existieren und schreiben zu können, aber er muß keineswegs existieren und schreiben, um zu erwerben ... Der Schriftsteller betrachtet keineswegs seine Arbeiten als Mittel. Sie sind Selbstzwecke, sie sind so wenig Mittel für ihn selbst und für andere, daß er ihrer Existenz seine Existenz opfert, wenn's not tut, und in andrer Weise, wie der Prediger der Religion zum Prinzip macht: 'Gott mehr gehorchen, denn den Menschen', unter welchen Menschen er selbst mit seinen menschlichen Bedürfnissen und Wünschen eingeschlossen ist. Dagegen sollte mir ein Schneider kommen, bei dem ich einen Pariser Frack (sic!) bestellt, und er brächte mir eine römische Toga (sic), weil sie angemessener sei dem ewigen Gesetz des Schönen! Die erste Freiheit der Presse besteht darin, kein Gewerbe zu sein. Dem Schriftsteller, der sie zum materiellen Mittel herabsetzt, gebührt als Strafe dieser inneren Unfreiheit die äußere, die Zensur ...

170

Allerdings existiert die Presse auch als Gewerbe, aber dann ist sie keine Angelegenheit der Schriftsteller, sondern der Buchdrucker und Buchhändler. " (MEW 1, S. 71). Und die können durch Automaten ersetzt werden, die ihnen abnehmen, was nicht menschlich ist an ihnen. Do-it-yourself, was die Industrie besser kann? Marx fordert die Freiheit vom Gewerbe statt Gewerbefreiheit, Freiheit für das, was die Maschine nicht kann, Freiheit von ihr und durch sie, also von dem, was unmenschlich an uns ist. Davon wollen sie bis heute nichts wissen, die lieber die „Idiotie des Landlebens" restaurieren wollen, um nicht die Produktionswelt revolutionieren zu müssen. Aber sie können sich kein anderes Motiv für die Entwicklung eines zwanzigjährigen Kühlschranks vorstellen als den Profit. „Small is beautiful", jeder sein eigener Stahlkoch, als wäre Big Business nicht eher zu kleinkariert.

"Wenn der Mensch sich selbst gegenübersteht, so steht ihm der andre Mensch gegenüber." "Wie er seine eigne Produktion zu seiner Entwirklichung, zu seiner Strafe, wie er sein eignes Produkt zu dem Verlust, zu einem ihm nicht gehörigen Produkt, so erzeugt er die Herrschaft dessen, der nicht produziert, auf die Produktion und auf das Produkt." "... die Lebendigkeit als Aufopferung des Lebens, die Produktion des Gegenstandes als Verlust des Gegenstandes an eine fremde Wacht, an einen fremden Menschen ..." "Der Nichtarbeiter tut alles gegen den Arbeiter, was der Arbeiter gegen sich selbst tut, aber er tut nicht gegen sich selbst, was er gegen den Arbeiter tut." "Der Arbeiter produziert das Kapital, das Kapital produziert ihn, er also sich selbst." "Der Unterschied von Kapital und Erde ... ist ein noch historischer, nicht im Wesen der Sache begründeter Unterschied ... von Kapital und Arbeit." " ... während sie (die Agrikultur) früher die Hauptarbeit dem Boden überließ und dem Sklaven dieses Bodens, durch welchen dieser sich selbst baute ... der Grundeigentümer weiß den Kapitalisten als seinen übermütigen, freigelaßnen, bereicherten Sklaven von gestern ... "

Der pra-ödipale Sohn der Mutter Erde verdrängt seinen feudalen Vater ödipal und erzeugt im Proletarier seinen eigenen ödipalen Sohn in der Geschlechterkette. Die Ur-Arbeit verrichtete die präödipal archaische Mutter Natur selbst, als die patriarchalische Herrschaft über sie noch schwach war. Der Mann löst sich von Mutter Natur, aber nur als Sohn unterm Druck eines Vaters, des "freien, von jeder Naturbestimmung unabhängigen Kapitals." Diese Abtrennung und Abgrenzung von Mutter Erde erfolgt in der analen Entwicklungsphase auch der soziohistorischen Evolution, durch trotzige Retention der Scheiße, durch Akkumulation des Geldes. "Ohne Kapital sei das Grundeigentum tote, wertlose Materie": Ohne häufende Zurückhaltung der Ausscheidung ist der Besitz der Mutter Natur nicht möglich. Selbstbeherrschung, Verweigerung der Rückgabe ihrer Gaben, ist Mittel der Naturbeherrschung. Kapitalakkumulation, eigensinnig angehäuftes Eigentum, hindert mich, das Eigentum der Mutter Natur zu bleiben, wie der an die Scholle gefesselte Bauer, der von der launischen Natur abhängig ist. "Die Erde wird hier noch als vom Menschen unabhängiges Naturdasein anerkannt, noch nicht als Kapital, d.h. als Moment der Arbeit selbst."

„Wie das Grundeigentum die erste Form des Privateigentums ist..." " ... das Eigentum, das in der Familie, wo die Frau und die Kinder die Sklaven des Mannes sind, schon seinen Keim, seine erste Form hat." Hier ist die in der Ehefrau wiederauflebende Mutter deutlich auf die fruchtbare Erde projiziert, die der Bauer für sich arbeiten läßt wie sein Weib und von der er gleichwohl völlig abhängt – ohne Kapital, ohne "geronnene Arbeit" von Mutter und Kindern. Im *rohen Kommunismus* hat die brüderliche Horde den kapitalen Bock nur erst phallisch enteignet und sich dann an seine Stelle gesetzt, um "genossenschaftlich" mit dem väterlichen Produktionsmittel Mutter Natur zu genießen und nutznießen. ". .. die Bestimmung des Arbeiters wird nicht aufgehoben, sondern auf alle Menschen ausgedehnt." "Die Gemeinschaft ist nur eine Gemeinschaft der Arbeit und die Gleichheit des Salairs, den ... die Gemeinschaft als allgemeiner Kapitalist auszahlt."

„Die normale Identifizierung des Jungen mit seinem Vater, die sich darin ausdrückt, wie er sein zu wollen, einen Penis wie er haben zu wollen oder an seinem Penis teilhaben zu wollen, kann in manchen Fällen zu einer Art Liebe sich auswachsen, die man am besten als einen Lehrlingskomplex, eine vorübergehende weibliche Unterwerfung unter den Vater beschreiben könnte, um sich für die spätere männliche Konkurrenz mit ihm vorzubereiten. Wenn diese

Liebe einer Kastrationsdrohung begegnet, kann das zu einer Aufgabe der phallischen Haltung führen und den Jungen veranlassen, sich wiederum der Mutter zuzuwenden, nun aber nicht mehr in der phallisch-ödipalen Haltung, sondern eher in einer prägenitalen, passiven, schutzsuchenden und sich mit ihr identifizierenden Art." (Kommunistischer Psychoanalytiker *Otto Fenichel* : „Psychoanalytische Neurosentheorie", 1971, Seite 132).

Der Erdensohn wählt einen Kompromiß zwischen An- und Auflehnung : Er behandelt Mutter Natur so, wie er (und sie) von Ihm behandelt werden und wie er Monsieur le Capital (noch) nicht zu behandeln wagt. Sub-jekt und sub-iectura zugleich, unterwirft er sich *die* Natur und *dem* Kapital, aber seine Unterwerfung der Natur selbst bleibt dem Kapital unterworfen. Kurzum : Er verbeißt sich in die Arbeit (fürs Kapital) statt in den Kampf gegen den Vater, und die Bearbeitung der Mutter Natur zieht jenen Sadismus auf sich, der eigentlich dem Vater gilt, aber von ihm ganz abgezogen werden muß. Die narzißtisch kränkende Passivität gegen ihn ist abgewehrt, die ödipale Liebe zur Mutter als Haß auf den Vater regrediert auf präödipal analsadistische, homosophische Liebe zum Kapital als eine Wut auf Mutter Natur, die sich technologisch bewaffnet. „Madame la Terre" büßt die gegen „Monsieur le Capital" (noch) nicht ausagierbare Aversion. So hat der Sohn doch teil an der Macht des Kapitals über die Mater-ie (und über sich selbst). Daß aber der Rohkommunist dasselbe will wie der bourgeoise Patriarch, verrät noch das „Kommunistische Manifest" von 1848:

"Aber Ihr Kommunisten wollt die Weibergemeinschaft einführen, schreit uns die ganze Bourgeoisie im Chore entgegen. Der Bourgeois sieht in seiner Frau ein bloßes Produktionsinstrument. Er hört, daß die Produktionsinstrumente gemeinschaftlich ausgebeutet werden sollen und kann sich natürlich nicht anders denken, als daß das Loos der Gemeinschaftlichkeit die Weiber gleichfalls treffen wird. Er ahnt nicht, daß es sich eben darum handelt, die Stellung der Weiber als bloßer Produktionsinstrumente aufzuheben ... Die Kommunisten brauchen die Weibergemeinschaft nicht einzuführen, sie hat fast immer existiert. Unser Bourgeois, nicht zufrieden damit, daß ihnen die Weiber und Töchter ihrer Proletarier zur Verfügung stehen, von der officiellen Prostitution gar nicht zu sprechen, finden ein Hauptvergnügen darin, ihre

Ehefrauen wechselseitig zu verführen. Die bürgerliche Ehe ist in Wirklichkeit die Gemeinschaft der Ehefrauen. Man könnte höchstens den Kommunisten vorwerfen, daß sie an Stelle einer heuchlerisch versteckten, eine officielle, offenherzige Weibergemeinschaft einführen wollen." "In dem Verhältnis zum Weib, als dem Raub und der Magd der gemeinschaftlichen Wollust, ist die unendliche Degradation ausgesprochen, in welcher der Mensch für sich selbst existiert, denn das Geheimnis dieses Verhältnisses hat seinen unzweideutigen, entschiednen, offenbaren, enthüllten Ausdruck in dem Verhältnisse des Mannes zum Weibe und in *der* Weise, wie das unmittelbare, natürliche Gattungsverhältnis gefaßt wird."

Gegen den Hegelianer höhnt Marx: "Das Selbstbewußtsein muß solange wie ein Gespenst umgehen, bis es alle Dinge, die von ihm und zu ihm sind, in sich zurückgenommen hat. Nun hat es bereits die ganze Welt verschluckt, außer dieser Hyle, der Substanz, die der Gnostiker Feuerbach unter Schloß und Riegel hält und nicht herausgeben will." Der Erdensohn hat Mutter Natur zum Fressen lieb, und Marx rechnet dem Mater-ialisten Feuerbach gegen Hegel und Bruno hoch an, daß er in seinem Selbstbewußtsein Mutter Natur nicht oralkannibalisch konsumiert und damit aufhebt. (Griechisch „*Hyle*", der Stoff, hängt etymologisch zusammen mit Holz). Lustig macht er sich über Bauers "Dithyrambus auf die weibliche Schönheit im Zarten, im Weichlichen, im Weiblichen, auf die 'schwellenden, abgerundeten Glieder' und den 'wogenden, wallenden, siedenden, brausenden und zischenden, wellenförmigen Körperbau des Weibes." Marx meint, dass Feuerbach nicht "mit der Sinnlichkeit fertig werden kann, ohne sie mit den Augen, d.h. durch die 'Brille' des Philosophen zu betrachten." Mit dieser Schaulust will Marx sich nicht zufrieden geben. Er interessiert sich für "die Produktion des Lebens, sowohl des eignen in der Arbeit wie des fremden in der Zeugung," dafür, "daß die Menschen, die ihr eignes Leben täglich neu machen, anfangen, andre Menschen zu machen, sich fortzupflanzen – das Verhältnis zwischen Mann und Weib, Eltern und Kindern, die Familie. Diese Familie, die im Anfange das einzige soziale Verhältnis ist, wird späterhin, wo die vermehrten Bedürfnisse neue gesellschaftliche Verhältnisse, und die vermehrte Menschenzahl neue Bedürfnisse erzeugen, zu einem untergeordneten (ausgenommen in Deutschland) ..."

Das spätere, nur zu vergesellschaftende Privateigentum an Produktionsmitteln hat Vorläufer, die immer wieder, wie wir analysieren, auf die unpersönlicheren Erben projiziert werden : " ... das Eigentum, das in der Familie, wo die Frau und die Kinder die Sklaven des Mannes sind, schon seinen Keim, seine erste Form hat. Die freilich noch sehr rohe, latente Sklaverei in der Familie, ist das erste Eigentum, das übrigens hier schon vollkommen der Definition der modernen Ökonomen entspricht, nach der es die Verfügung über fremde Arbeitskraft ist." Die Familie ist die Keimzelle auch der marxistischen Gesellschaft, der Kapitalist der Familienvater der Menschenfamilie, nur 'auf erweiterter Stufenleiter'. Wenn Marx noch 1844 von der sozialen Selbsterzeugung des Menschen spricht, meint er keine parthenogene Urzeugung, sondern "daß die Individuen allerdings einander machen, physisch und geistig, aber nicht sich machen ... ". Feuerbach fasse den Menschen "nur als sinnlichen Gegenstand, nicht als sinnliche Tätigkeit", kenne nur "Liebe und Freundschaft, und zwar idealisiert". Aber noch viel schlimmer sei Platonische Liebe bei Hegel : "Und Adam erkannte, id est kritisierte, sein Weib Evam, und sie ward schwanger."

Marx wie Freud : Das Sein bestimmt das Bewußtsein, und was, wenn das Bewußtsein nur bewußtes Sein ist, kann das Sein anderes sein als das Unbewußte? Marx spricht von Projektion und Verinnerung, Freud von innerer Ökonomie. Das 'Ich' ist eine rechte kleinbürgerliche Krämerseele, die ihre Triebinvestitionen geschickt zu diversifizieren sucht, und ihr Handeln ist immer auch ein Handel mit Es und Über-Ich und Realität.

Marx untersuchte nicht nur die Beziehung der Ichs zur Realität und Freud nicht nur die Selbstreproduktion der Produzenten. Marxismus ist auch Psychoanalyse kapitalistischer Rationalisierungen der den Unternommenen auferlegten Triebverzichte und Homosexualisierungen, nachdem das *religiöse Rauschgift* durch Konsumdrogen ersetzt ist.

Zeitlebens schwankte Freud in der finalen Bewertung der Kulturarbeit: repressiver Triebverzicht oder 'sozial höherbewertete Leistung'. Ist das 'Höhere' nur Stolz auf das Schwierigere? Entfremdete Arbeit: Zwangssublimierung oder Preis für Lustgewinn, der durch den Preis gerade vereitelt wird?

„Man darf sagen, daß dieser Gedanke der Weibergemeinschaft das ausgesprochene Geheimnis dieses noch ganz rohen und
gedankenlosen Kommunismus ist. Wie das Weib aus der Ehe in
die allgemeine Prostitution, so tritt die ganze Welt des Reichtums,
d.h. des gegenständlichen Wesens des Menschen, aus dem Verhältnis der exklusiven Ehe mit dem Privateigentümer in das Verhältnis der universellen Prostitution mit der Gemeinschaft ... Der
allgemeine und als Macht sich konstituierende Neid ist die versteckte Form, in der die Habsucht sich herstellt und nur auf eine
andre Weise sich befriedigt. Der Gedanke jedes Privateigentums
als eines solchen ist wenigstens gegen das reichere Privateigentum
als Neid und Nivellierungssucht gekehrt, so daß diese sogar das
Wesen der Konkurrenz ausmachen. Der rohe Kommunist ist nur
die Vollendung dieses Neides und dieser Nivellierung von dem
vorgestellten Minimum aus ... Wie wenig diese Aufhebung des
Privateigentums eine wirkliche Aneignung ist, beweist eben die
abstrakte Negation der ganzen Welt der Bildung und Zivilisation,
die Rückkehr zur unnatürlichen Einfachheit des armen, rohen und
bedürfnislosen Menschen, der nicht über das Privateigentum hinaus, sondern noch nicht einmal bei demselben angelangt ist."
    Die Brüderlichkeit dieser Gemeinschaft beruht nicht, wie
in Freuds '"Totem und Tabu", auf dem gemeinsamen Verzicht der
Erdensöhne auf den Genuß jener Mutter Natur, um deren Willen ja
der Vater beseitigt und konsumiert worden war. Die rohkommunis-
tische proletarische Diktatur gibt den Druck, der von Monsieur le
Capital ausging, an Madame la Terre weiter : Der Sohn vergewaltigt Mutter Natur so, wie sie (und er) von Monsieur le Capital sich
vergewaltigt fühlten.
    Die Söhne zusammen werden ihr eigener konsumierter
Vater, sie stehen zusammen wie ein Mann, wie Monsieur le Capital
selbst, dessen Teilhaber sie jeder sind, wenn sie Madame la Terre
unter sich aufteilen. Die 'Diktatur des Proletariats' ist eine der Söhne über Mutter Natur. Hier wird der Mater-ialismus zum roten
Feminismus, und es ist falsch, dem Marxismus vorzuwerfen, er
nehme den Klassenkampf ernster als den der Geschlechter. Marx
durchschaut in der Ausbeutung der Natur, in der Bearbeitung der
Mutter Erde durchaus den sexistischen Mal-Chauvinismus. Ebenso
wichtig erscheint mir eine damit zusammenhängende andere un-

bewußte Phantasie der Rohkommunisten. Wie vor Gottvater die Herren und die Knechte hienieden gleich sind, seine Knechte als seine Menschenkinder nämlich, wie vor dem Glauben Natur und Geist, Sinnlichkeit und Vernunft eins sind, nämlich selbst ein Stück Natur, lumen naturale, 'Hure Vernunft', so auch fühlen sich die *Herren Knoten* vor *Monsieur le Capital*: selbst als Teil jener Natur, die sie unter sich bringen. Vor Monsieur le Capital werden die Erdensöhne und *Madame la Terre* gleich und eins : ein die Söhne demütigender Vergleich. Das Kapital hat Macht über die Macht, welche die Arbeit über die Natur hat. Unter dem Kapital ist die Arbeit an der Natur selbst nur ein Stück von ihm beherrschter Natur. Und wenn Marx sagt, der Arbeiter prostituiere sich auf dem Arbeitsmarkt, biete sich feil dem Meistbietenden mit seiner ganzen sinnlich physischen Existenz, dann meint er ja genau diese weibliche Identifizierung des Proletariers mit der von ihm bearbeiteten Natur. Unter der väterlichen Kastrationsdrohung des Kapitalisten wird der Arbeiter phantasmagorisch zum kleinen Mädchen, das vom Anführer verführt wird und sich von ihm verfolgt fühlt, wo er sich homophil an *Monsieur le Capital* bindet. Aus Abwehr dieser homophilen Unterwerfung unter ihn, aus Abwehr seiner eigenen masochistischen Weiblichkeit unterdrückt dann der Sohn die Mutter Natur so, wie er selbst von Monsieur le Capital unterdrückt wurde. Gegen Mutter Natur beweist der Rohkommunist – in der Horde der Macher – sich die eigene Männlichkeit als Unterdrückung eigener Homosexualität.

„Das unmittelbare, natürliche, notwendige Verhältnis des Menschen zum Menschen ist das Verhältnis des Mannes zum Weibe. In diesem natürlichen Gattungsverhältnis ist das Verhältnis des Menschen zur Natur unmittelbar sein Verhältnis zum Menschen, wie das Verhältnis zum Menschen unmittelbar sein Verhältnis zur Natur, seine eigne natürliche Bestimmung ist. In diesem Verhältnis erscheint also sinnlich, auf ein anschaubares Faktum reduziert, inwieweit dem Menschen das menschliche Wesen zur Natur oder die Natur zum menschlichen Wesen des Menschen geworden ist. Aus diesem Verhältnis kann man also die ganze Bildungsstufe des Menschen beurteilen. Aus dem Charakter dieses Verhältnisses folgt, inwieweit der Mensch als Gattungswesen, als Mensch sich geworden ist und erfaßt hat; das Verhältnis des Mannes zum Weib ist das natürlichste Verhältnis des Menschen zum Menschen. In ihm zeigt sich also, inwieweit das natürliche Verhalten des Menschen menschlich oder inwieweit das menschliche Wesen ihm zum natürlichen Wesen, inwieweit seine menschliche Natur ihm zur Natur geworden ist. In diesem Verhältnis zeigt sich auch, inwieweit das Bedürfnis des Menschen zum menschlichen Bedürfnis, inwieweit ihm also der andre Mensch als Mensch zum Bedürfnis geworden ist, inwieweit er in seinem individuellsten Dasein zugleich Gemeinwesen ist."

Ob und wieweit Marx dieses Bild der Geschlechtsliebe auf sein Gesellschaftsbild oder umgekehrt seine Vorstellung von der sozialen Selbsterzeugung des Menschen auf die erotische Dialektik projiziert, bleibt unentscheidbar, solange diese Wechselbeziehung nicht selbst dialektisch gesehen wird. Explizit ist für Marx das Gattenverhältnis sicher Spiegelbild der soziohistorischen Produktionsweise der Gattung Mensch, ein Teil der Produktionsverhältnisse, ohne deshalb aufzuhören, unbewußt die Art zu beeinflussen, in der wir Gesellschaft und Geschichte sehen und beeinflussen.

"Also ist die Gesellschaft die vollendete Wesenseinheit des Menschen mit der Natur, die wahre Resurrektion der Natur, der durchgeführte Naturalismus des Menschen und der durchgeführte Humanismus der Natur." Nach der Entmachtung von Monsieur le Capital, also der analen Herrschaft des Vaters, muß der Erdensohn sich nicht mehr mit ihm identifizieren und auf Mutter Natur „scheißen“, ihm nicht mehr in den Arsch kriechen oder sich wie ein kleines Mädchen prostituieren. Die Macht über *Madame la Terre* erlangt er durch Identifikation mit ihr, mit ihrer archaischen (technokratisch und industriell rekonstruierten) Omnipotenz. „Resurrektion“ deutet auf Erektion der frühen *phallischen Mutter*: sie ist als Phallus, den sie nicht hat, wiederauferstanden, der Sohn hat sie am Vater gerächt und wird eins mit ihr und ihrer Macht über Leben und Tod der Individuen und Erzeugnisse.

"Der Mensch eignet sich sein allseitiges Wesen auf eine allseitige Art an, also als ein totaler Mensch." Adorno : „Totalität und Homosexualität gehören zusammen." Was Marx an Hegel kritisiert, tut er selbst, nur nicht vom männlichen Selbstbewußtsein aus, sondern von Mutter Natur aus "werden ihm alle Gegenstände als die Vergegenständlichung seiner selbst", der Mutter Erde in ihren Geschöpfen erfaßt. Das Leben der Natur ist der Tod ihrer Geschöpfe, die sie auswirft, um sie wieder in sich zurückzunehmen, Produktion als Selbstzweck wie bei Nietzsche. "Der Tod scheint als harter Sieg der Gattung über das bestimmte Individuum und ihrer Einheit zu widersprechen; aber das bestimmte Individuum ist nur ein bestimmtes Gattungswesen, als solches sterblich." Unter dem Kapital sind Arbeiter und Natur Prostituierte: "Du mußt alles, was dein ist, feil, d.h. nützlich machen. Wenn ich den Nationalökonomen frage: Gehorche ich den ökonomischen Gesetzen, wenn ich aus der Preisgebung, Feilbietung meines Körpers an fremde Wollust Geld ziehe (die Fabrikarbeiter in Frankreich nennen die Prostitution ihrer Frauen und Töchter die Xte Arbeitsstunde) ... "

Kapital wie Arbeit sind für Marx gleichsam Analitäten. Nicht erst das Privateigentum der Kapitalisten an den Produktionsmitteln, der *Sinn des Habens* und der Erwerbstrieb, sind analsadistisch, sondern schon die Formung der Natur durch proletarische Arbeit. Der oralen Konsumtion steht weniger eine genitale Kreativität als eine anale Produktionsentäußerung gegenüber. Der moderne Kapitalismus unterscheidet sich von der marxistischen Zielscheibe durch den Rückgriff hinter die anale auf die oralkonsumistische Sozialpsychologie. Der Konsum selbst wird Produktivkraft: Das protestantische Leistungs- und Spar-Ethos weicht narzißtischer Mm-oralität. Die proletarische Arbeit ist für Marx *Mater*ialisierung der toten Natur, revolutionäre Praxis dagegen Expropriation der Expropriateure, Kastration der kapitalistischen Vaterfiguren, die den Erdensöhnen ihre phallischen Produktionsmittel leihen zur Verwandlung der archaisch bösen Natur in eine gütig gütergewährende Mutter. Privatim brachte es Marx selbst nie zu einem Brotberuf, konnte seine Familie nicht ernähren und nicht mit Geld umgehen. Narzißtische Größenphantasien ließen ihn das anale Spiel des Gebens und Nehmens, die Gerechtigkeit des Tausches, verachten. In Kindheit und Jugend bekam er mehr, als er geben mußte. Um später nicht stets mehr geben zu müssen, als er zurückbekam, Motor der kapitalistischen Expansion, gab er nur die Theorie, *daß* wir mehr verdienen als wir verdienen und wie wir nichts tun, um alles zu erhalten. Mit den phallischen Produktionsmitteln nehmen die proletarischen Menschenkinder den kapitalistischen Vaterfigu-

179

ren die damit aus Roh*mater*ialien hergestellte gute Mutter Natur wieder weg. Die Geschwisterhorde raubt dem Vater Phallos und Gattin und teilt sich brüderlich in deren Besitz und Genuß.

Arbeit zerstört die religiöse Übermacht der archaisch omnipotenten frühen Mutter Natur übers hilflose Menschenkind, revolutionäre Praxis die Übermacht der kapitalen Väter (über die Macht der Söhne über Mutter Natur). Der Sohn hat Mutter Natur gemacht, der Vater hat sie.

Gegen den 'Sinn des Habens' wird weniger, wie Erich Fromm meinte, der Sinn fürs Sein als der des Machens ausgespielt. Wer Mutter Natur aus toter Materie herstellt, soll sie auch genießen dürfen, oralkaptativ wie genital. Der Einzelmensch trennt sich von seiner leiblichen Mutter, um genossenschaftlich brüderlich die feindliche Außenwelt zu Uterus, Vagina, Mammen der guten Mutter Natur umzuschaffen, die ganz für ihn da ist. Anders als für grüne Umwelt(vor)schützer ist für Marx der technologische Raubbau an der Materie kein Raubmord an Mutter Natur, keine Vergewaltigung der jungfräulich reinen Natur, weil in seiner Phantasie der tote Rohstoff ja durch industrielle Verarbeitung überhaupt erst zur guten Mutter Natur wird, zum Leben erweckt statt zum Tode befördert. Andere fürchten schon im Rohmaterial selbst jene mütterliche Mater-ie zu zerstören und nicht erst im Fertigprodukt. Marx sah in der unbearbeiteten Natur gar keine gute Mutter, sondern eine übermächtig feindselige Gottheit, die es durch phallisches Gegengewicht und anale Homosophie naturwissenschaftlicher Technik in den Dienst zu nehmen galt. Er fürchtete noch nicht den Güte(r)-Vorrat der Mater-ie zu erschöpfen oder einen Racheaufstand der malträtierten Natur.

Nebenbei : Ist es seinem Denken letztlich gut bekommen, dass er die adlige Tochter eines preußischen Ministers geheiratet hatte und sich von einem Unternehmer zeitlebens aushalten ließ?

Freuds einziger Vorbehalt gegen Sozialismus bestand in dem Bedenken, die Kommunisten unterschätzten die Gewalt des kollektiven Über-Ich, welche die Geschwisterhorde an der Entmächtigung der Elternbilder hindere, die sie auf Natur und Machthaber zu projizieren pflegen.

Ein neues „Gothaer Programm" wäre nötig. „In Erwägung", dass nicht nur die Befreiung der Arbeiterklasse, sondern auch und gerade die Theorie ihrer Befreiung ein Werk der Arbeiter selbst sein müsste, wenn die „alte ökonomische Scheiße" nicht ewig wiederkehren soll, bestünde der erste Schritt einer sozialen und nicht nur kulturellen Revolution darin, dass der Arbeitssklave sich selbst zum individuellen Geistesarbeiter machen müßte.

Wenn das ein nur utopischer Proletarismus sein sollte, wäre der zukunftsträchtiger und rationaler als jeder *wissenschaftliche Sozialismus*, den sich Bildungsbürger ausdenken könnten und den die „Knoten und Straubinger" dann nur noch auszuführen hätten. Arbeitssklaven aller Länder, einigt euch, erst einmal euch nicht zu Kollektiven zu *verein*igen, sondern im Gegenteil aus dem Kollektiv heraus zu vereinzeln, zu verfeinern und zu vergeistigen – jeder in seiner stillen Studierstube.

„... flüchtet vor der geschichtlichen Tragödie, die ihm drohend zu nahe rückt, in die angeblich reine Natur, d.h. in die blöde Bauernidylle und predigt den Kultus des Weibes, um seine eigene weibische Resignation zu bemänteln." „Eine zu verschwenderische Natur hält den Menschen an ihrer Hand wie das Kind am Gängelband." —
„Von diesem Augenblick an regen sich Kräfte und Leidenschaften im Gesellschaftsschoße, welche sich von ihr gefesselt fühlen." „Das Verhältnis des Mannes zum Weib ist das natürlichste Verhältnis des Menschen zum Menschen ... und das menschlichste Verhältnis zur Natur."

„Diese Herrschaft der Freiheit kann nicht beginnen, solange die Arbeit nicht beendet ist, welche uns Notwendigkeit und äußerliche Endgültigkeit auferlegen." (*Karl Marx*: „Das Kapital", III)

„Sobald für alle ein Spielraum wirklicher Freiheit zum Leben jenseits der Produktion besteht, hat der Marxismus seine Zeit vollendet; es wird dann eine Philosophie der Freiheit an seine Stelle treten. Doch haben wir keine Möglichkeit, keine Denkmittel und konkreten Erfahrungen, die es ermöglichten, uns einen Begriff von dieser Freiheit und von dieser Philosophie zu machen."
(*J.-P. Sartre : "Critique de la raison dialectique"*, 1960, S. 32)

Wiedergeburtshilfe statt Hebammenkunst?

„Die Genitalien sind der Resonanzboden des Gehirns."
(Arthur Schopenhauer)

Als sich das Bürgertum, dem er unwidersprochen angehörte, noch im Aufstieg begriffen glaubte, strafte es diesen voreiligen Miesmacher mit Mißachtung. Als es seinen Niedergang nicht länger vor sich selbst verbergen konnte, wurde es von diesem gedankenverlorenen und wiedergefundenen Stiefsohn mit Verachtung gestraft. Seither ist Arthur Schopenhauer bis heute der ausgesprochene Liebling kleinbürgerlicher Lebensangst vor der Zukunft geblieben. Lange vor Freud sah er den gesunden Menschenverstand im Solde dunkler Willensmächte, was erst zur Katastrophe führte, als man sich nicht mehr dadurch gedemütigt fühlte, sondern stolz darauf wurde, und der wilde Selbstbehauptungswille den schnöden Intellekt tief unter sich sah.

Heute gilt es als Gütezeichen unbestechlicher Ehrlichkeit, sich das Elend in der Welt nicht zu verschleiern und sich jede Hoffnung auf billige soziale Reformvorhaben standhaft zu verbieten, als sei es eine moralische Leistung und intellektuelle Großtat, endlich einmal über seine eigenen revolutionären Jugendsünden hinauszuwachsen. Dem pausbäckigen Fortschrittsoptimismus des staatlich ermutigten Weiterwurstelns eine klare Absage zu erteilen und dem beherzten Blick in die Abgründe des gesellschaftlichen Dschungels sich schaudernd auszusetzen, ohne in die Arme des lieben Gottes zu flüchten, gilt nun als männliche Mutprobe. Je nach Konjunktur wird Marx notiert als entlarvter Scharlatan und der preußische Buddhist Schopenhauer als unverführbarer Resignationalist des Lebens. Bei Marx scheint es eher um Erzeugung von Lebensmitteln zu gehen, bei Schopenhauer um Zeugung von Leben. Wer nicht arbeitet, soll auch nicht essen, und wer gar nicht erst geboren wird, braucht weder zu arbeiten noch zu essen. Paranoiker Schopenhauer erspart den Menschen sowohl Existenzkampf als auch Klassenkampf.

Beide waren ohne mater-ielle Befriedigung und enttäuscht von ihren Müttern. Marx haßte seine Mutter, weil sie ihm Liebe gab und kein Geld, Schopenhauer haßte seine Mutter, weil sie ihm Geld gab und keine Liebe. Schopenhauer zeichnete seine Mutter so wie Marx den Kapitalisten, und Marx beschrieb den Industriearbeiter wie Schopenhauer seinen Vater. Vater Heinrich Floris Schopenhauer, will man seinem Sohn glauben, arbeitete sich für seine lebenslustige Frau Johanna zu Tode, aber die ganze Liebesmüh war umsonst, ihm winkte kein Liebeslohn.

Marx wie auch Schopenhauer fühlten sich um den Besitz der Mutter Natur geprellt, ob es sich nun um Zeugungsorgane handelte oder um das Organisieren von Erzeugnissen. Arthur will Mutter Johanna, und immer kommt etwas dazwischen. Immer ist jemand hinter ihm her, wenn er hinter ihr her ist, ob es sich nun um Materielles handelt oder um die Magna Mater. Bei Schopenhauer begeht die Mutter den Gattenmord wie die Klytaimnestra an Agamemnon, aber nicht, um mit dem Sohn allein zu sein und ihm den Vatermord abzunehmen. Arthur wollte die Liebe seiner Mutter, aber seine Mutter wollte alles Mögliche, Goethe und Gerstenbergh, nur nicht die Liebe des zu jungen griesgrämigen Sohnes und des zu alten depressiven Vaters.

Marx und Schopenhauer haben beide nicht daran zweifeln lassen, daß die Welt zum Teufel geht und des Teufels ist, aber Marx bezweifelte Schopenhauers Zweifel an der prinzipiellen Behebbarkeit dieses tiefen Elends in der Welt. Für Marx geht aufs Konto des Kapitals, was für Couponschneider Schopenhauer aufs Konto Satans geht. Mancher meint, das 19. Jahrhundert habe noch seine guten Gründe gehabt, an Schopenhauers Verzweiflungstatenlosigkeit zu zweifeln, nach der Erfindung der Atombombe aber sei es fahrlässige Dummdreistigkeit, ihn nicht für den Erzphilosophen des 21. Jahrhunderts zu halten, wie auch dieser Essay hier weniger über Schopenhauer spricht als über mutmaßliche Motive seiner neueren Fanclubs. Schopenhauer zieht wieder leicht an. Er verspricht durch philosophische Rechtfertigung aller „Verhüterlis" eine Eindämmung der 'Menschenspringfluten in der Dritten Welt', er ist als Ideologe der neuen Massensterilisationsfeldzüge in den

Entwicklungsländern brauchbar, gilt es doch, den Lebenswillen ökonomisch überflüssiger Weltpopulationen für die Überflußgesellschaften zu schwächen, zu brechen und in seiner Berechtigung zu verneinen. Wir schützen sie vor unseren chemievergifteten Lebensmitteln und machen sie zu den asketischen Heiligen, die ihre Religion ohnehin eigentlich von ihnen verlangt. Wenn wir uns schon nicht selbst vor unseren vergifteten Lebensmitteln schützen können, werden wir wenigstens die Verhungernden in aller Welt vor ihnen bewahren, um nicht Coca Cola und Cheeseburgers zwischen sie und ihre eigene gute Urkultur zu stellen. Alles Mist, sei Pessimist: Die einzigen Weltverbesserer, die Schopenhauer gelten läßt, sind die unfruchtbaren Junggesellen wie er, die dafür sorgen, daß nicht mit neuen Menschen neues Leiden auf die Welt komme. Da wird der Menschenfeind zum wahren Volksfreund. Früher setzte keine Kinder in die Welt, wer sich vor der Verantwortung drücken wollte, heute gilt es als verantwortungslos, seiner Zukunftsangst nicht marktschreierisch nachzugeben. Wer aber verbreitet nun noch Hegels protestantischen Optimismus, der nur durch Schopenhauer zu heilen wäre?

Schopenhauer auf Freuds Filosofa

Arthur hasst den Vater, der ihn zum Kaufmann statt zum Gelehrten bestimmt, und liebt den Vater, dessen Erbe ihm ein sorgenfreies Gelehrtenleben ermöglicht: Erst der tote Vater wird ein guter Vater (und macht Schuldgefühle). Der depressive Vater erhängt sich, die lebenslustige Mutter ist nun frei, aber nicht für den depressiven Sohn, sondern für Hausfreund Gerstenbergh oder für Goethe in Weimar, und der Sohn ist frei vom verhassten Handelskontor. Um sich nicht als Vatermörder zu sehen, sieht Arthur seine flotte Mutter als Gattenmörderin, der er lebenslang vorwerfen wird, den Vater in den Tod getrieben zu haben, als der ihre Hilfe gebraucht hätte: „Das ist Weiberliebe!" Aber von der oberflächlich schriftstellernden Mutter will er die Intelligenz geerbt haben, vom aufgeklärt liberalen Vater das Geld und den stets unglücklichen Liebeswillen.

Der Sohn identifizierte sich mit der Urteilskraft der Mutter, die in ihm nur eine „Puppe" sah, nicht mit der Willenskraft des Vaters, der seinen Lebenswillen verneinte. Arthur wird seine eigene Mutter, die er hasst, um sich als sein eigener Vater nicht umzubringen, aber wirft ihr vor, diesen umgebracht zu haben, um sich selbst und den Sohn vom bedrückenden Vater und für eine freie Schriftstellerexistenz zu befreien. Wie der Vater zu werden hieße für Arthur, die Mutter unglücklich zu lieben, sich um die Frau zu bringen und umzubringen. Arthur wird selbst die Mutter, um sie nicht unglücklich lieben zu müssen wie der Vater, und liebt den unglücklichen Vater, der er nicht wird. Männlicher Wille liebe immer unglücklich die Frau, die er geistesschaffend stets haushoch übertreffe.

Arthur Schopenhauer (1788-1860), Sohn eines reichen Kaufmanns und der Schriftstellerin Johanna Schopenhauer, wurde Philosoph gegen seinen Vater, der ihn zum Kaufmann bestimmt hatte. Der frau- und kinderlose Misogyn und Misanthrop ist bekannt als metaphysischer Pessimist, der sich gegen Leibniz in der schlechtesten aller möglichen Welten leben fühlte. In seinem vierbändigen Hauptwerk „Die Welt als Wille und Vorstellung" versuchte er, Kant zu Ende zu denken : "Die Welt ist meine Vorstellung" und "Kein Objekt ohne Subjekt". Die Welt als Erscheinung ist den Individuationsprinzipien Raum und Zeit und dem kategorial entfalteten *Satz vom zureichenden Grunde* unterworfen, den subjektiven Möglichkeitsbedingungen der Erfahrung; sie erscheint uns nicht, wie sie an sich ist. Das *noumenale* "Ding an sich" hinter den Phänomenen nennt Schopenhauer einen *Willen*. Wie ein Lichtstrahl nur sichtbar wird an dem Gegenstand, an dem er sich reflektiert und den er dadurch sichtbar macht, so ist die Erscheinung die Brechung des Weltwillens an einem GegenStand, an dem er sich objektiviert. Das Ding an sich ist der apriorische Wille, der seiner subjektiven Erscheinung, seiner Brechung an einem Hindernis, vorhergeht. Nicht nur das Subjekt ist Wille, sondern auch sein Objekt ist ein objektivierter Wille, die in Raum und Zeit projizierte Ursache der subjektiven Empfindung. Das Subjekt stößt auf seinen Gegenstand, der Wille auf einen Gegenwillen, an dem er gebrochen wird und die Leidenschaft zu Leid macht. Wie mir im eigenem Körper mein Wille wie ein Objekt sinnfällig gegenübersteht, so schließe ich auch kausal von der vorgestellten Welt auf einen Willen dahinter, auf die Existenz der Außenwelt also, von mir auf andere(s). Im Menschen komme dieser blinde Weltwille nur zu sich selbst und damit potenziell zum Bewußtsein seiner selbst, während er in den Tieren, Pflanzen und Dingen sich nur bewußtlos materialisiere und durchsetze. Es handelt sich um keinen freien Willen des Ich, sondern eher um das, was bei Freud als ich-dystones Es figuriert, als blinder somatischer Drang in psychischen Repräsentanzen, als libidinöse Triebregung. Das Subjekt bei Sch. nun sucht seinen Frieden durch Entsagung und Askese oder kluge Schmerztherapie, weil es von der Stärke seiner Triebwünsche und der versagenden Instanzen beunruhigt und eingeschüchtert ist. Der Sohn will die Mutter und trifft in der Frau auf den verbietenden Vater. Was vom Willen erscheint, was sinnlich manifest wird, ist seine Brechung und Unterdrückung: Leiden. Das Ich leidet an der Stärke seines Triebwillens, sofern es am versagenden Prinzip(al) leidet. Schopenhauer nun empfiehlt diesem Ich zu verzichten, statt zu leiden, d.h. zu verdrängen. Was die Welt im Innersten zusammenhält, ist der Wille aller, sich zu vereinigen, und das, was dem entgegensteht: der Vater. Der Gegenstand hinter dem mater-ialen Liebesobjekt, ja, *in* ihm, ist der GegenStänder des Vaters in der Mutter, sein Gegenwille gegen den inzestuösen Willen des Sohnes. Sobald der genitale Wille sich auch nur regt, sinnlich auf sein Objekt sich richtet, wird er leidvoll gebrochen, bricht er sich am Gegenwillen des Vaters im Schoße der begehrten Mutter. Der Wille wütet gegen sich selbst, d.h. im Ich wütet das Überich gegens Es, und was ist das Überich anderes als das Es des Vaters? Vielleicht wäre Frau Welt dem Menschen zu Willen, nicht aber der Vater in ihr, der in ihr erscheint, sobald der Sohn sie sich vor-stellt. So bleibt es bei bloßer Vorstellung der Mutter Natur durch den Erdensohn. Das Ding an sich ist der Wille des Vaters in und hinter ihrem schönen Bild. Das Liebesobjekt ist an sich unerkenn- bar, weil es einem stärkeren Willen gehört und zu Willen ist. Der Geist unterdrückt die Willensregung, aber dieser

Geist ist die Willensäußerung eines anderen – des Vaters im Sohne: Überich. Das Ding an sich, der kastrationsdrohende Unwille des väterlichen Realitätsprinzips, macht es für das Sohnessubjekt *unerkennbar*, biblisch wie epistemologisch.

Der Wille zur selben Frau ist in Vater und Sohn der gleiche – das Individuationsprinzip ist nur "Schleier der Maya", hinter dem der nackte analsadistische und auch oralkannibalische Bemächtigungswille sich verbirgt, verteilt auf zwei getrennte Personen, die sich gegeneinander aufgereizt fühlen und gerade darin Opfer derselben Leidenschaft sind für denselben Gegenstand. So ist jeder Wille, weil er am Gegenwillen des anderen leidet, eo ipso Wille zur Beseitigung des anderen und damit zur trostlosen Verewigung des Leidens und des Prinzips, nach dem man frißt und gefressen wird. Schopenhauer will freiwillig diese unselige Kette von Gewalt und Gegengewalt unterbrechen – durch Verzicht. Diese Entsagung soll nun nicht durch Triebunterdrückung zustande kommen, sondern durch Bewußtsein, philosophische Einsicht in den zwanghaften Wiederholungsmechanismus des Weltgetriebes. Dieses Bewußtsein soll den Bann jedes Wiederholungszwanges brechen, ohne nun gleich unbeschränkte Willensfreiheit zu bedeuten. Man hat Schopenhauer festnageln wollen auf diesen Widerspruch, gleichzeitig Herr und Opfer des präpersonalen Weltwillens zu sein. Freud hat gelehrt, wie diese scheinbare Inkonsequenz aufzulösen ist : Das Ich wird nicht Herr der Welt, gewinnt aber Einfluß auf seine verdrängten eigensten Regungen, statt sich weiter hinterrücks von einem unbewußten infantilen Mechanismus neurotisch bestimmen zu lassen. Schopenhauer gibt den Besitz der Mutter Natur in vollem resignativem Bewußtsein auf, jener Mutter, die unwiederbringlich und definitiv an den Vater vergeben und verloren ist. Er verdrängt den Inzestwunsch nicht, um von seinem eigenen verdrängten Willen hinterrücks vergewaltigt zu werden, er drückt ihn aus, gibt ihn zu, gesteht das scheinbar interesselose Wahrheitsstreben als Erkenntnis-Willen ein – und verzichtet. Er gibt auf, was er zugibt – daß er Frau Welt "erkennen" "will", und bekanntlich ist Schopenhauer selbst ja alles andere als ein triebschwacher Kostverächter gewesen. Mit dem inzestuösen tötet er den kastrationsdrohenden, patri- und fratriziden Willen in sich ab, mit den libidinösen die aggressiven Neigungen. Da der Wille zum

187

Leben den Willen zu seiner Reproduktion impliziert, sucht er der Verewigung des Bestehenden durch Keuschheit zu widerstehen und schüttet – da er Antikonzeptiva nicht kannte – die Potenz potenziell mit dem Kinde aus. In seiner "Metaphysik der Geschlechtsliebe" denunziert er die Ichdystonität des Triebes, die Lust als Arterhaltungstrick wie bei Freud. Während die Liebenden wähnen, ihren ureigenen individuellen Neigungen zu frönen, sei das künftige Kind bereits in jedem ihrer Worte und Gesten enthalten als seine geheime Bedeutung, und der "Geist der Gattung" bediene sich ihres erotischen Wahns nur, um über ihre Köpfe hinweg – gleichsam durch ihre genitale Lust hindurch – sein überindividuelles Weltziel durchzusetzen : Leben zu erzeugen, um das Leid zu verewigen. Eigentlich denunziert er weniger den Willen selbst als die Bedingungen, unter denen er gezwungen ist, sich zu äußern. Frau Welt wollen heißt am Vater leiden, am Willen eines anderen Individuums des gleichen Geschlechts. Alle wollen dasselbe und leiden, weil dieser allgemeine Wille auf viele Einzelwesen verteilt und objektiviert ist. Der Wille zu Mutter Natur trifft auf den Gegenwillen ihres Gatten in ihr, dem sie gehört, und nur deshalb auf ihren eigenen Unwillen. Die Mutter will nicht, weil der Vater in ihr nicht will, und schließlich überträgt sich der Haß des Sohnes auf den Vater auf die Frau selbst, aus der er spricht. Hinter Schopenhauers Verachtung der Frau verbirgt sich Angst vor der frühen *phallischen Mutter*, deren archaische Omnipotenz auf den Gegenwillen des Vaters in ihr transferiert ist, vor dem Schopenhauer den von ihm favorisierten Menschen kapitulieren läßt. Er verachtet die Frau, weil er den Phallus des Vaters in ihr fürchtet. Er setzt sie herab, um den Phallus in ihr zu depotenzieren und sieht nicht, daß er nolens volens die phantasierte Minderwertigkeit des Weibes mit einer maßlosen Überschätzung der Manneskraft erkauft, vor der er selbst resigniert zurückflüchtet in Wunschträume von prägenitaler Subjekt-Objekt-Symbiose.

Diese Schuldängste des inzestuös-patriziden Willens lassen ihn regredieren auf die Stufe der willenlosen Todessehnsucht nach prä-ödipaler Mutter-Kind-Einheit im triebentspannt ur-indischen Nirwana, das nur noch eine schizoidale Fusionslust bereitet. Der Mensch Schopenhauers verzichtet auf den Gebrauch seines Penis, um nicht kastriert zu werden, und kriecht unter den Rock einer allgütigen Mutter, taucht zurück in intra-uterine Paradies-phantasien, um Ruhe vor dem Vergeltungsprinzip und vor seinen eigenen Willensregungen zu finden. Er hat in jedem Wunsch die aggressive Gier, in jedem Bedürfnis den Mordanschlag und seine Rächung geahnt, gefürchtet und perhorresziert. Er hat gesehen, daß jeder durch seine Bedürfnisse an den schuldhaften Weltzustand versklavt ist, durch jede Willensäußerung unfreiwillig mitschuldig wird an der ruchlosen Weltordnung. Lieber hat er gar nichts als daran mitarbeiten gewollt. Das Nichts war ihm vor dem, was ist, Deckname des Besseren. Aber er hat dem Weltlauf ungewollt zu-letzt doch rechtgegeben, wenn er den Willen statt die Welt diskre-ditierte, die ihn leiden läßt. In den künstlerischen Objektivationen kommt für Schopenhauer, wenngleich nur intermittierend, der un-selige Wille zum Fressen und Nichtgefressenwerden zum Still-stand. Besonders der Musik traut er zu, das Wesen des Weltwillens auszudrücken, ohne ihm zu verfallen. Das trifft sich mit dem psy-choanalytischen Verständnis der Musik als Mittel gegen drohende Paranoia, gegen die persekutorisch böse Mutterimago, die auf den gewalttätigen Vater projiziert war und nun zur Mutter zurückzu-kehren droht, um das Bild des reinen guten Nichts zu zerstören, in dem Schopenhauer sich auflösen will. Selbstmord lehnt er als Sieg des Willens ab, der nur seine individuelle Gestalthülle ablege und im Suizidenten sich aus einer seiner Individuationen in sein ewiges Leben wieder zurückziehe, um neues Leid zu gebären: der Tod des Einzelnen ist ja Leben und Sieg des Weltwillens.

Was aber will alle Welt?

„Der Zeugungsakt verhält sich ferner zur Welt, wie das Wort zum Rätsel ... Alles (ist) nur die Erscheinung des Willens zum Leben; und die Konzentration, der Brennpunkt dieses Willens, ist der Generationsakt. In diesem Akt also spricht das innere Wesen der Welt sich am deutlichsten aus. Es ist, in dieser Hinsicht sogar beachtenswert, daß er selbst auch schlechthin "der Wille" genannt wird, in der sehr bezeichnenden Redensart: er verlangte von ihr, zu sollte ihm zu Willen sein. Als der deutlichste Ausdruck des Willens also ist jener Akt der Kern, das Kompendium, die Quintessenz der Welt. Daher geht uns durch ihn ein Licht auf über ihr Wesen und Treiben : er ist das Wort zum Rätsel. Demgemäß ist er verstanden unter dem *Baum der Erkenntnis* ...“

Wenn aber nach Schopenhauer Leben Leiden ist, dann ist es eine Kette vereitelter Koits. Der Akt als Glück ist für S. unmöglich, weil er als Mutterinzcst phantasiert ist. Dieses Individuum, diese besondere Mutter, die seine, ist an den Vater vergeben, beide taten sich zusammen, um das Individuum Arthur S. zu schaffen : Damit ist sie als Individuum für das Individuum Arthur gestorben, der an eine andere Frau verwiesen ist, an den „Geist der Gattung", an den Vater, der von der Mutter weg auf andere Frauen verweist.

Schopenhauer ist der wohl erste Philosoph, der im geistig Allgemeinen den allen gemeinsamen, gemeinen niederen Trieb zur Fortpflanzung der Individuen sah. Die begriffliche Gattung ist hier eindeutig als Frucht der Begattung der darunterfallenden Exemplare begriffen. Die Individuen werden geboren und sterben, was bleibet aber, ist ihre Gattung. Die *differentia specifica*, diese genitale "petite différence", verschwindet im logischen *genus proximum*, der nächsten Generation, den Nachkommen gleicher Gattung. Individuen kommen, zeugen Ihresgleichen und gehen. Der Tod der Individuen ist das Leben der Gattung, die sich reproduziert durch den Untergang ihrer individuierten Werkzeuge hindurch, worin für Schopenhauer gerade die ganze Trostlosigkeit des Weltlaufs liegt, die Selbstverewigung des Ganzen durch das perennierende Opfer seiner Bestandteile. Wenn schon an diesem Schicksal des Individuums nichts zu ändern ist, für den Fortbestand des Allgemeinen lediglich verheizt zu werden, sei es besser, sich der Zeugung zu versagen, der Wiederholung des Leidens ad infinitum. Lieber gar nicht leben als so, und für Schopenhauer ist keine Einrichtung der Welt denkbar, in der Individuum zu sein nicht Leiden, Langeweile und schließlich Tod bedeutet, Wenn es keine andere Weit gibt als diese, die er für nicht änderbar hält und in der der Einzelne nicht anders kann, als von Not erschlagen zu werden, und Kinder zu zeugen, die wiederum Kinder in das gleiche Elend entlassen, dann liege die Utopie in der Abtötung des Fortpflanzungswunsches, in der Verneinung des Lebenswillens überhaupt : Im Tod zu Lebzeiten, in der Askese als sublimierten Suizid. In der Gründung einer Familie sieht Schopenhauer den größten metaphysischen Opportunismus, einen Verrat am Menschen. Zeitbedingt dabei ist seine Unfähigkeit, den Sexualtrieb von seiner Fortpflanzungsfunktion abzukoppeln und in den Dienst des Individuums statt der Gattung zu stellen. Er reiht Lust und Geschlechtstrieb nicht anders unter die Trickprämien der Arterhaltung ein als Freud selbst, der hier von Schopenhauer sogar beeinflußt sein mag. Urbild des logischen Gattungsbegriffs ist laut Sch. die menschliche Gattung, und Aufstand des Individuums gegen das Allgemeine und Übersinnliche ist der Verzicht auf das sinnlich Gemeine, weil die Gattung mit der Begattung stirbt, während das übersinnlich Ewige nur die Verewigung des Sinnlichen sei. Für Schopenhauer ist sehr tiefsinnig gerade das Sinnliche selbst das Übersinnliche und Unvergängliche, „die Gattung die in der Zeit auseinandergezogene Idee" Platos. Die wahre Individualität: bestehe darin, das Überindividuelle nicht in die Welt zu setzen, also mit einem neuen Ich nicht das Überich zu bestätigen. Die Liebe wird geschmäht als „Wahn, welcher dem Dienste der Gattung die Maske eines egoistischen Zwecks vorsteckt".

Vom „Geschlechtsverhältnis" wird gesagt, daß es „der unsichtbare Mittelpunkt alles Tuns und Treibens ist, aller ihm übergeworfenen Schleier überall hervorguckt. Er ist die Ursache des Krieges und der Zweck des Friedens, die Grundlage des Ernstes und das Ziel des Scherzes, die unerschöpfliche Quelle des Witzes, der Schlüssel zu allen Anspielungen und der Sinn aller geheimen Winke, aller unausgesprochenen Anträge und aller verstohlenen Blicke, das tägliche Dichten und Trachten der Jungen und oft auch der Alten, der stündliche Gedanke der Unkeuschen und die gegen seinen Willen stets wiederkehrende Träumerei des Keuschen, der allezeit bereite Stoff zum Scherz, eben nur, weil ihm der tiefste Ernst zum Grunde liegt. Das aber ist das Pikante und der Spaß der Welt, daß die Hauptangelegenheit aller Menschen heimlich betrieben und ostensibel möglichst ignoriert wird. In der Tat aber sieht man dieselbe jeden Augenblick sich als den eigentlichen und erblichen Herrn der Welt, aus eigener Machtvollkommenheit, auf den angestammten Thron setzen und von dort herab mit höhnenden Blicken der Anstalten lachen, die man getroffen hat, sie zu bändigen … Dies aber stimmt damit überein, daß der Geschlechtstrieb der Kern des Willens zum Leben, mithin die Konzentration alles Wollens ist; daher eben ich im Texte die Genitalien den Brennpunkt des Willens genannt habe. Ja, man kann sagen, der Mensch sei konkreter Geschlechtstrieb; da seine Entstehung ein Kopulationsakt und der Wunsch seiner Wünsche ein Kopulationsakt ist, und dieser Trieb allein seine ganze Erscheinung perpetuiert und zusammenhält." (Sogar der Selbsterhaltungstrieb des Individuums wird von Schopenhauer als Instrument des Gattungstriebes gedeutet.) Da wird dann „im Geschlechtriebe der Wille zum Leben gewissermaßen transzendent, indem sein Bewußtsein sich über das Individuum, welchem es inhäriert, hinaus, auf die Gattung erstreckt." – „Der Geschlechtstrieb ist anzusehen als der Innere Zug des Baumes der Gattung, auf welchen das Leben des Individuums sproßt." ("Die Welt als Wille und Vorstellung")

Da bei Schopenhauer dieser Wille die Substanz ist, deren bloße Akzidenz das Bewußtsein darstellt, ist es plausibel, dass er gut patriarchalisch den Willen durch den Vater, den Intellekt durch die Mutter vererben läßt. Analytisch gewendet, erhält das Kind also Es und Überich vom Vater, die Ichfunktionen von der Mutter. Das ist konsequent, wenn man bedenkt, daß das Ich so passiv effeminiert vor der Übermacht der Primärprozesse und der familienväterlichen Moral steht wie die Frau vor ihrem Gatten im 19. Jahrhundert. Dieses Ich bei Schopenhauer nun fühlt sich nicht sehr stark in seiner Vermittlerrolle zwischen Es und Überich, also gegen seinen Vater. Recht homosexuell ist dieses Ich eher mit der Mutter identifiziert, statt sich wie der Vater auf sie als Sexualobjekt zu richten. Wenn Schopenhauer also schließlich dem Willen abschwört, also den sexuellen Objektbeziehungen, wenn er sich also weigert, sein eigener Vater zu werden, dann will er eher die Mutter sein als sie erobern. Setzt er nicht Bücher in die Welt wie Frauen ihre Kinder, ganz zu schweigen davon, dass seine Mutter selbst eine zudem erfolgreiche Schriftstellerin war.

Sobald Kants Ding-an-sich, als Geschlechtswille gedeutet, selbst sinnliches Objekt wird, enthüllt es sich als die Geschlechterfolge von Vorfahren und Nachkommen, als Sukzession von Individualitäten, "die nur ein Ganzes bilden, um neue Individuen zu schaffen, ad infinitum." Raum und Zeit und Kausalität sind für Sch. die einzigen Formen des *Auseinander*: Nebeneinander und Abstammung. Ein jedes steht nicht nur außerhalb des anderen, sondern entsteht aus dem anderen. Das „*Auseinander*" ist Gegeneinander und/oder Nacheinander. *Dass* ein Objekt die Ursache meiner Vorstellung von ihm ist, ist eine Wirkung meiner Vorstellungskraft. Das Ding an sich kann nicht die Ursache meiner Vorstellung von ihm sein, da Ursächlichkeit selbst nur subjektive Vorstellung ist. Die Projektion einer äußeren Ursache meiner Empfindungen durch Anschauung ist nur subjektive Vorstellung: Kausalität. Wir stellen uns den Lebenswillen vor zwischen getrennten Individuen, die geschlechtlich nebeneinander liegen und dann kausal generativ auseinander folgen und hervorgehen. Sukzession der Geschlechter : Eins folgt auf das andere weil aus dem anderen. An sich ist Es raum- und zeitlos a-kausal. Wille stößt auf Widerwille, bis der Unwille lieber willenlos wird im ursymbiotischen Nirwana.

„Ich nehme daher wirklich an, obwohl es nicht zu beweisen ist, daß Kant, so oft er vom Ding an sich redete, in der dunkelsten Tiefe seines Geistes, immer schon den Willen undeutlich dachte." („Die Welt als Wille und Vorstellung", Stg. 1919, S. 668).

Wenn Schopenhauer recht hat und Kant mit Hilfe der Anschauung und Vernunft immer schon nur den Geschlechtswillen erkennen wollte, wie er das *Mannigfaltige der Anschauung in einer Synthesis des Verstandes* verbindet und wie die Individuen kausal auseinander folgen, dann haben beide, Kant wie Schopenhauer, diesen generativen Weltwillen persönlich beide verfehlt : Beide blieben ewige Junggesellen, und Kant ersetzte außerdem den Familiarismus der Gattungsbegriffe durch Mathematik, die zählt, ohne zu erzählen.

Erst wenn der „Erkenntnistrieb" den Dienst am Willen aufkündigt, beginnt für Schopenhauer das menschenmöglichste Paradies auf Erden:

„Dieses intellektuelle Leben schwebt, wie eine ätherische Zugabe, ein sich aus der Gärung entwickelnder wohlriechender Duft, über dem weltlichen Treiben, dem eigentlich realen, vom Willen geführten Leben der Völker, und neben der Weltgeschichte geht schuldlos und nicht blutbefleckt die Geschichte der Philosophie, der Wissenschaften und der Künste" und nicht der Religionen. („Parerga und Paralipomena" II, 1. Teilband, Kap 3, § 52)

Schopenhauers größter Schüler Nietzsche verhöhnte das tiefe Gefälle zwischen dem *letzten Menschen* und dem *Übermenschen*, zwischen modernem *Bildungsphilister* und aristokratischem Kulturideal selbst im modernen Sklavenarbeiter der zu vielen Fabriken und Büros.

Nietzsches ewige Wiederkehr des Ungleichen :
Der Machtwille des Kranken

Dieser "ungeheuer artige" Sohn aus protestantischem Pfarrhaus treibt die Identifikation mit dem Vater soweit, daß er als Kind den Spitznamen "der kleine Pastor" erhält. Er ist brav, diszipliniert, fromm, sittsam, ordnungsliebend, ein glänzender frühreifer Schüler, übersteht als Primus die harte Klosteranstalt Schulpforta, studiert nach dem Abitur gegen die väterliche Tradition nicht Theologie, sondern klassische Philologie, wird "Abgott der ganzen jungen Philologenschaft" und zur reitenden Feldartillerie eingezogen, um "die hiesigen Kanonen zu umarmen – mit mehr Ingrimm als Zärtlichkeit", besteigt noch vor der Promotion mit 25 Jahren den Basler Lehrstuhl für Altphilologie als ordentlicher Professor, läßt sich aus gesundheitlichen Gründen nach zehn fruchtbaren Lehrjahren vorzeitig pensionieren, lebt weitere zehn Jahre lang als "herumirrender Flüchtling" in bescheidenen Hotelzimmern Italiens und der Schweiz auf der Suche nach zuträglichem Klima, schleudert in völliger Vereinsamung ein Buch nach dem anderen heraus (die alle ohne Resonanz bleiben), gequält von Kopfschmerzen und Depressionen, bis er im Alter von 45 Jahren in Turin auf offener Straße zusammenbricht, ein mißhandeltes Pferd umarmt und noch ein Jahrzehnt, von der Mutter und Schwester umsorgt, an progressiver Paralyse dahinsiecht, bis er 1900 stirbt – an den paralytischen Folgen einer Syphilis, die er sich als gerade Volljähriger bei einem Bordellbesuch in Köln zugezogen haben soll.

Als der Vater zu früh starb, war Gott tot, und Nietzsche wuchs auf unter der tyrannisch zärtlichen Obhut von Frauen, der Großmutter, der Mutter, zweier Tanten und der Schwester. Diese präödipale Präokkupation durchs Weibliche ließ ihn ödipal völlig scheitern, er blieb lebenslang Frauen gegenüber extrem schüchtern und gehemmt, weil die symbiotische Verfilzung mit mütterlicher overprotection jegliche Frau zur (inzesttabuierten bzw.) archaisch „phallischen Mutter" werden ließ, vor der ein weicher Vatergott nicht schützen konnte, an dessen Tod der Pubertierende sich schul-

dig gefühlt haben muß. So sehr Ödipus Nietzsche den Tod Gottvaters begrüßt hat als Weg zu Mutter Erde, Schuldängste ließen ihn
der befreienden Tat nicht froh werden, sondern regredieren auf die
prägenitale Stufe der Angst vor dem Alleinsein mit der archaisch
omnipotenten Urmutter Natur, vor deren Umklammerung ihn keine
Vateridentifikation mehr bewahren konnte, so daß er aus der Not,
mit der frühen allmächtigen Mutter allein zu sein, die Tugend
machte, das Bündnis mit ihrer destruktiven Übermacht gegen alle
Vaterimagines der abendländischen Geistesgeschichte zu mobilisieren. Aber greifen wir nicht zu weit vor.

N. führte seinen ödipalen Kampf gegen den Vater um die
Mutter als einen Vernichtungsfeldzug gegen alle Theologien und
ihre profanen Säkularisationsformen in der neuzeitlichen Rationalität. So verteidigte er in sarkastischer bis dithyrambischer Rhetorik
alles Sinnliche gegen Übersinnliches, das psychotisierende Es gegen Ich und Überich, die Mutter Natur und alle auf sie gerichteten
"natürlichen Instinkte" gegen das unnatürlich Übernatürliche, gegen die "Widernatur" der Moral, die mater certissima gegen den
pater semper incertus, das sinnlose mater-ielle Sein samt seiner
Ausgeburten gegen einen als ohnmächtig und willkürlich verhöhn-
ten patrigenen Sinn, das bewußtlose Sein gegen das seinslose Bewußtsein, das pure Leben gegen seinen maskulin von oben verordneten Zweck und Nutzen, den kreatürlichen Machtwillen des Individuums gegen die nur nivellierende und unterdrückende Kultur,
das biologisch blank Physische gegen das logisch Metaphysische.
Das "Ding an sich", weit entfernt davon, unerkennbar zu sein, sei
nicht einmal existent: Hinter Mutter Natur stehe keine (väterliche)
Hinter(n)welt mehr, in der Tiefe ihres Schoßes sei kein drohender
väterlicher Phallos verborgen. *Also sprach Zarathustra* : "Drei
Verwandlungen nenne ich euch des Geistes: wie der Geist zum
Kamele wird, und zum Löwen das Kamel, und zum Kinde zuletzt
der Löwe." "Der erste Gang: Besser verehren (und gehorchen und
lernen als irgendeiner." In dieser Frühphase macht der Sohn die
väterlichen Werte, Normen, Verbote, Diktate und Ziele sich zu
eigen, eifert ihnen in seinem Ichideal nach, unterwirft sich ihnen
im Überich, wird zum Kamel des Vaters, trägt die Bürde seiner
Inferiorität und Schuldängste ohne Widerspruch, ja freiwillig, indem er sie verinnerlicht. Vom musischen, auch schwärmerisch

weichherzigen Vater empfängt N. die Hoffnung, sich mit Hilfe der Musik, vorzüglich der Wagners später, im Geiste der Illusionsästhetik Schopenhauers vom Bann der paranoid verfolgenden frühen Mutterimagines befreien zu können, ohne das chthonisch Dionysische durchs attisch Apollinische der sokratischen Aufklärung erdrücken zu müssen. "Die Geburt der Tragödie aus dem Geiste der Musik", aus antikem Chortanz, hinterlegt der "stillen Einfalt, edlen Größe" der griechischen Klassik einen mühsam equilibrierten Konflikt zwischen Es und Überich, zwischen chaotischen Triebgrund und disziplinierendem Gewissen, zwischen Inzestgelüsten nach Mutter Erde und dem Kulturdressat durch den Vater. Mit dem Ende des Glaubens an Wagners Musik wiederholt sich der Tod des Vaters. Nichts geht nun mehr: Der tragische ästhetische Tanz über die archaisch maternalen Abgründe des Daseins wird unmöglich und Wagner als ein *décadent* abgetan. Für Nietzsches Selbstidentität beginnt "die Zeit eines großen inneren Verfalles und Auseinanderfalles. Die Ungewißheit ist dieser Zeit eigen; nichts steht auf festen Füßen und hartem Glauben an sich." Der phallische Ständer des Vaters ist nun kein Gegengewicht mehr gegen die desintegrierende Macht der einflutenden Primärprozesse, Wagner ist für N. weibisch zu den Müttern hinabgestiegen, statt einen musikalischen Damm gegen ihren Abyssos-Sog aufzurichten. Enttäuscht verkündet Nietzsche die "Heraufkunft des Nihilismus", das Ende des Glaubens an alle Vaterimagines der Geschichte. Er fühlt sich, von allen guten Geistern der Väter verlassen, als "der erste vollkommene Nihilist Europas, der aber den Nihilismus selbst schon in sich zu Ende gelebt hat". "Der (religiöse) Glaube an das Absurde hat seine Quelle in der Zuversicht des Kleinkindes, die (ewige) Gegenwart der Mutter werde es vor aller Gefahr bewahren." (*J. Klauber*: „Über die psychischen Wurzeln der Religion", PSYCHE 2, Stuttgart 1976) Das ist das "Urvertrauen" bei Erikson, die basale Geborgenheit trotz aller Sinn- und Wertlosigkeit, das gute Mutter-Introjekt selbst bei Abwesenheit von Mama und Papa.

Nihilismus, das heißt für N., daß es mit dem Vater nichts ist, nichts mit der Wahrheit, der Moral und der Religion. N. kommt zur "Einsicht, daß jeder Glaube, jedes Führwahrhalten notwendig falsch ist." Es bleibt der "Glaube an die absolute Wertlosigkeit", der "Glaube an die absolute Sinnlosigkeit" in einer Welt ohne Vater. Und dieser Vater ist mausetot: "Wohin ist Gott? Ich will es euch sagen. Wir haben ihn getötet – ihr und ich! Wir alle sind seine Mörder! Aber wie haben wir dies gemacht? Wie vermochten wir das Meer auszutrinken? Wohin bewegen wir uns? Irren wir nicht wie durch ein unendliches Nichts? Gott ist tot, Gott bleibt tot! Wie trösten wir uns, die Mörder aller Mörder? Ist nicht die Größe dieser Tat zu groß für uns? Müssen wir nicht selbst zu Göttern werden, um nur ihrer würdig zu erscheinen? Es gab nie eine größere Tat – und wer nur immer nach uns geboren wird, gehört um dieser Tat willen in eine höhere Geschichte, als alle Geschichte bisher war." Der Nihilismus ist die Philosophie des ödipalen Vatermords; Nihilist sein wollen, heißt der Schuldängste Herr werden wollen, durch die das Christentum den Geist versklave. Der "freie Geist" des Sohnes rebelliert gegen die Subordination unter das Überich: "Der zweite Gang: Das verehrende Herz zerbrechen, als man am festesten gebunden ist. Der freie Geist. Unabhängigkeit, Zeit der Wüste. Kritik alles Verehrten."

Das Kamel avanciert zum Löwen, der Sohn wird sein eigener Vater, indem er ihn erschlägt. "Der Selbstmord der Moral ist ihre letzte moralische Forderung." Der Sohn begeht nicht, verzweifelnd an der Unerreichbarkeit des überspannten patriformen Ichideals, Suizid, sondern opfert es samt dem Überich. Das Christentum wird nihilistisch gescholten, weil es die Unterdrückung von Mutter und Menschenkind durch Gottvater legitimiert, weil es vor Gott mit dem Es des Sohnes gar nichts ist. Religion sei "Sklavenmoral", weil die Frommen den Vatermord (verab)scheuen, die gemeinsame Beseitigung des Diktators, oder weil die Bruderhorde nach dem Urvatermord, gefesselt durch übermächtiges Schuldbewußtsein, solidarisch auf den Besitz jener Mutter Natur verzichten, um deren Willen sie den Vatergott getötet hatten; so bleiben sie in homosexueller Bindung durch effeminierende Kulturarbeit aneinander kleben, verzehrt von einer verdrängten unterschwelligen Geschwisterrivalität der *viel zu Vielen*. Ist Gottvater erst einmal als "Henkergott" entlarvt, hindert den Sohn kein Überich mehr, selbst "Wille zur Macht" zu werden und an die Macht des Vaters zu wollen. Den Vater malefizieren heißt aber, die Mutter glorifizieren, und N. wird nicht müde, die gute Mutter Erde auszuspielen gegen die bösen Rabenväter im Himmel. Mit der Verhöhnung aller Hinter(n)weiten werden dabei allerdings auch homoerotische Wünsche nach dem eigenen Vater konterkariert. Der früheste N. stimmt mit dem spätestens überein in der Favorisierung des Dionysischen gegen das sokratisch Apollinische der Aufklärung und Vernunftherrschaft, trotz aller philosophischen Kursschwankungen sonst. Die patriform erlebte Moral und das Licht der Vernunft werden eher als erdrückend denn als befreiend empfunden. Einerseits sind die paternalen Ideen der Güte, Freiheit, Gerechtigkeit, Kompetenz, Naturbeherrschung repressiv gegen den Sohn, andererseits werden sie als ohnmächtig erlebt, den "Ritt auf dem Tiger" des Triebgrundes zu meistern. N. verzweifelt trauernd am zu schwachen Vater, der zu früh starb, als der Sohn erst fünf Jahre alt war, auf dem ersten Höhepunkt des ödipalen Grundkonflikts.

Der Mörder seines Vaters idealisiert ihn zur Sühne, eifert ihm als "kleiner Pastor" bußfertig nach, omnipotenziert ihn in der Phantasie so sehr, daß er am Ende die böse Mutterimago des wilden barbarischen Lebens und die "Raserei der blonden Bestie" gegen diesen väterlichen Popanz mobilisieren muß, um die passiven homosexuellen Liebesbedürfnisse nach dem Vater eisern verdrängt halten zu können – spätestens seit der Enttäuschung durch Wagners Musik. Der überangepasste junge N. glaubte noch, durch Identifikation mit einem Vater, der als Pfarrer Kontakt zu Gottvater selbst hatte, seine inzestuös-patrizidalen Triebe unter feste Kontrolle gebracht zu haben. Sein rigides Überich war väterliches Ichideal, er liebte den Vater, der ihn versklavte, und durfte sich schmeicheln, sich nicht an seine Stelle gesetzt zu haben. Aber der unfreiwillige Kölner Bordellbesuch, den er Paul Deussen beichtete, traumatisiert den gerade Volljährigen. Seine Abwehrmechanismen werden brutal durchbrochen, der Gottesdienst am toten Vater enthüllt sich als unfähig, die verbotene Liebe zur Mutter in der Neigung zu den Prostituierten verdrängt zu halten. Einige Monate später geht N. freiwillig in das Bordell zurück, aus dem er geschockt geflohen war, nachdem er den erstaunten Damen "in Flitter und Gaze" auf dem Piano einige Takte vorgespielt hatte, um seine Fassung wiederzugewinnen durch einen Griff nach dem Vaterintrojekt der kontra-paranoid orphischen Musik. Vermutlich hat er sich dort jene Lues geholt, die ihn seit 1889 in "paralysis progressiva" enden ließ. Wir übersetzen : Er infiziert sich dort mit der bösen Mutter und macht jene Krankheit zum Tode zur radikalisierten Waffe gegen alle Vaterimagines der gesamten abendländischen Geistesgeschichte. Seine Feder wird nun zum Messer gegen den Phallus, einschließlich des eigenen, seit er seine Epistel unterschreibt mit "Dionysos der Gekreuzigte". Da die Unterwerfung unter den Vater sich nicht belohnt fand durch Immunität gegen die Versuchungen des Fleisches, schlug sie um in einen Haß gegen alle Formen supranaturaler Werte, aus enttäuschter Liebe und Hoffnung. Nun will der Sohn nicht mehr warten und vom Vater lernen, sein eigener Vater zu werden, indem er seinen Geboten folgt.

Im rachsüchtigen Kampf gegen den Vater verbündet sich N. mit der Imago der grausamen Rabenmutter Natur, der archaisch omnipotenten *phallischen Mutter* aus jener präödipalen Zeit, der N. ohnehin zeitlebens verhaftet blieb. Nun wird er den biologischen Naturalismus ausspielen gegen alle Spielarten patrigener Ideologien, die als schwächliche Illusionen entlarvt werden, als rationalisierte Angst vor der Urmutter Natur. Der Freigeist wird frei vom Vater Staat , "dem kältesten aller Ungeheuer", frei zum Bündnis mit einer Mutter, deren Güte gerade in ihrer Bosheit und archaischen Grausamkeit gefeiert wird – mit zusammengebissenen Zähnen. Die "Sklavenmoral" der Religion hat mit dem Sozialismus die "Pöbelherrschaft" der Geschwister gemein, die gemeinsame Subordination der schwachen Kinder Gottes unter den allmächtigen väterlichen Usurpator. Der gemeinsame, homosexuell verbindende Verzicht der Brüder auf den Besitz jener Mutter Natur, um deren Willen der Vatergott erschlagen und aufgegessen worden war, knebelt als Gruppen-Überich den potent(iell)en wirklichen Vatermörder und Mutterschänder, diesen großen Einsamen, der sich nimmt, was er will, von keiner Gewissensangst und Reue behindert. Nun lebt N. aber nicht in einer Bruderhorde eifersüchtiger Mitrivalen, da er nur eine Schwester hat, das spätere "Lama" Elisabeth Förster-Nietzsche, die bestrebt ist, die vatermörderischen Intentionen ihres Bruders so weit zu verschweigen, daß sie auch vor Fälschungen von Nietzschetexten nicht zurückschreckte.

Ohne Vater, der also weder bedroht noch vor der Mutter schützt, ohne Bruder, der kurz nach der Geburt stirbt, darf N. sich als von Frauen verwöhntes, präödipal überstimuliertes Einzelkind fühlen, das später seine aristokratische Exklusivität gegen die "viel zu vielen" "Fliegen des Marktes", gegen die Geschwisterkämpfe der aufziehenden Massengesellschaft kultiviert, Die Idee der Wahrheit, dieser Anpassung des Subjekts an sein Liebesobjekt, des Anschmiegens eines Kindes an seine Mutter, wird von N. demaskiert als kaschierte Vergewaltigung des Sexualobjekts durch ein aggressives Subjekt, des Weibes und Kindes durch den Vater. Unter dem Deckmantel wahrheitsliebender Hingabe an die Sache selbst wird die zugrundeliegende Mater-ie vom Herrn und Gebieter nur für seine genital-egoistischen Gesichtspunkte ausgenutzt. Der Mann macht sich die Materie als Mater-ial seines Machtwillens nur gefügig, um scheinheilig zu erklären, seine "Erkenntnis" passe sich der gegebenen Realität an. Aber wenn sich die Gegebenheiten dem Erkennenden hingeben und preisgeben, dann deshalb, weil er sie sich nimmt. Das Subjekt, mit geheuchelter Interesselosigkeit, ganz neutrale Sachlichkeit und passiv-effeminierter Spiegel der Frau Welt, richtet sich auf eine Mater-ie ein und richtet sich nach einem Gegenstand, den es zuvor perspektivisch auf seinen Leib sich zugeschnitten hat. Gut kantisch holt der Mann aus Mutter Natur nach Nietzsche nur das heraus, was er zuvor projektiv in sie hineingesteckt hat, anders als ein Investor der Gründerjahre.

„Per-spicere": mit dem Blick hindurchdringen, penetrieren mit dem phallischen Augenlichtstrahl. Der Mann sieht die Natur immer nur auf den einen genitalen Punkt hin an, will immer nur das Eine und Gleiche von ihr. Dabei rationalisiert der Intellekt nur, worauf der Wille aus ist, und das hat N. bei Schopenhauer gelernt. Hinter der sachlichen Uneigennützigkeit der väterlichen Ideen entdeckt N. das nackte Interesse, Raublust, die sich als Selbstlosigkeit verkaufen möchte. N. huldigt in der postästhetischen Phase seines Philosophierens einem hämisch denunziatorischen Pragmatismus, wenn er hinter den Werten, die für den Sohn moralische Verbote sind, bloße Unterdrückungsinstrumente und sublime Genußmittel des Vaters entlarvt. Seine berühmte Psychologie demontiert systematisch die väterlichen Kulturideale als Lügen, die dem Kinde aufgetischt werden, damit der Vater sich im Schutz der kindlichen Tugend und Dummheit an Frau Welt gütlich tun kann, von keinem kleinen Ödipus mehr gestört. Der Vater hat immer Recht, weil er der Stärkere ist: "Recht = der Wille, ein jeweiliges Machtverhältnis zu verewigen." Wahrheit als Identifikation mit Mutter Natur ist kein männlicher Wert: "Aber die Wahrheit gilt nicht als oberstes Wertmaß, noch weniger als oberste Macht." "Wahrheit ist die Art von Irrtum, ohne welche eine bestimmte Art von lebendigen Wesen nicht leben könnte." 1878 - 1882 entwickelt N. seine antimetaphysisch-positivistische Periode. Gegen alle Satzungen des Vaters im Himmel werden die wissenschaftlichen Naturgesetze pointiert. Darunter will N. nicht die väterlichen Gesetze verstanden wissen, denen Mutter Natur unterworfen ist und denen sie gehorcht, sondern nur die matriarchalischen Gesetze der Mutter Natur gegen alles Männerregiment. Der wissenschaftliche Registrator des Materiellen wird ausgespielt gegen den patriarchalischen Moralismus, also gegen den religiös vermummten Machtwillen des Vaters. "Menschliches, Allzumenschliches", Jenseits von Gut und Böse" und "Zur Genealogie der Moral" begründen seinen positivistischen Immoralismus, entlarven die Irrationalität des Überich, in dem das egoistische Es des Vaters diagnostiziert wird, vor dem das Ich der Söhne nicht länger kuschen soll. Der Vater wird entzaubert als Betrüger, als Henker, und das Christentum als "plebejisches Ideal" der "Schlechtweggekommenen" verhöhnt. Gegen väterliche Transzendenz wird die Deszendenz aus der Immanenz der mütterlichen Leibeshöhle betont und begriffspoetisch befestigt.

Nun könnte es scheinen, als feiere N. den Mord am Vater, um die inzestuöse Vereinigung mit der Mutter endlich zu genießen. Das Kamel ist zum Löwen avanciert, der den Vater zerrissen hat, und N. scheint sich nicht länger abspeisen lassen zu wollen mit etwas anderem als der Mutter, wenn er 1883 Zarathustra ausrufen läßt: "Ich beschwöre euch, meine Brüder, bleibt der Erde treu und glaubt denen nicht, welche euch von überirdischen Hoffnungen reden! Giftmischer sind es, ob sie es wissen oder nicht." "Einst war der Frevel an Gott der größte Frevel, aber Gott starb, und damit starben auch diese Frevelhaften. An der Erde zu freveln ist jetzt das Furchtbarste." Das klingt zweideutig. Ist der Frevel an Mutter Erde hier der Inzest oder der Verzicht auf ihn (oder gar der Matrizid wie vormals der Patrizid)? "Der Übermensch ist der Sinn der Erde." Ist das der Sohn, der einst als sein eigener Vater, den er tötete, der Mutter sinnlich kommt? Der Mensch sei "ein Seil, geknüpft zwischen Tier und Übermensch – ein Seil über einem Abgrunde." Ist das der Sohn zwischen Überich und animalischem Es, zwischen geliebter Mutter und verhasst bewundertem Vater? Oder zwischen Kindlichkeit und Männlichkeit?

"Wollen überhaupt, ist so viel wie Stärker-werden-wollen (: als der Vater), Wachsen-wollen ... " " ... eher will er (der Wille) noch das Nichts (: den Kastrationstod, also das Nichts zwischen den Beinen der Mutter) wollen, als nicht wollen – " Der Nihilismus nach dem Tode des Vaters wird der "unheimlichste aller Gäste" genannt. Wer anders kann damit gemeint sein als jene Mutter Erde, der wir treu bleiben sollen? Gott ist tot, es lebe die Mutter, und wie sie lebt bei N.! "Was taten wir, als wir die Erde von ihrer Sonne losketteten? Wohin bewegt sie sich nun? Wohin bewegen wir uns? Fort von allen Sonnen? Stürzen wir nicht fortwährend? Und rückwärts, seitwärts, vorwärts, nach allen Seiten? Gibt es noch ein Oben und Unten? Irren wir nicht wie durch ein unendliches Nichts? Haucht uns nicht der leere Raum an? Ist es nicht kälter geworden? Kommt nicht immerfort die Nacht und mehr Nacht?" Das klingt neben bloßer Trauerarbeit und Schuldbewußtsein über den Vatermord nicht gerade nach der "Fröhlichen Wissenschaft" von der Befreiung vom Vater zur Mutter Erde. Der das ausruft, wird "Der tolle Mensch" genannt, einer, der verrückt wurde, weil er ohne Möglichkeit einer Vateridentifikation einer schizoidal verstrickenden Mutterimago ausgeliefert blieb. Das klingt nicht nach fröhlichem Inzest, sondern nach neuer infantilisierender Verknechtung. Wir erinnern uns: " Drei Verwandlungen nenne ich euch des Geistes : wie der Geist zum Kamele wird, und zum Löwen das Kamel, und zum Kinde zuletzt der Löwe." "Der dritte Gang. Große Entscheidung, ob tauglich zur positiven Stellung, zum Bejahen. Kein Gott, kein Mensch mehr über mir! Der große Instinkt des Schaffenden, der weiß, wo er die Hand anlegt. Die große Verantwortung und die Unschuld." "Wir wagen uns in die Weite, wir wagen uns daran. Unsere Stärke selbst zwingt uns aufs Meer, dorthin, wo alle Sonnen bisher untergegangen sind : wir wissen um eine neue Welt." Das ist Frau Welt, das Reich der Mütter, die wir erkennen. Genitalinzestuös klingt es noch, wenn der Philosoph "neue Werte auf neue Tafeln schreiben" will. Das "schaffende, wollende, wertende Ich" des Sohnes wird " das Maß und der Wert der Dinge." Aber warum wird nach dem Tode Gottvaters der Mutterinzest ein" Jasagen zum Leben noch in seinen fremdesten und härtesten Problemen, der Wille zum Leben im Opfer seiner höchsten Typen" ?

Wir analysieren : Nach dem Vatermord fühlt sich N. nicht frei zum Inzest mit Mutter Erde, sondern eher ihrer präödipal archaischen Omnipotenz schutzlos ausgeliefert, so daß so etwas wie Trauer und Bedauern über die Abwesenheit des Vaters aufkommen kann, bei aller "höheren Heiterkeit" und Freude über den Tod des Urrivalen. Schopenhauer war vor der permanenten Kastrationsdrohung des Lebens zurückgewichen auf die Symbiose mit der prägenitalen Mutter, in der kein bedrohlicher Vaterphallus mehr lauert. Diesem "Pessimismus der Schwäche" setzt N. seinen "Pessimismus der Stärke" gegenüber : Jeder Erdensohn verzichtet zwar resignativ ebenfalls auf den Muttcrinzest, koaliert aber mit der bösen „phallischen Mutter" gegen den versagenden Urvater, versagend in zweierlei Bedeutung : Er versagt, weil er das Kind nicht bei der Ablösung von der prä-ödipalen Mutter unterstützt, und er versagt dem Sohn gleichzeitig den inzestuösen Zugang zur ödipal begehrten Mutter. Das trennt N. von Schopenhauer, der vor dem übermächtigen Vater in die Arme einer zwar genital unzugänglichen, aber prä-ödipal umso gewährenderen Mutterimago des Nirwana zurückflüchten kann. Das kann und will N. nicht, der die absorbierende „overprotection" und durch keinen Vater gefilterte Auslieferung an tyrannische alimentäre Mutterbilder erlebt hat, die oralkannibalische Fürsorge.

Die prä-inzestuöse Mutterimago behält bei N. die Allmacht und ihre archaischen Schrecken. Die philosophische Originalität Ns. mag darin liegen, daß er, der sich durch keine Vateridentifikation von dieser infantilisierenden Abhängigkeit und weiblichen Überrepräsentanz in der Familie befreien konnte, vor der archaischen Übermacht der frühen phallischen Mutter nicht in die Knie geht und der kleine Penis dieser Mütter bleibt, sondern aus der Not eine Tugend macht, sich mit dem diesmal mütterlichen Aggressor identifiziert und mit der Macht des weiblichen Familienkollektivs im Rücken als designierter Generalbevollmächtigter aller Interessen der Mutter Natur gegen die gottväterlichen Imperatoren seiner Gründerzeit auftraten kann. N. verwirft den "unvollständigen Nihilismus", der eine Vaterfigur nur durch eine andere ersetzen möchte, der ein Loch durch ein anderes stopft, weil und damit überhaupt nur ein Vater „nach dem Tode Gottes" da sei. Seine "Umwertung aller bisherigen Werte" erfindet keine neuen Vaterbilder mehr, sondern will ein neues "Prinzip der Wertsetzung" etablieren : den mütterlichen Ursprung aller Dinge statt des väterlichen Prinzipals. Aber diese feminine Mater-ie contra göttlichem Geist hat nicht die erotische Attraktivität der inzestuös begehrten Mutter Natur wie bei Marx, sondern noch das archaische Grauen des Kindes vor seiner ganzen Abhängigkeit von ihr und seiner ganzen Insuffizienz vor ihr. Jener kollektive proletarische Vatermord an den Kapitalisten, der in der marxistischen Vision das Paradies des allgemeinen Mutterinzests heraufführt, läßt bei N., der keine Solidarität mit der Bruderhorde ertragen kann, nur das Schreckbild eines ungeschützten Alleinseins mit der frühen phallischen Mutter übrig. Was bleibt N. in dieser Lage anderes, als den verschlingenden phallischen Ehrgeiz der Mutterfiguren zu befriedigen, um nicht schizoid von ihnen vereinnahmt zu bleiben. N. nun macht sich in einer wahren selbstmörderischen Verzweiflungstat des Denkens zum Herold, Werkzeug und Erfüllungsgehilfen des Penisneides der Mutter Erde. Der von Nietzsche fortan propagierte Machtwille ist nicht länger der des Vaters, sondern einer „phallischen Mutter", die das Joch ihres Gatten abschütteln will und dazu ihren Lieblingssohn aussersieht und mit dessen Vatermord ihren Gattenmord vollzieht, wobei er das unschuldige und unzurechenbare Kind bleiben darf.

Der große Renaissance-Widerling und skrupellose Machtmensch Cesare Borgia wird von N. nicht als beispielhafte Vaterfigur in den philosophischen Heiligenkalender eingeführt, sondern als exemplarischer Exponent jenes nun von N. favorisierten, ja, zu züchtenden Menschentyps, der sich zum Delegierten der sehr frühen grausamen Mutter Natur gegen alle väterliche Gerechtigkeit und alle geschwisterlich pöbelhafte Dekadenz fraternisierter Verweichlichung aufschwingt. Das wilde, brutale, barbarisch streunende, schöne, starke Leben der Ellbogenfreiheiten hetzt das böse, kastriert-kastrierende Mutterintrojekt gegen einen Vaterpopanz, der dafür bestraft wird, nicht vor ihr bewahrt haben zu können, weder vor ihrer okkupierenden und protestierenden Phallizität, noch vor den von ihr ausgehenden libidinösen Versuchungen, die N. durch die Luesinfektion an die böse Mutter ketteten, ein verewigter säuglingsnaher Pflegefall und ein chronisches Kind. Der nach allen

Patriziden kastrationsdrohend immer wiederauferstehende Vater kann nur noch von einer phallischen Mutter kastriert werden, der N. sich nun andient und opfert als rationalisiertes Vollstreckungsorgan ihrer penisneidischen Rachsucht gegen den nur vergewaltigenden Gatten. Zu stark für den Sohn, zu schwach gegen die frühe Mutter, wird der mit ihrer Hilfe durch den Arm des Sohnes philosophisch erledigt. Die Schuld nimmt sie auf sich, während N. das reingewaschene, verantwortungslose Kind bleibt. Das Kind wird zwar nicht sein eigener Vater, den es beseitigt, aber doch auch mehr als nur Kind, das am Rockzipfel der Mutter hängt und an ihrem Busen liegt: „Übermensch", der das väterliche im Namen des viel ursprünglicheren mütterlichen Überich abschafft. Ns. Kult der rücksichtslosen Stärke hat darin ihren Ursprung und Sinn, daß die rachsüchtige Mutter gleichsam nur ihren stärksten, daher ihren auserwählten Lieblingssohn brauchen kann als potente Waffe gegen ihren Gatten, während der Rest der Geschwister sich effeminiert vor ihm duckt. Auch N. würde nie als einsam Einzelner den Urvatermord wagen, glaubte er nicht den exkulpierenden Auftrag der Mutter in den Ohren zu haben. Er hört Stimmen, und diese Stimmen befehlen ihm den stellvertretenden Vatermord, stellen ihm Straf- und Schuldfreiheit in Aussicht, weil er sich auf den Machtwillen der Mutter Natur berufen kann. Der darwinistische Kampf ums Dasein siegt auch bei Nietzsche. Die Mutter Erde setzt experimentell probend unzählige Kinder in die Welt und nimmt erbarmungslos alle in sich zurück, die sich nicht zu behaupten und durchzusetzen wissen. Der stärkste ihrer Söhne aber wird von ihr hofiert als ihr Gebieter, findet sich als kompetenter Gattenmörder mit ihr belohnt und wird doch am Ende auch nur oral-kannibalisch verschlungen. Er hat getötet im Auftrag und Namen ihrer Majestät, der Natur, er hat seine Mission erfüllt, wenn er ihrer Order gefolgt ist. Die vielen "Zukurzgekommenen", welche die Mutter nicht bekommen und vom Vater eine Eichel kürzer gemacht werden, rächen sich nur ressentimentgeladen am libidinös- aggressiven Es, indem sie es perhorreszieren und moralisch zähmen und brechen wollen. N. aber zwingt sich, Ja zu sagen zu einem matrigenen Es, das das paternale Überich nur überwältigt, um dann am matriformen Überich zugrunde zu gehen, an den entfesselten Primärprozessen, die nicht länger apollinisch-sokratisch gebunden sind, gegen die auch kein konterparanoider und „halkyonischer Tanz" Wagnerscher Noten mehr etwas ausrichtet.

Ist nicht mehr der Vater im Himmel, sondern die Mutter Natur Schöpfer aller Dinge, schützt kein strenges Gewissen mehr vor der *unheimlichen* Rückkehr der phallisch übermächtigen Mutter, wird der Sohn am Ende wie der Vater vom Schoß verschlungen, der sie beide gebar. Übrig bleibt ein grandioses ästhetisches Weltspiel, Entstehen und Vergehen, Geburt und Tod aller Wesen aus der ewigen Mutter Natur, die sich ihren größten Penis heranbildet und züchtet, um sich dadurch vom Joch jenes Gatten zu befreien, den sie einzig brauchte zum Erzeugen ihres Phallus, der ihren unersättlichen Narzißmus befriedigt, der immer neu gekränkt wird durch die usurpatorische Macht, die ihre männlichen Produkte über sich anstreben, indem sie sich von ihr ablösen, sich verselbständigen und gewaltsam in ihren Verfügungsbereich zurückzuführen sind. Sie bedient sich auserwählter, sorgfältig vorbereiteter Exemplare unter ihren eigenen Geschöpfen, die in ihrem Auftrag jene ihrer Kinder zur Räson rufen, die sich selbst als Weltschöpfer ausrufen und sie dominieren wollen: die Vaterfiguren. N. heißt diese Strafexpeditionen der Mutter Erde gut gegen abtrünnige Kinder, die sich für Väter halten, obwohl sie nichts als Kinder ihrer Mütter sind. Der Übermann, Superman, überwindet selbst Papa, weil er sich und ihn zurückruft, wieder nur Kinder der Mutter Natur zu sein. Vor diesem gewalttätig sinnlosen Naturschauspiel verschwinden fast alle Differenzen zwischen Vater und Sohn, die zu bloßen Spielbällen der unerschöpflichen Zeugungs- und Vernichtungspotenz der Mutter Erde herunterkommen. Dieser Heros, wie N. ihn versteht, unterwirft sich der Mutter, indem er den Vater unterwirft. Nietzsche sieht drei Wandlungen des Sohnes, drei psychosexuelle Entwicklungsphasen : vom Kamel des Vaters über den Löwen, der den Vater zerreißt, zum Kind der Mutter, die einen Löwen heranzieht, um nicht länger Kamel ihres löwenhaften Gatten zu sein.

Nietzsche ist bereit, den Preis zu zahlen : wie der Vater selbst an Mutter Natur zu Grunde zu gehen. Aber sein „Amor fati" ist Verzweiflungssprung in die Arme des Angreifers, suizidal aus Angst vor dem Kastrationstod. Er identifiziert sich mit der bösen Mutter statt mit dem Vater, und er infiziert sich an ihr. Die „paralysis progressiva" paralysiert fortschreitend auch seine motorische Aktivität, die ihn aus dem absorbierenden Bannkreis der phallisch-nutritiven Mutterimago forttragen könnte. Er bleibt im Morast der frühen Mutterfusionen hängen, bis zur Bewegungsunfähigkeit, sensorisch überstimuliert, evolutionär gelähmt.

"Dionysos gegen den Gekreuzigten" unterschreibt am Ende mit "Dionysos, der Gekreuzigte". Der auszog, nicht vom Vater gekreuzigt zu werden, findet sich ans Hauskreuz der Mutterimago geschlagen. "Daß der Mensch erlöst werde von der Rache" des Vaters, war N. angetreten und bejaht am Ende hymnisch verzweifelt die Rachefeldzüge der archaischen Mutter gegen den weichen Vater. Der Sohn, der sich als "Übermensch" heroisch nihilistisch dafür hergibt, den phallischen Überkompensationsgelüsten einer narzißtisch verletzten Mutter zu dienen, sieht allerdings nicht, daß er damit nicht die Mutter vor dem Vater rettet, nicht das unschuldige Opfer vor dem Tyrannen bewahrt, nicht das natürlich Unmittelbare des sinnlich Immanenten vor der widernatürlichen Übernatur des erdrückend Transzendenten. Das Es, das N. vor dem Überich rettet, die Mutter vor dem Vater, die Natur vor dem Geist, das Sinnliche vor dem unsinnig Übersinnlichen, ist nicht das Unmittelbare, sondern selbst schon gezeichnetes Produkt dessen, wogegen es aufsteht, kein ontologisch Ursprüngliches und jungfräuliches Substrat, sondern Geist vom Geist des Vaters, gegen den es geht.

Die biologische Urmutter in ihrer archaischen Priorität ist ebenso kastrierend, wie sie vom Urhordenhäuptling kastriert ist, gibt sie doch nur den von oben empfangenen Druck nach unten weiter. Sie bindet ihre Söhne entmündigend an sich als Vergeltungswaffen gegen den ihr angetanen Tort. Ihre genitale Inferiorisierung reagiert sie ab an den Kindern, die sie als Delegierte anal-possessiv an sich fesselt, um durch sie hindurch ihre aufgezwungene Passivität abzuschütteln. Das *Amor fati* ist eigentlich amor facti, Zustimmung zu dem, was der Mann aus Frau und Kind gemacht hat, Ja zum versagenden Realitätsprinzip, in dem die Kette von Gewalt und Gegengewalt institutionaliert ist. In diesem Kampf wird das Kind von den Eltern nur mißbraucht und zerrieben, und wenn es mit der Mutter sein sinnlich naturhaftes Es rettet, gibt es sich eigentlich nur einverstanden mit der Verewigung der Schlag-abtausche, also mit dem, was die Mutter dem Kind und Vater antut, weil es der Vater dem Weib und Kind antut. Hier rächt sich Ns. Philosophie, daß die Wahrheit über das Sein unerkennbar ist, an ihm selbst: Auch und gerade die Mutter Natur, die gegen das väterliche Willkürjoch aufbegehrt, ist Produkt und Erbin der väterlichen Herrschaft. Der "Wille zur Macht" des Vaters geht nur an die Mutter Natur über. War aber der väterliche Machtwille nur gegen die inzestuös-patrizidalen Ödipalgelüste des Sohnes gerichtet, wird durch den nun unbeschränkten Machtwillen der Mutter Erde auch noch die präödipale Identität des Sohnes zerstört. Werte sind nach N. die „Erhaltungs- und Steigerungsbedingungen des Lebens", also die Stimulantien für den Selbsterhaltungtrieb in den Ichfunktionen und für das postödipal-patriforme Ichideal, so sehr es auch verbietendes Überich ist. "Tot sind alle Götter; nun wollen wir, daß der Übermensch lebe". Dieser Übermensch ist mit der gebärenden Mutter Natur identifiziert als schaffender Künstler, der in seinen Artefakten die Mordwerkzeuge gegen den Vater für die Mutter schmiedet. Als Experte und artistischer Auftragskiller ist der Sohn gegen schizoidal-paranoide Symbiosen mit der Mutter gefeit: "Wir haben die Kunst, damit wir an der Wahrheit nicht zu Grunde gehen." "Die Kunst ist mehr wert als die Wahrheit." Die vergewaltigende Liebeskunst ist mehr wert als die symbiotische Identifikation des Subjekts mit dem Liebesobjekt. Keine Vaterfigur tritt mehr intermittierend in den ewigen Kreislauf von Symbiose, Individuation und tödlicher, schizoidaler Resymbiotisierung. Ns. Biologismus und positivistischer Naturalismus zielt auf infantile Symbiose mit einer Urmutter Natur, deren Faktizität nicht nur szientistisch konstatiert wird gegen den ethisch-religiösen Vateregoismus, sondern die als kastriert-kastrierendes Wesen gerade zutiefst präformiert ist vom verhaßten Geist, statt das unverschandelt instinktursprüngliche und unschuldig Reine zu sein. Zarathustra lehrt mythisch die "Ewige Wiederkehr des Gleichen", die verewigte Selbstreproduktion des faktischen Lebens, so wie es nun einmal ist, also Geburt und Tod, Tat und Lohn, Untat und Strafe, Kränkung und Rache. Kein Ressentiment soll ihn zwar zwingen, jene mythische Mutter Natur zu verteufeln, die ihm versagt ist, aber der Teufelskreis der Allmutter, die unersättlich ihre Kinder frißt, ist nicht weniger trostlos als die *Sklavenmoral der Zukurzgekommenen und Schlechtweggekommenen*, der Schwachen und dekadent Mißratenen, zu denen N. sich übrigens selbst bekannte wie ein Kierkegaard zu den Ungläubigen.

N. hat die archaisch omnipotente Urmutter als unabstellbar sinnlose Gebärmaschine beschrieben am Schluß des Nachlasses aus den Achtzigerjähren. "Was bedeutet Nihilismus ?" "Daß die obersten Werte sich entwerten. Es fehlt das Ziel; es fehlt die Antwort auf das 'Warum ?' " (W.z.M., A.2, 1887). Was also ist Frau Welt? Wie sieht N. seine Mutter Natur? "Diese Welt ist der Wille zur Macht – und nichts außerdem ! Und auch ihr selbst seid dieser Wille zur Macht - und nichts außerdem !"

Diese Mutter kommt eigentlich ohne Vater aus, der auch nur eines ihrer Kinder ist, in denen sie lebt. N. schmeichelt sich hier, einer jungfräulichen Geburt zu entstammen, einer einfachen Parthenogenese der Allmutter sich zu verdanken, in der kein väterlicher Rivale mehr vorkommt. Mutter Natur verschafft sich den Penis, indem sie Kinder in die Welt setzt, und ergänzt diese "Wollust" durch die andere, ihn in Gestalt ihres Gatten wieder in sich zurückzunehmen und zu zerstören, sobald er sie dominieren will – mit Hilfe ihres Sohnes Fritz, der sich zum philosophischen Advokaten ihrer narzißtischen Interessen macht, um auf ein Überleben hoffen zu dürfen, auf Wiederauferstehung und Wiedergeburt. Der Selbsterhaltungstrieb zwingt sich hier, dem Absurdesten Beifall zu klatschen : Die Individuuen sterben, es lebe das Nichts zwischen den Beinen der Mutter Natur, aus der sie nur kommen, um wieder dorthin zurückzukehren, um wieder daraus hervorzukriechen ad infinitum. "Das Dasein, so wie es ist, ohne Sinn und Ziel, aber unvermeidlich wiederkehrend, ohne ein Finale ins Nichts 'die ewige Wiederkehr'. Das ist die extremste Form des Nihilismus : das Nichts (das 'Sinnlose') ewig."

"Ein frei gewordener Geist steht mit einem freudigen und vertrauenden Fatalismus mitten im All, im Glauben, daß nur das einzelne verwerflich ist, daß im Ganzen sich alles erlöst und bejaht – er verneint nicht mehr." Auch nicht mehr den Vater, der seinen Stellenwert im großen mütterlichen Unheilsplan gefunden hat. Fatum, griech. Moira, ist die Schicksalsgöttin noch über den männlichen Göttern des Olymp, noch über Vater Zeus. "Ewige Wiederkehr des Gleichen" ist aber auch die ewige und unvermeidliche Rückkehr des Verdrängten. Der Sohn kann den Vater so oft er-

209

schlagen, wie er will, der steht in Sühne und Schuldbewußtsein immer wieder auf. Der Sohn kann die Mutter und den Willen nach ihr noch so oft verdrängen, der Trieb bricht sich hinterrücks immer wieder Bahn. Die Vergangenheit ist unvergänglich und holt uns immer wieder ein. Immer wieder müssen wir paralysiert in den Mutterschoß zurück, immer wieder in den Kampf gegen den Vater hinaus, weil der Tod der Individuen das Leben der ewigen Gattungsmutter Natur ist, die selbst keine Mutter hat, also Ursprung ohne Ursprung ist. "Dem Werden den Charakter des Seins aufzuprägen – das ist der höchste Wille zur Macht." Nicht, als sollte das Werden im Sein gestillt werden, sondern der sinnlose Wechsel von Entstehen und Vergehen selbst die Unvergänglichkeit des Seins erhalten und als Mutter heiliggesprochen werden. Wäre die destruktive Fruchtbarkeit dieser sinnlosen Zyklen nicht Imago einer bösen Mutter, ähnelte sie der spinozistischen natura naturans, in der alle Kindlein immer wieder pränatalen Intrauterin-Frieden ohne genitale Befriedigung finden. Frau Luna und Spinnen sind Muttersymbole nebst Torweg:"Diese langsame Spinne, die im Mondscheine kriecht, und dieser Mondschein selber, und ich und du im Torwege, zusammen flüsternd, von ewigen Dingen flüsternd – müssen wir nicht alle schon da gewesen sein?"
"Vielleicht bin ich der erste Psycholog des EwigWeiblichen."

Dieser Amor fati ist kein Mutterinzest, aber auch keine späte plötzliche Liebe zu Vati. Die phallisch archaische Mutter wird eher gehaßt und gefürchtet. "Ich mag meine Mutter nicht, und die Stimme meiner Schwester zu hören, macht mir Mißvergnügen, ich bin immer krank gewesen, wenn ich mit ihnen zusammen war." (Brief an Overbeck 1883). Aber er beugt sich verzweifelt:

> Schild der Notwendigkeit!
> Höchstes Gestirn des Seins!
> das kein Wunsch erreicht,
> das kein Nein befleckt,
> ewiges Ja des Seins,
> ewig bin ich dein Ja:
> denn ich liebe dich, o Ewigkeit! --
> *(aus den Dionysos-Dithyramben)*

Aber auch die verdrängten inzestuösen Begierden kehren immer wieder bis zuletzt, die Brunst nach dem vaginalen Fingerring der Mutter:

"O wie sollte ich nicht nach der Ewigkeit brünstig sein und nach dem hochzeitlichen Ring der Ringe – dem Ring der Wiederkunft? Nie noch fand ich das Weib, von dem ich Kinder mochte, es sei denn dieses Weib, das ich liebe : denn ich liebe dich, o Ewigkeit!" "Alles am Weibe ist ein Rätsel, und alles am Weibe hat eine Lösung : sie heißt Schwangerschaft. Der Mann ist für das Weib ein Mittel : der Zweck ist immer das Kind. Aber was ist das Weib für den Mann? Zweierlei will der echte Mann: Gefahr und Spiel. Deshalb will er das Weib, als das gefährlichste Spielzeug. ... Der Mann fürchtet sich vor dem Weibe, wenn es liebt: da bringt es jedes Opfer... " Da ist der erstaunliche Opfermut seiner Mutter angesprochen, die „maternal overprotection". N. ist soweit mit der Mutter identifiziert, daß er "schenkende Tugend" propagiert, die niemals beschämt.

Ns. ostentative Freigeistigkeit hat sich vom Vater, der von der Mutterbindung hätte befreien können, also nur befreit, um nicht von der frühen Mutter loszukommen : "Ich bin passioniert für die Unabhängigkeit, ich opfere ihr alles - wahrscheinlich weil ich die abhängigste Seele habe und an allen kleinsten Stricken mehr gequält werde als andere an Ketten." So stilisiert er sich zum ewigen Wanderer, um nicht an der Mutter Erde hängen zu bleiben, nicht mit den phallischen Füßen in der sumpfigen Symbiose mit ihr stecken zu bleiben. Er studiert Philologie gegen die Theologie des Vaters und verwirft ihre männliche Logizität wieder, weil sie zwar das Ich stärkt im Kampf gegen patrigenes Überich, aber in ihrer rationalen Kälte selbst wieder nur eine Art moralischen Überichs bildet gegen den frühromantischen Hang zum Ekstatisch-Dionysischen einer Verschmelzung mit der Mutter. Kurz: Sein philologischer Brotberuf ist gut genug, das Ich gegen das Überich zu munitionieren, ähnelt aber der bekämpften Theologie zu sehr in ihrer Verurteilung des Es. In ihrer Funktion der Ich-Stärkung gegen das Überich erlahmt das Interesse an ihr, sobald sie das Überich gegen das Es unterstützt. "Die Geburt der Tragödie aus dem Geiste der Musik" ist jener Geniestreich des jungen Philologen, der seine philologische Karriere auch schon beendet. Fortan tauscht N. die

Philologie gegen die Musik ein. Sie ist kontraparanoid gegen die archaische Fusion mit der Mutter-Imago, vom Vater geerbt und der koenästhetischen Fusionslust des dionysisch *Mater*ialen nahe genug, um nicht doch paternale Theorie und Theologie zu werden. Kurz vor seiner endgültigen Konversion zur Philosophie des Ewig-Weiblichen schreibt er: "Und wenn wir (:als Ich vor dem Überich) Betrogene (:des Vaters) sind, sind wir nicht eben dadurch auch Betrüger (: mit dem Ich gegen das Es)?" Er zieht sich in die Hochgebirgseinsamkeit des Oberengadin und aufs Vorgebirge von Portofino zurück, das die Bucht von Rapallo begrenzt, allein mit seinen Mutterintrojekten hoch oben auf dem Mons Veneris der Mutter Natur, ganz fern aller Geschwister- und Väterrivalität, narzißtisch zuhöchst kränkbar schon. Hier stilisiert er, der vor Lou Andrea-Salomé, gegen die Intrigen seiner Schwester und gegen die Dummheit seiner Mutter wie physisch als Soldat versagt hatte, sich zum Soldaten der Mutter Erde : "Der Mann soll zum Krieger erzogen werden und das Weib zur Erholung des Kriegers: Alles andere ist Torheit."

Ohne Vater hat er es gegen die frömmelnd selbstgerechten Frauen zu Hause schwer. Wir interpretieren den Rat des alten Mütterleins: Du gehst zur Mutter? Vergiß die Peitsche nicht! (Den Penis als ein Gegengewicht, die Feder als eine sekundärnarzißtische Kompensationswaffe gegen die mütterliche Übermacht übers Kleinkind). Der Wert der Werte bestand darin, vor der Verfolgung durchs absurde mater-ielle Sein zu schützen.

Nun bleibt nichts als eine Identifikation mit einer Mutter, die nicht bergend-gewährend gut ist wie bei Schopenhauer, sobald auf Inzestwünsche nur verzichtet wird. Bei N. führt die Identifikation mit der omnipotent phallischen Mutter aus archaischer Frühzeit auf der Flucht vor schizoidalisierender Symbiose zur hysterischen Homosexualisierung. Die aristokratische Machtelite von Herrenmenschen hebt sich ab gegen die effeminierten Bindungen in der postpatrizidalen Bruderhorde von "Herdentieren". N. macht sich zum philosophischen Protagonisten des männlichen Mannes, des homosexuellen He-man, des *tough guy*, des brutal Virilen, der sich mit der andromorph phallischen. Mutter identifiziert hat, ihren willkürlichen Ordres willfahrt, ihre mythischen Aufträge ausführt und so naturgemäß lebt.

"Wo ich Lebendiges fand, da fand ich den Willen zur Macht; und noch im Willen des Dienenden fand ich den Willen, Herr zu sein." Der Übermensch hat als Delegat der Mutter Natur teil an ihrem Machtwillen. Der immer wieder von Kritikern pointierte Widerspruch zwischen der Lehre vom freien Geist des Übermenschen und der fatalistischen Lehre von der determinierten Wiederkehr des Gleichen findet sich aufgelöst in der Delegationstheorie Helm Stierlins.

Am Gedanken der ewigen Wiederkehr, den er im August 1881 in Sils-Maria durch divinatorische Inspiration gefunden zu haben glaubte, hatte N. übrigens schwer zu schlucken. Im Zarathustrabuch gebraucht er das Bild von der schwarzen Schlange, die dem schlafenden Hirten (: Pastor) in den Mund fährt. Zarathustra gibt dem so Fellationierten den Rat, der Penisschlange den Eichelkopf abzubeißen. Wir analysieren den verdrängten Wunsch, vom schwarzen, also vom bösen Phallus des Vaters imprägniert zu werden wie eine Frau, mit der N. hier als effeminierter Soutanenträger identifiziert ist. Der Vater aber wird oralkannibalisch kastriert, um die homosexuelle Regung abzuwehren. Dazu muß die böse Mutter als schwarze Schlange geschluckt werden.

Ein Wort nun noch zur Phänomenologie des Willens zur Macht. N. will als "gebundener Delegierter" partizipieren an der archaischen Allmacht der phallischen Mutter, wie wir vermuten. Der Machtwille will etwas unter sich haben, und er will es unter sich haben, um nicht damit verwechselt zu werden oder um ihm nicht untertan zu sein. Genauer: Er macht es sich selbst gleich, um nicht seinerseits sich ihm angleichen zu müssen. Der Machtwille ist somit Sonderform eines Typs von Identifikation durch Abtrennung oder von Distanzierung durch Einverleibung, ein in sich ebenso konsequenter wie paradoxer Versuch, den Eigenwillen eines anderen Wesen nur deshalb zu brechen, damit es mich nicht verlassen kann, sondern ich die Freiheit behalte, es von mir stoßen zu dürfen, um mir meine starke Unabhängigkeit davon zu beweisen. So will die Macht gleichzeitig zwei einander widersprechende Bedürfnisse befriedigen, zwei einander scheinbar ausschließende Ängste beschwichtigen : die Angst vor dem Verlassenwerden wie vor dem Absorbiertwerden, den Wunsch nach Trennung und Ablösung wie den Wunsch nach Verschmelzung und Assimilierung.

Sicher will ich fressen, um nicht gefressen zu werden, aber diese Formel erklärt nicht, warum ich das von mir zu Beherrschende gleichzeitig unter mir haben und in meine eigene Substanz verwandeln will, warum umgekehrt das, was ein Teil von mir werden soll, gleichwohl von mir unterschieden, also unter mir bleiben soll. Etwas beherrschen heißt aber ja, ein Nicht-Ich so zum Ich zu machen, daß dieses Ich nicht aufhört, sich in (s)einem Nicht-Ich zu besitzen.

„Als meine Mutter lebe ich noch und werde alt."

„Jedermann trägt ein Bild des Weibes von der Mutter her in sich."

„Der Mann ist kindlicher als das Weib."
„Das Weib ist noch nicht einmal flach."

„Der Mann ist für das Weib ein Mittel...
ein Spielzeug sei das Weib."

„Vielleicht ist die Wahrheit ein Weib, das Gründe hat,
ihre Gründe nicht sehn zu lassen? ... Vielleicht ist ihr Name,
griechisch zu reden, *Baubo?"* (siehe auch *Georges Devereux*:
„Baubo. Die mythische Vulva", Frankfurt/Main 1981)

„Warum seid ihr nicht im Schoß eurer Mütter geblieben,
Wo es stille war und man schlief und war da?" *(Bertolt Brecht)*

„Jeder Gedanke hat seinen Eros." *(R. A. Schröder)*

„Hat einer eine Schraube locker, liegt es meistens an der Mutter."
(Anonymus)

Exkurs : Tiefenpsychologie und Philosophische Anthropologie

Eine der weniger beachteten geistigen Wurzeln der Existenzphilosophie liegt in der modernen Anthropologie, von der Adorno sagte, sie bestünde (wenn sie ehrlich wäre) im Urteil, daß keine möglich sei. Nietzsche nannte den Menschen das *nicht feststellbare Tier*. Die Anthropologen sehen seit Portmanns Forschungen das spezifisch Humane im Mangel an tierischer Instinktsicherheit, der zu 'Weltoffenheit' statt animalischer 'Umweltgebundenheit' führe (Max Scheler). Ist der Mensch nicht nur zufällig, sondern wesentlich eine 'physiologische Frühgeburt', die ihre Naturmängel kulturell kompensieren muß (und darf), dann ist aus der Not, nicht wie das Tier und die Pflanze perfekt auf eine jeweilige Umgebung zugeschnitten zu sein, die Tugend gemacht, innerhalb gewisser Grenzen frei vom Anpassungsdruck seine eigene Welt schaffen zu dürfen. Danach sind wir gleichsam von Natur aus nur darauf spezialisiert, von Natur aus eben auf gar nichts spezialisiert zu sein, also dazu bestimmt, zu nichts Bestimmtem bestimmt zu sein, sondern uns selbstbestimmen zu dürfen, aber auch zu müssen. Also 'zur Freiheit verurteilt' zu sein, wie Sartre zuspitzte.

Diese essentielle Freiheit von allem, was essentiell zu unserer Natur gehört, würde dann gerade unsere Natur ausmachen. Die Existenzphilosophen erweitern diese spezifisch menschliche Freistellung von dem, was wir von Geburt her an biologischer Ausstattung mitbringen, auf Freistellung auch von sozialer Determination. Der Mensch sei stets mehr und anderes, als was er von Mutter Natur und von Gottvater und Vater Staat und *Big Brother* aus sei. Er sei nichts als eine einzige 'Überschreitung' dieses von Natur und Gesellschaft verordneten Wesens, und darin bestehe seine Transzendenz. Sein 'Mängelwesen' gerade begründe seine Superiorität über die übrigen Wesen. Plessner sprach von der 'exzentrischen Positionalität', nach der ich immer schon jenseits dessen bin, wo und was ich bin. 'Die Stellung des Menschen im Kosmos' sei eine Sonderstellung, da nur er ein 'extra-uterines Frühjahr' kenne. Er verläßt den Mutterleib, bevor er ein Tier wird. Ein Jahr länger im Mutterleib und er wäre ein instinktgebundenes Tier. Und er verläßt den Mutterleib der Natur, um in den 'Sozialuterus' der Kultur einzugehen. Aber die wahre Kultur besteht nicht nur darin, die bloße Natur zu transzendieren, sondern auch und gerade diesen 'kulturellen Sozial-Uterus' selbst, der uns zur *zweiten Natur* wurde.

Der Mensch verläßt den Mutterleib, bevor er zum fertigen Tier geworden ist, und hat den Sozial-Uterus des Kollektivs zu verlassen, bevor er nichts als ein fertiges Arbeitstier geworden ist. Das verlangt die Geburt des Menschen als Menschen, nicht nur als Naturwesen unter anderen. Die Humanisierung ist Entwöhnung nicht nur von der Mutterbrust, sondern auch und gerade von der Nestwärme der Großen Kollektive (und Gegenkollektive), die uns klein halten. Das berücksichtigten nun weder Otto Bollnow mit seiner 'Neuen Geborgenheit' noch Arnold Gehlen mit seinen 'institutionellen Instinktsurrogaten' zur 'Entlastung' des Menschen von seiner genuinen Menschlichkeit.

Es geht nicht um 'Kultur' überhaupt, die das Naturloch stopft, sondern um die Frage, welche nicht nur Uterus-Ersatz wäre. Die Existenzphilosophen versagen gewöhnlich, wenn sie sagen sollen, von was die menschliche Selbstbestimmung sich bestimmen lassen könne. Es ist nicht alles frei, was seiner Ketten spottet, und Adorno hat dann daran erinnert, daß diese blinden Emanzipationsakte Kierkegaards und Sartres meist nur besonders tief in die gesellschaftlichen Fremdbestimmungen hineinführen, die sie ja hinter sich lassen wollen: Das Individuum wähle nur freiwillig, was es sozial ohnehin solle und was ihm kollektiv zubestimmt sei.

Habermas erinnerte gegen Marx daran, daß das, was den Menschen vom Tier unterscheide, eben nicht der gemeinschaftliche bis wissenschaftliche Werkzeuggebrauch zur zielgerichteten Bearbeitung der unwirtlichen Natur sei. Anthropologen versichern uns, daß die Hominiden sich wohl von den Primaten durch die gesellschaftliche Organisation der Arbeit unterscheiden, der *homo sapiens* vom Hominiden aber durch Übergang von arbeitsteiligen Horden zu Familiengründungen. Wohlgemerkt gingen die Menschen nicht von Familien zu größeren Kollektiven, sondern von Kollektiven umgekehrt zu Familienverbänden über, um Menschen zu werden und zu bleiben. Weniger geschichtlich zufällig als durchaus humanspezifisch ist nicht schon die kollektive Produktion von Lebensmitteln, sondern allererst die innerfamiliäre Reproduktion menschlichen Lebens selbst. „Wachset und mehret euch und macht euch die Erde untertan!" Primär existiert nicht der Mensch an sich, sondern nur als „Ensemble gesellschaftlicher Verhältnisse". „Das produktive Leben ist aber das Gattungsleben. Es ist das Leben erzeugende Leben". *(Karl Marx)*

Deutschland entwickelte die Geisteswissenschaften und eine genuin philosophische Anthropologie (*moral sciences*), weil es nie rechten Anschluß an die Entwicklung der europäischen Moralistik gesucht und gefunden hatte, woran der Kompensationsphilosoph Odo Marquardt gern erinnert hat. (Siehe auch *Robert Zimmer*: „Die europäischen Moralisten", Hamburg 1999, S. 119 f.)

Kognitivisten optimieren die informationsverarbeitenden Humansysteme, bei *Verhaltenstherapeuten* werden sie preiswert umkonditioniert, um unangepasste Stimulusreaktionen zu verlernen, und *Neuro-Manager* können Hirnfunktionen effektiv umprogrammieren – alles psychotechnische Reparaturbetriebe für unrentable Funktionsstörungen – ohne emanzipatorische Aufklärungsdialektik. Hier wird unbewusste Tragik zu bewusstlosem Klappen, und Freud ist tot, es lebe der tomographische Hirnspion.

„Das Höchste, was der Mensch erreichen kann, ist jene Ruhe, jene Heiterkeit, jener innere Friede, die durch keine Leidenschaft beunruhigt werden." *(Immanuel Kant)*

„Beim Philosophieren muß man ins alte Chaos hinabsteigen und sich darin wohlfühlen." *(Ludwig Wittgenstein)*

„Manche Systeme machen den Eindruck, dass die Erektion nur halb zustande kam." *(Ernst Jünger)*

Jaspers auf Freuds Filosofa

Gar nicht seine unheilbaren Bronchialektasen allein, die ihn nach aller medizinischen Erfahrung zu einem kurzen Leben hätten verurteilen müssen, und zu pedantischer Tageseinteilung trieben, ließen ihn lebenslang eine unüberwindliche Einsamkeit suchen und beklagen. Seit der Schulzeit verabscheute der gebürtige Oldenburger allen Betrieb und alles nur gesellschaftliche Leben, beschränkte die Kommunikation, deren Philosoph er war, auf seine Ehefrau Gertrud. "Ist nicht mein Philosophieren der Kommunikation von allen modernen Bemühungen das einsamste?".

Dieser "Natophilosoph" und moralpredigende "Präceptor Germaniae" liebte die apodiktische Rede und die pädagogisch-prophetische Geste, erwartete auch geschichtlich das Heil allein von "großen", geistig "maßgebenden" aristokratischen Figuren, war ganz höflich schroffe Würde und von oft erkältender Herablassung bei aller Güte. Überkompensierte er à la Adler seine Organminderwertigkeit durch Insistieren auf einsam stolzes, elitär *existentielles Selbstsein* inmitten vermassend nivellierter Umwelt oder bleibt man damit so an der Oberfläche, wie Jaspers selbst 1931 in "Die geistige Situation der Zeit" nur Symptome aufzählte? Weder als Psychiater der "Psychopathologie" noch in "Die Psychologie der Weltanschauungen", die zum Philosophen führten, war er ein Naturwissenschaftler. "Mein Gebiet ist der Mensch, zu nichts anderem hätte ich dauernd Fähigkeit und Lust." "Es gibt keine Sache der Philosophie, die vom Menschen loslösbar ist. Der philosophierende Mensch, seine Grunderfahrungen, seine Handlungen, seine Welt, sein alltägliches Verhalten, die aus ihm sprechenden Mächte sind nicht beiseite zu lassen." Der philosophische Gehalt wird zur Haltung des Philosophen, leider auch umgekehrt. Jaspers war der einzige Philosoph, der über die Psychologie und Psychiatrie zur Philosophie stieß, zum "Kümmern um uns selbst", gegen alle bloße "Professorenphilosophie" mit ihrer "Erörterung von Dingen, die für die Grundfragen unseres Daseins unwesentlich sind." Die Psychoanalyse (wie auch der Marxismus übrigens) galten ihm als notwendige, aber nicht zureichende Versuche, das Wesen des Menschen zu fassen. Jaspers ermuntert dazu, sich anzueignen, "was vom Menschen gegenständlich wißbar ist", aber das Eigentliche sei gerade das, was objektiv nicht zu fixieren ist, das "Selbstsein aus Freiheit". Dieses *Existenzielle* wird auch über die psychologische Objektivität gestellt, über die Theorie vom Subjekt. "Der Mensch als Ganzes liegt hinaus über jede faßliche Objektivierbarkeit. Er bleibt gleichsam offen." Der Mensch als "die größte Möglichkeit und größte Gefahr in der Welt" "ist sich ungewisser als je." Diese anthropology to end all anthropology geht wieder ganz aus vom Menschen als "nichtfestgestelltem Tier" *(Niet-zsche),* als physiologischer Frühgeburt und instinktunsicherem Nesthocker, der enkulturieren muß, was er biologisch nicht mitbekommt und was ihn naturhaft nicht prädeterminiert.

Jaspers große "Philosophie" besteht aus drei Teilen: "Weltorientierung" (Frau Welt, Mutter Natur), "Existenzerhellung" (das Ich des Sohnes) und "Metaphysik" (Vater). Damit sind die drei Kardinalthemen Gott und die Welt und die Seele als Vater, Mutter und Kind angeschnitten. Diese "Weltorientierung" will erkennen, was zu erkennen und wie weit es zu erkennen ist : eben bis zu dem Punkt, wo die "tiefste, existentielle Freiheit" anfängt, "die Wahl meines Selbst" zwischen der Scylla der Mutterbindung und der Charybdis der Vaterbeziehung hindurch, frei immer nur von einem Elternteil, um an den anderen verfallen zu sein, ewig oszillierend, frei vom Vater zur Mutter und zurück, immer „in der Schwebe" auf der Flucht vor der schizophrenogenen Beziehungsfalle, um die Antinomien der Kommunikation und des Autismus transzendieren zu können.

Jedermann solle sich in der Welt orientieren, umsehen und zurechtfinden, sich nach Frau Welt ausrichten und auf sie einstellen, die Himmelsrichtung nach dem Aufgang der (gut phallischen) Sonne bestimmen, wie "orientieren" ursprünglich bedeutet. Mutter Natur setzt mich in die Welt, die ich nach dem Bilde ihrer Leibeshöhle als vaginale Öffnung imaginiere, in der ich mich orientiere, indem ich meine Richtung bestimme aus dem Ort des Sonnenaufgangs, also der Geburt des männlichen Phallus aus ihrem Schoß. Jaspers will wissen, was denn an diesem Liebesobjekt objektiv "erkennbar" ist, und stellt fest, daß es nicht alles ist, weil die Mutter inzesttabuiert ist. Umgekehrt will er wissen, was er in den Augen der Eltern ist, und stellt ebenfalls fest, daß es nicht alles ist, daß er nichts ist, wenn er nicht gegen sie etwas ist und sich gegen sie zu etwas macht, also aufhört, nur ein Kind seiner Eltern zu sein, ihr Er-zeugnis und bloßes Objekt.

In der frühen "Existenzerhellung" stellt das Menschenkind, das sein Bild in den Augen seiner Eltern überschreitet, sich auf eigene Füße, grenzt sich gegen Vater und Mutter ab, wählt sich gegen das, was sie mit ihm vorhaben, entscheidet sich gegen die in ihn investierten narzißtischen Ambitionen seiner Herkunft und Abstammung. Sich selbst verfehlen und versäumen heißt dann, genau das tun und werden, was die Eltern sich vorgestellt haben, was *man* verlangt also. Das analsadistisch stolze "Selbstsein" will sich befreien aus der Bevormundung durch die urkausal wirkenden Einflüsse verinnerter Elternimagines und internalisierter Ichideale. "Der Mensch findet in sich, was er nirgends in der Welt findet, etwas Unerkennbares, Unbeweisbares, niemals Gegenständliches, etwas, das sich aller forschenden Wissenschaft entzieht: die Freiheit. Es gibt kein Geschichtsgesetz, das den Gang der Dinge im ganzen bestimmt. Es ist die Verantwortung der Entschlüsse und Taten von Menschen, woran die Zukunft hängt." – "Freiheit ist weder beweisbar noch widerlegbar". "Freiheit erweist sich nicht durch meine Einsicht, sondern durch meine Tat". Kurzum : Ich tue so, als ob ich frei sei, unabhängig, selbständig, und als könne ich die Kette der Kausalität, die mich an meine Urheber und Erzeuger bindet, unterbrechen, um eine indeterminierte Regung in die Welt zu setzen. Nach Jaspers bin ich Kind meiner Eltern, aber irgendwo auch schon mein eigener Vater und meine eigene Mutter, statt lediglich durch Elternintrojekte fremdgesteuert zu sein. Ich "habe handelnd Augenblicke, in denen ich mir gewiß werde: was ich jetzt will und tue, das will ich eigentlich selbst. So will ich sein, daß dieses Wissenwollen und Handeln mir gehört." – "Ich weiß, daß ich nicht nur da bin und so bin und infolgedessen so handle, sondern daß ich im Handeln und Entscheiden Ursprung bin meiner Handlungen und meines Wesens zugleich."

Natürlich steckt in diesem ebenso unbeweisbaren wie unwiderleglichen Postulat viel primär-narzißtische Omnipotenzphantasie, analer Retentionsstolz, deuterophallischer Narzißmus und inzestuös-patrizidaler Wunschtraum als Reaktionen auf früheste traumatisierende Ohnmachtserlebnisse. Die Philosophie als das "Denken, durch das der Mensch er selbst werden möchte", wird zum Refugium aller gekränkten Allmachts- und Unabhängigkeits-sehnsüchte, zu einem Kompensat narzißtischer Kränkungen. In jeder Kommunikation droht erneut die uralte Unselbständigkeit wiederaufzuleben, die Gefahr von Repression und von Symbiose. Jaspers sucht eine Form des Miteinanders, die aus der Einsamkeit befreit, ohne abhängig zu machen und das Selbstsein zu bedrohen, ohne aber auch zu zerfallen in das gleichgültige Nebeneinander narzißtisch selbstgenügsamer, existentieller Einsamkeiten. Er will die Dialektik von Symbiose und Individuation lösen, von Einheit und Vielheit der Vereinzelten, von Verschmelzung und Ablösung. Diese Dialektik ist die Krux der Psychosen, die ihn als Psychiater sehr faszinierten, um dort "die Grenze der menschlichen Möglich-keiten zu kennen". Philosophisch endet er beim Aufruf zum libe-ralistischen Nebeneinander aristokratisch in sich verkapselter Sozi-alatome und kleinbürgerlicher Besitzprivatiers. Angstfreie Kom-munikation, die ihn nicht mit *Nivellierung* (Kastration) und *Ver-massung* (Geschwisterrivalität und paranoide Absorption) bedroht, erwartet er nur von der Ehe, in der er als er selbst, d.h. als sein eigener Vater seine eigene Mutter gegen alle Kastrationsdrohung durch den Vater und gegen alle Präokkupation durch die prä-ödipale Mutter für sich hat. Aber das Ich des Sohnes kommt mit diesem stolzen Selbstsein nicht zur Ruhe. Die "bohrenden Fragen" nach dem Ursprung aller Dinge geraten in Antinomien und Para-doxien. *Pater semper incertus*, und der *Erkennbarkeit* der *mater certissima* sind doch wieder die Grenzen der Inzestschranke ge-setzt. Ich bin Wirkung meiner Eltern-Introjekte, Kind aus mater-nalem Ur-sprung, und dennoch als meine eigenen Eltern Ursache meiner selbst, endlich und unendlich, abhängig und frei, vergäng-lich und unverwundbar zugleich. Die "Zerrissenheit des Daseins" mit allen "Fragwürdigkeiten der faktischen wissenschaftlichen „Weltorientierung" und mit diesem "Abgrund des schlechthin Un-begreiflichen" wird offenbar, wenn das Dasein an den "Grenzsitua-tionen" scheitert: "letzte Situationen, die mit dem Menschsein als solchem verknüpft, mit dem endlichen Dasein unvermeidlich geg-eben sind". Die Unausweichlichkeit des Schicksals, von Kampf,

Leiden, Schuld, Einsamkeit und Tod werden ontologisch wieder hypostasiert als anthropologische Invarianten, nicht sozio-relativ gesehen als vorerst allerdings unaufhebbare, kontingente Kehrseite gesellschaftlicher Vorkehrungen der spätbürgerlichen Epoche. Das mutig inzestuös-patrizidale *existentielle Selbstsein* des Kindes stößt an die "absolute Grenze" eben des Inzesttabus und Patrizidverbots, also an das Realitätsprinzip des Überich im Herzen des individualistischen Selbstseins, das dadurch als Illusion und Rationalisierungsinstanz sich decouvriert. Das Bilanz-Fazit lautet:

"Das Scheitern ist das Letzte".

Die Todesangst als Angst vor der Vergeltung von Todeswünschen gegen andere, als Kastrations- und Verlustangst, die Mischung aus Schuldangst und Trauer beim Tod geliebter Personen, der Konkurrenzkampf der Geschwister um die Favoritenrolle bei den Eltern, die Schuldängste vor den eigenen inzestuösen und patri- wie fratrizidalen Phantasien, das depressive Leiden an der Insuffizienz vor den Ichidealen der idealisierten Eltern-Imagines, die *Moira* der archaisch phallischen Mutterimago wird ontologisiert zum Pandämonium einer vorprogrammierten Niederlage des Kindes, zur "schwebenden Fraglichkeit in der Wirklichkeit des restlosen Scheiterns" : "Das Wesen des Menschen wird sich erst bewußt in den Grenzsituationen", in die das Menschenkind allerdings ja nur gerät, soweit es "es selbst sein will" gegen das Inzest- und Patri-Fratrizidtabu, gegen diese "Wand, an die wir stoßen", sobald wir auf uns selbst bestehen. "Im Blick auf das Scheitern scheint es unmöglich zu leben. Wenn das Wissen um das Wirkliche die Angst steigert, Hoffnungslosigkeit mich in der Angst vergehen läßt, so scheint vor der unausweichlichen Tatsächlichkeit die Angst das Letzte zu werden; die eigentliche Angst ist die, die sich für das Letzte hält, aus der kein Weg mehr ist", und wo ich "in den bodenlosen Abgrund der endgültig letzten Angst versinke". Was hilft nun gegen das "starre Dunkel des Nichts"? "Wir werden wir selbst, indem wir in die Grenzsituation offenen Auges eintreten". "Im Nihilismus wird ausgesprochen, was dem redlichen Menschen unumgänglich ist". Der Weg aus der Verzweiflung sei "Sprung zu mir als Freiheit". "Der Sprung aus der Angst zur Ruhe ist der ungeheuerste, den der Mensch tun kann".

Was ist das philosophische Sedativ dagegen?

Nun passiert im „Jasperletheater" (Karl Barth) so etwas wie der Auftritt des Deus ex machina : "Ich wähle mich selbst", aber dieses Selbst habe ich nicht selbst geschaffen, es wird mir "geschenkt". Und je nachdem, gegen welchen Elternteil ich mein Selbst wähle, erfahre ich dieses Selbst als mir vom anderen Elternteil gegeben. Gesetzt, ich grenzte mich in der Separationsphase von der präödipalen Mutter ab, ließe ihre Hände los, um die ersten eigenen Schritte ins Leben zu tun, stolz auf mein *existentielles Selbstsein*, das hier Freisein von mütterlicher Protektion bedeutete. In diesem Falle würde das Selbst des Kindes an der Grenzsituation der Abnabelung scheitern und fallen, falls es seine Selbstidentität gegen die archaisch verstrickende Mutterimago nicht durch Identifikation mit einem starken Vater erhielte. "Daß er auf sich selbst steht, verdankt er einer ungreifbaren, nur in seiner Freiheit selbst fühlbaren Hand aus der Transzendenz". Das Kind muß sich hier auf ein Vaterintrojekt stützen als Hilfe gegen eine böse Mutterimago, die keinen Halt mehr verspricht; es taumelt aus den Armen der Mutter heraus – und fällt in die Hände Gottvaters.

Das Selbst als Freiheit von der Mutter ist dann ein Selbst von Gnaden des Vaters, eine Selbstidentität gegen den diffusen Sog der phallischen Mutter und ihrer paranoisch verfolgenden An- und Abwesenheit. Andererseits fängt eben diese prä-ödipale, nutritiv-alimentäre Mutterimago mich auf, falls ich an der Kastrationsdrohung einer Vaterfigur scheitern sollte, falls ich also ich selbst gegen das restriktive paternale Realitätsprinzip werden will und scheiternd zurückfalle auf die prägenitale Mutter-Kind-Symbiose, auf gute Mutterintrojekte, die das Urvertrauen aufrechthalten gegen alles Versagen an der Vaterrevolte. Das Selbst des Kindes als Freiheit von der einen Elternimago ist nach Jaspers immer ein Selbst aus der stützenden Identifikation mit dem komplementären Elternteil. Der Vater schützt vor dem Scheitern an der schizoidalen Mutterbindung, die Mutterimago im *basic trust* vor der Verzweiflung über die ödipale Niederlage gegen den Vater im Realitätsprinzip. Als Herr über die Mutterbindung bleibe ich Knecht der Vaterbindung und umgekehrt.

Das "Selbst" des Menschenkindes gegen den Vater ist ein Mutterintrojekt und gegen die Mutterimago ein Identifikat mit dem Vater.

"Gerade im Ursprung meines Selbstseins bin ich mir bewußt, mich nicht selbst geschaffen zu haben. Wenn ich zu mir als eigentlichem Selbst in das nur und nie ganz zu erhellende Dunkel meines ursprünglichen Wollens zurückkehre, so kann mir offenbar werden : wo ich ganz ich selbst bin, bin ich nicht mehr nur ich selbst. Denn dieses eigentliche „ich selbst", in welchem ich in erfüllter geschichtlicher Gegenwart „ich" sage, scheine ich wohl durch mich zu sein, aber ich überrasche mich doch selbst mit ihm; ich weiß etwa nach einem Tun : Ich allein konnte es nicht, ich könnte es so nicht noch einmal. Wo ich eigentlich ich selbst war, im Wollen, war ich mir in meiner Freiheit zugleich gegeben."

"Existenz ist nicht ohne Transzendenz", und da die mütterliche Mater-ie das Prinzip jeder Immanenz ist, scheint hier im Herzen des Selbstseins eher das patrigene Über-Ich qua Ich-Ideal gegen eine böse Mutterimago der Frau Welt installiert zu sein, als ein gutes Mutterintrojekt gegen den kastrierenden Vater. "Wenn der Mensch sich innerlich behauptet im Geschick, wenn er unbeirrt standhält noch im Sterben, so kann er das nicht durch sich allein." – "Der philosophische Glaube ist der unerläßliche Ursprung allen echten Philosophierens". Der "Glaube an die Transzendenz" ist zwar nur ein "Kreisen um Transzendenz", ohne christlich entschiedenes Ziel, und auch viel zu persönlich, um kirchlich institutionalisierbar zu werden, ein bloßer ewiger "Aufschwung zur Transzendenz", aber doch "unbegreifliche Gewißheit" : "Gott ist. Es gibt die unbedingte Forderung" eines Über-Ich.

Gottvater und Mutter Natur sind nur in Grenz- situationen spürbar, „im unbegreiflichen Aufgefangenwerden" durch gute Introjekte. "Daß Gott ist, ist genug". "Durch Nachdenken über Gott wird Gottes Sein nur immer fragwürdiger." Der *pater semper incertus* verdammt auch den *philosophischen Glauben* an ihn zu einem neurotischen Familienroman, den Ursprung der Philosophie zur Philosophie des Ursprungs, zur Spekulation über die eigene Herkunft, wie Marthe Robert es für den Roman postuliert hatte. Nikolaus von Kues inspiriert Jaspers zur bloß negativen Theologie, zum bloßen sokratischen "Wissen des Nichtwissens", wer der Vater ist. Diese Ungewißheit legiert sich mit der Kastrationsangst zu dem Vorschlag : "Philosophische Existenz erträgt es, dem verborgenen Gotte nie direkt zu nahen." Gottvater offenbart sich nur

224

vieldeutig in Frau Welt und Mutter Natur, die seinen Phallus in sich verbirgt und ahnen läßt. Alles an Mutter Erde ist verschlüsselter Hinweis auf den genitalen Schlüssel des Vaters in ihr und hinter ihr, sie ist "Chiffre der Transzendenz", die von der sexuellen Neugier des Kindes decodiert werden will. Die Welt wird als Frau Welt, die Natur als Mutter Natur oder *Adam Kadmon*, als *Giganthropos* animistisch erlebt. "Es gibt nichts, was nicht Chiffre sein könnte. Alles Dasein hat ein unbestimmtes Schwingen und Sprechen, scheint etwas auszudrücken, aber fraglich wofür und wovon. Die Welt, ob Natur oder Mensch, ob Sternenraum oder Geschichte, ist nicht nur da. Alles Daseiende ist gleichsam physiognomisch anzuschauen." In allem zeichnet sich indizhaft diese Physiognomie der Eltern ab, anthropomorphistisch durchaus. Mehr wagt der Ex-Psychologe Jaspers nicht zu sagen, mehr gegenständliche Kontur der Liebesobjekte würde ihn verraten ; Alles bleibt ganz "in der Schwebe", "ohne faßbares Ergebnis", "Glaube ohne jede Offenbarung ... appellierend an den, der auf demselben Wege ist". Kein "objektiver Wegweiser im Wirrsal", versucht Jaspers, "philosophierend Richtung zu halten, ohne das Ziel zu kennen". Er will nichts davon wissen, daß er weiß, am Ziel so ankommen zu wollen wie bei der Mutter und Frau Welt, von der ihn neben dem Pathos der Distanz auch Berührungsangst trennt, die Angst vor dem in Mutter Natur chiffriert verborgenen Vater, auch die Angst vor der archaisch omnipotenten Imago der frühphallischen Mutter.

Die depsychologisierten "Grenzsituationen" will er ganz heroisch aushalten : den Kampf (gegen Vater und Geschwister um die Mutter), Schuld (vor dem Überich), Leiden und Versagen (vor dem Ich-Ideal), seine Krankheit (als einen somatisierten Konflikt zwischen Es und Überich, als körperliche Züchtigung durch den Vater), Angst vor Kastration, vor Liebesentzug und Vernichtung ("Aphanisis", Ernest Jones). Ich werde kastriert, also muß ich doch wohl eigenwillig auf meinem eigensten Wunsch bestanden haben: Das Scheitern als Strafe wird zum Indiz und Beweisstück meiner Freiheit, meiner Zurechenbarkeit. Ich werde "zerbrochen", also muß ich etwas getan haben, was andere nicht wollten : Ich scheitere, also war ich ich selbst. Gerettet ist der Mensch bei Jaspers (in aller rhetorischen Gefährdung durch den "Abgrund" der Psychose) allemal : Meine Abgrenzung gegen den einen Elternteil ist immer schon Identifikation mit dem anderen. Mein *Selbstsein* gegen den Vater ist von der Unterstützung der Mutter getragen, und das Selbstsein gegen die Mutter hat den "unbegreiflichen" Beistand des Vaters im Rücken. Die Eltern spielen das Kind gegeneinander aus, es ist "zerrissen", weil es nie weiß, mit wem es endgültig gegen wen geht, als wessen Waffe seine "Eigentlichkeit" eigentlich gegen wen gerade benutzt wird, wessen narzißtischem Ehrgeiz es familienstrategisch gerade dient, aber es weiß sich von dem einen aufgefangen, sobald ihm vom anderen "der Boden unter den Füßen weggezogen" wird, eben das Urvertrauen. Bei Jaspers schlafwandelt der Mensch am Rande des schizoidalen *double-bind* dahin, ausweglos angenommen und abgestoßen zugleich, in mystifizierenden Antinomien der Kommunikation verstrickt, amorph und fragmentiert, schwankend zwischen *pseudo-community* und *pseudo-hostility*, immer auf der Suche nach dem mütterlich „Umgreifenden" und nie erotisch Umarmenden seiner liberalen „Periechontologie" zwischen einem rechten Heidegger und einem linken Sartre, die ihn beide anzogen und abstießen zugleich.

Der Psychiater Ludwig Binswanger nannte Jaspers für alles Geschlechtliche wie blind.

> „Es gibt noch Philosophieprofessoren,
> aber keine Philosophen mehr." *(Johannes Gross)*

"Tod und Liebe sind die Mythe von der (negativen) Dialektik, denn die Dialektik ist das innre einfache Licht, das durchdringende Auge der Liebe, die innre Seele, die nicht erdrückt wird durch den Leib der materialischen Zerspaltung, der innre Ort des Geistes. Der Mythus von ihr ist so die Liebe; aber die Dialektik ist auch der reißende Strom, der die Vielen und ihre Grenze zerbricht, der die selbständigen Gestalten umwirft, alles hinabsenkend in das eine Meer der Ewigkeit. Der Mythus von ihr ist daher der Tod. Sie ist so der Tod, aber zugleich das Vehikel der Lebendigkeit, der Entfaltung in den Gärten des Geistes, das Schäumen in den sprudelnden Becher von punktuellen Samen, aus welchen die Blume des einen Geistesfeuers hervorsprießt." *(Karl Marx,* Vorarbeiten zur Dissertation von 1841)

War das schon Adornos „negative Dialektik"?

Jean-Paul Sartre :
Die absolute Freiheit auf der Couch

In einem Interview nach seiner Erblindung, die seine Laufbahn als Schriftsteller abschloß, bekannte Sartre, aus Schriften über ihn habe er nie etwas über sich lernen können. Machen wir einen neuen Versuch, den Denker der absoluten Freiheit über den Sinn seiner Ideen aufzuklären.

Der schon 33-Jährige debütierte mit dem Roman „Der Ekel", den er für seinen bleibenden literarischen Beitrag hielt. An einer schwarzen Kastanienwurzel im Park von Bouville (Rouen) geht dem Protagonisten Antoine Roquentin eine metaphysische Grunderfahrung auf: Die Dinge existieren, und sie existieren unabhängig von menschlichen Bedeutungen und Bezügen; Geschichte und Gesellschaft sind ihrer nackten Existenz wie nur übergestülpt. Die jungfräulich reine Natur, bevor der Bürger seine Fettfinger auf sie gelegt und sie zum Arbeitsmaterial erniedrigt hat, erregt nicht heilige Wonneschauer wie den heutigen Ökolog(ist)en und Naturschutzheiligen, sondern nur Grauen und Abscheu. Die Résistance weckte Sartre aus seiner anarchistischen Kleinbürgerradikalität.

Das Hauptwerk „Das Sein und das Nichts" (1943) wurde von nihilistischen Intellektuellen der Pariser Kneipenkeller begeistert aufgenommen und missverstanden als Pop-Philosophie eines amoralischen Sichauslebens auf den Trümmern des 2. Weltkriegs. Seine Résistance-Erfahrungen verarbeitete Sartre in der Roman-Tetralogie „Wege der Freiheit". Der politisierte Philosoph verschrieb sich von nun an einem voluntaristischen Dezisionismus und liberalistischen Hyper-Aktionismus von Happenings. Um der Rechten nicht zu dienen in der Restaurationsphase, verteidigte er gegen den Weggefährten Camus sogar die stalinistischen Schauprozesse, ohne sich aber den Kommunisten explizit anzuschließen. Gegen den bürokratisch sklerotisierten Ostblockmarxismus schrieb er nach dem Ungarnaufstand das Theaterstück „Die schmutzigen Hände" und die „Kritik der dialektischen Vernunft" (1960), einen anarchistischen „Marxismus für das 21. Jahrhundert", der den individualistischen Existenzialismus als „historisch-strukturale Anthropologie" dem historischen Materialismus als eine „ideologische Enklave" vergeblich andiente.

Nur militanten Gruppen traute er hier die Kraft zu, die objektive Trägheit immer neu zu überwinden, zu der den Menschen ihre eigene systemüberschreitende Praxis dialektisch immer wieder gerinnt. Unter dem Eindruck der Pariser Mairevolte 1968 näherte er sich, erneut enttäuscht von den französischen Sozialisten und Kommunisten, jenen maoistischen Gruppen an, deren Denken er eher verspottet hatte. Selbst seine programmatische „littérature engagée" verabschiedete er 1964 mit der brillanten Autobiographie seiner ersten zwölf Lebensjahre: „Die Wörter". Die unvollendet gebliebene Flaubertstudie „Der Idiot der Familie" vereinigte nach den Baudelaire- und Genet-Studien noch einmal alle literarischen und philosophischen Intentionen zu einer marxistischen Ästhetik, welche die subjektive Neurose Flauberts mit der „objektiven Neurose" seines bürgerlichen Publikums im 19. Jahrhundert vermittelte zu einer Selbstanalyse des Schriftstellers Sartre, eines groß- oder kleinbürgerlichen Revolutionärs im 20. Jahrhundert.

Sartres Werk wird unsere Interpretationsversuche von drei Gesichtspunkten aus interessieren müssen. Einmal gilt es, sich auseinanderzusetzen mit seiner Absicht, Freuds Psychoanalyse durch eine eigenwillige „existentielle Psychoanalyse" zu ergänzen, ja, zu ersetzen. Zum anderen hat Sartre sich selbst explizit zu Kernthemen der Psychoanalyse – wie Liebe, Hass, Sexualität, Sadomasochismus, Phantasie, Emotion, Bewußtsein, Unbewußtes – auf eine Weise geäußert, die zuweilen signifikant abweicht vom gängig gewordenen psychoanalytischen Standardmodell. Drittens werden wir Sartres Metaphysik, also auch und gerade jene genuin philosophischen Gedanken, die nicht ausdrücklich zur Psychoanalyse und ihren Lieblingsproblemen Stellung nehmen, einem psychoanalytischen Deutungsversuch unterziehen.

Da er von der „klaren und deutlichen" Selbstgewißheit des cartesianischen „Ego cogito" ausgeht, lehnt Sartre erst einmal ab, die autonome Existenz des Unbewußten als einer Sphäre sui generis anzuerkennen. Freuds „System ubw" hält er für eine ontologisch mystifizierte Hypostase, die es gerade philosophisch in „reines Bewußtsein" aufzulösen gelte. Natürlich gibt Sartre zu, daß auch dem – von ihm zum „narzißtischen Größen-Selbst" (Kohut) hypertrophierten – Ich nicht jederzeit all das explizit bewußt ist, was sein ganzes Sein ausmacht. Um aber trotzdem die supponierte Hegemonie dieses Ich gegenüber Es, Über-Ich und Realitätsprinzip aufrecht zu erhalten, führt Sartre das „nichtthetische Bewußtsein des präreflexiven Cogito" ein. Das erlaubt ihm, in Freuds „System ubw" ein verkapptes und mystifiziertes „System vbw" entlarvt zu glauben. So bleibt Sartres „Ego cogito" auch dort Herr im eigenen Hause, wo es zu offensichtlich von ich-dystonen Antrieben gesteuert und von Hetero- nomie behindert scheint. Es ist Sartre offenbar so unerträglich kränkend, die Möglichkeit eines naturdeterminierten Ich einzuräumen, daß er diesem allwissenden, transzendental omnipotenten Cogito lieber noch die stolze Verantwortung für jedes Nicht-Ich und für krasseste Schicksalsschläge aufbürdet. Keinem Menschen könne im Ernst etwas wirklich Unmenschliches passieren, nichts nur von oben und von außen zustoßen, da alles, was wir erleiden, nur die Kehrseite dessen sei, was wir wollen. Wenn das Subjekt unterdrückt und ausgebeutet werde, wenn es ohnmächtig und abhängig sei, dann nur deshalb, weil es bloß ernte, was selber gesät zu haben es vor sich und anderen wohlweislich allzu gern verberge, und weil es eine „unwahrhaftige Urwahl" seiner selbst aufrechterhalte, in deren vorgängigem Horizont dann die Welt als sinnvoll gegliedertes Reich möglicher Widerstände und Gegenstände allererst auftauchen könne.

Sartre findet immer neue Formulierungen, das Ich aus allen Foltern als Herr selbst seines grausamsten Schicksals hervorgehen zu lassen. Alles, was sich dem Ego wie von oben und außen auferlege (verinnerlicht zu Es, Realität und Überich) – der „Widerstandskoeffizient der Dinge" – existiere ja nur für ein Ich, das „in der Welt auf etwas aus" sei und sie „auf seine Ziele hin überschritten" und von diesen Selbstprojektionen aus als „Anti-Finalitäten" entdeckt habe. Ein Berg könne sich nur dem als unbesteigbar enthüllen, der ihn besteigen wolle. Unabhängig von einem menschlichen Entschluß, ihn zu erklimmen, habe es überhaupt keinen Sinn, von seiner Unbesteigbarkeit zu sprechen oder sich gar noch auf sie zu berufen beim Versuch, etwa das Unterlassen eines Besteigungsversuchs vor sich und anderen zu rechtfertigen, sich auf Sachzwänge herauszureden und von der vermeintlichen Objektivität der Gegebenheiten entschuldigen zu lassen, die es nur für ein Subjekt gebe, das sie provoziere durch seinen „Entwurf", sie zu überwinden, zu unterlaufen oder zu umgehen.

Auf den mütterlichen Venusberg übertragen, heißt dies dann, daß die väterliche Kastrationsdrohung nichts ist außer für und durch einen Sohn, der den Inzest begehrt (oder verdrängt). Das Kind scheitert mit seinem unerfüllten Wunsch nicht einfach an seinem Vater über ihm, weil die verbietende Macht des Vaters das bloße Korrelat des kindlichen Inzestwunsches sei, durch den der Sohn erst überhaupt darüber befinde, ob es so etwas wie das Inzesttabu und väterliche Sanktionen gebe: Er könnte ja auf diese Begierde verzichten, und schon gäbe es die Kastrationsdrohung nicht mehr für ihn. Man weiß, wie das neurotische Kind reagiert: Statt ihn aufzugeben oder den prekären Wunsch doch durchzusetzen, verdrängt das Kind, *daß* es die verbotene Mutter weiter libidinös besetzt hält. Was heißt „verdrängen", fragt Sartre, an dieser Stelle? Wird nun das verpönte Verlangen aus dem Medium des Bewußtseins herausgehoben und in ein ebenso verabsolutiertes Medium, genannt Unbewußtes, getaucht, gleichsam von einem Gefäß in ein anderes getunkt? Sartres Kritik an dieser objektivistischen Vorstellung stützt sich dabei vor allem auf die sogenannte „Nachverdrängung" einer unbewußt gewordenen Regung. – Gesetzt, eine Strebung erfahre von der Zensurbehörde des Über-Ich eine moralische Zurückweisung und werde ins *System ubw* abgeschoben und dort sequestriert. Auch nach Freud ist eine ständig neu aufzufüllende Energiebesetzung nötig, um den Widerstand gegen die Rückkehr des also Verdrängten ins Bewußtsein aufrecht zu erhalten. Es genügt nicht, das zu verheimlichende Gelüst ein für allemal zu verdrängen, es muß in jeder Sekunde neu verdrängt werden und nun im Status der Verdrängtheit gehalten werden. Wie, fragt nun Sartre sehr scharfsinnig, kann das Ich – via Überich – die beanstandete Regung am Bewußtwerden hindern, wenn es gar nicht weiß, *was* es verdrängen soll? Muß es nicht implizit ein wenn auch noch so unausdrückliches Bewußtsein von dem haben, was es unbewußt lassen soll – eben, um es unbewußt zu halten? Wie kann das Ich etwas aus dem Bewußtsein entfernt lassen, wenn ihm nicht unablässig durchaus bewußt bleibt, *was* es eliminiert zu halten hat? Für Sartre gibt es nur einen Ausweg aus diesem Dilemma: Um ins Unbewußte verdrängen zu können, muß paradox gerade dieser Begriff des Unbewußten fallen gelassen werden. Um etwas nicht bewußt werden zu lassen, müsse dem Ich bewußt bleiben in jeder Sekunde, *daß und was* es ins Unbewußte detachieren wolle. Verdrängung ist für Sartre nur ein Sonderfall von Unaufrichtigkeit und Unwahrhaftigkeit des Ich gegen sich selbst, eine „mauvaise foi", ein Akt schlechten Willens, für den es wie für alle übrigen Abwehrmechanismen voll verantwortlich bleibe, auch und gerade da, wo es sich auf etwas Ichfremdes entschuldigend berufen wolle. Verdrängen, das heiße einfach etwas vor sich selbst verbergen, und um etwas vor mir verbergen zu können, müsse ich schon wissen, *was* ich verstecke und *daß* ich es verstecke. Von Verdrängung i. e. S. ist nach Sartre dann zu sprechen, wenn das Ich nicht nur vor anderen verschweige, sondern auch und vor allem vor sich selbst geheim halte, *daß* es etwas geheim halte, dessen es sich gleichwohl bewußt bleiben müsse, einfach deshalb, um es geheim halten zu können. Das Ich spielt ein falsches Spiel und Versteck mit sich selbst; es tut, als wüßte es nicht, was es weiß, und muß doch wissen, was es tut, um es überhaupt konsequent tun zu können, als wüßte es nicht: es belügt sich selbst. Gut, wird man sagen, es belügt, um nicht bestraft oder gekränkt zu werden, sich selbst − aber ja doch unter Druck. Aber diesen Druck, wird Sartre einwenden, gebe es ja nur, sobald und solange das Ich sich entschließt, sich mit seinem inzestuösen Es zu identifizieren und dadurch den empörten Aufschrei seines Gewissens herauszufordern.

Etwas nicht wahrhaben zu wollen, heiße aber zu wissen, daß man es eigentlich besser wisse. Streng logisch betrachtet, unterscheidet Sartre hier also zwei Ebenen der Abstraktion: das Ich contra Trias Es-Überich-Realität und das narzißtische Selbst des Ego cogito. Das cartesianische Ego ist gleichsam die Metastufe über jener Ebene, auf der ein empirisches Ich einem gleichberechtigten Es oder Überich oder Realen wie ausgeliefert scheint. Als ein empirisches Ich bin ich Teil der Welt unter anderem und ihren Determinismen unterworfen, eine Wirkung von Ursachen, über die ich keine Macht haben mag. Als gleichzeitig freie Subjektivität allerdings bin ich Inbegriff jener Welt, in der mein empirisches Ich als Objekt anderer Subjekte ihnen ausgeliefert ist, und der Schöpfer dieser Welt, in der ich Geschöpf unter anderen zu sein habe. Als

Subjekt, das alle anderen Subjekte zu seinen Objekten zu machen vermag, kann ich gleichwohl in jeder Sekunde auch Objekt dieser Subjekte werden. Entweder bin ich nach Sartre Herr oder Knecht, tertium non datur: entweder Geist oder Materie, Subjekt oder Objekt, Mann oder Frau, Vater oder Mutter, Vater oder Kind, Überich oder Ich. Als Subjekt aber bin ich wohl Herr über meine Objekte, aber nicht Herr über meine Herrschaft über sie. Nach Sartre bin ich nämlich ebenso frei wie zu dieser Freiheit „verurteilt", von wem auch immer und für welche Untat auch immer. *„Wie könnte man sich befreien, wenn man nicht schon frei wäre?"* Eigentlich sei ich immer frei und ein *reines* Subjekt und noch Urheber meiner eigenen Knechtschaft, denn Gegenstand in den Augen eines anderen könne ich nur sein, wenn ich zuvor darauf verzichtet habe, ihn meinerseits zu meinem Gegenstand zu machen, wenn ich ihn dazu ermächtigt habe, mich zu seinem Objekt zu machen. Kurz : Alles verläuft nach Sartre so, als würden nicht Es oder Überich oder Realitäten mich bestimmen, sondern als würde allein ich selber diese Mächte dazu bestimmen, nun mich zu bestimmen.

Es mag sein, sagt Sartre, daß eine Frigide glaube, sich aus ihrer Frigidität als einem organischen Befund erklären zu können, aus einer unzurechenbar vorgegebenen Tatsache definieren zu dürfen, daß sie sich also nicht bewußt ist, sich diese Frigidität in jedem Moment freiwillig neu zuzuziehen, um sich damit etwa an einem ungeliebten Mann zu rächen. Aber diese verborgene Bedeutung und der ursprüngliche Wunsch, ihren Mann für etwas zu bestrafen, müssen ihr wenn auch noch so unausdrücklich bewußt sein, um als faktische Frigidität vor sich und anderen verkäuflich zu sein, um diesem vor sich selbst versteckten Zweck in jeder Minute dienen zu können.

Sartres „Ego cogito" bleibt sich bewußt, was ihm unbewußt ist, es muß die verdrängte Regung kennen, *um* sie verdrängen zu können; das Unbewußte setzt ein Bewußtsein von ihm voraus. Wenn ich etwas verdränge, dann nicht deshalb, weil ein übermächtiges Überich und der darin verinnerte Vater es so will, auf dessen Übermacht mein Gehorsam sich herausreden kann wie die Wirkung auf ihre Ursache, sondern weil ich es bin, der dieses Überich dazu ermächtigt, mich von meinen ureigensten Regungen abzuschneiden.

Auch das Es kann das Ich nur überschwemmen, sofern das Ich eingewilligt hat, sich von den Primärprozessen überrollen zu lassen. Wichtig sei allein, was der Selbsterhaltungstrieb, den Sartre zur freien Subjektivität einer narzißtischen Grandiosität aufdonnert, aus dem mache, wozu Es und Überich und Realität ihn machen. So sei auch die Liebe eben kein Wildbach, der das Subjekt mitreiße, denn niemand könne sich verlieben, der nicht auch verliebt sein wolle, heißt es in dem Vortrag „Ist der Existentialismus ein Humanismus?" Uns scheint, daß Sartre hier die Kompetenz des Ich überanstrenge und ihm die aggressiv magische Gedankenallmacht des „archaisch primärnarzißtischen Selbstideals" *(O. Kernberg)* vindiziere. Ist das nicht Adlers reine Ich-Psychologie als ein Rückfall hinter Freud zurück?

Im Grunde leugnet Sartre einfach die Differenz und strukturelle Differenzierung von Ich und Überich, von Ich und Es, um den topologischen Abstand zwischen Es und Überich als inneres Spannungsgefüge des Ich selbst „interiorisieren" zu können. Nur ein Ich, das sich freiwillig auf die künftige Erfüllung dessen hin entwirft, worauf Es aus ist, stößt auf den resistenten „coefficient d'animosité" der mater-iellen Realität oder des patrigenen Überich. Statt das Ich aus der Konstellation dieser präsubjektiven Instanzen als eine bloße Rationalisierungsresultante vorgegebener Kräfte zu erklären, hält Sartre dafür, daß das Ich sein eigenes Überich und Es ist, also Herr darüber, *daß* sie Herr über das Ich sind. Ich bleibe verantwortlich für das, was ich in den Augen des Es, des Internalisats meiner Mutter, und in den Augen des Überichs bin, des väterlichen Internalisats.

Einmal von meinen Eltern in die Welt gesetzt, sei ich auch schon abgenabelt und selbst noch für meine eigene Geburt verantwortlich, gleichsam Mutter und Vater meiner selbst. Genauer sei ich es, der sie dazu bestimme, als meine Eltern mich in meinem Kindsein zu determinieren, denn mein Projekt, mich in die Welt zu setzen, habe sie ja allererst dazu bewegt, meine Eltern zu werden, so daß das Kind Vater und Mutter noch seiner eigenen Eltern sei. In die Welt „geworfen" als Wurf meiner Eltern, gebe erst mein „Entwurf[4] dieser Geworfenheit ihren Sinn. So fliehe ich nach Sartre zunächst und zumeist meine Verantwortlichkeit für das, was ich faktisch doch bin, weil es mich narzißtisch kränken würde, meine unschöne Faktizität übernehmen zu sollen als ein Produkt meiner freien Entscheidung.

Wenn ich es im Leben zu nichts gebracht habe, dann deshalb, weil dies und jenes gegen mich war, nicht weil mein „Ich-Ideal" es war, das eine Welt auftauchen ließ, in der für meine Pläne kein Platz war. Rede ich mich als Frau auf Frigidität heraus, statt mir mein moralisch verpöntes Rachebedürfnis einzugestehen, dann deshalb, weil ich vor mir selbst als unschuldig dastehen möchte, vor mir selbst gerechtfertigt sein, also dem Es und Überich gleichzeitig gerecht werden will. Nicht ich will heimzahlen, sondern ich bin so frigide, wie ein Stein eben schwer ist, und damit basta : Ich kann nicht, weil ich nun einmal so oder so bin, aber nicht, weil ich nicht will.

Ich bin nicht impotent bei dieser Frau, weil ich in ihr meine verbotene Mutter begehre, sondern weil sie frigide sei. Ich habe nicht Angst vor dem Chef, weil ich in ihm meinen Vater von früher fürchte, sondern weil er ein Sadist sei. Laut Sartre ist nicht das Ich, sondern das Unbewußte selbst eine bloße Rationalisierung. Alfred Lorenzers Auffassung von Verdrängung als rationalisierter Fehletikettierung kommt da Sartres Deontologisierung des *Systems ubw* entgegen. Offenbar empfindet er die narzißtisch kränkende Funktion der Rationalisierung viel stärker als ihre moralisch entlastende und exkulpierende, aber er bürdet dem einzelnen Ich auf, wessen vielleicht erst eine freie Gesellschaft mächtig wäre. Wenn der „Existenz" aufgegeben ist, ihre eigene Essenz zu „erfinden" in freier Wahl, dann kann diese Suche nach dem eigensten Wesen auf nichts zurückgreifen als auf die nackte (gesellschaftlich aber präformierte) Existenz, und die ganz formelle Wahlfreiheit akklamiert nur dem, was ohnehin da und verfügt ist. Wenn die Existenz ihrer Essenz vorangeht, die sie zu wählen hat, statt von ihr definiert zu sein, wird sie ihre eigene Essenz und kann nur noch dem beipflichten, was Es oder Überich oder Realitätsprinzip in die nackte Existenz des Ich längst implantiert haben, bevor das Ich sich wählt. Sicher ist das Kind es, das die Mutter gegen den Vater oder den Vater gegen die Mutter wählt, aber was ich wählen kann, ist ins Ich *als* Über-Ich verinnerlicht, bevor ich diese geheimen „Introjekte" durch vermeintlich freie Wahlen nur re-externalisiere.

Sehen wir zu, ob das Subjekt bei Sartre wirklich sich bewußt ist, was es „überschreitet", wenn es das „Etre-en-soi" transzendiert auf dem Weg zu einem „An-und-für-sich-Sein". Der moralische Appell des Existenzialisten, auch und gerade sich in dem wieder- zuerkennen, was ihm zuwiderläuft, und das auf sich zu nehmen, was er gar nicht verbrochen hat, will aus der primärnarzißtischen Einheit des Ich mit der Welt eine Ethik ableiten und das krudeste Nicht-Ich als Ausfluß des Ich hinstellen, oralkannibalisch vom Ich verschlungen, anal vom Ich ausgeschieden, mater-ial vom Ich geboren. Das Ich entsteht gleichsam durch analsadistisches Ahtrennungsmanöver vom Nichtich, als das böse Andere vom Ego ausgeschissen.

Das ach so freie „pro-jet" des Subjekts ist eine bloße Projektion seiner eigensten unwillkommenen Eigenschaften aufs Nichtich, das erst durch diese Projektion zum „Anderen" sich verfremdet. Genauer: das Ego projiziert seine eigene Vollkommenheit in die Zukunft, um seine eigene Gegenwart und Vergangenheit als Inbegriff des zu überwindenden Bösen aufleuchten zu lassen, um seine guten von seinen bösen Qualitäten zu trennen. Durch sein *Ichideal* will es sich von allem „losreißen", was es (gewesen) ist, und will nicht sehen, daß dieses Ichideal selbst eine in die Zukunft projizierte Vergangenheit impliziert, z.B. den Wunsch, sein eigener Vater zu werden.

„Ich bin (noch) nicht, was ich (schon) bin, und ich bin (noch), was ich nicht (mehr) bin." Ich bin (in der Imagination) schon der Vater, der ich (realiter) noch nicht bin, und ich bin in Wirklichkeit ja noch das Kind, das ich in Gedanken schon nicht mehr bin. Diese vollzeitliche Struktur soll das paradoxe Wesen des Menschen laut Sartre ausmachen; faktisch noch Kind und doch im Inzesttraum schon erwachsen. Potentiell hat der Sohn bereits die Potenz des väterlichen Potentaten, die ihm realiter als dem Kind, das er noch ist und bisher immer gewesen ist, noch abgeht. Potentiell ist ihm auch schon bewußt, was ihm tatsächlich noch unbewußt ist und was es faktisch noch verdrängt hält: daß es den gegengeschlechtlichen Elternteil gegen den gleichgeschlechtlichen begehrt. Wenn Sartres Mensch nur „für sich" sein will, was er „an sich" ist, wenn er sein eigenes Ansichsein in sein Fürsichsein „aufheben" möchte, dann heißt das, daß Ich werden soll, wo Es war.

Im Zustand des Ansichseins treten dem Ich seine eigensten Regungen wie Dinge von außen entgegen, entfremdet und ichdyston. Unterm Druck des Überichs ist „an sich" geworden, was „für mich" war, hat sich als für den Vater erwiesen, was für mich bestimmt schien. „An sich" ist die Mutter für den Vater statt für mich. An sich bin ich noch das Kind, das ich für mich schon nicht mehr bin, an sich bin ich noch prä-ödipal an die nutritive Mutter gefesselt, *an sich,* d.h. für Vater und Mutter, während *ich für mich* ja bereits mein eigener Herr und Vater bin. Heteronom bedingen mich meine eigensten Wünsche, sofern sie als verdrängte und unbewußt gewordene mich hinterrücks wie Ursachen bestimmen, statt daß ich mich in ihnen wie in eigenen Zielen und Plänen wiederfinde. *Für mich* ist die Mutter mein Liebesobjekt, *an sich und für den Vater* aber ist sie mir verboten und gehört sie ihm. Was sie *an sich* ist, ist *sie für ihn,* und genau das will ich für mich, nicht das, was sie mir nur als alimentäre Fürsorge zukehrt. Als verdrängte gehören mir meine Wünsche nach meiner Mutter so wenig wie die Mutter selbst: das „Ansichsein" bei Sartre ist das Verdrängtsein der Begierde nach der Mutter, schließlich die Mutter selbst. Und wenn das freie Fürsich, das „Etre-pour-soi", dieses „Etre-en-soi" nichtet und überschreitet, dann so, *daß* es sich die verdrängte, von sich abgespaltene Regung ins Bewußtsein zurückholt und die Verdinglichung der eigenen Strebungen transzendiert, um auf sich selbst zurückzukommen. Das *Ansich* sei zähflüssig gewordenes, geronnenes *Fürsich,* im Aggregatzustand der „coagulation", und in neuen Zukunftsplänen jederzeit wieder zu verflüssigen, bis zum Tode von außen.

Das Ich befreit sich vom verdrängten, „exteriorisierten", „serialisierten" Modus seiner ureigenen Akte und nimmt sich wieder in Besitz in einer „retotalisierenden Synthesis", die das unbewußt gewordene, „detotalisierte champ de pratico-inerte" „reinteriorisiert" und „resubjektiviert". Mit Alfred Lorenzer zu reden, wird das „umgangssprachlich Exkommunizierte resymbolisiert", das „klischeehaft bestimmte, szenische Agieren in symbolvermitteltes Handeln zurückverwandelt". Die biologistische Entwicklungs- und Triebtheorie ist interaktionistisch aufgelöst : Kein Trieb zwingt mich, es sei denn durch meine Anerkennung hindurch; ich sei es, der ihm erlaube, mich zu treiben. Wenn es wahr ist, daß

Triebe so schubsen, wie Ziele ziehen, dann läßt Sartre sich höchstens von Trieben ziehen und von Zielen stoßen. Er erhebt die Ursachen zu Mitteln auf dem Wege zu Zielen und macht Ziele zu Ursachen, nicht zu Wirkungen der Mittel, sie zu erreichen.

Die Kausalität des Es und Überich wird überformt durch eine Finalität des Ich, das sich auf sein Ichideal hinspannt, in dessen Licht das Es bzw. Überich und die Realität dann als mögliche Werkzeuge oder Hindernisse allererst auftauchen. Die verdrängten Gehalte samt der verdrängenden Instanzen wären von daher die „Antifinalitäten" des Ego cogito selbst, sein eigenes „champ de pratico-inerte", seine eigene immobilisierte Praxis. Die innere Dialektik des Ich bestünde dann darin, die Verdrängungen seiner eigensten Es-Antriebe immer neu hegelisch „aufzuheben", die Diktate des Überich in seinem Herzen immer wieder neu zu negieren, sich immer wieder neu aus der Negation des Überich zu gewinnen und zu erfinden als Ego cogito — wenigstens im Imaginären.

Aber das Ich bestätigt sich nicht nur durch die Negation des patrigenen Überich, sondern auch in der „Nichtung" des matrigenen Es: Es ist laut Sartre zur Freiheit von der Bindung an die Mutter „verurteilt" durch den Vater. Permanent „überschreitet" es sein mater-ielles Ansichsein, alles, was es von Geburt aus ist. Aber vom maternalen Ansichsein reißt sich das Subjekt nicht los, weil es vom kastrationsdrohenden Vater im Himmel dazu „verdammt" ist, sondern weil es die Trennung von dieser ontologischen „viscosité" selbst sucht, weil es gar nichts ist als dieser abrupte Akt der Befreiung aus den Fängen der Mutter Natur, weil es *als* Ego dazu „verurteilt" ist, seine Selbstidentität aus der Differenz und dem Abstand zur absorbierenden Mutterimago des Seins zu haben. Die Trennungsangst scheint da erträglicher als die Verfolgungsangst. Das Ich dieses Kindes entzieht sich im Individuationsprozeß der „klebrigen" Symbiose mit der frühen Mutter, den „Leimruten" seiner Anhänglichkeit und Abhängigkeit und ihrer ehrgeizigen *overprotection*, dem ausbeutenden *mothering*.

Sartre wird nie müde, den ekel- und grauenerregenden Sog zu beschwören, der vom „weißen Fleisch des Seins", seiner „obszönen Überfälle" ausgeht, seiner sinnlos massiven Kompaktheit, seiner genitalen „inpénétrabilité" und „opacité", die ihn paranoid-persekutorisch umtreibt und oft das Weite suchen läßt. Freiheit meint bei Sartre die Verurteilung des Selbsterhaltungstriebes zur Befreiung des Ichs von der archaisch omnipotenten, prä-ödipal phallischen Mutterimago dieses „Etre-en-soi". Beim Versuch, sich von dieser Mutter-Kind-Ursymbiose zu lösen, kann sich das Ego-cogito allerdings bei Sartre auf keine Vaterfigur mehr stützen, denn der Existenzialismus ist die eher vorpubertäre „Philosophie eines vaterlosen Einzelkindes" (Hans Mayer).

Gottvater ist tot, weil vom Sohn ermordet, und sowenig er dem Kinde helfen kann, sich von dem mütterlichen Schoß unabhängig zu machen, sowenig kann er mehr störend zwischen das mütterliche Sein und die inzestuösen „Intentionalitätsakte" des Sohnes treten. Sich der Inzest-Regungen bewußt zu werden, heißt für das Ich des Sohnes, *von* der nutritiv klammernden Mutter frei zu sein *für* das vormalige Liebesobjekt des erschlagenen Vaters.

Frei von Vater und Mutter steht das Ich reuelos zu seinen inzestuös-patrizidalen Begierden, so scheint es. In „Les Mots" zitiert Sartre einen Psychoanalytiker, der ihm das Fehlen jedes Über-ich attestiert habe, und wirklich ist er ja ohne Vater aufgewachsen, da er die Beziehungsangebote und die Wertvorstellungen seines späteren Stiefvaters „Onkel Jo" zurückwies, nachdem der Vater als Marineoffizier „sich in den Tod geflüchtet hatte".

Bei der Aufgabe, sich aus der Abhängigkeit und der Umklammerung der Mutter zu befreien, die sich von den Männern zum kastrierten Wesen abstempeln ließ, war Sartre auf sein eigenes Ich angewiesen und zurückgeworfen. Diese heroische Aufgabe stimulierte das urnarzißtische Größen-Selbst, dessen ruhmsüchtigen Unsterblichkeitswahn Sartre 1964 in „Les Mots" plastisch herausgearbeitet hat. Ein Ego ohne paternales oder maternales Ichideal wäre dazu außerstande gewesen. Die Möglichkeit, er habe all seine Bücher letztlich lediglich geschrieben, um seinem Großvater Schweitzer zu gefallen, tut Sartre als „Aberwitz" ab. Obwohl alle Familienmitglieder ihn ständig in seinem Wert bestätigten und den künftigen großen Schriftsteller in ihm bewunderten, den er ihnen vorspielte, um sich schließlich von seinem eigenen Theater mitreißen zu lassen, will er in einer blitzartigen Intuition die Lüge darin und seine eigene Nichtigkeit erkannt haben. Zum großen Sartre bestimmt, nach dem in jeder Provinzstadt eine Straße benannt sein würde, entdeckte er eines Tages, daß er zu gar nichts da sein würde, falls er nicht selbst seine eigene Bestimmung sich schüfe. Seine Werke sollten die Mutter verführen und den verhassten Stiefvater, der ihm vor die Nase gesetzt worden war, übertrumpfen. Seine literarische Imagination sollte dem mathematischen Genie des Ingenieurs Joseph Mancy überlegen sein: Die künstlerische Einbildungskraft sei die wahre Zeugungskraft und Überzeugungskraft bei den umworbenen Frauen.

Die hohen Ambitionen und stimulierenden Erwartungen seiner Familie reichten offenbar nicht aus, ihn vom Sinn ihrer Absichten mit ihm zu überzeugen, er fühlte sich stets „überzählig". Warum? Sartre scheint außerstande, das plausibel zu machen, er rekurriert dazu auf einen unverständlichen irrationalen Akt der autogenetischen „Selbsterfindung" gegen alle objektivistische Probabilität. „Die Kindheit eines Chefs" hat erzählt, wie ein Sohn sein eigener Vater wird, wie er sich durch ein patrigenes Ichideal davon entlastet, sich selbst zu erschaffen, statt einen richtigen Vater erst nachzuahmen. Der Marineoffizier Sartre war tot, als sein Sohn wissen wollte, was er denn werden könne. Seine junge schöne Frau Anne-Marie hatte ihm ein ebenso kluges wie häßliches Kind geschenkt, und nun fand dieses Kind keinen Adressaten; es war umsonst geboren, von keinem Vater erwartet, von keinem Vater vermißt, falls es stürbe. Es war kein Vater da, der dieses Geschenk entgegennehmen und ihm seinen Willen aufzwingen, seinen Ehrgeiz einpflanzen konnte. So mußte, so durfte „Poulu" sich selber ganz erfinden. Großvater Schweitzer und Onkel Jo, aufgeklärte und liberale Männer, kamen dabei angeblich nicht in Frage, will man Sartre glauben.

Jeder habe in jedem Augenblick das Leben, das er verdiene, ohne daß ihm ein anderes vorbestimmt oder vorenthalten sei. Wenn ich wie mein Vater sein will, so ist das meine Sache; zwingen kann er mich nicht, mein Leben rechtfertigen schon gar nicht. Daß und als was ich geboren werde, sei zufällig, die Notwendigkeit komme erst durch mich in mein Leben. Die Welt muß ich übernehmen, als hätte ich sie so gemacht, wie sie ist und wie ich sie vorfinde. Sie ändern heißt den Entwurf ändern, sie so zu wollen, wie sie zufällig ist. Dieses stolze Ich ist die Notwendigkeit aller geheimen Kontingenz aller vermeintlichen Notwendigkeiten und die „existentielle Psychoanalyse" nur eine radikalisierte Ich-

Psychologie, deren Nähe zur Individualpsychologie des Freud-Apostaten Adler ja oft hervorgehoben wurde, welche die verborgene „Lebensleitlinie" unter den rationalisierenden Verschüttungen ebenso ausgraben will wie Sartre die „choix originelle" der Existenz unter ihren objektivistischen Selbstmißverständnissen.

Das von Freud dezentralisierte Ich wird von Sartre wieder inthronisiert, allerdings als exzentrisch auf die Zukunft hin ganz aufgebrochen, analysiert als Konstellation von *Ansichsein* und *Fürsichsein*, also von Sein und Bewußtsein, Objekt und Subjekt. Die Gegenwart und die Vergangenheit eines Individuums bestimmen seine Objektivität, über die seine Subjektivität hinwegschreitet beim Entwurf der Zukunft, in deren antizipiertem Horizont die infantile Beschränktheit dessen, was ich hier und jetzt bin und immer war, erst retardierend aufscheint. „Fürsichsein", Zukunft, Bewußtsein, Subjektivität, (männliche) Freiheit sind bei Sartre ebenso Synonyme wie Ansich-sein, Realität, Nichtich, Vergangenheit, Mater-ie, Objektivität, Widerständigkeit etc. Welches Bedeutungsmoment dann gewählt wird, entscheidet je der Kontext. Jeder Mensch wird als „individuelles Abenteuer" begriffen, als Drama zwischen dem Ansich und dem Fürsich, als (vergeblicher) Versuch, die Würde eines „Anundfürsichseins" zu erlangen. Ich will für mich sein, was ich an sich, d.h. für andere bin, will also selbst begründen, schaffen, rechtfertigen, erzeugen, was ich in den Augen anderer objektiv bin und zu sein habe. Da die Ur-Anderen aber die eigenen Eltern sind, deren Existenz von Sartre als „Skandal" bezeichnet wird, möchte ich Urheber dessen sein, was ich unter ihrem Blick bin, nämlich dieses Kind. Was heißt das anderes, als seine eigenen Eltern werden zu wollen?

Als Kind meiner Mutter bin ich gleichsam nur Ansichsein, Rohmaterial, nacktes Dasein, Mater-ie, Existenz, als „Wurf in die Welt gesetzt, die ich meinerseits erst setze durch einen „Entwurf auf die Zukunft hin", die mich meiner Kindlichkeit und der Obhut meiner Mutter entreißt, also meiner „Geworfenheit in die Welt". Gewöhnlich sind in dieses Ichideal, auf das hin ich mich entwerfe, die bewunderten Züge des väterlichen Vorbilds eingegangen, das Sartre allerdings fehlte, so daß er zurückgreifen mußte auf das primär-narzißtische Größen-Selbst, das mehr idealisierte Mutterbilder enthält, wie wir sehen werden.

Sartre muß den Vater erfinden, den er nicht hat; es gab niemanden, der ihm sein definitives Wesen hätte vorzeichnen können. Er konnte sich so frei fühlen, sich einen Sinn und eine Bedeutung, eine Bestimmung und ein Ziel auszudenken, was ihn der Austauschbarkeit, der Verwechselbarkeit und Überflüssigkeit eines unerwünschten Kindes, eines verwöhnten Einzelkindes allerdings, entreißen sollte. Sartre war nicht als Geschenk einer Frau an einen Mann gerechtfertigt und einer Chefkarriere geweiht, denn dieser leibliche Vater hatte sich „in den Tod geflüchtet", seinen Verpflichtungen entzogen und „sich als nicht haltbar erwiesen". Sein Vater war erst einmal ein toter, ein flüchtiger Vater, und Sartre stellt von Gottvater verdutzt fest: „Er existiert nicht." Poulu war da, aber zu nichts. Seine erste Tat bestand darin, sein Sein von Gnaden seiner Mutter hinter sich zu lassen wie eine Vergangenheit, sich vom Ursprung zu lösen, dem er sich verdankte. Wenn es keinen Vater gibt, dessen Launen zu Naturgesetzen werden, gibt es keine fix und fertige supranaturale Bedeutung, keinen platonischen Ideenhimmel, keine Werte an sich. Sartres berühmter „Ekel" vor der nackten Existenz der Dinge ist ein auf die Dinge projizierter Akt der psychischen Abwehr des *eigenen* Ansichseins, also dessen, was ihn an die Mutter und seine Herkunft aus ihr erinnert. Nach Freud ist Ekel ätiologisch eine Reaktion der Sinne auf die kloakale Sphäre, sobald der Mensch sich durch Erwerb des aufrechten Ganges, der Erektion seines ganzen Körpers, von dieser Sphäre stammesgeschichtlich entfernt hatte. Sartres Mensch versucht verzweifelt, den Kopf des „ego cogito" aus der anrüchigen prä-ödipalen Sphäre der Mutterimago des Seins herauszuheben und nicht im maternalen Sumpf *im* versinken, weder im Schlaf noch im Rausch oder Orgasmus: er bleibt wach und rein, sich selbst durchsichtig, klar und nüchtern.

Im metaphysischen Schlußkapitel von „L'Etre et le Néant" fragt sich Sartre, was das Ansichsein wohl am Weltanfang bewogen haben mag, sich die Modalität des Fürsichseins zu geben? Das Ansich war vor dem Fürsich wie die Mutter vor dem Kinde (und dem Vatergott) reine Koinzidenz mit sich selbst und ohne „Riß". Wenn sie sich öffnete, einen vaginalen Spalt bekam, durch den das Fürsich als ihr Kind in die Welt kam, dann deshalb, weil sie in ihrem Sohn ihrer selbst inne werden und durch ihn in ihrem Sein

241

gerechtfertigt werden wollte. Er ist der Sinn ihres Lebens, der ihre Überflüssigkeit und ihr „parasitäres" Dasein beenden soll. Das Fürsichsein hat diesen Penisneid des maternalen Ansichseins zu befriedigen und verläßt Mutter Natur nur, um rechtfertigend zu ihr zurückzukehren. In gewisser Weise legt Sartre seinen Ruhm eher seiner Mutter Anne-Marie als dem Großvater Schweitzer zu Füßen. Wenn Jean-Paul über Anne-Marie hinausgeht, dann ist es gerade so, als habe Anne-Marie sich in „Poulu" selbst überschritten, sei in ihm zu Selbstbewußtsein gekommen und ihrer phantasierten Kastriertheit ledig geworden. Als Ursprung und Urheber ihres Wertes allerdings wird Jean-Paul so etwas wie die Mutter seiner Mutter, wie er auch der Vater seiner eigenen Männlichkeit werden mußte. Wenn die Mutter Natur im Sohn Sartre ihr eigener Gatte wird dadurch, daß dieser Sohn sich zu seinem eigenen Vater macht, dann hat der kleine Poulu es geschafft, Vater und Mutter in sich zu vereinigen, ohne daß die imaginierte Urszene der Kopulation ihrer Introjekte in ihm angsterregend wird. Im Gegensatz zu Ernst Bloch kann der marxistische Vatermord des Sohnes sich hier nicht auf den gattenmörderischen Ehrgeiz der Mutter Natur, also auf die realen Tendenzen der Geschichte, stützen. „Pollux" Sartre kämpft an beiden Fronten gegen beide : gegen die verschlingende Mutter und den kastrierenden Vater – im Verein mit den virtuellen Brüdern, deren Solidarität er sucht. Er haßt die kapitalistische Geschwisterrivalität, die jede Front gegen die All-Elternimago der technokratischen Gesellschaft vereitelt.

„Der Mensch hat den Vater erfunden, um der langdauernden, psychoaffektiven Abhängigkeit vom Primärobjekt, der Mutter, zu entkommen; diese Abhängigkeit entstammt der somatischen Unvollkommenheit des Neugeborenen und wird auf der psychoaffektiven Ebene durch die entfremdenden Mutterimagines verlängert. Nur durch die Vermittlung des Vaters kann der Mensch in etwa die Auswirkungen der narzißtischen Urkränkung ausgleichen, indem er die Vaterimago internalisiert. Aus der postödipalen Identifizierung mit dem Vater konstituiert sich das Ich-Ideal, das hochentwickelte Erbe des primären Narzißmus. Menschliche *Normalität* ist nur deshalb so schwer zu definieren, weil sie sich ständig fortentwickelt. Sie ist nur in Zusammenhang mit dem Begriff Freiheit zu begreifen, einer Freiheit, die selbst erst im Entstehen begriffen ist; sie ist der Ausdruck einer immer größer werdenden Befreiung des Ich von inneren oder projizierten Mutterimagines, eine Freiheit, die nur über

242

die wahre Rationalität zu erreichen ist." *(Gérard Mendel: „Die Revolte gegen den Vater", Frankfurt/Main 1972)*

Nach Sartre ist der Mensch ein einziger Versuch, Gott zu werden, aber auch eine „nutzlose Leidenschaft", weil der Versuch, Gottvater, also Ursache seiner selbst zu werden (das *ens causa sui* der Scholastiker), den Versuch impliziert, sich selbst hervorzubringen und in die Welt zu setzen, also auch die eigene Mutter zu werden. Der Mensch kann sich selbst (und die Welt) nur produzieren, indem er den Schöpfer der Welt beseitigt und sich an dessen Stelle setzt. Sein eigener Vater zu werden, heißt für Sartre aber, auch seine eigene Mutter zu werden, weil ja die Mutter es ist, die das Kind hervorbringt, das sich also mit der eigenen Mutter identifizieren muß, wenn es sich selbst erschaffen will. Sartres Vaterbild hat die mütterlichen Züge des Weltschöpfers und Allproduzenten, und deshalb scheitert bei ihm der Versuch des Menschen, sich selbst zu produzieren, an der inneren Widersprüchlichkeit des damit identischen Versuchs, gleichzeitig der eigene Vater *und* die eigene Mutter zu werden. Im Übrigen fürchtet Sartre in der Identifikation mit der produzierenden Vater-Mutter viel zu sehr den Rückfall in die „klebrige" Symbiose mit dem Sein, von dem er sich im „nichtenden Akt der Seinsüberschreitung" gerade befreien und „losreißen" will, wenn er der reine, strenge Vatergott werden will. Der „Ekel" vor der prä-ödipalen Mutter-Kind-Einheit des Menschen mit dem Sein treibt die existenzialistische Existenz ja gerade in den habituellen Vatermord, also in die Identifikation mit einem nichtigen Vater, der so viele Züge mit der klebrigen Mutter gemein hat, daß das Dasein oszilliert zwischen Regen und Traufe und, verzweifelnd an den Paradoxien der Selbstverwirklichung, sein Heil schließlich in einer Verbrüderung mit militanten politischen Gruppen sucht. So hofft Sartre, durch „Aufhebung" seines Existenzialismus in den Marxismus einer Bruderhorde der Gefahr zu entgehen, hinter den getöteten Autoritäten wieder das verhaßte Bild der verstrickenden Mutterimago auftauchen sehen zu müssen, denn der politische Kampf gegen imperialistischen Kapitalismus ist ein gleichzeitiger Kampf gegen die Autoritäten der Väter *und* der ausbeutend delegierenden Mütter. Gerard Mendel hatte gezeigt, daß sich im roh externalisierten Überich aller Institutionen der vaterlosen modernen Industriegesellschaft die Vater- *und* Mutterbilder untrennbar vermischen und diese destruktive Verschmelzung es dem Kind verwehrt, die emotionalen Ambivalenzen auf eine geliebte Mutter und einen gehaßten Vater ödipal verteilen zu lernen.

Immer muß die von Sartre propagierte Existenz fürchten, einen Vater zu töten, um ihr eigener Vater zu werden, der mit einer Mutter identisch ist, von der dieser Mensch sich gerade lösen will, also das zu werden, wovon er sich befreien will, und sich von dem zu trennen, was er erreichen will. *Jean-Paul Sartre: „Das Sein und das Nichts". Hamburg 1962, Seite 726 ff. (Siehe auch S. 464-527 über Liebe, Haß, Begierde und Sado-Masochismus).*

Kurz : Sartre will beweisen, daß alle Bedeutungen, die so etwas wie „Loch" haben kann, nicht aus der Sexualität des Loches - sei sie anal oder vaginal - ableitbar sind, sondern daß umgekehrt die sexuelle Semantik des „Loches" (englisch *lock* : verschließen) zurückgeführt werden müsse auf die Ebene präsexueller Ontologie. Die „existentielle Psychoanalyse" will klären, als was und wozu das phänomenologisch „Lochartige" primär erlebt wird, um dann später vielleicht einmal mehr oder weniger zufällig die erotische Anziehung zu erklären, die fürs männliche Kind von der vaginalen Öffnung der Frau ausgeht, nicht umgekehrt. Was ist das Loch also für Sartre noch vor der Bedeutung als weibliche Scheidenöffnung?

Er räumt nur ein: „Trotzdem kann die Erfahrung des Lochs in der kindlichen Erfahrung der Wirklichkeit ein ontologisches Vorgefühl der sexuellen Erfahrung im allgemeinen umhüllen; das Kind verschließt das Loch mit seinem Körper, und das Loch ist vor aller sexuellen Spezifikation eine obszöne Erwartung, ein Ruf nach dem Leib."

Fußnote: „Desgleichen wäre die Bedeutung der entgegengesetzten Tendenz hervorzuheben, der Tendenz, Löcher zu bohren, die allein eine existentielle Analyse erfordern wurdet?" (a.a.O., S. 767).

Nun hat Sartre im selben Buch die Freiheit einmal umschrieben als ein „Loch im Seinsgewebe", als eine „Nichtung des An-sich-Seins", als den Akt, durch den das Nichts in die (Frau) Welt kommt, also offenbar als ein Akt, durch den ein Loch eher gebohrt als gefüllt wird. Nun hinterläßt der Geburtsakt, durch den das Kind sich aus der mütterlichen Seinsfülle befreit, genau jenes Nichts in ihrer Leibeshöhle, welches das eben geborene Kind durch lebenslange Sehnsucht zurück in den Mutterleib wieder mit seinem ganzen Körper auszufüllen sucht, wenigstens durch seinen Penis.

Sartre mag Recht haben, daß das Kind keine Vorstellung von der Möglichkeit genitaler Penetration hat, wenn es bereits von Löchern magisch angezogen sich zeigt. Die Psychoanalytiker beschränken sich ja aber auch darauf, die prä-ödipale, prä-inzestuöse, prä-genitale Bedeutung der vaginalen Mutter-Öffnung als Imago des bergenden Schutzraumes und der nutritiv-alimentären Muttermundöffnung hinter allen das Kind faszinierenden realen Löchern seiner Umwelt symbolisch zu unterstellen, nicht unbedingt als Scheide für den Penis. Die phänomenologische Beschreibung Sartres insistiert ja selbst auf dem Verlangen des Kindes, mit seinem ganzen Körper jenes Loch wieder auszufüllen, dem es entstammen muß, um so körpergerecht hineinzupassen. Das Ideal eines Loches sei jenes, in das mein ganzer Leib hineinpasse, nicht nur mein Phallus. Der genitale Koit ist dann nur die unvollkommene Realisierung des Wunsches, wieder ganz in der Höhlung aufzugehen, aus der ich komme und die wie eine paßgerechte Gußform mich zu erwarten scheint wie ein „Ruf nach Fleisch", nach mir als dem Penis der Frau, nicht nach dem Penis dieses Penis nur. Das Loch „stellt mir somit das leere Bild meiner selbst vor", weil es das Loch assoziiert, dessen „leeres Bild von mir" eben noch vor meiner Geburt (und „Geworfenheit" in die Welt) durch meinen ganzen Leib ausgefüllt war.

Sartres Ontologie muß sich die Frage gefallen lassen, was denn das Kind dazu bewegen könnte, „seinen Körper zu opfern", um die Gravidität der gravitätisch seinsträchtigen Fülle zu erschaffen. Überall soll offenbar etwas sein, nirgends ein Spalt, der nicht zugekittet, nirgends ein Zu- und Abflußrohr, das nicht zugestopft zu sein hätte. Aber warum eigentlich?

Welche Qualität, die Sartre verschweigt, muß das berühmte Sein haben, daß der „Mangel an Sein" quälend werden kann bis zu einem „Rufen nach Sein"? Die Freiheit, auf die Sartre so emphatisch abhebt, geht eher auf das Gegenteil und reißt Löcher auf, frißt Schneisen durch den Urbrei des Seins, „überschreitet" es im Akt des zukunftsentwerfenden Nichtens, „reißt" sich heftig von seiner Überfülle los, um etwas Nichts und Abstand zu bringen zwischen sich und den ekelerregenden Andrang des urmütterlichen Seins, von dem gesagt wird, es sei „zu viel" und von „opacité impénétrable" fürs klaustrophob erstickende Menschenkind zwischen den Lenden und Armen der Mutter Natur. Ist diese „Seinswahl" und passionierte Suche nach dem Sein, die auf nichts Ursprünglicheres soll reduzierbar sein, am wenigsten auf pränatalen Uterinismus, nicht doch letztlich der Ruf des Kindes nach der Mutter, nach Unterschlupf im Nichts zwischen ihren Beinen, nach Geborgenheit in der Gebärmutter, nach irreversibel symbiotischer Verschmelzung zur parmenideischen Seinskugel ohne Risse und Klüfte, durch die Fremdheit, Vielfalt, Bewegung und Vergänglichkeit drohen? Dabei ist es gleichgültig, ob das Kind seinen Mund mit seiner Mutter vollstopft, um so eine unverwundbar fugenlose Ganzheit zu bilden, oder ob die Mutter ihr obszön klaffendes Organ, ihren Muttermund, mit dem väterlichen Penis erfüllt, aus dem sie ihr Kind macht. Wir können nicht umhin, hinter der „phänomenologischen Ontologie" der Sexualität, wie Sartre sie vorschlägt, wieder nur eine geheime Sexualität dieser Ontologie zu analysieren. Dazu muß keine kindliche Vorahnung des genitalen Koits und keine kindliche Analität der Afteröffnung bemüht werden. Es genügt, auf die prä-genitale Regressionssehnsucht des Kindes nach den Wonnen früher Mutter-Kind-Dualunion und auf intrauterine Erinnerungsspuren zu rekurrieren, während Otto Ranks „Geburtstrauma[4]" gerade phobische Angst vor einer Rückkehr zur vorgeburtlichen Seinsfülle erwarten ließe.

Das Menschenkind, das von der mütterlichen Nabelschnur frei ist, *ist* jetzt ein „Loch im Seinsgewebe" der Mutter Natur, und dieses Nichts inmitten des mütterlichen Seins hat genau die Körperform des eben geborenen Kindes. Spätestens in der analen Trotz- und Abgrenzungsphase der psycho-sexuellen Entwicklung „wählt" das Kind, *nicht* die Mutter zu sein, um eine individuelle Weise zu werden, diese Mutter nicht zu sein, der es entstammt.

Gleichwohl findet es sich in seinem separierten Fürsichsein nicht damit ab, einfach nur da zu sein, als Objekt und Erzeugnis seiner Eltern, sondern bestimmt sich dazu, Grund dieses Bildes zu werden, das es in den Augen der Eltern annimmt, und Ursache seiner selbst zu werden, also *als* „fucktisches" Fleisch vom Fleisch der Mutter gerade seine eigene Mutter und sein eigener Ursprung zu werden. Als sein eigener Ursprung nimmt es aber selbst jene effeminiert mütterlichen Züge des klebrig am Kinde hängenden Seins an, dem das Kind in der existentiellen Individuationsphase gerade zu entgehen trachtet. Umgekehrt sucht das bloße mütterliche An-sich-sein der Frau, ihre „kontingente Faktizität", gerade im stolzen Fürsichsein ihres Kindes ihren eigenen Daseinsgrund und ihre Existenzberechtigung vor dem Vater, es befriedigt ihren narzißtischen Penisneid und ihren „Mangel an Sein", aber auch Mangel an Fürsichsein und Selbstbewußtsein und Freiheit von ihren eigenen Eltern. Sartre sagt, daß „alles so verläuft, als ob das An-sich *(der Mutter Natur)* in einem Entwurf, sich zu begründen, sich die Modifikation eines Für-sich *(in ihrem Menschenkind)* gäbe". Dasselbe macht das Kind mit seinem Ansichsein, das ein Für-andere-sein ist, ein Sein in den Augen der Elternfiguren, an deren Stelle es sich setzen muß – durch Identifikation oder Parentizid – , um Herr seiner selbst und seiner eigenen Onto-Genese zu werden.

     „Aber hier wie in der griechischen Philosophie erhebt sich die Frage : Was nennen wir real, wem erteilen wir das Sein zu? Dem Kosmos oder dem, was wir oben *to holon* (das Ganze und Volle) nannten? Dem reinen An-sich oder dem von jener Hülse aus Nichts umgebenen An-sich, das wir mit dem Namen Für-sich bezeichneten?" Sartre antwortet:

     „Das ganzheitliche Sein (das Kopulat aus Vater und Mutter, mit denen das Kind sich in philosophischen Urszenen-Phantasien emphatisch identifiziert), dessen Begriff nicht von einem Hiatus (Inzestschranke und Genitaldifferenz) zerteilt wäre und doch das nichtend-genichtete Sein des (kindlichen) Für-sich nicht ausschlösse (aus der Vereinigung von Vater und Mutter und das Kind nicht wieder in die Symbiose mit dem klebrigen mütterlichen An-sich-sein zurücktriebe), dessen Dasein vereinheitlichende Synthese des Ansich mit dem Bewußtsein (des kindlichen Objektseins mit dem Blick der Eltern, der Mutter mit der Freiheit ihres Kindes) wäre, dieses ideale Sein wäre das An-sich (der Mutter Natur), das vom Für-sich (des Menschenkindes) begründet wird und mit dem Für-sich, das es begründet, identisch ist (Mutter Natur lebt in ihrem Phalluskind, das sich mit ihr vereinigen will), das heißt, es wäre das *ens causa sui.* Aber eben weil wir uns auf den Standpunkt dieses idealen Seins stellen, um das reale Sein, das wir ‚holon' nennen, beurteilen zu können, müssen wir feststellen, daß das Reale eine verunglückte Bemühung darstellt, zur Würde des Ursache-seiner-selbst zu gelangen. Alles geht so vor sich, als ob es der Welt, dem Menschen und dem Menschen-in-der-Welt (Menschenkind-in-der-Mutter-Natur) nur gelänge, einen mangelhaften Gott-

(vater) zu realisieren."

„Sofern es innere Verneinung ist, läßt es sich vom An-sich verkünden, was es nicht ist und was es folglich zu sein hat" : nicht mehr Fleisch vom Fleisch der Mutter Natur, als „Bewußtsein ein glatter Abhang ..., auf dem man sich nicht aufhalten kann, ohne sich sogleich auf das An-sich-Sein abgeleitet zu finden", dem das Kind entstammt und auf das es angewiesen ist als Liebesobjekt. „Es gibt kein Sein für das Bewußtsein außerhalb dieser deutlichen Verpflichtung, unmittelbare, enthüllende Erkenntnis von etwas zu sein." Aber auch der Lebensweg des Mädchens zur Frau Welt beinhaltet, daß ihre „Selbstbegründung einen Bruch mit dem Identischsein, mit dem An-sich bedeutet, ein Abstandnehmen des Seins in Bezug auf sich selbst und das Sichtbarwerden der Anwesenheit bei sich selbst oder des Bewußtseins". Die Frau wird ihrer selbst bewußt als Frau und fängt an, bei sich zu sein, indem sie einem Mann beiliegt, sich einen Spalt weit öffnet, sich „auflockert" zu einem „Seinsloch im Innern des Seins", aus dem ihr Kind hervorgeht, ihr Phallus. Sie kann nur hoffen, für sich etwas zu sein, indem sie ihren geborenen Penis *für sich* werden läßt, ihn freigibt und in die Welt setzt als „Wurf, der sich daraufhin entwirft, ihr Leben zu rechtfertigen, um schließlich Mutter seiner Mutter zu werden.

„Nur indem es sich zu einem Fürsich (zu einem Kind, das sich von ihr trennt) macht, kann das Sein (der Mutter) danach trachten, Ursache seiner selbst zu werden (Herr seiner selbst, als Mutter eines Kindes Mutter ihrer selbst, ihre eigenen Eltern im phallischen Kind)." Intrapsychisch betrachtet, kann das matrigene Es nur dann hoffen, Grundlage seiner selbst zu werden, wenn es danach trachtet, sich zu einem Ich als narzißtischem Größenselbst zu machen. Das Es muß Ich – qua narzißtisches Größenselbst? – werden, um sich durch den Pass der Überichzensur seine Reputation und Daseinsberechtigung zu verschaffen. Es muß sich vom Überich partiell verdrängen lassen, um partiell ich-synton seine Legitimation zurationalisiert zu bekommen. Das Ich überschreitet das Es, das Kind reißt sich von seiner nutritiv-kurativen Mutter los, um nicht paranoid von den Primärprozessen und von verstrickender Muttersymbiose verschlungen zu werden wie die Fliege vom Honigtopf. Aber die individuierende Nichtung des maternalen Seins hat ja nur Sinn als Mittel, das Für-sich des Menschenkindes stark genug zu machen, sich dieser Mutter Natur in inzestuösen Vereinigungsentwürfen wieder sehnsüchtig zuzuwenden nach der Identifikation mit dem bewundert-verhaßten Vater. Doch das Kind, das seine prä-ödipale Mutter hinter sich läßt, findet sie ödipal nicht wieder. Selbst wenn es sein eigener Vater geworden ist, kann es die Mutter Natur sich aneignen, aggressiv sie bearbeiten, als Objekt benutzen, aber nie mehr mit ihr sich identifizieren, um seine eigene Mutter zu werden und um Mutter seiner Mutter zu werden, ohne fürchten zu müssen, als ein effeminiertes Baby – wie die Tinte vom Löschblatt – von archaischer Omnipotenz des Seins resorbiert zu werden.

Wir ziehen es vor, anders als Sartre, von der „Welt der Urhöhle" des Mundes und Muttermundes auszugehen mit René Spitz („Die Urhöhle. Zur Genese der Wahrnehmung und ihrer Rolle in der psychoanalytischen Theorie. In: PSYCHE IX, S. 641-667). Danach beginnt das Menschenkind mit dem „Höhlenmodus der Wahrnehmung", wo Innen und Außen noch ineinander übergehen: „Man könnte hinzufugen, daß dieses frühe introrale Erleben ja darin besteht, daß das Kind die Brust in sich hineinnimmt, während es zugleich in Arme und Brust der Mutter eingehüllt ist. Der Erwachsene betrachtet dies als getrennte Erlebnisse. Aber für das Kind sind sie nur eins, sind sie singulär und untrennbar, ohne Unterschiede zwischen den konstituierenden Teilen, so daß auch jeder dieser konstituierenden Teile für das ganze Erleben stehen kann." Die „Welt der Urhöhle" ist die „Matrix von Introjektion wie Projektion", Ort des „Übergangs für die Entwicklung bewußter zielgerichteter Aktivität für das erste aus der Passivität auftauchende Wollen". –

„Sie wird einerseits konstituiert durch die Urhöhle des eigenen Mundes, sie wird aber andererseits erst dadurch ermöglicht, daß in Form der mütterlichen Arme, die das Kind tragen, und der Brust, die es in sich hineinnimmt, die es berührt und an die es sich anlehnt, auch eine äußere Urhöhle bereitgestellt wird, in welcher der Mund als zentrales Wahmehmungsorgan überhaupt erst tätig werden kann", z.B. bei Günter Ammon das „als Repräsentant der Urhöhle wiedererkannte Gesicht der Mutter", deren bei Sartre so wichtiger Blick mit dem „bewußten, gerichteten, intentionalen Akt" des Dreimonatslächelns beantwortet wird, bevor aggressivere

Formen des Zurückblickens erfunden sind. Wir fügen hinzu, daß Arme und Brüste der Mutter, in die das Kind sich gern hineinschmiegt, zurückverweisen auf die Urhöhle des vaginal-uterinen Muttermundes, in dem das Kind wie eine Zunge liegt, mit der die Mutter spricht.

Wir verstehen jetzt auch, wie das Kind sich „opfern" kann, um die Seinsfülle der Mater-ie erstehen zu lassen: als späterworbener Penis der Mutter gibt es sich dazu her, ihren narzißtisch gekränkten Penisneid zu befriedigen, indem es sich entscheidet, die Scheide nur als „gebundener Delegierter" (Helm Stierlin) der Mutter zu verlassen, um als ihr stolzer Phallus, der es wie der berühmte Sartre in der Welt der verhaßten Vätergatten zu etwas gebracht hat als Vatermörder und Rächer seiner Mutter, endlich zu ihr zurückzukehren, um mit ihr zu verschmelzen zu einer untangierbaren Ganzheit, die aber Sartre für ganz widersprüchlich und unmöglich hält: für eine ideale Synthese des Ansichseins der Mutter Natur und des Fürsichseins des Erdensohnes, eine Dualunion, deren symbolische Idealität von der paternalen Realität immer wieder zu einer „enthaupteten Ganzheit" gemacht werde, weil die phantasierte „Urszene" der Vereinigung des Sohnes mit der Mutter, der als sein eigener Vater der Mutter beiliegt, zur „Enthauptung" des Sohnes durch seinen Vater führt, aber auch zur Gefahr, kastriert zu werden durch den „klebrigen" Sog der präödipal phallischen, omnipotenten Urmutter des Seins-an-sich. Außerhalb des mütterlichen Ansich gibt es nach Sartre nichts, eben nur das „Nichts dieses An-sich", eine bestimmte Art, das Ansich der mütterlichen Umklammerung und Immanenz zu (ver)nichten also nicht die Mutter zu sein, sondern *für sich* als Sohn und Mann, der die „obszöne Kompaktheit" ihres Fleisches transzendiert, um nichts als dieser permanente Akt der Befreiung von der klebrigen Seinsimago des mütterlichen Leibes zu sein. Aber wenn das Kind nichts ist als das, *nicht* seine Mutter zu sein, dann ist seine Freiheit von ihrer Leibesfülle, die Sartre so ekelt und fürchtet, genau jenes nach ihm selbst geformte Nichts und jene Hohlform, die es in der Mutter hinterläßt, sobald es sie im Geburtsakt verlassen hat.

„Auch das *ens causa sui* ist wie das Mangelhafte der Hinweis auf eine unmögliche Überschreitung nach der Höhe und bedingt gerade durch seine Nichtexistenz die flächenhafte Bewegung des Bewußtseins;

so bewirkt die vertikale Anziehung, die der Mond auf das Meer ausübt, eine horizontale Verschiebung, die die Gezeiten ausmacht."

Kurz : Der Sohn reißt sich zwar unablässig von der Mutter los und ist nichts als dieses Sichablösen, aber diese Bewegung hat keinen erreichbaren Fixpunkt, in dem sie an ihr Ziel käme. Es gibt für Sartre nicht den Vater, der man werden könnte, um völlig frei von der Mutter zu sein: Vater sein heißt Vater werden, also *nicht sein,* also niemals ganz Mutter *nicht* sein. Und ein Sohn, der ganz sein Vater wäre und damit frei von der Mutter, fände sie als Identifikationsobjekt und Liebesobjekt nicht mehr wieder. Und der Sohn ist verurteilt, immer „dehors" zu sein, nie ganz der Vater, nie ganz mit der Mutter eins, aber auch nie ganz *nicht* die Mutter und nie ganz *nicht* sein Vater. Selbst-sein heißt dann, nicht ganz selbst zu sein, sondern immer etwas jenseits seiner selbst zu sein. Die Ganzheit als Einheit von Mann und Frau, Sohn und Mutter, Sohn und Vater, ist unmöglich, sie ist für Sartre prinzipiell eine „enthauptete", kastrierte, eine „unganze Ganzheit", weil die „Urszene" der Vereinigung der Eltern – und des Kindes mit den kopulativ vereinigten Eltern – in sich logisch widersprüchlich sei. Entweder ist das Kind frei von der Mutter oder eins mit ihr : Sich mit ihr vereinigen kann es nur als sein eigener Vater. Wenn es aber sein eigener Vater ist, kann es nicht mehr mit der Mutter identisch sein. Genauer, wenn es seine eigenen Eltern werden muß, um sich selbst hervorzubringen, um also Ursache seiner selbst zu sein, dann muß es gleichzeitig seine Mutter und nicht seine Mutter, also sein Vater sein: dann muß es also sein eigener Schöpfervater und gleichzeitig *nicht* sein leiblicher oder geistiger Vater sein, weil der konträre Gegensatz zwischen Vater und Mutter für Sartre zum kontradiktorischen wird: Vater sein heißt, nicht mit der Mutter eins sein, und nicht Mutter sein, das heißt Vater sein. Sich selbst (er)zeugen, Kind seiner selbst werden, heißt dann, Mutter und Nichtmutter (wie Vater und Nichtvater) zugleich sein, und so definiert ja Sartre das in sich widersprüchliche Für-sich-sein des Menschenkindes: als ein Wesen, das ist, was es nicht ist, und das nicht ist, was es ist.

Die Mondmetapher des letzten Zitats verweist auf die ambivalente Mixtur aus Vater- und Mutterbild im Ichideal des Kindes: Seit alters her gilt der Mond als Zwitter zwischen Vater Sonne und Mutter Erde, als vereinigte Elternimago, mit der Sartre sich nicht vereinigen kann, weil sie ein antinomisch paradoxer Selbstwiderspruch sei. Gleichzeitig der eigene Vater sein und als seine Mutter nicht Vater sein und umgekehrt, diese „ideale Synthese" des Kindes mit der Synthese von Mann und Frau in Vater und Mutter, ist unrealisierbar und doch der geheime Motor aller Zukunftsentwürfe des Kindes, als sein Vater qua Nichtmutter wieder eins zu sein mit der Mutter, dem Nichtvater. Man sieht, daß Sartres Metaphysik an der überscharfen Dichotomie von Subjekt und Objekt, von Mann und Frau, von Kind und Eltern, von Ich und Es und Überich krankt, an der Verabsolutierung jeder Geschlechts- und Generationsdifferenz. Laut Sartre „überschreitet" das Menschenkind seine eigene Herkunft, „transzendiert" es seine Abstammung aus dem „Schoß des Seins", indem es „sich auf die Zukunft hin entwirft" und von seiner intra-uterinen Vergangenheit ständig „losreißt" – wie ein Rennboot vom tragenden Fruchtwasser, um erwachsen zu werden. In die Welt gesetzt als Wurf einer Mutter, entwirft es sich selbst darauf hin, sich von dem zu befreien, was es als abhängiges Kleinkind am Busen der Mutter Natur ab ovo gewesen ist.

„Die bestmögliche Definition des Vaters, wie ihn der Sohn unbewußt phantasieren kann, ist folgende: der Vater ist derjenige, der keine Angst vor der Mutter hat, der den Auswirkungen der mütterlichen Imagines entrinnen kann, der frei ist. Der Begriff der Freiheit entspringt nicht irgendeiner erlebten Realität, sondern dem Wunsch des Kindes, von der Mutter freizukommen" (*Gérard Mendel*: „La révolte contre le père", dt., a.a.O., S. 259).

Das Kind träumt, einst von der Symbiose mit der Mutter frei zu sein, es plant seine Selbständigkeit und Unabhängigkeit von ihrer gleichzeitig frustrierenden und protegierenden Übermacht. Aber Sartre läßt keinen Zweifel daran, daß das „Überschreiten" der Mutter und das Hintersichlassen all dessen, was das Kind als schwaches, hilfsbedürftiges Wesen an sie bindet, daß die Befreiung von der archaischen Imago der phallischen Urmutter im Dienste der Sehnsucht steht, sich als sein eigener Vater einst in der Zukunft wieder ihr zuwenden zu können, um sich genital-inzestuös mit ihr zu vereinigen, durch sie einen Sinn ebenso zu erhalten, wie ihr – und der Vergangenheit bei ihr – einen vollen Sinn zu verleihen.

Der Zukunftsentwurf des Subjekts, als sein eigener Vater die Nabelschnur zur Mutter durchtrennt zu haben und erwachsen zu sein, ist nach Sartre ein Entwurf, der auf die erotische „Enthüllung der Natur" abzielt. Und nur ein Sohn, der sich aus ihrer prä-ödipalen Umklammerung „nichtend" befreit hat, kann hoffen, sich inzestuös mit ihr einst wiederzuvereinigen, ohne ihrer „viscosité" erneut zu erliegen und ihrer oralkannibalischen Imago. Nur der Plan, das Kind in sich zu „überschreiten", macht das Ich im Abstand zur mütterlichen Fürsorge stark genug, relativ angstfrei auf sie und seine Liebe zu ihr zurückzukommen, um sie zu „enthüllen". Was das Menschenkind dabei „enthüllt" in seinen Inzestträumen, ist Mutter Natur allerdings in ihrem „coefficient d'animosité", und dieser ihr Widerstandskoeffizient ist das Inzestverbot, das der Vater in ihr gegen den Sohn ausspricht. Weder die Identifikation mit dem Vater noch die mit der Mutter gelingt, weil die eine Vereinigung die andere behindert und unmöglich macht. Dem Menschenkind gelingt die Befreiung von der prä-ödipalen Mutter nur um den Preis, auch von der inzestuös begehrten Mutterimago ausgeschlossen zu bleiben. Die Befreiung von der archaischen Omnipotenz der Mutter dadurch, daß das Kind sein eigener Vater wird, verhindert es, daß der Erdensohn sich mit seiner eigenen Mutter vereinigt, mit seinem Ur-Sprung, um Ursprung und Urheber seiner selbst zu werden. Umgekehrt setzt der Entwurf, sich selbst zu zeugen bzw. zu erzeugen, sowohl die Abnabelung des Kindes von der Mutter als auch die Identifikation mit dem Schoß voraus, dem das Kind entsprang. Die Identifikation mit der Mutter ist nach Sartre aber nur über Identifikation mit dem Vater real möglich, also nur durch Trennung von ihr - die nie wieder zu erreichen ist. Das Kind ist zur Freiheit *von* der Mutter „verurteilt", verurteilt *zu* anderen Frauen als der Mutter und verurteilt *durch* den kastrationsdrohenden Vater, aber „verdammt" zu dieser Befreiung von der Mutter auch durch die paranoide Drohung, die von ihrer schizophrenogen „klebrigen" Hexenimago ausgeht.

Gerade weil in Sartres Mutterbild zu viele phallische Züge auftauchen und der von der archaischen Mutter befreiende Vater selbst kontaminiert bleibt mit der phallischen Mutter, hält der ewige Vorpubertant (!) „Poulu" sein Fürsich ängstlich frei vom An-sich, und das Bewußtsein vom Sein, das Subjekt vom Objektiven, den Geist von der Natur. Unerträglich ist ihm das Wiederaufleben der ekelerregend bösen Mutterimago im homosexualisiert reinen Vaterbild, die Naturhaftigkeit und Naturverfallenheit des Geistes, diese innerste Ich-dystonie des Ego. Gleichzeitig wehrt er die phallischen Züge der Mutter Natur ab, die Subjektivität der Frau Welt, das Ich-syntone an den Objekten, die menschliche Dialektik des Außermenschlichen, die Transzendenz weiblicher Immanenz. Zentral aber ist die Angst des Ich, sich im mater-iellen Schoß des Seins wieder aufzulösen, in dieser Mutter-Kind-Symbiose kleben und schizophrenogen an Urmütter gefesselt zu bleiben.

Wir sind jetzt genügend vorbereitet, Sartres tiefsten Intentionen analysierend nachzugehen, und wenn er die Psychoanalyse durch seine Existenzphilosophie ersetzen will, werden wir sehen, daß die Auseinandersetzung des Für-sich-seins mit dem An-sich-sein, auf die er alles „psychische Geschehen" zurückführen will, selbst ein psychisches Fundament hat, das er sich nicht träumen lassen möchte. Dazu wählen wir die freudianische Psychoanalyse seiner „existentiellen Psychoanalyse" des „Klebrigen", jener Qualität, die das An-sich annehmen kann, um das Für-sich das Fürchten zu lehren. Dem „Ekel" vor der zudringlichen Klebrigkeit des Etre-en-soi hat Sartre eigens einen ganzen Roman gewidmet, seinen ersten. *„Das Sein ist. Das Sein ist an sich. Das Sein ist das, "was es ist. "* Wer sich vor dem Sein so sehr ekelt, daß er sich selbst geradezu definiert als das Wesen, das per se immer außerhalb des Seins ist und zu sein hat, der hat doch wohl auf dieses Sein, das er partout nicht sein will, etwas projiziert, was er in sich und seinem eigenen Sein, das er als Nichtsein bestimmt, nicht ertragen und wahrhaben möchte. Will man Sartre glauben, ist der Mensch gerade das Nichts, das er nach der Geburt in der Leibeshöhle der Mutter Natur hinter sich läßt: die reine Weigerung, „le sein de la mère" zu sein. Freud hat den Ekel ätiologisch reagieren lassen auf den aufrechten Gang des Menschen, der als homo erectus (!) die Nase über die kloakale Sphäre des vierbeinig Animalischen erhebt. Auch bei Sartre ekelt die Existenz sich vor den realen Objekten, sofern er sie transzendiert, über sie hinausgeht und im Überschreiten „enthüllt" – als Widerstände gegen seine Lebensentwürfe.

Das Subjekt wehrt sich, in die Sphäre der Dinge unter ihm herabgezogen zu werden, sich mit ihrer Mater-ialität zu kontaminieren. Das Bewußtsein ist frei vom bewußten Sein : rein vom Sein, ganz unvermischt und leer von Substanz, sich selbst völlig durchsichtig, in taktilophober Distanz zum An-sich, den klaren Kopf angestrengt über dem trüben Sumpf, dem Meer = mer = mère = mare = mors = Mahr. Der Schoß der Mutter als Quell aller Dinge ist selber kein Kind einer Mutter: „Ungeschaffen, ohne Seinsgrund, ohne irgendeine Beziehung zu einem anderen Sein, ist das An-sich-Sein überzählig für alle Ewigkeit." Das betrifft auch das Menschenkind, soweit es ein Sohn der Mutter Erde ist, der seinen Ursprung verleugnet und sich als „de trop" empfindet. „Es ist eine Immanenz, die sich nicht verwirklichen kann, eine Bejahung, die sich nicht betätigen kann, eine Aktivität, die nicht handeln kann, weil sie sich mit sich selbst überzogen hat. Alles geht so vor sich, als ob es einer Auflockerung (siehe: *Loch*) des Seins bedürfe, um die Bejahung von sich aus dem Schoß des Seins zu befreien."

Diese „Auflockerung" ist ja die Geburt des Kindes, das „Auftauchen" des „pour-soi" aus dem „en-soi". Das Für-sich des Kindes ist der „Riß" und „Spalt" im Herzen des „Seins" der Mutter, die ihr Kind aus ihrem Scheidenspalt entläßt und durch dessen Für-sich-sein hindurch eine Beziehung und ein Verhältnis zu sich selbst gewinnt, *für sich* wird, was sie *an sich ist und hält,* indem das Kind gegen sie für sich wird und sich von ihr löst, um *als* ihr potenter Penis einst siegreich zu ihr zurückzukehren, um sie zu rächen.

Das Sein der Mutter ist durch das Für-sich-sein ihres Kindes, das sich von ihrem Rock losreißt, mit sich selbst vermittelt, aber das Für-sich-sein des Sohnes soll nach Sartre durch das An-sich-sein der Mutter Natur *nicht* vermittelt und bedingt sein und zu sich kommen. Mutter Erde ist auch kein Geschöpf Gottvaters oder einer eigenen Gebär-Mutter:

„Wenn das Sein angesichts Gottes existiert, so kommt das daher, daß es sein eigener Träger ist, daß es nicht die leiseste Spur der göttlichen Schöpfung an sich bewahrt. Kurzum, selbst wenn es geschaffen worden wäre, wäre das An-sich-Sein unerklärbar durch die Schöpfung, denn es gewinnt sein Sein von jenseits derselben. Das läuft auf die Aussage hinaus, daß das Sein unerschaffen ist. Aber man darf daraus nicht schließen, daß es sich selbst schafft, denn das würde voraussetzen, daß es früher als es selbst ist."

Ferner bezeichnet Sartre das Sein als „massiv" und „undurchschaubar", „kompakt" und „kontingent", d.h. weder von der Modalität „Möglichkeit" geprägt wie das Kind, noch so notwendig wie der sich selbst zeugende Vatergott, dem das Kind nacheifert, wenn es dem Bann der Erdmutter entflieht, um als sein eigener Vater sie in Besitz zu nehmen. Und das Sein wird „obszön" genannt, weil die trächtige Mutter Natur aus mehr Fleischbergen besteht, als von jeder Situation aus nötig ist, wenn sie sich bewegt und tanzt, Fleischpartien, die von ihrer Funktion als Gebärmutter her gesehen überflüssig sind und von ihrer Subjektivität und Freiheit, ihrem Bewußtsein und ihrer Bestimmung gar nicht mehr erreicht und integriert werden können. Ihre „Anmut" gewinnt sie erst zurück, wenn sie sich gleichsam um ihr Kind erleichtert hat, den Penis ihres Gatten aus sich herausgeholt hat, sich zu einem leeren Uterus „aufgelockert" hat, zu einem „Nichts" zwischen ihren Beinen. „Obszön" also ist die gravide Mutter Natur, die noch nicht entbunden hat, noch ganz massiv und kompakt ist, „verstopft" durch den Phallus des Vaters in ihr. Sie kann das Begehren nicht reizen, solange es in ihr kein prägnantes Loch zu füllen gibt, weil sie noch „de trop" ist, trächtig. Sartre erwähnt das ausladend schwankende Hinterteil einer fetten, nackten, gehenden Frau, deren Nates nicht im Takt des Ganges anmutig mitgehen, sondern ein „obszönes" Eigenleben führen.

Und last not least wird das Sein immer als „klebrig" bezeichnet. Diese Qualität ist eine pure „Seinsenthüllung". Gehen wir aus von Sartres Art, das Männliche vom Weiblichen zu unterscheiden: Das Schmelzen von Schnee etwa „verweist uns damit auf eine bestimmt ständige Möglichkeit des körnig Kompakten ..., sich in einen homogenen und undifferenzierten flüssigen Zustand ... zu verwandeln. Wir erfassen hier ursprünglich und in ihrer ganzen ontologischen Bedeutung die Antinomie des Kontinuierlichen und des Diskontinuierlichen, des weiblichen und des männlichen Pols der Welt, deren dialektische Entwicklung bis zur Quantentheorie und Wellenmechanik zu verfolgen ist".

Das Weibliche ist hier der ganz flüssige, das homoerotisch Männliche der feste Aggregatzustand des An-sich-seins genannt, des Urmütterlichen also. Gemeint sein muß hier die früheste *phal-*

lische Mutter, die den Penis des Vaters in den Tiefen ihres Fleisches verbirgt, das Kompakte des steifen Phallus in ihren weiblichen Meerestiefen. In dieser Einheit mit dem Vater wird die archaisch omnipotente Mutter ja vom prä-ödipalen Kinde phantasiert: Der feste Vaterphall kann sich ständig im weiblichen Kontinuum auflösen, wie auch das Kind fürchtet, ständig seine festen Ichkonturen wieder einbüßen zu können an der Mutter, die als allmächtig, weil mit dem Vater verschmolzen imaginiert wird.

Dieser Existenzialismus ist ein vorpubertäres Phantasma der Imagination, der ihrer Affekte und ihrer Objekte „entfremdeten Subjektivität" einer bloßen Einbildungskraft *(siehe auch Hermann Schmitz : „Die entfremdete Subjektivität", Bonn 1992).*

Sartre versuchte zeitlebens vergeblich, seiner Flucht ins Imaginäre literarisch wie philosophisch zu entkommen, um der sozialen Realität näher zu kommen als sein Gegenspieler Flaubert, dem er so fatal ähnelte. Politisch reichte es oft nur zu performativen Symbol-Happenings; das Anarchische geriet seltsam totalitär.

„Die Strukturen von Freiheit und Gegenseitigkeit erlangen ihre volle Bedeutung nur ... in der praktischen, greifbaren Bewegung des Schreckens ... Die Gewalt ist gerade die Kraft dieser lateralen Wechselseitigkeit der Liebe." (*Sartre* : „Critique de la raison dialectique", Paris/Hamburg 1960, S. 453-454)

„Der innere Schrecken gibt dem Dasein seine Größe."
(*Martin Heidegger* : „Grundbegriffe der Metaphysik", 1930)

Prinzip Hoffnung auf rote Magna Mater: Ernst Bloch

„Diese Weisheit, die kühn-besonnene, offen-konkrete Weisheit Lenins und Stalins, wacht auf der Strecke zur klassenlosen Gesellschaft." (Antrittsvorlesung in Leipzig, 1949)

„Jetzt ist doch die allerhöchste Zeit, wann marschiert endlich die Rote Armee ein?" (zum Ungarnaufstand 1956)

Ernst Bloch ist im und am Alter von 92 Jahren gestorben. Das „stärkste Anti-Utopikum Tod" hatte den expressionistischen Denker der Utopie eines „demokratischen Sozialismus" eingeholt. Bloch hatte immer zum „Exodus" aus der kapitalistischen (nicht staatssozialistischen) Edenhölle aufgerufen. Das von kapitalistischen Vaterfiguren besetzte *Neue Jerusalem*, das von proletarischen Erdensöhnen zurückerobert, ja überhaupt erst gebaut werden sollte, besaß für ihn eine „Symbolintention" contra Vaterland: das uterine Weichbild einer mütterlich bergenden Stadt, in der zu wohnen (und der beizuwohnen) war. Utopie ging bei ihm auf Rehabilitierung von „Heimat", er wollte „dorthin, wo noch niemand war", wenigstens nicht als Erwachsener, mit „aufrechtem Gang" der erigierten Gestalt des phallischen *homo erectus*, also nur als unterkriechendes Kind und Unmündiger. „Ubi Lenin, ibi Jerusalem"?

Mein psychologisches Vorhaben hätte er mißbilligt, obwohl er mehr dem „faschistisch schäumenden" C.G. Jung als Freud die retrospektive Blutopie vorwarf, die das „Nicht-mehr-Bewußte" statt das „Noch-nicht-Bewußte", weil noch nie Dagewesene favorisiert. Welche verallgemeinerungsfähigen Jugendwachträume nun brachte sein Denken der „objektiven Phantasie" auf den Begriff?

Begeistert erlebte er die Russische Revolution und verwarf den Stalinismus erst spät, um nicht der Rechten zu dienen. Er begrüßte nie Ungarnaufstand und Prager Frühling, votierte gegen den amerikanischen Vietnamkrieg und für die antiautoritäre Studentenbewegung. NS-Herrschaft überlebte er im amerikanischen Exil, wo er sein philosophisches Hauptwerk schrieb. Mit Marx verband ihn der Marxismus, aber hätte Marx ihn nicht als pathetischen „Knotenheiland" abgetan? Lukacs erkannte an, daß er nie resigniert, aber doch auf der Suche nach der roten Blume geblieben war. Umgekehrt warf Adorno ihm vor, daß er die einzige Hoffnung gegen den Zugriff patriarchalischer Begrifflichkeit selbst auf einen patriarchalischen Begriff gebracht und zum Prinzip(al) gemacht hatte. Allerdings machte er dem „wissenschaftlichen Sozialismus" das Zugeständnis der „docta spes", um nicht ganz zum negativistisch-voluntaristischen Schwarmgeist zu werden. Er mobilisierte eine enttäuschbare Hoffnung aufs Offene gegen Angst und Verzweiflung, gegen die Endgültigkeit der Macht des Bestehenden, gegen die Klaustrophobie entropisch geschlossener Sachzwangsysteme. Klassische Musik war ihm eine ästhetische Bannformel gegen die soziale Paranoia.

Unübersehbar diese virilistische Attitüde, das knasterknorzig Herbe, das alle Effeminiertheit verdrängt hielt, die homoerotische Tönung seiner Liebe zur kommunistischen Brudergemeinschaft gegen erzkapitalistische Urhordenhäuptlinge seiner jugendlichen Indianerträume und Wildwestsehnsucht in Ludwigshafen, im kleinbürgerlich-assimilierten Elternhaus.

Noch der körperlich Vergreiste blieb Halbstarker im Geiste bis zuletzt und ließ seine inzestuös vatermörderischen Jugendphantasien nicht durch bürgerliche Verheißungen abspeisen, oral-*materiell*. Er blieb mit den unterdrückten Brüdern gegen alle Väter solidarisiert im Kampf um die Vereinigung mit der Mutter Natur. Er klopfte die kulturelle Tradition auf nie eingelöste emanzipatorische Geltungsansprüche und Utopiepotentiale ab. Er sah, daß die Vergangenheit mit viel Zukunft selbst für die Gegenwart „schwanger" ging; seine philosophische Hebammenkunst wollte sie entbinden. Nach Freud ist Glück die späte Erfüllung eines Kinderwunsches, und Bloch suchte die verschütteten Wunschträume aus der Jugendzeit der menschlichen Gattungsgeschichte zu rekonstruieren. Ich versuche eine Psychoanalyse der zentralen Imagines seines Denkens und seines Erfolges. Was faszinierte an seiner Philosophie über das hinaus, was eine bloße Reprise des Marxismus war?

Der Marxist Ernst Bloch gilt als so etwas wie der rote Mystiker des historischen Materialismus. Kein Philosoph vor ihm, selbst Marx nicht, hat den Begriff Materie so sinnlich bunt und lebendig gefaßt wie er, fern von aller vulgärmaterialistischen Klötzchenmechanei. Ganz explizit geht er zurück auf den sozialpsychologischen Kern des Materiebegriffs : „Die Auslassung der uralten Tiefe im Materiebegriff selber hat sich auf die Dauer auch aufklärend nicht bewährt, allein schon zu bedenken könnte geben, daß das Wort Materie von mater herstammt, also von fruchtbarem Weltschoß und seinen durchaus experimentierten Formen, Figuren, Daseinsgestalten, Auszugsgestalten voll unabgeschlossener Tendenz, unerfüllter Latenz. Gerade die Immanenz nicht nur der Vorhandenheit, sondern vor allem der objektiv-realen Möglichkeit in der Welt ist jetzt materialistisch neu zu erlernen." („Das Materialismusproblem, seine Geschichte und Substanz", Frankfurt/Main 1972, Vorwort, Seite 17).

Schon aus diesem kurzen Zitat erhellt, daß Bloch nicht zurück will in die „alte Brutwärme" früher Mutter-Kind-Zweieinheit, sondern durchaus ans Licht der Welt, heraus aus der maternalen Leibeshöhle in das Leben hinein. Der Blochsche Mensch will nicht am Rockzipfel der Mutter Natur hängenbleiben, er löst sich aus der primär-narzißtischen Ursymbiose, sucht den „aufrechten Gang", Selbständigkeit und Unabhängigkeit zu erreichen, sein eigener Vater zu werden. Materialismus heißt hier nicht, schizophrenogen mit der Imago der infantilisierend übermächtigen Mutter Erde identifiziert und verstrickt zu bleiben. Der Sohn trennt sich in der Individuationsphase von der ebenso schützenden wie tyrannischen Fürsorge der mütterlichen Mater-ie durch Aufnahme väterlicher Eigenschaften ins phallische Ich-ideal. Die adulterierende Trennung von einer alimentären und paranoid verfolgenden Mutter durch die Identifikation mit dem bewunderten starken Vater aber ist ambivalent, wie wir sahen: Das paternale Ichideal, welches die Ablösung von der Mutter erst ermöglicht, ist in ein und derselben Bedeutung auch das Über-Ich, welches die inzestuöse Rückkehr des pubertierenden Sohnes zur Materie durch Kastrationsdrohung verhindert. So verbindet Bloch seine *mater*-ialistischen Inzestphantasien mit den marxistischen Vatermordwünschen. Seine Philosophie lebt von der Spannung zwischen dem weiblichen Bild der Materie und dem maskulinen Bild des gegen den Ur-Vater revoltierenden Sohnes. So hat ihn am Christentum immer nur der häretische Untergrund interessiert, die geheime Rebellion des Sohnes unter dem Deckmantel ostentativer Unterwerfung. In seiner Religionsanalyse trifft er sich mit dem Freud von „Totem und Tabu". Jede rituelle Geste des Gehorsams der Kinder Gottes ist insgeheim eine Wiederholung der patriziden Ur-Untat, die sie zu sühnen vorgeben durch bedingungslosen Kniefall. Unter der geschönten Fassade triumphierender Vaterreligion gräbt Bloch die verfolgten und verdrängten Bilder der Religion des revolutionären Sohnes und militanten Christus aus, der gegen den *sadistischen* Demiurgen des Alten Testamentes aufgestanden und erst später von staatsbediensteter Priesterkaste zum milden folgsamen Jesuskind domestiziert und verfälscht worden sei. So erinnert Bloch an kirchenamtlich unterschlagene und unterdrückte Traditionen, an Thomas Müntzers chiliastische Bauernrevolte gegen lutherisch verteidigte Feudalautorität, an die gnostische Sekte der Essener und Ophiten, die in Christus den vorerst gescheiterten Befreier vom erzväterlichen Joch begrüßt hatten, verehrt als phallische weiße Schlange contra Jahwe, die einst wiederauferstehen werde am Jüngsten Tage, um endlich das postpaternale tertium regnum der kommunistischen Brudergemeinschaft zu gründen, auf den Sieg über einen blutigen Gottvater. Jesus sei auferstanden : als Christus aufgestanden.

Die *Ophiten* hatten in Jesus die wiedergekehrte Paradiesesschlange angebetet, die, in Eden zertreten und auf Golgatha gekreuzigt, vom despotischen Vatergott verteufelt, in Wahrheit die Menschen aus der Gottesknechtschaft zu erlösen verspricht. Ist das Alte Testament ein Zwangsbündnis mit Jahwe, so das Neue eine Koalition mit dem Sohn gegen den Alten. Die wahre christliche Hoffnung ist für Bloch die Hoffnung auf parakletische Wiederkehr des vatermordenden Sohnes, des Heiligen Geistes im Patrizid. Auf die heutige Situation übertragen, verkörpern die kapitalistischen Machthaber das säkularisierte Bild des Vatergottes und seiner Herrschaft über die proletarisierte Bruderhorde und über die ausgebeutete Mutter Natur, auf deren Schätze sie ein Sexualmonopol haben. Von daher werde der Kommunismus wünschenswert als

Utopie einer Gesellschaft, die diesen väterlichen Usurpator abgeschafft hat, ohne in Reue zu erstarren, und sich brüderlich in den Besitz der Muttererde teilt.

Der politische Klassenkampf wäre dann die gesellschaftliche Projektion des ontogenetisch-ödipalen Generationskonflikts zwischen Vätern und Söhnen um das Verfügungsrecht über Frau Welt, der Endkampf um die Vergesellschaftung des genitalen Vatermonopols auf Mutter Natur. Um aber die Verewigung der Gewaltenfolge zu unterbinden, wäre die Abschaffung des Prinzips Vater vonnöten, ohne daß sich der Sohn nur an die Stelle des gefürchteten und beneideten Herrn setzte. Bloch will nicht anders als Marx den Prinzipal ersetzen durch das 'Prinzip Hoffnung' des Sohnes auf Inzest mit Frau Welt und auf den revolutionären Vatermord, die Entwertung des versagenden, paternalen Realitätsprinzips, das auch Freud zu sehr anerkannt habe, wenn er den erwachsenen Verzicht auf die Mutter statt die Verdrängung und die Ausagierung der Wünsche empfahl. Bloch will den Sieg der kommunistischen Bruderhorde über den Vater Staat und kapitalistischen Häuptling, aber nicht über Mutter Natur, er will keine Vergewaltigungen nach der Väter Art und Unart.

Er träumt mit Marx von der „Humanisierung der Natur und der Naturalisierung des Menschen", nicht von schrankenloser Naturausbeutung und aggressiver Produktivkraftentfesselung wie Karl Marx, nicht von Herrschaft des Menschen über die Natur statt über Menschen, sondern von einer „Versöhnung" der Söhne mit Mutter Natur, nach dem Tode des Vaters. An dieser Stelle beginnt, wie ich vermute, die spezifisch blochistische Variante des Materialismus, die Abweichung seiner Vision von der Marxens. Die Söhne zielen nicht auf Unterwerfung des Vaters und der Mutter, nicht auf Beherrschung der Mutter Natur nach dem Vorbild des Vaters, dessen Stelle sie einnehmen wollen, sondern auf ein Bündnis mit der Mutter gegen den Vater, unter dem Mutter und Söhne gleichermaßen leiden. So ist der Sohn gar nicht beschränkt auf schwarmgeistigen Utopismus, auf voluntaristischen Aktionismus und Dezisionismus wie bei den Anarchisten und Existentialisten, sondern kann sich beim Kampf gegen den Vater auf reale historische Tendenzen stützen, ohne daß er nun aber von einem Geschichtsobjektivismus und materiellen Realautomatismus fatalistisch als bloßes Anhängsel mitgeschleift würde. Er hat Mutter Ma-terie als treibende Kraft im Rücken, ohne daß ihr Wille, sich dem Joch des Gatten zu entwinden, ausreichte, sich und den Sohn nun von ihm zu befreien. Nur gemeinsam sind sie vielleicht stark genug, ihr Ziel zu erreichen: die Abschaffung des Prinzip(al)s Vater. Der wilde Patrizidwunsch der Brüder wird erst dadurch zur „docta spes", zu einer wohlbegründeten Hoffnung, daß die mater-ielle Tendenz der Mutter Natur, den Vater von sich abzuschütteln, ihnen entgegenkommt. Diese geschichtlich sich fortentwickelnde Mater-ie ist die Urmutter des revoltierenden Sohnes, den sie gegen ihren Gatten in den Klassenkampf und Krieg schickt.

Der Sohn stützt sich auf die mater-iellen Voraussetzungen und objektiven Bedingungen, und diese Mutter selbst hat als Waffe gegen ihren Gatten nichts als die vatermordenden Phantasien ihrer Kinder, die sie nur in die Welt setzt, um sie in den Kampf gegen den Tyrannen zu schicken. Die Mater-ie ist „Schoß der Formen", die Mutter er-zeugt den Mann. Im Sohn produziert sie ein „Novum", das über sie hinausgeht und doch ihr Mittel bleiben soll gegen den gemeinsamen Feind von Mutter und Sohn, den Vater. Der Sohn *transzendiert* seine Mutter, die sich in ihrem Kind und durch den Patrizidwunsch ihres Sohnes hindurch selbst transzendiert. So humanisiert sie sich aus dem chthonischen Humus heraus durch ihren Sohn, der sich durch die Koalition mit ihr naturalisiert und als Naturwesen erfahren darf, ohne von einer übermächtigen Rabenmutter Natur zermalmt zu werden wie der Primitive in der geschichtlichen Frühzeit. Diese Mutter erträumt und erschafft sich in ihrem „phallischen Kinde" ihren Erlöser und Befreier vom Haustyrannen. Damit hängen die Wunschbilder der Brüder nicht im sehnsuchtsvoll Leeren als irreale Phantasmen.

In ihnen „materialisiert" sich der phallische Ehrgeiz der maternalen Mater-ie selbst, ihr männlicher Protest gegen den Gatten. Im Sohn verselbständigt und verabsolutiert sich das Männliche also nicht so weit gegen das ewig Weibliche wie im Vater. In diesem Konzept bleibt der Sohn der verlängerte Arm der Mutter, die

Fortsetzung ihres feministischen Aufstands mit den ganz anderen Waffen, aber gleichen Zielen des männlichen Kindes, deren sie sich bedient, ohne den Eigenwillen ihres Sohnes brechen zu müssen, welcher in dieselbe Richtung zielt: sie und sich selbst vom Vater zu befreien. Blochs marxistischer Kampf gegen den Vater ist kein Irrationalismus. Seine rationalen Machtinstrumente sollen nicht zerstört, sondern ihm nur entrissen werden, sie sollen fortan nicht zur Ausbeutung der Mutter Natur, sondern zu ihrer Befreiung von ihm umfunktioniert werden. Gegeißelt wird der Gebrauch, den der Vater von seinen destruktiv phallischen Machtmitteln macht, während der einzig wahre revolutionäre Gebrauchswert seiner Rationalität im Potential liegt, ihn damit zu beseitigen. Entscheidend für die Hoffnung, seinen Phallus gegen ihn selbst zu wenden, wird bei Bloch die materialistische Lehre von der Abstammung des Mannes vom Weibe, der maskulinen Formen aus der „gebärenden Materie". Kurzum: Das paternale Realitätsprinzip wird durch ein mater-ielles ersetzt.

Der Drang der Mutter Natur, den Vater von sich abzuwerfen, schafft sich im revolutionären Impetus ihres Sohnes ein potentes Werkzeug, diesen Willen auch wirklich durchzusetzen, und umgekehrt ist die vatermordende Phantasie des Kindes angewiesen auf Unterstützung durch die „reale Tendenz" des gattenmörderischen Wunsches der Mutter im Rücken. Der Sohn ist der bessere Gatte, als Lohn winkt dem Kinde der Mutterinzest. Bis dahin ist Sein nichts als „Noch-nicht-Sein": Noch ist der Vater nicht tot. *Daß* er nie erschlagen worden sei, setze alle bisherige Geschichte zur bloßen Vorgeschichte herab. In den Schuldängsten der Söhne ist er immer wieder auferstanden und idealisiert worden, nie waren die Brüder wirklich mit Mutter Natur allein bislang.

Das Ziel ist kein Zurück zur alten Brutwärme unter dem Rock der Urmutter, unter dem Druck väterlicher Kastrationsdrohung, sondern durch gemeinsamen Vatermord vorwärts zum Inzest, der noch nie war, das „Novum schlechthin" in aller Geschichte. Noch nie gab es einen Sohn, der den Vater erschlug, um als sein eigener Vater nicht wieder die Frau zu unterdrücken. Nur der Verzicht des Sohnes, einst als sein eigener Vater die Materie auszubeuten, macht ihn nach Bloch für die Mutter Natur bündnisfähig, um im Verein mit ihr das zustande zu bringen, was keiner von beiden allein schaffen kann. Die Interessenkoalition von Mutter und Sohn ist bei Bloch als eine Synthese von Materialismus und Marxismus ein gleichsam historisches Bündnis.

Die geheime Teleologie der Geschichte, vermittelt durch die egoistischen Anstrengungen sowohl der Söhne wie der *Mater*ie, zielt auf Rettung der Söhne vor dem Vater wie auf Rettung der Mutter vor dem Gatten. Man versteht jetzt auch Blochs Invektiven gegen den mechanistischen Vulgärmaterialismus von Moleschott bis Stalin: Dieser Materialismus der *l'homme machine* betone zwar die Suprematie der weiblichen Hyle (Holz), aber einer toten Klötzchenmaterie, die schon Produkt männlicher Verfügungsgewalt und logisch präformiert, kein lebendiger Formenschoß mehr sei. Hier sei die Materie bereits dem männlichen Geiste untertan und von ihm erschlagen, lebloses, willenlos gemachtes *Mater*ial paternalen Formwillens, passives Opfer ehelicher Vergewaltigung.

Und nur eine vom Gatten kastrierte Mutter Natur gibt den Druck nach unten weiter und kastriert ihrerseits ihre Söhne, hält sie eifersüchtig unterm Rock gefangen als ihr phallisches Eigentum. Der Aufstand der Mater-ie gegen den patriformen Geist ist also Aufstand der Natur gegen ihr kastriert-kastrierendes eigenes Wesen, gegen sich selbst, sofern sie Zuchtprodukt der Vernunftherrschaft sei, und dieser ihr Aufstand ist nichts anderes als der revolutionäre Aufstand ihrer proletarisierten Söhne gegen einen Vater, dessen Machtarsenal sie gegen ihn selbst kehren. Mutter und Sohn sind nicht das, was sie nach dem Willen des Vaters geschichtlich geworden sind, sondern es treibt beide hinaus über das, was sie hier und heute zu sein haben. Mutter Natur ist mehr als das, was sie ist und immer war, mehr als nur Gebärmaschine und Sexualobjekt des Gatten. Auch der Sohn ist mehr als das, was er ist und immer war – mehr als eine verkleinerte Kopie des Vaters, mehr als ein Kronprinz. Die Hoffnung der Mutter ist ihr Sohn, die Hoffnung des Sohnes ist seine Mutter. Bloch erinnert daran, daß jede Mutter den Messias zu gebären hofft, den Bloch als Rebellen gegen den *alten blutgierigen Jahwe* interpretiert. Die Hoffnung des Sohnes auf seine Mutter bezieht sich auf sie als Inzestobjekt und Komplizin gegen den Vater. Ihm leiht sie ihre Kraft, ihr leiht er seinen Arm. Und der revolutionäre Auftrag dieser Mutter an ihren Erdensohn unterscheidet sich von der schizoidalen Delegation des Gattenmords von der Mutter ans Kind nur dadurch, daß die Mission, die der Erdensohn im Namen der Mater-ie ausführt, nicht seinem Eigenwillen aufgezwungen wird, sondern in seinem eigensten wohlverstandenen Interesse liegt. Wenn er Handlanger und ausführendes Organ der mütterlichen Wünsche wird, dann so, daß diese Mutter ihm nur hilft, seine eigene Selbständigkeit und Unabhängigkeit von väterlicher Tyrannei *und* von mütterlicher Fürsorge zu erreichen durch diesen gemeinsamen Mord.

Helm Stierlins Delegationstheorie paßt nicht ganz im Falle Blochs, weil der Sohn hier einem urmütterlichen Willen folgt, der sein eigener ist. Geeint durch den gemeinsamen Gegner, mildert sich die Brisanz des Geschlechtsunterschieds zwischen Mutter und Sohn: sie entwickelt sich zu ihm hin, der sich in ihre Richtung entwickelt. Bloch will, „daß das Weib des Manns bedarf wie der Traum der Deutung, und der Mann ergreift das Weib wie die Deutung den Gehalt, beide auf dem Liebesweg zur androgynen Einheit ...". Weiblich sei der Mann aber nicht als Vater, als aggressiver Bearbeiter der Mutter Erde, sondern als Produzent und Schöpfer, identifiziert mit der gebärenden Mutter, die männlich werde, sofern sie in ihren Söhnen lebe. Bloch ist weniger interessiert am Schöpfergott, den er als Mystifikation abtut, als Usurpation der hervorbringenden weiblichen Fähigkeiten. Gott ist gleichsam die Mutter in der Maske des Vaters, der Penis als angemaßter Schoß. Bloch stuft den Phallus zurück auf die Funktion des bloßen Auslösers und Anlassers, der die „reale Möglichkeit" im Schoße der fertilen weiblichen Mater-ie nur „aktualisiert". Der Mann pro-duziert nicht die prägende Form für die tabula rasa des weiblichen Rohstoffs, sondern ist nur der Anstoß für die Geburt der Formen aus der mütterlichen Materie. Geschichtlich greift Bloch dazu auf die „aristotelische Linke" um Avicebron und Avicenna zurück, bei denen die Formen dem Schoß der Materie entstammen und keine Kinder Gottes sind. Die Mutter formt sich selbst zum Kinde, sie wird nicht erst durch väterliche Gattengewalt in Form gebracht. In ihrem Kinde wächst sie über sich hinaus, in einem Kind, das den Vater vom männlichen Thron stürzt. Das Weib zieht es zum Manne, aber nicht zum Vater ihrer Kinder und nicht zum Gatten, sondern zu ihrem Sohn, der ihn vernichtet, um mit ihr allein zu sein, aber nicht in den Uterus zurück will, sondern zu einem Weib, das in der Form eines Sohnes sich gegen den Gatten vom kastriert-kastrierenden Wesen wegentwickelt. Diese mater-ielle Dialektik zwischen Mann und Frau entfaltet Bloch als Dialektik von Mutter und Sohn. Der Mann kommt sowohl als Vater wie als Kind aus dem Weib, dem *mater-iellen* Urgrund und Ursprung aller Dinge. Er ist im Grunde nicht Herrscher über sie – was nur eine Reaktion auf die Angst vor archaischer mütterlicher Übermacht darstellt – sondern die „experimentelle Form", in der sie selbst sich über sich hinaus zu entwickeln sucht, um ihrer selbst innezuwerden, um sich in ihren Kindern ihrer selbst bewußt zu werden nicht in dem, was sie faktisch ist und immer war, sondern in dem, was sie objektiv werden könnte. In den Kindern reproduziert die Mutter Erde nicht immer nur sich selbst, nicht das also, was implizit tautologisch immer schon in ihr steckte und in analytischem Urteil sich durch Geburt eines Kindes nur aus ihr entfaltet, sondern ein *Novum*, das mit ihrem Begriff als toter Klotz nicht schon gesetzt war. Was Mann und Frau, Geist und Natur, ihrem Wesen nach sind, sei nicht nur noch nicht subjektiv bewußt, sondern „objektiv noch gar nicht wirklich ausgemacht und real entschieden", aus der mütterlichen Scheide herausgekommen. Bisher habe die Mater-ie nur väterliche Formen geboren, von denen sie vergewaltigt worden sei, die sich also von ihr abgetrennt hätten, um sie zu beherrschen, zum reglosen Material der Ausbeutung zu objektivieren, so daß sie zum Produkt ihrer eigenen Produkte heruntergekommen sei. Was bleibt aber, ist die Hoffnung auf einen von der Mutter unterstützten Sohn, der sich nicht selbst zum Schöpfergott aufwirft, sondern sich und sie von ihm befreit, um eine der Formen zu sein, in denen die Mater-ie sich herausentwickelt aus alter Brutwärme und toter Mechanistik. „... das Letzte, das den Menschen überhaupt erwartet, ist nach Gestalt und Wesen das Weib", nicht nur die Mutter, aus der er kommt und in die er zurück muß, nicht der uralte Weltuterus, sondern eine Mutter Natur, die sich in einem Sohn humanisiert, der sich durch sie naturalisiert, um in der Urszene ein androgynes Wesen kopulativ zu erzeugen, das nicht autoerotisch-narzißtisch in sich versponnen bleibt, aber über Frau Welt, die zum kosmischen 'Meganthropos' geworden und inzestuös-alloerotisch mit sich verbunden ist. Aus dieser Einheit des Sohnes mit der Mutter ist der fremde und entfremdende Vater beseitigt, die Mutter im Umweg über den Sohn zu sich gekommen und der Sohn über Mutter Natur mit sich vermittelt. Der Mann „versöhnt" sich qua Sohn mit der Mutter, die er qua Vater unterdrückt hat. Sie wird geschichtlich ihr eigener Sohn, der „Adam Kadmon der Kabbala, der Giganthropos", und er wird nach dem Tode des kapitalistischen Vaters seine eigene Mutter: Der Inzest verinnerlicht sich geschichtlich zur autoerotischen Identifikation, die Identifikation entäußert sich ebenso geschichtlich zum alloerotischen Inzest von Mutter Natur und Erdensohn. Bei Bloch geht es sowohl gegen den vermeintlich *sadistischen Vater* als auch gegen die vermeintlich archaische Über-macht der frühen phallischen Mutter. Aber der Aufstand des schwachen Menschenkindes gegen die Elternimagines erscheint aussichtsreicher als Koalition des Kindes mit der vom Vater unterdrückten Mutter, die selbst in ihrem Sohn ihren Phallus sucht, das Messer gegen den Penis ihres Gatten.

Diese Mater-ie ist nicht nur passive Möglichkeit, Wachs in den Händen des Demiurgen, sondern „dynamei on", etwas, das selbst reale Möglichkeiten in sich birgt und aus sich entläßt und durch „bestimmte Negation" der Macht des Vaters sich realisiert in ihren Kindern, die nicht in ihrem brutwarmen Bannkreis bleiben, sondern gegen den Vater aufstehen, dafür Potenz und revolutionäre Kompetenz erwerben müssen und zum Lohn die Mutter versprochen erhalten. „Das Reale enthält in seinem Sein die Möglichkeit eines Seins wie Utopie, das es gewiß noch nicht gibt, doch es gibt den fundierten, fundierbaren Vorschein davon und dessen utopisch-prinzipiellen Begriff ...". Dieser Begriff ist keine Erinnerung an intra-uterine, pränatale Paradiese, keine platonische Anamnesis: „Wissen sei Wiedererinnerung an die vor der Geburt geschauten, bei der Geburt verlorenen Ideen, sagt Platon." Der Sohn kann auch scheitern, den Vatermord umgehen und sich todessehnsüchtig wie Empedokles bei Hölderlin in den mütterlichen Ätna zurückwerfen wollen: „Die Doppeldeutigkeit des Anziehens als des sich Bekleidens mit Etwas und vorscheinenden Angezogenwerdens durch die Mündung macht in ihrer Offenheit eben auch ein Angezogensein durch den Abgrund möglich." Das Kind bleibt Kind der Mutter, „weil die Materie das Umfassende, die Einheit und das Substrat all der nur künstlich von ihr trennbaren Verwirklichungsmomente ist", „Materie als Substrat der Immanenz, das sich bewegt und dadurch immer weiter organisiert, inhaltlich ausschüttet, verwirklicht". Diese Mutter drückt sich im Sohne aus : „Materie in Tendenz und Latenz drückt sich aus als Logikon", Samen „der sich ausgebärenden Materie". Beide träumen von der Vereinigung: „Diesem Traum entspricht daher die objektiv-reale Phantasie, in der sich als einer *phantasia kataleptike* Objekt und Subjekt helfend begegnen, wechselseitig umarmen." Der weibliche Schoß wird als *laboratorium salutis possibilis* bezeichnet, als *experimentum mundi,* das zur „erkenntnistheoretischen Umarmung von Subjekt und Objekt" führe. Diese Umarmung ist ein genitaler Inzest: „Gewiß ist, wie Engels sagt, „der Menschengeist die höchste Blüte der Natur", doch diese Blüte ist ebenso ein Werkzeug oder, um im Bild zu bleiben, eine Schlüsselblume, und: der Schlüssel ist nicht die ganze Substanz, sondern erst zusammen mit der Sache, die er aufschließt, als die der Mensch in und mit der sich fortbewegenden, fortbewegbaren noch so tief verschlossenen Natur ringsum besteht." Natur ist Mutter. Und den *logos spermatikos* erbte Bloch von antiken Stoikern.

Hier wird der Materialismus zur Philosophie eines aggressiven Matriarchats, zum roten Feminismus. Glorifiziert wird eine rachsüchtige, kastriert-kastrierende Muttermegäre. Das Bild jedes Vaters ist eigentümlich entwertet. Der Kapitalist trägt nicht die Züge der ausbeutend versorgenden Mutter, sondern nur die des bösen Vaters. Der Sohn erleidet den Vater so, wie er träumt, daß die Mutter ihn erleidet; das ermöglicht beider Bündnis gegen ihn. Der Sohn identifiziert sich mit der ehrgeizigen Übermacht der Mutter und ihrem Verfolgungswahn, ein homoerotisierter He-man des Marxismus, der durch diese Projektionen theoretisch sehr belastet wird. In diesem Projektionsgefängnis, das er mit vielen seiner Bewunderer teilen muß, liegt wohl eine dieser Grenzen des Blochismus, glaube ich.

Wer zu den skizzierten Phantasien neigt, wird die blochistische Variante des Marxismus bevorzugen : Vatermord im exkulpierenden Auftrag einer paranoischen Mutter. Wo aber bleibt ein Revolutionär, der das Mater-ielle für *alle* Erdenkinder rettet, ohne gleich ihr Vaterbild zu zerstören, und fungierte Blochs utopischer Optimismus etwa als ein geistiges Antidepressivum? Privat musste Bloch sich starker Melancholien erwehren, die ihn zu verschlingen drohten, wie er selber gestand.

„... das Letzte, das den Menschen überhaupt erwartet, ist nach Gestalt und Wesen das Weib ... mit fraternitas auch ohne Vater." (Gott bewahre)

„Der Weltstoff ging so wahrhaft als mater-ia, als Mutter aller Dinge auf, als sich selbst befruchtende dazu, als autarke, sich selbst genügende 'natura naturans' der gesamten 'natura naturata' oder Welt. Das besonders bei den arabischen Aristotelikern Avicenna und Averroes, gemäß ihrem Grundsatz: Entwicklung ist ausschließlich 'eductio formarum ex materia', - einer nun ersichtlich nicht passiven, qualitätslosen, bald auch keines transzendenten Vatergotts mehr bedürftigen Natur." Q. e. d.

„Also Tagtraum und ... konkrete Utopie bewirken sozusagen eine Philosophie von Schwangerschaft höchster Ordnung."

" 'Die Materie ist die Mutter alles Seins', die sexuelle Aufklärung wurde komplett, das Weltgeheimnis war gelegt."
(Bloch über den 13-jährigen Schüler Ernst)

„Ich hatte überhaupt keinen Vater."
(aus einem Brief von 1921)

Es lebe der kleine Unterschied
zwischen Maria Adorno und Oskar Wiesengrund

Theodor Wiesengrund-Adorno (1903-1969) war bekanntlich ein Allgemeinplatzangsthase, der den Einzelnen vor der Allgemeinheit gut geschützt wissen wollte und die Individuen vor dem Zugriff der Allgemeinbegriffe. Gegen das Große Ganze und seinen Integrationsbedarf setzte er hochgemut die Losung:
Vive la petite différence!

„Die Frauen Casanovas, die nicht umsonst oft Buchstaben anstatt Namen tragen, sind kaum voneinander zu unterscheiden, und auch nicht die Figurinen, die nach Sades Orgel komplizierte Pyramiden stellen. Etwas von solcher sexuellen Rohheit, der Unfähigkeit zu unterscheiden, lebt aber in den großen spekulativen Systemen des Idealismus, allen Imperativen zum Trotz, und kettet deutschen Geist und deutsche Barbarei aneinander. Bauerngier, nur mühsam von der Pfaffendrohung in Schach gehalten, verficht als Autonomie in der Metaphysik ihr Recht, alles Begegnende so umstandslos zu reduzieren wie Landsknechte die Frauen der eroberten Stadt. Die reine Tathandlung ist die auf den gestirnten Himmel über uns projizierte Schändung" der Mutter Natur.
("Minima moralia", Nr. 54)

Der mit dem Adel kokettierende Adorno sieht Hegels begrifflichen Griff nach dem Ganzen schon als Bauerngier der Landsknechte, für die alle Frauen gleich sind. Adornos Philosophie will Mutter Natur bewahren vor der Vergewaltigung durch die 'reine Tathandlung' des geborenen Plebejers Fichte. Der kleine Unterschied, auf den er so großen Wert legt, ist nicht nur der zwischen allen Vertretern des schönen Geschlechts, sondern auch der zwischen den Geschlechtern selbst natürlich. Gegen Hegel schreibt Adorno in „Minima moralia", Nr. 29: „Das Ganze ist das Unwahre." Und: „Totalität und Homosexualität gehören zusammen. Während das Subjekt zugrunde geht, negiert es alles, was nicht seiner eigenen Art ist. Am Ende sind die tough guys die eigentlich Effeminierten, die der Weichlinge als ihrer Opfer bedürfen, um nicht zuzugestehen, daß sie ihnen gleichen." ("Minima moralia", Nr. 24)

Adorno will etwas ganz anderes von der Philosophie als die Homophil(osoph)en: „Vielmehr will sie buchstäblich in das ihr Heterogene sich versenken" und gegen die totalitäre Homosexualität das heterosexuelle Glück erleben. Aber das Heteroerotische geht bei Adorno nicht bis zur Exogamie, sondern bleibt im Inzest stecken, und die philosophische Inzucht mit Mutter Natur geht nicht einmal bis zur kastrationsbedrohten Genitalität, sondern nur prägenital bis zur Regression des Menschenkindes in den Mutterschoß der Natur:

„Mit dem Glück ist es nicht anders als mit der Wahrheit: Man hat es nicht, sondern ist darin. Ja, Glück ist nichts anderes als das Umfangensein, Nachbild der Geborgenheit in der Mutter. Darum aber kann kein Glücklicher je wissen, daß er es ist. Um das Glück zu sehen, müßte er aus ihm heraustreten: er wäre wie ein Geborener." („Minima moralia", Nr. 72) So weit aber will Adorno nicht geboren werden, um nicht unglücklich zu werden. Will er in den Armen der Mutter Natur selig geborgen bleiben und nicht 'zu Ende geboren werden' (Klaus Theweleit)?

Man kennt Adornos Ideal, nicht ganz erwachsen werden zu wollen, ohne doch infantil zu bleiben. Das verwöhnte Einzelkind der korsischen Sängerin Maria Adorno und des Frankfurter Weinhändlers Oskar Wiesengrund wollte sich zeitlebens für das verlorene Paradies der schönen Kindheit nicht abspeisen lassen mit den konsumistischen Gratifikationen des Wohlstandsindustrialismus. Der 'Sozial-Uterus' der Kultur reichte ihm nicht heran an das Original, Schoß und Arme der Mutter Natur. „Wer sagt, er sei glücklich, lügt, indem er es beschwört, und sündigt so an dem Glück. Treue hält ihm bloß, der spricht: ich war glücklich." („Minima moralia", Nr. 72) Weniges haßte Adorno mehr als solche Weisheit: „Gott, es sind doch alles nur Menschen, und welcher es ist, darauf kommt es gar nicht so sehr an." („Minima moralia", Nr. 49)

Glücklich war Adorno im Schoß und in den Armen der Mutter Natur: „Das Ende der Familie lähmt die Gegenkräfte. Die heraufziehende kollektivistische Ordnung ist der Hohn auf die ohne Klasse: im Bürger liquidiert sie zugleich die Utopie, die einmal von der Liebe der Mutter zehrte."

(„Minima moralia", Nr. 2) Liebe der Mutter: Genitivus subiectivus oder obiectivus oder beides zugleich? Adornos Begriff der Utopie zehrte zeitlebens von der Liebe der Mutter. Aber das industrielle Schlaraffenland im spätbürgerlichen oder sozialistischen 'Sozial-Uterus' wies er nicht zurück, weil es an den Schoß der Mutter Natur zu sehr erinnerte, sondern viel zu wenig:

„Triumphierend darf die Psychoanalyse dem, der es beim Namen nennt, bestätigen, er habe halt einen Ödipuskomplex." ("Minima moralia", Nr. 38) „An der Psychoanalyse ist nichts wahr als ihre Übertreibungen." ("Minima moralia", a. a. O, Nr. 29) „Die libidinösen Leistungen, die vom Individuum verlangt werden, das sich gesund an Leib und Seele benimmt, sind die, daß sie nur vermöge der tiefsten Verstümmelung vollbracht werden können, einer Verinnerlichung der Kastration in den extroverts, der gegenüber die alte Identifikation mit dem Vater das Kinderspiel ist, in dem sie eingeübt wurde." ("Minima moralia", Nr. 36)

Adorno will weder Identifikation mit einem Vater noch Selbstkastration, weil er beides fast identifiziert. Identität mit dem Vater würde die Rückkehr in den Schoß der präödipalen Mutter Natur verhindern, und ganz ohne eigenen Phallus will Adorno dorthin auch nicht zurück.

„Die Utopie, die einmal von der Liebe der Mutter zehrte", ist keine Sublimation von Verdrängung: „Nur wer es vermöchte, in der blinden somatischen Lust, die keine Intention hat und die letzte stillt, die Utopie zu bestimmen, wäre einer Idee von Wahrheit fähig, die standhielte." („Minima moralia", Nr. 37)

Diese Utopie wurde bestimmt im zitierten Kapitel Nr. 72 der „Minima moralia". Adornos dialektischer Materialismus war ein recht physiologischer Somaterialismus, aber gar kein genitaler und fruchtbarer Orgasmus, der als zu proletenhaft abgelehnt wird.

„Ich glaube, daß das Ideal des Genitalcharakters ganz schlecht ist. Sein typischer Vertreter ist Siegfried, vom jungen Wagner als Proletariat konzipiert ... Ich glaube, daß die Vorlust mehr ist als die Lust." (O-Ton Adorno aus : *Max Horkheimer*, Gesammelte Werke Band 12, Frankfurt 1985, S. 510 ff.)

Philosophie soll ihm die Polymorphperversität des Kindes retten vor der Integration der libidinösen Partialtriebe zur genitalen Zeugungskraft. Schließlich will Adorno philosophisch im Schoß der Mutter Natur geborgen sein vor dem väterlichen Realitätsprinzip der *verwalteten Welt*, aber nicht mit dieser verbotenen Mutter

Menschenkinder zeugen. A. war freiwillig kinderlos wie auch sein Freund und Mentor Max Horkheimer.

Die Kategorie des Neuen sah er niemals im neuen Erdenbürger, den er zeugen konnte, sondern in dem, was er bleiben wollte, ein ewiges Menschenkind. Im neuen Erdenbürger sah er die ewige Wiederkehr des Gleichen und nicht die ewige Wiederkehr der gleichen Chance, sie zu durchbrechen. Den „bürgerlichen Naturbegriff" sah er nur im „fessellosen Tun, dem ununterbrochenen Zeugen, der pausbäckigen Unersättlichkeit, der Freiheit als Hochbetrieb".

(„Minima moralia", Nr. 100).

Adorno ruhte lieber auf dem Fruchtwasser aus: „Rien faire comme une bete, auf dem Wasser liegen und friedlich in den Himmel schauen, *sein*, sonst nichts, ohne alle weitere Bestimmung und Erfüllung, könnte an Stelle von Prozeß, Tun, Erfüllen treten und so wahrhaft das Versprechen der dialektischen Logik einlösen, in ihren Ursprung zu münden ... ewigen Frieden" („Minima moralia", Nr. 100) im Schoß der Mutter Natur. Zeitlebens hat Adorno die Vaterfigur verwechselt mit dem *Big Brother* Orwells.

Horkheimer: „Die entscheidenden Erfahrungen, auf die Sie auch immer Bezug nehmen, sind doch sicher in der Kindheit gemacht worden. Das Kind hat der Mutter gegenüber immer das Recht auf absolutes Glück."

Adorno: „Das hängt sehr mit der Frage des einzigen Kindes zusammen. Es kommt alles auf die Rekonstruktion der Kindheit an. Die ganze Gewalt, mit der wir über die Regression hinausgelangen, hängt von der Tiefe ab, mit der wir in diese Schicht eindringen können. Wir entsagen nicht." (18. 10. 1939)

Adorno: „Die proletarische Klasse ist die, auf der ungeheure Versagungen liegen. Sie kann nur damit fertig werden, indem sie diese Tendenzen zu ihren eigenen macht. Die Proletarier müssen in sich einen bürgerlichen Zensurmechanismus ausbilden ... Hat es eigentlich Sinn, im Kommunismus die Widersprüche aufzuheben? Steckt nicht im Begriff des Widerspruchslosen die Naturbeherrschung? Eine widerspruchslose Gesellschaft wäre eine solche, in der alle Partialtriebe genital vereinheitlicht sind ... Der Begriff des Glücks ist ein an der Klassengesellschaft gewonnener Begriff.

Selbst der analytische Begriff ist zentralistisch. Glücklich wäre für Freud ein Mensch, bei dem die sexuelle Entwicklung sich so vollzieht, daß alle Partialtriebe sich unter den Primat des Genitaltriebs bringen lassen. Ist nicht die genitale Sexualität gegenüber den Möglichkeiten der Erfahrung eine fürchterliche Verarmung?"

Horkheimer: „Marx würde sagen, in der kommunistischen Gesellschaft werden die Menschen tun dürfen, was sie wollen."

Adorno:

„Das, was die Menschen wollen, ist keine letzte Instanz, das kann ja selbst das Produkt der Klassengesellschaft sein."

Horkheimer:

„Das Genitale ist nicht einfach Beherrschung."

Adorno: „Die Partialtriebe melden gegenüber der Genitalität etwas Richtiges an ... Ich glaube, die Vorlust ist mehr als die Lust ... Bei Freud ist eine gewisse Armseligkeit, es kommt immer wieder auf den Ödipuskomplex heraus, ich habe das Gefühl, als ob das mit der Genitalität zusammenhängt (Frage der Generationsordnung)." (23. 10. 1939) (*Max Horkheimer*, Gesammelte Schriften Band 12, Nachlaß 1931-1949, Frankfurt 1985, S. 509 ff.)

Adorno: „Die Frage der Abschaffung des Todes und die Frage, daß der Todestrieb der Gegensatz zum Genitaltrieb ist, hängen sehr eng zusammen."

Horkheimer: „... Das Sterben kann von zwei Liebenden so stark gewünscht werden, daß der Koitus daneben als banal erscheint. Freiheit wäre: nicht mehr mitmachen."

Adorno: „Die Utopien der Menschen sind sehr bescheiden." (a.a.O., S. 510 ff.)

„Der Narzißmus, dem mit dem Zerfall des Ichs sein libidinöses Objekt entzogen ist, wird ersetzt durch das masochistische Vergnügen, kein Ich mehr zu sein ... Überdies bewirkt die Konventionalisierung der Psychoanalyse deren eigene Kastration: die sexuellen Motive, teils verleugnet, teils approbiert, werden gänzlich harmlos, aber auch gänzlich nichtig." ("Minima moralia", Nr. 40)

„Entspannt wird auf dem Diwan vorgeführt, was einmal die äußerste Anspannung des Gedankens von Schelling und Hegel auf dem Katheder vollbrachte: die Dechiffrierung des Phänomens ... der Unterschied ist kaum geringer als der zwischen der Philoso-

phie der Offenbarung und dem Gequatsche der Schwiegermutter."
("Minima moralia", Nr. 42)

Adorno („Huldigung an Zerlina", 1952/1953): „Im Bildnis Zerlinas hält der Rhythmus von Rokoko und Revolution inne. Sie ist keine Schäferin mehr und noch keine citoyenne. Sie gehört dem geschichtlichen Augenblick, und an ihr geht flüchtig die Humanität auf, die unverstümmelt wäre vom feudalen Zwang und geschützt vor bürgerlicher Barbarei ... und wie Friederike (Goethe) steht sie auf der Grenze 'zwischen Bäuerin und Städterin' ... indem sie ihn ermuntert, sie zu schlagen, die rustikale Rohheit zum Raffinement verklärt – sie nimmt den utopischen Zustand vorweg, in dem der Unterschied zwischen Stadt und Land aufgehoben ist. Ewig ist sie als Gleichnis der Geschichte im Stillstand. Wer sich in sie verliebt, meint das Unaussprechliche, das aus dem Niemandsland zwischen den kämpfenden Epochen mit ihrer silbernen Stimme tönt ... Der schon halb ohnmächtige Feudale ... weil er nicht mehr das ius primae noctis hat, wird er zum Sendboten der Lust, schon ein wenig komisch für die Bürger, die jene rasch genug sich verbieten. Dem Angstlosen haben sie ihr Ideal von Freiheit abgelernt. Indem es aber allgemein wird, wendet es sich gegen ihn, dem Freiheit noch ein Privileg war ... Don Juan aber war rein von der Lüge, es wäre seine Willkür die Freiheit der anderen ... Zerlina hatte recht, daß sie ihn mochte ..."

Adorno erinnerte aus seiner Vergangenheit „ein Ereignis aus Ernsttal ... Dort erschien eine Respektsperson, die Gattin des Eisenbahnpräsidenten Stapf, in knallrotem Sommerkleid. Die gezähmte Wildsau von Ernsttal vergaß ihre Zahmheit, nahm die laut schreiende Dame auf den Rücken und raste davon. Hätte ich ein Leitbild, so wäre es jenes Tier." – Rien faire comme une bête.

In der „Negativen Dialektik" von 1966 entwickelte Adorno seine Ethik. Er wollte „versuchen, so zu leben, daß man glauben darf, ein gutes Tier gewesen zu sein." (Frankfurt/M. 1975, S. 294) Adorno wollte das Wildschwein sein, das mit Mutter Natur durchgeht, und es störte ihn nicht, daß das Tier, welches er zum Fressen gern hatte, religiös nicht koscher ist. Er war nicht mehr gläubig genug, um den feinen Unterschied zwischen den religiösen Reinheitsvorschriften und kleinbürgerlicher Sauberkeitsdressur noch zu goutieren. Das in der Religion Verpönte nahm er als das gesellschaftlich zu Unrecht Unterdrückte und erlag der „Faszination, die von der Zone des Abdeckers, dem Aas, dem widerlich süßlichen Geruch der Verwesung, den anrüchigen Ausdrücken für jene Zone ausgeht ... Wem es gelänge, auf das sich zu besinnen, was ihn einmal aus den Worten Luderbach und Schweinestiege ansprang, wäre wohl näher am absoluten Wissen als das Hegelsche Kapitel, das es dem Leser verspricht, um es ihm überlegen zu versagen." ('Negative Dialektik', Frankfurt 1975, S. 358 f.) Die Kultur „perhorresziert den Gestank, weil sie stinkt; weil ihr Palast, wie es an einer großartigen Stelle bei Brecht heißt, gebaut ist aus Hundsscheiße." (a.a.O., S. 359). Anales dominiert Genitales. Analität dominiert die Phase der Trennungen, Trotzreaktionen und Differenzen. Antisemitismus zählte Adorno zur 'pathischen Projektion' der Paranoiker: „Totalität und Homosexualität gehören zusammen." – „Das in Aggression umgesetzte Verpönte ist meist homosexueller Art. Aus Angst vor der Kastration wurde der Gehorsam gegen den Vater bis zu deren Vorwegnahme in der Angleichung des bewußten Gefühlslebens ans kleine Mädchen getrieben und der Vaterhaß als ewige Ranküne verdrängt. In der Paranoia treibt dieser Haß zur Kastrationslust als allgemeinem Zerstörungdrang." („Dialektik der Aufklärung", Amsterdam 1947, S. 226).

Obwohl Adorno sehr wohl wußte, daß die Bibel patriarchalisch denkt, hat er doch niemals die Religion der Väter gegen die a(nti)theistische Homophil(osoph)ie seiner Zeit verteidigt, sondern das Gesetz der Väter selbst philosophisch attackiert. Er war nicht gefeit gegen das, was er bekämpfte, und er sagte über Ernst Jünger : „Der widerliche Kerl träumt meine Träume."

Wachset und mehret euch? „Vielleicht wird darin der Verzicht der Menschheit dediziert, sich Kinder zu wünschen, weil jedem das Schlimmste zu prophezeien steht: Das Neue ist die heimliche Figur alles Ungeborenen ... und Baudelaire hat mit Grund die Unfruchtbare verherrlicht." („Minima moralia", Nr. 150) Und deshalb hat Adorno dieses Mutterkind Baudelaire in Wahrheit ohne jeden nennenswerten Grund verherrlicht.

„Mimesis: Das Humane haftet an der Nachahmung : ein Mensch wird zum Menschen erst, indem er andere Menschen imitiert. In solchem Verhalten, der Urform der Liebe, wittern die Priester der Echtheit Spuren jener Utopie, welche das Gefüge der

Herrschaft zu erschüttern möchte." ("Minima moralia", Nr. 99). Adorno dachte an jene „Utopie, die einmal von der Liebe der Mutter zehrte." („Minima moralia", Nr. 2) „Die eigene Lust hat zur Voraussetzung das schrankenlose sich Wegwerfen, dessen die Frauen um ihrer archaischen Angst willen so wenig mächtig sind wie die Männer in ihrer Aufgeblasenheit." ("Minima moralia", Nr. 55).

„Unfrei sind sie als nichtidentische, als diffuse Natur, und doch als solche frei, weil sie in den Regungen, die sie überwältigen – nichts anderes ist die Nichtidentität des Subjekts mit sich –, auch des Zwangscharakters der Identität ledig werden." („Negative Dialektik", a. a. O., Seite 294). „Das dämmernde Freiheitsbewußtsein nährt sich von der Erinnerung an den archaischen noch von keinem festen Ich gesteuerten Impuls ... Ohne Anamnesis an den ungebändigten, vor-ichlichen Impuls, der später in die Zone unfreier Naturhörigkeit verbannt ist, wäre die Idee von Freiheit nicht zu schöpfen, welche doch ihrerseits in der Stärkung des Ichs terminiert." („Negative Dialektik", a.a.O., S. 221)

„Utopie wäre die opferlose Nichtidentität des Subjekts ... Schizophrenie die geschichtsphilosophische Wahrheit übers Subjekt." (a.a.O., S. 277) Das ist „die Utopie, die einmal von der Liebe der Mutter zehrte."

„Denn die unreflektierte Herrschaft der Vernunft, die des Ichs über das Es, ist identisch mit dem repressiven Prinzip, das die Psychoanalyse, deren Kritik vorm Realitätsprinzip des Ichs verstummt, in dessen unbewußtes Walten verschob. Die Trennung von Ich und Überich, auf der ihre Terminologie besteht, ist dubios; genetisch führen beide gleichermaßen auf die Verinnerlichung der Vaterimago." („Negative Dialektik", a.a.O., S. 269)

Adorno will das Prinzip Vater aufgehoben wissen, um mit Mutter Natur ungestört und ungestraft allein und all-eins sein zu können, auch um den Preis von Wahnsinn. So kulminiert die Aufhebung des Irrtums im Irrsinn, der zum einzig Wahren erhoben wird, aber „schlüge als mimetische Regression ... in Mythologie, ins Grauen des Diffusen zurück" („Negative Dialektik", S. 160),

wie Adorno sehr wohl wußte. „An der Psychoanalyse ist nichts wahr als ihre Übertreibungen." „So viel ist wahr an der Psychoanalyse, daß die Ontologie der Baudelaireschen Moderne wie jeglicher darauffolgenden den infantilen Partialtrieben antwortet."
("Minima moralia", Nr. 150)

„Glück ist überholt: unökonomisch. Denn seine Idee, die geschlechtliche Vereinigung, ist das Gegenteil des Gelösten, selige Anspannung, so wie alle unterjochte Arbeit die unselige."
("Minima moralia", Nr. 139)

Adorno preist nicht das Glück als menschliche Selbsterzeugung in der Arbeit wie Hegel und Marx, sondern die Arbeit im Bett als das wahre Glück. Aber dieses Glück war nur prägenitaler Inzest: „Glück ist nichts anderes als das Umfangensein, Nachbild der Geborgenheit in der Mutter" als dem einzig Wahren? Adorno will nicht das Glück des Phallus in der Frau, sondern des ganzen Menschenkindes in der Mutter Natur selbst. „Wahr sind nur die Gedanken, die sich selber nicht verstehen."
("Minima moralia", Nr. 122)

Die Philosophie wird gedacht als „Hingabe an den spezifischen Gegenstand". ("Negative Dialektik", a.a.O., S. 43). „Sie möchte ihm so nah sich anschmiegen", daß „das Abschneidende" (a.a.O., S. 21) des Begriffs abgeschnitten wird. „Eine, die nicht abstürzen kann in den Abgrund ... des Wahnsinns –, wird ... potentiell Tautologie." (a.a.O., S. 45)

„Nicht wäre das Ziel, in Ursprung, ins Phantasma guter Natur zurückzufinden, sondern Ursprung fiele allein dem Ziel zu ..." (a.a.O., S. 158). Kurz : Adorno läßt sich aus dem Paradies der frohen Kindheit nur vertreiben, um durch die Hintertür der Zukunft doch wieder in den Ort der Herkunft zurückzukehren. –
„Ich ist Es." ("Minima moralia", Nr. 39)

q. e .d.

Philosophische Differentialrechnung
ohne den Volkswirt

„Der widerliche Kerl träumt meine Träume."
(Thodor Adorno über Ernst Jünger)

Friß oder stirb! Was ich bei Todesstrafe fressen soll, ist die Tatsache, daß ich andere fressen muß, um nicht von ihnen gefressen zu werden. Dieses sozialdarwinistische Gesetz des Dschungels sieht Adorno auch und gerade im 20. Jahrhundert herrschen. Es bestimme weiter das Verhältnis der Menschen zueinander wie zur Natur insgesamt. Die einen bearbeiten die innere Natur anderer dahin, für sie die äußere Natur zu bearbeiten. Über diese Art, die Natur technisch zu beherrschen, um nicht von ihr beherrscht zu werden, sei die ganze Menschheit aller Aufklärung zum Trotz nie hinausgekommen: Es ist Natur.

Wir beherrschen die ganze Natur samt unserer eigenen Natur, aber nicht die Tatsache, *daß* wir sie beherrschen. Die Selbstbeherrschung steht im Dienst der Naturbeherrschung und ist keineswegs Herrschaft über sie. Wir behandeln uns selbst, nicht nur einander, als Mittel, um unsere Ziele zu erreichen, was eine andere Weise ist, seine Mittel zu Selbstzwecken zu machen und seine Ziele zu Mitteln, um andere und noch mehr Mittel hervorzubringen. Schizophrenie, meint Adorno in den „Minima moralia", entstehe sozialpsychologisch, wenn einer für sich selbst dieses sein Selbst voll in Dienst nehme, um Produktionsleiter, Produzent, Produkt und Produktionsmittel seiner selbst zu sein. Adorno und Horkheimer wollten die *instrumentelle Vernunft* zur Vernunft bringen. Es sei verrückt, in der Vernunft nur einen Selbsterhaltungswillen gegen die Natur und gegen die eigenen lustigen Triebe zu sehen. Die industrielle Macht über die Natur sei inzwischen so angewachsen, daß es mehr als Zeit wäre, sie aus dem Würgegriff unserer Begriffe zu befreien, ohne deshalb fürchten zu müssen, wieder von ihr selber erdrückt zu werden. Niemand laufe gleichsam Gefahr, von Mutter Natur getötet zu werden, der sie nicht zur *nature morte* mache. Die Gefahr drohe weniger von der Natur als von der zur *zweiten Natur* gewordenen Apparatur, sie für uns arbeiten zu lassen. Wer nicht länger fürchten muß, von wilden Tieren gefressen zu werden, darf sie zum Fressen lieb haben, und Adorno möchte seine Mutter Natur nicht länger vergewaltigen, sondern eher streicheln, um sich von ihr verwöhnen zu lassen. Wenn so etwas wie Vernunft die zwanglose Einigung zwischen gleichwertigen Menschen ist, dann kann ein vernünftiger Umgang mit der Natur nur bedeuten, in ihr nicht nur das Lustobjekt, sondern immer zugleich auch einen Selbstzweck zu achten, sie mithin so zu behandeln, wie ein Mensch einen anderen Menschen weniger behandelt als behandeln sollte. Und im Verhältnis der Erdensöhne zur Natur sollte der Muttermord eben nicht die bevorzugte Umgangsart sein. Adorno wollte im Menschen ebenso das unüberwindlich rohe Stück Natur gesehen wissen wie in der technisch kultivierten Natur das liebende und geliebte Wesen. Mutter Natur vergewaltigen müsse nur ein Menschenkind aus Angst davor, von ihr wieder überwältigt zu werden. Adorno nennt es nicht ganz so deutlich, aber alles verläuft bei ihm so, als solle die ängstlich sadistische Schändung der Mutter Natur abgelöst werden durch „erotische Hingerissenheit". Die rohe industrielle Technik humanisiere sich möglichst zur Liebestechnik, und blinder Gehorsam weiche einem Erhören und einer Hörigkeit aus freiwillig-unfreiwilliger Besessenheit. Der Mensch dürfe sich endlich einem Gegenüber zärtlich *anschmiegen* und müsse dabei nicht mehr Rohstoff formen. Werbung und Verführung könnten ihre sexuell-kommerzielle Zweideutigkeit endlich ablegen: „Verfallenheit ans Objekt" wird zur Erkenntnisutopie.

Ich möchte Adornos Vision von der Beziehung des Menschen zur Natur und zu sich selbst und seinesgleichen ein bißchen zu psychoanalysieren suchen, um Größe und Grenze seiner philosophischen Grunderfahrung etwas besser bestimmen zu können, also die Gründe, aus denen er leidenschaftlich verteidigt oder verdammt wird. Als Ausgangspunkt sei der Satz gewählt, der als 'Grundsatz' seines Denkens gilt, weil sein ganzes Denken ihm auf den Grund kommen will. Die Rede ist von der pointierten Umkehrung des Hegelschen Diktums: „Das Ganze erst ist das Wahre". Für

Theodor Wiesengrund ist genau dieses Ganze das ganz Unwahre, weil es das Große Ganze sei, welches alles Einzelne in sich 'aufgehoben' und verschlungen habe. Adorno ist der Denker des kleinen Unterschieds, und daß das Ganze nicht das einzig Wahre sei, ließe sich interpretieren als der Urschrei : Vive la petite différence!

Adorno sucht eine Form der Vereinigung und Ver*söhn*ung des Erdensohnes mit Mutter Natur, in der 'Kleines' nicht 'kastriert' werde. Diese Form, sein Denken zu paraphrasieren, ist kein frivoler Studentenulk, um ihn lächerlich zu machen, und nicht nur als Satire gemeint. „La philosophie dans le boudoir" nannte er das Denken Max Schelers und sprach von seinem eigenen. Auch ein Adorno dachte immer nur an das Eine, als er uns riet, an das *'ganz Andere'* zu denken. Er hatte nur den *einen* Gedanken, daß die Menschen nicht nur *einen* Gedanken haben (und der Welt aufzwingen) sollten. Wenn ich sehe, daß ein Adorno Mutter Natur in sein Bett holt, zwänge ich ihn dann nicht ins Prokustesbett meiner abartigen Zwangsvorstellung, die bei philosophischen Gedanken über die Hinterwelten eben nur Hintergedanken hat?

Neben Ernst Bloch ist Adorno der einzige Philosoph unseres Jahrhunderts, der im „Geist der Utopie" denkt, und beide verstehen nicht ganz das Gleiche darunter. An verschüttete Kindheitsträume knüpfen ja beide an, aber Adorno nennt ganz direkt „die Utopie, die einmal von der Liebe der Mutter zehrte ..." ("Minima moralia", Nr. 2). „Liebe der Mutter" ist zweideutig: Genitivus subjectivus und objectivus zugleich. Hier liebte eine Mutter ihr Kind und wurde von ihm geliebt, und diese Liebe wird nicht utopisch genannt, weil es sie nicht geben durfte, sondern weil sie das Verhältnis des Erwachsenen zur Welt nicht mehr bestimmte, aber doch bestimmen sollte. Aber was Adorno unter Utopie verstanden wissen will, erfährt man nicht nur dadurch, daß man die Beziehung des kleinen *Teddy* zu der korsischen Sängerin und dem deutschen Kaufmann aus Frankfurt studiert, sondern was er dort als Urszene erlebt haben mag, erfährt man ebenso aus dem, was seine Philosophie als Utopie auffährt. Beides erhellt einander gegenseitig, wenn es gut geht. Auch Adorno will, daß Subjekt und Objekt Ein Fleisch werden und nicht nur ein Herz und eine Seele. Aber wenn er gegen Einheit und Ganzheit polemisiert, dann deshalb, weil diese heute meist nur erzwungen sei. Wahrheit ist Anpassung des Subjekts ans

Objekt, gilt auch für Wiesengrund. Aber leide passe sich heutzutage das Subjekt nur einem Liebesobjekt an, das vorher gezwungen worden sei, sich diesem zweifelhaften Subjekt anzupassen. Ich folge zwar der Stimme der Natur, aber nicht, ohne daß sie mein Lied singt. Wiesengrund möchte, anders als der Zivilisationsheld Odysseus, den Sirenenklängen der ungebundenen Natur folgen, ohne sich Wachs in die Ohren zu stopfen und an den Mast des Lebensschiffs zu fesseln. Ich weiß nicht, ob er wie Herbert Marcuse in Orpheus die Musik gefeiert hätte, welche die wilden Tiere besänftigt, aber die wilden Weiber nicht hindern kann, den Sänger zu zerreißen. Marcuses Feier des Narziß als Kulturheld hätte er wohl nicht mitgemacht. Gehen wir aus von seinem schönen Satz, es komme darauf an, nicht ganz erwachsen zu werden, ohne doch deshalb infantil zu bleiben. Adorno will weit genug heraus ans Licht der Welt und ans Licht der Vernunft, um nicht wieder von Mutter Natur verschlungen zu werden, aber nicht bis zur Identität mit dem Vater *nichtidentisch* mit der Mutter werden. Er will 'Nichtidentität' mit der Mutter, aber nicht bis zur Identität mit dem Vater. Er will 'Nichtidentität' mit dem Vater und dessen Normen, um in den *Garten Eden*tität endlich zurück zu können.

The man: der Mann – das Natürliche: das Geborene (lat. *nasci*). Vieles spricht dafür, daß er an eine Mutter denkt, wenn er von der Natur spricht, und daß er an den alten Adam denkt, wenn er Mensch und Subjekt sagt. Aber dieser alte Adam vermag sich bei Adorno seinem Objekt recht weiblich hinzugeben und in die Natur hineinzuversetzen, als spräche er aus ihr und sie aus ihm. Wenn der Denker über das richtige und falsche Verhältnis von Subjekt und Objekt spricht, spricht er im Grunde über die Beziehung eines Subjekts zu einem anderen Subjekt, das dadurch gerade zum Lustobjekt gemacht wird. Das philosophische 'Objekt' ist immer ein zum Objekt gemachtes und 'objektiviertes' Fremdsubjekt. Auch Adorno entdeckt im Objekt die zum Objekt gemachte Subjektivität eines anderen menschlichen Wesens und im 'Gegenstand' das vergegenständlichte Gegenüber genauso, wie er im 'Subjekt' entdeckt, daß es Objekt ist oder jederzeit von seinem Objekt seinerseits zu dessen Objekt ge-macht werden kann. Nur wenn beides Subjekt *und* Objekt füreinander ist, beruht ihr Verhältnis auf freier Wechselseitigkeit. Wenn ein Adorno das Weib im Manne und den

Mann im Weibe fordert, dann nicht, weil er der Homosexualität das Wort reden würde, ganz im Gegenteil. Die sadistische Beziehung des Mannes zur Frau, aus Angst vor der wiederkehrenden Allmacht der Mutter übers Bübchen, will Adorno ersetzt wissen durch die Hingabe an das Andere Geschlecht. Wenn Adorno von der Sehnsucht nach dem *ganz Anderen* spricht, meint er nicht zuletzt das jeweils andere Geschlecht. Da aber alle homo-erotische Koketterie ihn nicht hindert, *the man* als Mann zu denken, wird er wohl ans ewig Weibliche denken, wenn er sich nach dem *ganz Anderen* und einer neuen Beziehung zum ganz Anderen sehnt. Die gewünschte Hingabe an das andere Geschlecht will nicht fürchten müssen, kastriert zu werden, aber die Mutter Natur gewinnt bei Adorno Vorrang vor männlicher Penetranz, anders als bei Kant, wo die weibliche Mater-ie in Form gebracht wird. Das Verhältnis von Menschenkind zu Mutter Natur erhält die utopische Form erotischer Anziehung. Auch in Adornos „Erkenntnis"-Theorie erkennt ein alter Adam seine Eva. Aber während die reine Vernunft bei Kant ihr Objekt so lange einer Vernehmung unterzieht, bis es sich als Gegebenheit ergibt und dem sadistischen Verhörer hingibt, gibt sich Adornos Adam der Mutter Natur hin, um sie wahrnehmen zu können. Auch hier verzichtet der Mensch keineswegs auf phallische Aktivität, aber Adam reduziert nicht alle Frauen auf ihr eines ödes immergleiches Wesen(tliches), das er nur auf seinen Allgemeinbegriff bringt, sondern macht sich umgekehrt von der einen Mutter Natur so viele Begriffe und Bilder, bis sie sich ihm zwanglos wie von selbst 'ergibt' und 'öffnet' und 'erschließt' und 'enthüllt'.

Adam hat Eva zum Fressen gern, aber er muß sie nicht mit Haut und Haaren kannibalisch sich aneignen, um sich nicht von ihr auffressen zu lassen. Der neue Adam reduziert die Evatöchter nicht mehr auf das, was er mit ihnen vorhat, also auf das, was ihnen allen gemeinsam ist, das Nichts zwischen ihren Beinen. Er kastriert sie nicht länger dadurch, daß er in ihnen nur kastrierte Männer sieht, und er muß sie nicht länger phallisch bezwingen, um nicht von einem gefräßigen Schoß verschlungen zu werden auf Nimmerwiedersehen.

„Das Ganze ist das Unwahre." „Homosexualität und Totalität gehören zusammen." Diese beiden Sätze aus den „Minima moralia" gehören auch zusammen. Adornos neuer Adam will wohl

„das ganz Andere" Geschlecht und eine neue und ganz andere Beziehung zu ihm, aber im Ewig-Weiblichen doch nur die ewige Mutter, nicht die 'Schöne Fremde', die er bei Eichendorff so liebt. Der Homophilosoph kann die Andersheit des anderen Geschlechts nicht ertragen und ebnet sie ein. Er verkehrt nicht mehr nur mit sich selbst wie Narziß, aber doch nur mit seinesgleichen. Der von Adorno dagegen favorisierte Mensch macht das andere Geschlecht zu seiner eigenen Mutter, nicht zur Mutter seiner Kinder. Dieses so zärtliche Stelldichein zwischen Menschenkind und Mutter Natur bleibt gleichsam eine folgenlose Liebelei, an deren Fruchtlosigkeit sie zu 'erkennen' ist. Beide sind allein miteinander, all-eins, denn es soll der Dritte im Bunde fehlen, der nur als störend empfunden wird und nicht als der, welcher beide voneinander ablösen und befreien könnte zu etwas „ganz Anderem" als dieser Inzucht. Adornos Materialismus ist allzu stolz darauf, im Menschen vor allem das Kind der Mutter Erde zu sehen, ein „bloßes" Stück Natur. Er will darin nicht das Kind des himmlischen Vaters sehen, der göttliche Seelenfunke verfällt einem Ideologieverdacht. Wenn Adorno vom nicht-identifizierbaren *Nicht-identischen'* spricht, schwankt er eigentümlich zwischen Individuum und Natur, zwischen Materie und Besonderheit. Die Materie gilt seit alters her als das Individuationsprinzip, und Adorno übernimmt das ganz unkritisch. In Wirklichkeit ist der Prolet gerade dadurch graue Masse, daß er sich zu jenem Stück Materie machen muß, das sich an der Materie abarbeitet. Die spezifische Differenz, die Adorno sucht, ist erst einmal das, was die eigene Mutter von allen Frauen der Welt abhebt, und der Philosoph weigert sich hartnäckig, seine leibliche Mutter einzutauschen gegen eine beliebige Frau unter anderen oder gar gegen irgendwelche mater-iellen Ersatzbefriedigungen. (Dabei wäre die schöne Fremde ja *eigentlich* die ganz Andere als die immer gleiche Mutter.)

Der Erdensohn will mit Mutter Natur, die er beherrschen mußte, um von ihr unabhängig zu werden, sich wieder ver*söhn*en am Ende. Dazu sei nicht nur jedes Über-Ich zu überwinden, sondern das Ich selbst. „Die Trennung von Ich und Über-Ich ist dubios; genetisch führen beide gleichermaßen auf eine Verinnerlichung der Vaterimago."
(„Negative Dialektik", Frankfurt/Main 1975, S. 269).

„Denn die unreflektierte Herrschaft der Vernunft, die des Ichs übers Es, ist identisch mit dem repressiven Prinzip ...". Gottvater ist tot, es lebe die Liebe zwischen Mutter und Kind. Der schneidige Adorno ist geistig noch nicht beschnitten. Er hält sich den Rückweg offen in sich selbst und in die Nacht des Mutterleibes der Natur. Adorno geht hinaus über die griechische Homophilosophie des Abendlandes, aber nicht über den Mutterinzest mit der Natur, deren Wurf der Mensch ist. Adornos Naturalismus ist ebenso matriarchalisch wie mater-ialistisch. Das einzige Tabu, das der Denker Adorno aufhebt, ist das Inzesttabu, und gerade dieses ist keine bloße Repressalie. Das ödipale Gesetz lautet: Keine Einheit mit dem ganz anderen Geschlecht ohne Umweg über das *Prinzip Vater*. Narzißtische Identität und homoerotische Gleichheit überwindet Adornos Adam nur, um im Inzest hängenzubleiben. Schön ist eine Frau nur, soweit sie wie Mama ist, also verboten. Aus Angst vor Kastration verzichtet dieser Neue Mensch auf den Gebrauch seines Phallus, er begnügt sich mit einer prägenitalen und präödipalen Symbiose mit Mutter Natur. Polymorph-perverse Partialtriebe faszinieren Adorno stärker als jeder Genitalprimat, der beim Inzest kastrationsbedroht wäre. Das vorzivilisatorische Chaos der amorphen Natur, die Primärprozesse des Es sind es, in denen Ich und Über-Ich sich auflösen wollen und sollen. Das Polymorph-Perverse ist Rückfall in den Polytheismus der Heiden, und wenn Adorno das Eine und die Einheit angreift, greift er auch den Monotheismus seiner Väter an. Wenn der Erdensohn und Mutter Natur hier *ein* Fleisch werden ohne den Dritten im Bunde, den Vater, werden sie ein Fleisch, ohne etwas Drittes in die Welt zu setzen. Adorno verherrlicht das Andere als das jeweils Neue, aber nicht den neuen Erdenbürger, der für ihn das Immergleiche ist.

Aufgewachsen ist Wiesengrund wie sein geistiger Vater Nietzsche unter lauter Müttern und Tanten. Das Musikalische dürfte von der Mutter kommen, einer korsischen Sängerin. Einem Studenten gestand *Teddy*, das Ökonomische stoße ihn ab; sein Vater war Frankfurter Kaufmann. Hat Teddy mit dem Vater die Religion und mit der Religion den Vater abgelehnt? Adorno wird nicht müde aufzuzählen, was der moderne technokratische Homophilosoph alles unternimmt, seine 'Identität' zu bewahren vor dem drohenden Zerfließen in die amorphe Natur, einem Deckbild der furchtbar lieben Mutter eines schwachen Kleinkinds. Das aus der Ursymbiose mit ihr nicht genügend weit herausdifferenzierte Ich stemmt sich gegen ein Zurückgleiten ins Es, dem es entstammt, und fühlt sich gleichzeitig von dem Abgrund seiner Selbstaufgabe magisch angezogen. Ist es genügend zu Ende geboren, kann es der lustvollen Selbstvergessenheit sich überlassen, es verliert sich nur, um sich dann doppelt wiederzufinden. Schizophrenie wird der Spitzname für die Glückseligkeit, und das Glück wäre gleichsam eine freiwillige Psychose in einer Welt, in der die Regression kein Produkt einer Repression mehr wäre.

Dabei enthielte Adornos Philosophie einer *schönen Fremde*, die die Entfremdung heilt, durchaus den Zug ins Exogamische, nicht nur ins heterosexuell Inzüchtige. Und *the man* ist mehr als der Mann. Hier bedroht nicht nur ein Vater den Phallus seines Kleinen, hier bedroht auch eine Mutter ihre kleine Rivalin in seinem Kafka-Essay : „... wie die mythische Königin keine Ruhe hat, solange weit über den Bergen eine lebt, die schöner ist als sie, das Kind des Märchens."

An Adornos lebenslangen Lieblingsschriftstellern fällt auf, daß keiner von ihnen mit Hilfe eines Vaters von seiner überstarken Mutterbindung losgekommen ist. Baudelaire, Hölderlin, Proust, Kafka, Beckett : Jeder mogelte sich am Ödipus vorbei und blieb homophil oder schizoid oder melanchol(er)isch.

Was Adorno an Individuation anstrebt, will er ja keineswegs erreichen durch fortschreitende Herausdifferenzierung des Menschenkinds aus aller Symbiose mit Mutter Natur, mit Hilfe eines freien und starken Vaterbildes, sondern umgekehrt gerade durch Hineindifferenzierung in das Materielle, Natürliche, Somatische, ins Sinnliche, Physiologische, Biologische, Vegetative, aus Angst vor diesem Vater, die größer scheint als die Angst, im Mare-Mors-Mère-Meer zu ertrinken. „Minima moralia" Nr. 100 nennt die Utopie: „Sur l'eau – Rien faire comme une bête, auf dem Wasser liegen und friedlich in den Himmel schauen, sein, sonst nichts, ohne alle weitere Bestimmung und Erfüllung, könnte an Stelle von Prozeß, Tun, Erfüllen treten und so wahrhaft das Versprechen der dialektischen Logik einlösen, in ihren Ursprung zu münden."

Zurück in den Schoß, aus dem wir kommen : Lebens- als Todestrieb. Er bekämpfte die Einheit und wollte doch zeitlebens nur eins: Die unterm Druck gesellschaftlicher Verbote verdrängten Triebe befreit wissen. An welche Triebe hat er gedacht? Nach Freud ist der vom Inzesttabu erzwungene Triebverzicht der Kern der Kultur und der Ödipuskomplex der Kern jeder Neurose. Und da Adorno den Mann meinte, wenn er vom Menschen sprach, müssen die verdrängten Triebe, die er frei sehen will, eben mutterschänderisch vatermörderische sein. Freud wollte, daß das Verdrängte bewußt würde, damit es wirklich aufgegeben werden könne. Adorno wollte es hingegen nur bewußt machen, um es gerade nicht aufzugeben, sondern um ihm nachzugeben.

„Triumphierend darf die Psychoanalyse dem, der es beim Namen nennt, bestätigen, er habe halt einen Ödipuskomplex." ("Minima moralia", Nr. 38). Nein, der von Adorno favorisierte neue Mensch hat keinen Ödipuskomplex. Er will einfach ein Ödipus sein und bleiben dürfen, bewußt und ungestraft.

Daß Ödipus nicht Papa sein darf, um mit Mama eins zu sein, sondern daß er nur ein Mann wie Papa werden will, um eine Frau wie Mama zu bekommen, erregt gerade Wiesengrunds Widerwillen. Im Grunde will Ödipus ja doch Mama und nicht Papa. Er will „das ganz Andere" (Geschlecht), aber 'eigentlich' nicht eine ganz Andere als Mama. Er will, was Papa will, also etwas ganz anderes, als Papa will, daß Ödipus wollen soll. Was Adorno an der 'Schönen Fremden' (Eichendorff) so anzieht, ist das, was ihn dabei an Mama erinnert, und schön ist Mama, weil sie verboten ist und schon vergeben an Papa. „Während die Literatur alle psychologischen Arten erotischer Konflikte behandelt hat, ist der einfachste auswendige Konfliktstoff unbeachtet geblieben um seiner Selbstverständlichkeit willen. Das ist das Phänomen des Besetztseins: daß ein geliebter Mensch sich uns versagt ... weil bereits eine Beziehung besteht, die eine neue ausschließt ... Es liegt im Vergebensein ..." ("Minima moralia", Nr. 49) Dieser Konflikt ist in der Literatur in Wirklichkeit so wenig unbeachtet geblieben, daß sein Urmuster hinter der Hälfte aller Literatur stecken dürfte: Das Menschenkind kommt immer zu spät, der gegengeschlechtliche Elternteil ist für ihn an den gleichgeschlechtlichen Rivalen immer schon vergeben, und das kann Adorno ihm nicht vergeben. Gewöhnlich wird Ödipus brav seiner Mutter untreu und wählt eine Frau wie seine Mutter.

„Gott, es sind doch alles nur Menschen, und welcher es ist, darauf kommt es gar nicht so sehr an. Neigung, die von solcher Weisheit nichts wüßte, brauchte Untreue nicht zu fürchten, weil sie gefeit wäre vor der Treulosigkeit." („Minima moralia", Nr. 49)

Den „Anti-Ödipus" der Franzosen Deleuze und Guattari hätte Adorno gemocht. Ganz zu Recht diagnostizierte er die *zunehmende Homosexualisierung der Gesellschaft*. Anders als die heutigen Psychologen empfahl er den Heterosexuellen nicht, ihre homoerotischen Seelenanteile zu kultivieren, sondern er riet uns Homophilistern, das Heterosexuelle nicht ganz zu vergessen. Er identifizierte den *ruchlosen Verblendungszusammenhang der Gesellschaft* als homosexuellen Totalitarismus und diesen mit dem „väterlichen Realitätsprinzip".

Wir sehen Grund, ihm vorzuhalten, daß er dabei den Vater nur mit dem *Big Brother* ausschüttet und verwechselt. Das Prinzip Vater ist mehr und anders als die Summe jener totalitären Homophilosophen, die Adorno vehement wie kein anderer kritisiert hat, daß nichts hinzuzufügen bleibt. Es muß nicht noch einmal wiederholt werden, wie dieser technokratische Homophilister gewaltsam seine Gegenüber seinem Wesen angleicht, weil er deren Andersheit nicht ertragen kann. Wenn wir uns gleichwohl nicht zufriedengeben mit Adornos Utopie, dann deshalb, weil wir glauben, daß die wahre Alternative zur totalitär industriellen Homophilosophie unserer Epoche nicht ein Zurück zur Mutter Natur ist, sondern ein Voran zum Vater, der allein *von* den Müttern frei machen kann, *für* die Frauen dieser Welt den Mann und *für* die Männer dieser Welt die Frau. Zwischen Mutter und Kind steht nichts – als der Vater. Er ist ambivalent besetzt: Er trennt und befreit beide voneinander. Adorno hält es für vernünftiger, den Menschen nicht zu dieser Vernunft kommen zu lassen. Er will mit Mutter Natur eins werden, um vom Vater loszukommen, und nicht mit dem Vater eins werden, um von der Mutter freizukommen.

Er will 'sinnliche Erfüllung' und keine Erfüllung dieses göttlichen Gesetzes. Er kann und will nicht wahrhaben, daß die Macht des leiblichen Vaters nicht 'aufgehoben' wird, indem dieser Vater kastriert oder entwertet wird, sondern indem sein Gesetz erfüllt und seine Vernunft angenommen wird: Ich höre auf, das bloße Kind meines Vaters zu sein, indem ich der Vater meines

Kindes werde und das nur werden kann, wenn ich mit seiner Hilfe von Mama freikomme für die Frauen dieser Welt und eine davon zur Mutter meiner Kinder mache und nicht zu meiner eigenen Mutter.

Das göttliche Gesetz ist ja nicht gut, weil Vater es vertritt, sondern ein Vater ist gut, der dieses Gesetz vertritt. Gesetzeserfüllung ist jene sinnliche Erfüllung selbst, die Adorno in der Gesetzesübertretung sucht. Zweideutig *verabschiedet* er das göttliche Gesetz: er setzt es nicht in, sondern außer Kraft und segnet dadurch philosophisch alle „nicht zu Ende Geborenen" (Theweleit), die keine Kinder haben oder ihnen nicht helfen können, zu Ende geboren zu werden und sich von ihrer Nabelschnur zu emanzipieren.

Wer nicht viel weiter als bis zur *instrumentellen Vernunft* kommt, ist nur ein Homophilister und kein Patriarch. Adorno schüttet das väterliche Realitätsprinzip mit dieser instrumentellen Vernunft aus, seine Utopie trägt anti-patriarchalische Züge. Und dieser philosophische Mord am Vater, dem vorgeworfen wird, Mutter- und Kindermörder zu sein, wird gerechtfertigt durch einen matriarchalischen *Materi*alismus, der den patriarchalischen Monotheismus und Rationalismus beseitigen soll. Der Atheist und Antipatriarch macht dabei unfreiwillig gemeinsame Sache mit seinen Todfeinden.

Als Krankheitserreger unseres Jahrhunderts diagnostiziert er den männlichen Homophilister und verschreibt ihm mehr feministische Homophilosophie in einer Zeit, in der Männer ohnehin eher Weichlinge sind als Abweichler und mehr kleine Angestellte als große Veranstalter. Dem Macher und Macker verschreibt er den androgynen Softy. In „Autorität und Familie" hat der späte Horkheimer die Mutter daheim wieder gegen die Männerwelt draußen verteidigt. Den pater familias hat er gegen diese dummen Jungen, die die Welt regieren, nicht verteidigt. Auch Adorno hat es gewußt: „Manchmal will es scheinen, als wäre die unselige Keimzelle der Gesellschaft, die Familie, zugleich auch die Keimzelle des kompromißlosen Willens zur anderen." (Minima moralia, Nr. 2).

Adorno wollte nicht sehen, daß wenigstens für den Proletarier alles verloren ist, wenn seine Familie nicht sein erstes und letztes Widerstandsnest bleibt.

„Mit der Familie zerging, während das System fortbesteht, nicht nur die wirksamste Agentur des Bürgertums, sondern der Widerstand, der das Individuum zwar unterdrückte, aber auch stärkte, wenn nicht gar hervorbrachte. Das Ende der Familie lähmt die Gegenkräfte. Die heraufziehende kollektivistische Ordnung ist der Hohn auf die ohne Klasse: im Bürger liquidiert sie zugleich die Utopie, die einmal von der Liebe der Mutter zehrte."

(„Minima moralia", Nr. 2).

Eine Utopie, die von der Liebe der Mutter zehrt, ist eine rückwärts gewendete Utopie wie bei Ernst Bloch. Erst eine Utopie, die von der Liebe des Vaters zehren würde, hätte diesen Namen verdient. Nur er emanzipiert aus den Symbiosen und Kollektiven. Das „Prinzip Vater" ist das Individuationsprinzip des Menschen, nicht die noch so dialektische Mater-ie. Dabei sah Adorno sehr wohl, daß in unserer *vaterlosen Gesellschaft* (A. Mitscherlich) der Nachkriegszeit die Stimme meines Gewissens längst nicht mehr die Stimme meines Vaters in mir ist und daß mein Über-Ich nicht mehr das Ich meines Vaters verinnerlicht, sondern 'externalisiert' und ersetzt ist durch die Stimme Big Brothers und der Landesväter und der Medien und Institutionen der *verwalteten Welt*. Aber gegen dieses hochindustrialisierte Über-Ich wollte er nicht das Prinzip Familienvater stärken, das er für einen bloßen Agenten der Gesellschaft hielt.

Wohl sah er im pater familias das Opfer des Industrialismus und doch auch zugleich im Industriekapitän die verhaßte Vaterfigur. Familienvater, Landesvater und Gottvater : Adorno neigte dazu, alle in den einen deutschen Eintopf zu werfen. Daß mit Bibel und Patriarchat das Individuum selbst verfolgt wird, hinderte ihn nie, das Individuationsprinzip in Mutter Natur und Materie zu sehen. Der alte Adam emanzipiert sich von sich selbst und von seinesgleichen nur durch „das ganz Andere" Geschlecht, aber Adorno will sich emanzipieren von jenem Vater, ohne den niemand sich emanzipieren kann.

Das perhorreszierte väterliche Realitätsprinzip ist nun genau jene Utopie, für deren Vereitelung es nicht nur von Adorno gehalten wurde. Die Utopie, die noch immer von der Liebe der Mutter zehrt, ist die Geisteskrankheit, für deren philosophische Therapie sich die *Kritische Theorie* hält. „Theorie" hängt zusammen mit griechisch *theos*, Gottvater, und „Kritik" hängt zusammen mit Unterscheidung, mit Trennung und Ablösung. Der Vater hat in der Tat „das Abschneidende" des Begriffs („Negative Dialektik", S. 21), aber er schneidet nicht den Phallus seines Kleinen ab, sondern dessen Rückzug in sich und in Mama. Männern ist heute in Wirklichkeit ja nicht vorzuwerfen, daß sie Männer sind, sondern daß sie eben keine sind, sondern Halbstarke. Nicht was die Väter zu Vätern macht, ist an der Gesellschaft *aufzuheben*, sondern was die Väter immer wieder hindert, Väter zu werden, und was sie dazu verhält, dumme Jungen zu bleiben, unter denen die Frauen nicht nur feministisch ihr Lebtag lang zu leiden haben. Das Patriarchat ist eben eher eine Utopie als eine Mumie.

Die Große Weigerung, sich zu identifizieren mit dem Individuationsprinzip Vater, läßt den von Adorno projektierten neuen Adam heillos verstrickt bleiben in die höchst ambivalente Bindung an eine archaische Mutter Natur. Hier herrscht wieder 'uralte heilige Wirrnis', wie Adornos schizophrener Gewährsmann Hölderlin weiß. Wir sind im „Reich der Primärprozesse" und der seelischen Steinzeit, Odysseus folgt den Sirenenklängen der ungebundenen Nacht.

Der schizoide Abgrund droht lockend und lockt drohend. Natürlich weiß Adorno sehr wohl, daß die paranoische Schizophrenie einerseits nur die Kehrseite einer technischen Ratio ist, welche die innere Natur des Menschen objektiviert, und daß sie andererseits der ohnmächtige Aufstand dieser Natur gegen ihre rationale Selbstbeherrschung ist. „Schizophrenie ist die geschichtsphilosophische Wahrheit übers Subjekt."
(„Negative Dialektik", a. a. O., S. 277)

„Utopie wäre die opferlose Nichtidentität des Subjekts", und was wäre das anderes als so etwas wie eine freiwillige Psychose? „Unfrei sind sie als nicht-identische, als diffuse Natur, und doch als solche frei, weil sie in den Regungen, die sie überwältigen – nichts anderes ist die Nichtidentität des Subjekts mit sich -, auch des Zwangscharakters der Identität ledig werden" (a.a.O., S. 294). Irgendwo schreibt Adorno, einer müsse wahnsinnig werden, um dem objektiven Wahnsinn begegnen zu können. Irrsinn contra

Irrsinn? Wo Ich (und Über-Ich) war, soll wieder Es sein? Nur eben freiwillig und ganz zwanglos, eine repressionsfreie Regression ad fontes, eine sublimere Variante der Anti-Psychiatrie mit ihren freundlichen Einladungen zu wahnsinnlichen Schizo-Trips?

An diesen Stellen steht die „Dialektik der Aufklärung" kurz vor dem Abgrund, dialektisch in blanke Gegenaufklärung umzuschlagen. „ ... so ist die Auflösung des Subjekts zugleich das ephemere und verurteilte Bild eines möglichen Subjekts" („Negative Dialektik", S. 277). „Erster und einziger Grundsatz der Sexualethik: der Ankläger hat immer unrecht." („Minima moralia", 29)

Hier allein „Einheitsdenken, Nachahmung blinder Natur durch deren Unterdrückung", dort nur „Mythologie ... das Grauen des Diffusen", die Beziehungsfalle ohne Ausweg. Für die Psychoanalyse „ist, dialektisch genug, die verdrängende Instanz, der Zwangsmechanismus, eins mit dem Ich, dem Organ der Freiheit." („Negative Dialektik", S. 222). Da ist es wieder, das Über-Ich, das zwischen Vater und Big Brother nicht zu unterscheiden weiß. „Denken heißt identifizieren." Und natürlich sollte Erkenntnis kein polizeilicher Erkennungsdienst sein. Die „Kritische Theorie" wollte nicht das Blümlein auf der Wiese, sondern den Geist befreien aus jeder Kumpanei mit der Macht. Und wer zu viele Menschen kennt, kennt nur *den* Menschen.

Witz wie Geist und „Liebe ist die Fähigkeit, Ähnliches an Unähnlichem wahrzunehmen." „Geliebt wirst du einzig, wo du schwach dich zeigen darfst, ohne Stärke zu provozieren." „Wahr sind nur die Gedanken, die sich selber nicht verstehen."
(„Minima moralia", Nr. 122)

„Monsieur le Capital, Madame la Terre. Das produktive Leben ist aber das Gattungsleben. Es ist das Leben erzeugende Leben." „Was sie wollen, leben und sich fortpflanzen, ... das will auch das Tier; höchstens würde ein deutscher Politiker hinzuzusetzen haben, der Mensch *wisse* aber, daß er es wolle, und der Deutsche sei so besonnen, nichts weiter zu wollen." *(Karl Marx)*

Philosophischer Eros der Kritischen Theorie

Die theoretischen Köpfe der sogenannten Frankfurter Schule der Sozialphilosophie, Max Horkheimer und Theodor W. Adorno, waren neben dem Heideggerschüler Herbert Marcuse, der später in den USA einer der Hauptideologen der Neuen studentischen Linken wurde, die ersten und bisher einzigen namhaften Philosophen, die der Freudschen Psychoanalyse, nicht ohne sie zugleich massiv zu kritisieren, einen wichtigen Platz in ihrem Denken einräumten. Die drei Denker spielen die vergleichsweise heroische Frühphase Freuds gegen den revisionistischen Neo-freudianismus vor allem angelsächsischer Observanz aus, in dem sie eine herrschaftsstabilisierende Ideologie der therapeutischen Anpassung leidender Menschen an unmenschliche gesellschaftliche Zustände ablehnen. Was *Marcuse* betrifft, ist sein Aufruf zur *Großen Verweigerung* des Mitmachens und seine Kritik der Psychoanalyse in "Eros and Civilisation" bereits selbst durchpsychoanalysiert worden von Gérard Mendel in "La crise de générations", kritisiert als folgenreiche Unterschätzung der ödipalen Problematik heute. Kurz gesagt, wirft Mendel Marcuse vor, regressive Kollektivphantasien der Studentenbewegung der Sechzigerjahre nur eben rationalisiert zu haben, als er in ihnen die fällige Revolte der Söhne gegen den imperialistischen Monopolismus der Väter begrüßte und gleichzeitig der Versuchung erlag, nicht die Vergesellschaftung der erzphallischen Produktionsmittel dieses Vaters, die Aufteilung seiner technologischen Potenz unter die aufmüpfigen Söhne, zu fordern, sondern die „Überwindung" der technischen Welt im Namen einer verschandelten Natur. Hinter der vatermörderischen Attitüde derer, die sich auf Marcuse berufen, will G. Mendel einen maschinenstürmenden Aufstand gegen die sadistische Übermacht entdeckt haben, die von dem verabsolutierten technologischen Machtarsenal der Väter über die Natur selbst ausgeht. Nicht mehr nur der Vater erscheint dem Sohn als bedrohlich, nicht mehr nur seine private Aneignung des technisch Erreichbaren, sondern die fetischisierte Eigengewalt seines phallischen Instrumentariums der Naturbeherrschung. Die Potenz der technischen Apparaturen erscheint dem Sohn nicht mehr als Potenz eines starken, gerechten, freien und gütigen Vaters, der vor der grausamen Seite der unwirtlichen Natur beschützt, sondern als archaische Omnipotenz einer sadistischen, „phallischen Mutter" selbst. Kurzum : Kultur droht selbst als jene Übermacht der Natur, von der sie befreien sollte, sie wird zur "zweiten Natur". Das Instrument der Naturbeherrschung, die Rationalität des Vaterbildes, wird selbst zu einem Stück blinder Natur, fällt zurück in die Irrationalität der Natur, die sie überwinden sollte. Im Angriff auf die böse Mutterimago der kulturellen Institutionen droht nach G. Mendel nun aber das einzige Werkzeug mitzerschlagen zu werden, das Hilfe gegen die Stiefmutter Natur verspreche : Die rationalen Waffen des bewunderten Vaters, der mit der Mutter fertig wird. Der ödipale Kampf des Sohnes gegen den bösen Vater um die begehrte Mutter Erde ist ja in ein und derselben Bewegung immer auch der prä-ödipale Kampf gegen eine Rabenmutter Natur mit Hilfe eines guten und starken Vaters. Nolens volens ist also der Kampf gegen den bösen Vater um die gute Mutter immer schon implizite ein Kampf gewesen gegen einen guten Vater, der allein gegen die böse Mutter abschirmen konnte. Man kennt Freuds Vorstellung vom gelungenen Auflassen dieses Komplexes : Dieser Hass auf den Besitzer der Mutter und die Liebe zum bewunderten Bezwinger der Mutter Natur verbinden sich zum Wunsch, recht bald ganz wie er zu werden.

Nach Mendel schüttet Marcuse das Kind mit dem Bad aus, den guten Vater (der vor der Rabenmutter Natur schützt) mit dem bösen Vater (der die inzestuösen Regungen des Sohnes mit Kastration bedroht) – und mit der bösen Mutter, die in der sadistischen Übermacht einer zur "zweiten Natur" gewordenen technischen Potenz des Vaters wiederauferstanden ist, statt davon ganz besiegt zu werden. Mendel wünscht sich ebenfalls eine Revolte gegen die Väter, aber eine *Revolte gegen den Vater*, der sich kastrationsdrohend zwischen den inzestuösen Sohn und die begehrte Mutter Natur stellt, im Namen jenes selben Vaters, der allein die Macht hat und an den Sohn weitergeben kann, mit der bösen Imago derselben Natur gut fertig zu werden. Diese "Revolte gegen den Vater" in Namen des Vaters wagt die Identifikation mit dem Vater, die Aneignung all jener Fähigkeiten, die nötig sind, sich der zähen Umklammerung durch die Natur endlich zu entziehen.

Nach Mendel erweist Marcuse der Jugendbewegung einen Bärendienst, wenn er sich herbeilässt, der Angst des Heranwachsenden davor, dem Vater die phallische Armatur zu entwinden, ein philosophisches Mäntelchen umzuhängen und aus der Not des Adoleszenten, der ödipalen Probe auszuweichen, die Tugend einer Rebellion zu machen, die in Wirklichkeit eine schizoide Regression sei auf die Ebene frühkindlicher Versorgungsphantasien. Hinter Marcuses Vision eines *befriedeten Daseins* in Schlaraffia, wo Leu und Lamm einträchtig nebeneinander leben, entdeckt Mendel regressive Wünsche nach symbiotischer Verschmelzung mit einer reinen und guten Mutter Natur, aus der alle Destruktivität einfach nur verdrängt sei, statt durch Teilidentifikation mit einem gleichzeitig idealisierten und gehassten Vater besiegt zu werden. Nicht umsonst sei in "Eros and Civilization" der Mythos des Orpheus und des Narziss, also die Propagierung des verlorenen primärnarzisstischen Paradieses, gegen den Prometheus-Mythos ausgespielt worden.

Ich will mich an dieser Stelle beschränken auf den Versuch einer kritischen Auseinandersetzung mit der Kritik Adornos an der Psychoanalyse, der er nur unter gravierenden Vorbehalten eine allerdings entscheidende Vermittlerrolle zugestehen mag zwischen den sprachlosen Leiden unterdrückter Individuen und einer umfassenden Theorie gesamtgesellschaftlicher Rahmenbedingungen der Möglichkeit psychotischer und neurotischer Fehlentwicklungen. Adornos Philosophie, sieht man einmal vom Vorwurf der Studenten ab, sie liefere leider keine direkte Aktionsstrategie zur politpraktischen Veränderung verhärteter gesellschaftlicher Strukturen, galt weithin als avancierteste Reflexionsform moderner Aufklärung über *falsches Bewusstsein* in der *verwalteten Welt*. Wie der Marxismus das patriarchale kapitalistische Realitätsprinzip aufheben will, soll Psychoanalyse das Überich, also dessen Internalisat im Einzelnen, wegtherapieren. Kulminiert Adornos Kritik an der Psychoanalyse in dem Vorwurf, sie arbeite nicht an der Abschaffung des Überich, jener intrapsychischen Instanz, in der die repressive Autorität des Vaters als Agenten des versagenden gesellschaftlichen Prinzips verinnerlicht ist, dann hat er in "The Authoritarian Personality" unter anderem zu zeigen versucht, daß es die Dominanz des rigiden, autoritätsgebundenen Charakters ja ist, die notwendige gesellschaftliche Veränderungen auch dort verhindert, wo sie real möglich wären. Wo es keine realen Hindernisse mehr gibt, das Leben ichgemäßer zu gestalten, stehen den Menschen ihre eigenen Überich-Strukturen in Wege, die verinnerte Macht des Bestehenden, in die das tradierte Überich des Vaters projiziert wird. Jeder auch nur reformistische Versuch werde so sehr als kastrationsgefährdete Usurpation väterlicher Privilegien phantasiert, daß die Menschen schließlich sich mehr homosexuell mit ihren Unterdrückern identifizieren als mit ihren ursprünglich doch inzestuösen Zielen. Für Freud war der Sohn erst dann erwachsen, wenn die inzestuös-patrizidalen Wünsche nicht länger verdrängt wurden oder in den neurotischen Symptomen sein Verhalten hinterrücks infantilisierten, sondern in vollem resignativem Bewusstsein ihre realunmögliche Erfüllung aufgegeben, also um die Mutter getrauert wurde, die für den Sohn an den Vater unwiederbringlich verloren ist. Nach Freud gewinnt der Sohn seine Arbeits- und Genussfähigkeit erst ganz dadurch, daß er sich endgültig über den Verlust der Mutter mit einer anderen Frau hinwegtröstet, in der er getrost die Mutter lieben darf und für deren Erhaltung er dann arbeiten muß. Hier beginnt Adornos Kritik am psychoanalytischen Normalitätsideal eines glücklich aufgelassenen Ödipuskomplexes, aber immer auf das männliche Kind hin betrachtet. Alles, was für Adorno emanzipatorisch den derzeitigen historischen Stand gesellschaftlicher Verhältnisse transzendiert, ist die "Utopie, die einmal von der Liebe der Mutter zehrte". Hier versteckt sich das ebenso psychologische wie *materi*alistische Motiv seines von Marx wie von Freud inspirierten Denkens. Die Liebe dieser Mutter erkennt Adorno aber nicht in der oralen Fülle der materiellen Konsumgüter der kapitalistischen Tauschgesellschaft. In der Flut der Waren sieht er eher eine Abfindung für einen fundamentalen Triebverzicht, eine Abschlagszahlung für Inzestverzicht. In diesem Tausch, Mater gegen Matrielles, sieht Adorno, Sohn eines Kaufmanns und einer korsischen Sängerin, das Erzübel alles ökonomischen Denkens noch unterhalb der Entscheidung zwischen kapitalistischer und kommunistischer Spielart. Über die Utopie, die Liebe der Mater-ie, hat Adorno das biblische Bilderverbot verhängt, Liebe der Mutter genitivus subiectivus *und* obiectivus. Sein Vater war Kaufmann und betrieb den von Adorno perhorreszierten Äquivalententausch von Arbeits(Er-zeugungs)kraft und verzehrbarer Ware.

Dieser Tausch von Inzestverzicht, sprich Arbeit an Mutter Natur, gegen die Konsumgüter rechne gegeneinander als gleich auf, was schlechterdings ungleich sei. Der von kapitalistischer Vaterfigur abgeschöpfte Mehrwert dieser sehr aggressiven Naturbearbeitung ist nun genau jene Liebe der Mutter, die er sich selbst vorbehält und die Adorno nicht vergessen und verdrängen kann und will. Den *nichtidentischen* Gebrauchswert in dieser falschen Gleichung Materielles = Mutterliebe = Inzest will seine Philosophie retten. Aber hinter dem, was er bewußt macht, läßt er zu vieles unbewußt, als daß es keine Psychoanalyse seiner Philosophie der Psychoanalyse geben könnte und müßte. Auch seine tragenden Grunderfahrungen, die in seinem Denken nur artikuliert sind und ihm vorausgingen, sind Erfahrungen mit Mutter- und Vaterimagines, mit dem „Durcheinandervermitteltsein" und „Ineinander" von Subjekt und Objekt, von Geist und Natur, von Himmel und Mutter Erde, also philosophische Rekonstruktion der Urszene: Familienphilosophie. Diese sinnlich naturhaften Regungen, die Adorno rehabilitieren will, richten sich auf Mutter Natur. Aber er sieht auch, daß hinter den verpönten Wünschen nach genitaler Vereinigung mit der Mater-ialität von Frau Welt Versuchungen lauern zu prä-ödipaler Regression, zu der Verschmelzung von Mutter und Kind : Sirenenklänge im Ohr des Odysseus, der sich an den Mast der Zivilisation bindet, um ihnen nicht zu erliegen. Den Unterschied zwischen Ich und Überich will Adorno nicht gelten lassen. Mit dem Überich soll das Ich fallen, das selbsterhaltende Prinzip, diese Rationalisierung aller Rationalisierungen, die Zwangseinheit der chaotisch divergierenden Impulse aus den Primärprozessen.

Das Ich stehe niemals harmonisch vermittelnd zwischen Es, Realität und Überich, sondern nur im Zwangsbund mit Überich-Instanz und Realitätsprinzip gegen das Es, Agent aggressiver Selbsterhaltung und Selbstbeherrschung, versagend, unterdrückend und es-dyston, Aber Adorno sieht auch die Gefahren, die in der Versuchung liegen, die geschichtlich mühsam errungene, relative Autonomie des Ich wieder rückgängig zu machen, als Subjekt abzudanken und in einer symbiotischen Einheit mit der inneren Natur sich aufzulösen. Historisch ist das Ich hervorgegangen aus dem immer erfolgreicheren Kampf gegen übermächtige Rabenmutter Natur, als Abgrenzung gegen sie hat es sich aus ihr herausdifferenziert als Partialsubsystem : Selbsterhaltungstrieb par excellence gegen die innere und jene äußere Natur, in der das Realitätsprinzip, die entwöhnende Stiefmutter Natur und die verbietenden patriarchalen gesellschaftlichen Mächte sich für die Phantasie amalgamieren. Die Rationalität dieses Ich, die eine Rationalisierung ist, will Adorno abgeschafft sehen – durch noch mehr statt weniger Rationalität. Das Ich soll wirklich rational werden, statt bloß zu rationalisieren; es soll einfach Herr werden über seine Herrschaft über innere und äußere Natur. Vielleicht habe das Überich dem Ich ja geholfen, sich aus der prä-ödipalen Naturverstrickung freizustrampeln, also selbständig zu werden, der maternalen Natur- und Todesverfallenheit zu entgehen. Dabei sei aber inzwischen das eigentliche Ziel der Befreiung vom Naturzwang vergessen worden über der anal kontrollierten Abgrenzung gegen die einst dominante Natur : die inzestuöse Wiedervereinigung eines erstarkten, gegen die Naturzwänge gefeiten Ich mit eben dieser Mutter Natur. Befreit sich das Ich doch nur von der Umklammerung durch die Natur, um wieder mit ihr sich zu vereinigen, ohne verschlungen zu werden, wie es vor der Lösung drohte. Das metaphysische Ziel bestehe doch darin, sich an die Natur verlieren und aufgeben zu können, Naturwesen zu sein, ohne nun von dieser Natur wieder zermalmt zu werden.

Adorno will dieses liebe Ich zusammen mit dem Über-Ich abgeschafft wissen. Dazu repristiniert er die Scheidung von beiden: Das Ich ist sein eigenes Überich nicht anders, als der Sohn sein eigener Vater werden will. Die Identifikation mit dem Vater ist dabei zweideutig : Identifikation auch mit seinem Verbot, sich mit ihm schon jetzt identisch zu fühlen. Der Sohn wird abgefunden mit einer Frau, die nicht seine Mutter ist, die ihr gleichen darf, ohne dieselbe zu sein, und Adornos Philosophieren wird zum Insistieren auf dieser spezifischen Differenz zwischen der Mutter und den späteren Liebesobjekten des Kindes. Die verhaßte Ideologie des Vaters, die zur Indoktrination des Sohnes erfunden ist, lautet dann: "Deine Mutter ist meine Gattin und gehört mir. Aber tröste dich: Wenn du erst so groß bist wie ich, bekommst du eine eben solche Frau wie Mama. Frau ist Frau. Du bekommst eine andere, und diese andere ist so gut wie diese eine." Das Einzige, was die Mutter vor dem Vater von allen anderen Frauen unterscheidet, ist die Tatsache, daß sie ihm gehört, und damit basta. Die Argumentation des Vaters ist hier also zutiefst widersprüchlich : Beharrt der Sohn darauf, daß er diese Frau, die Mutter, und keine andere will, wird ihm von oben bedeutet, eine Frau sei so wie die andere und er werde ja auch eine bekommen – sofern er nur dem Vater folge. Das aber kann der Sohn, gerade sofern er die väterliche Logik akzeptiert hat, nicht einsehen : Wenn für den Vater eine Frau so gut ist wie die andere, gibt es keinen vernünftigen Grund, warum der Sohn nicht ebenso gut die Frau behalten dürfe, aus der er, anders als der Vater, gekommen ist und in die er zurück will. Dieser innere Widerspruch der väterlichen Philosophie treibt den Sohn in Widerspruch zum Vater.

Es gibt wenigstens zwei Stränge in Adornos Argumentation:

1.) Der Sohn schiebt und gibt den Mutterinzest auf. Er unterwirft sich einem Vater, der nicht nur gefürchtet und bewundert, sondern am Ende mehr geliebt wird als jenes Wesen, von dem er den Sohn ausschließt. Das ist der psychologische point d'honneur von Adornos These von den *falschen Bedürfnissen* durch *falsches Bewußtsein*. Die inzestuösen werden von homosexuellen Regungen, die selbst der Verdrängung unterliegen, verdrängt und abgelöst. Der effeminierte Sohn will dem versagenden Prinzip(al) gefallen, läßt sich aus Liebe ausbeuten und abspeisen mit Tand, der keinen Gegenwert zum abgeschöpften Mehrwert darstellen kann.

2.) Die "Dialektik der Aufklärung" besteht darin, daß die bewunderte Herrschaft des Vaters über Mutter Natur für den nacheifernden Sohn zur zweiten (Mutter) Natur wird. Der Mensch unterdrückt seine eigene Natur, um die so übermächtige archaische Umweltnatur unterwerfen zu können, wie biblisch gefordert. Er beherrscht die ganze Natur, außer seiner Naturbeherrschung selbst. Im phallischen Instrumentarium naturbeherrschender Technik ersteht die unterworfene Natur als zweite wieder auf : Die sogenannte *phallische Mutter* taucht drohend hinter dem männlichen Penis auf, der sie in Schach halten sollte.

Die Liebe zur Mutter als Haß auf den Vater pervertiert sich in Liebe zum Vater als Haß gegen die Mutter, deren Imago allerdings ambivalent im vergötterten Waffenpenis der Homosexuellen drohend wiederkehrt, so daß nach Mendel die Revolte gegen den Vater die Revolte gegen eine Mutter involviert, die vom väterlichen Geist kaum noch trennbar ist. Zu Recht löst sich also nach Adorno der Geist aus der erstickenden Umarmung der *Naturverfallenheit* durch Herrschaft über ihre Übermacht. Aber dieser Geist als Kind der Mutter Natur verabsolutiert sich und seine aus der Lösung von ihr errungene Selbstidentität zum Fetisch, solange er in der analsadistischen Phase seiner Stellung zur Natur sich vertrotzt. Das Ich wird wie die archaische phallische Mutter, wenn es sein eigenes Überich wird, das das Es beherrscht. Der Sohn rutscht in die Identität mit der gefürchteten frühen Mutter, wenn er als sein eigener Vater die Mutter so zu beherrschen trachtet, wie er einst von der phallischen Mutter um seine Unabhängigkeit und Autonomie sich gebracht fürchtete. Aber die entwöhnende Mutter wird ja vom Kind nicht nur gefürchtet und gehaßt, sondern auch geliebt, und derselbe Vater, der gut genug war, daß das Kind sich mit seiner Hilfe aus der bösen Imago seiner Abhängigkeit von ihr befreite, verkehrt sich zum bösen Rivalen im gleichen Augenblick, in dem der Sohn sich mit der geliebten Frau des Vaters ganz wiederzuvereinigen sucht. In den primärnarzißtischen Phasen der psychosexuellen Entwicklung wird der Vater als eine Modifikation der Nichtmutter und seine Anwesenheit als eine Variante mütterlicher Abwesenheit erlebt vom Erdensohn.

Er spürt, daß ihm die Erinnerung ausgetrieben werden soll daran, daß seine Mutter keine beliebige Frau unter anderen ist. Das qualitativ Andere, *Nichtidentische*, an der Mutter gegenüber dem Heer aller weiblichen Wesen ist die Tatsache, daß es seine Mutter ist, aber eben gerade deshalb die Frau des Vaters. Er soll den Besitz der Mutter erst aufschieben und dann aufgeben und sie in einer anderen Frau lieben, d.h. schon jetzt eine beliebig andere in seiner Mutter lieben, d.h. ihr und seinen ursprünglichsten Sehnsüchten untreu werden. Bekanntlich will Adorno dieses „Nichtidentische" und unaustauschbar Besondere vor jedem vergleichgültigenden Zugriff des identifizierenden Allgemeinbegriffs retten, die geliebte

Mutter vor der ablenkenden Gleichschaltung mit dem, womit der Sohn für seinen Inzestverzicht abgefunden werden soll. Identifikation mit dem Vater als Installation eines Überich in den Sohn läßt alle Frauen gleich werden vor dem väterlichen Blick, den der Sohn auf sie werfen soll. Wie der Vater zu werden heißt, eine Frau wie die Mutter so zu *erkennen*, wie der Vater die Mutter "erkennt".

Das hilflos Einzelne und spezifisch Abweichende wird brutal subsumiert unter seinen Begriff, indem das nicht mit seinem Übergriff Identische daran gestutzt und kastriert wird. Der Sohn wird vom Vater kastriert, indem er von seinem Penis oder von seiner Mutter abgeschnitten zu werden droht, und die Frau wird von ihm kastriert, indem sie vom phallischen Begriff, auf den gebracht sie sich findet, als immer schon kastriertes Wesen und sonst nichts definiert wird, und dieses Nichts ist das zwischen ihren Beinen. Das Besondere am Sohn sei sein Penis, sofern er damit diese und keine andere Frau liebe und am Konkreten hafte. Das Besondere an der Frau ist das, was sie jenseits des quantifizierenden Begriffs ist, eine Null und ein Nichts und ein Loch wie alle Löcher zu sein und nichts Besonderes. Reduziert auf das Eine, was sie mit allen Frauen gemeinsam hat : nichts dort zu haben, wo allen Männern gemeinsam ist, jenes zu haben, vor dem alle Frauen Löcher sind, ist sie nur unqualifiziertes Roh*material* qualifizierter männlicher Formung. Statt diese und keine andere zu lieben, soll das Kind vorliebnehmen mit einer beliebig anderen, von der der Vater im gleichen Atemzug behauptet, sie sei der Einen und Einzigen völlig gleich außer in der abstrakten Eigenschaft, zufällig nicht Eigentum dieses Vaters zu sein. Der einzige Unterschied zwischen den Frauen sei der Unterschied der Personen, denen sie jeweils gehören und gehorchen müssen, ihnen völlig äußerliche Besitzansprüche. Allein durch Mein und Dein unterschieden, ist die qualitative Differenz zwischen der Frau, die dem Vater gehört, und jener, die dem Sohn später zugedacht ist, eingeebnet durch den Gattungsbegriff, bloße Gattungswesen zu sein. Und ist jene Frau nicht deine Mutter, dann mach sie zur Mutter! *Das ganz Andere*, das ist die Mutter, Mater-ie, nicht identisch mit jener Frau Welt, die dem Sohn untergeschoben wird und ihn entschädigen soll. Th. Adorno träumt von der Revolution als dem Vatermord, nicht von

Identifikation mit einem Vater, vor dem für den Sohn alle Frauen gleich sein sollen, damit der Vater die für sich reservieren kann, die ganz anders ist als alle anderen. Sein Vater war Kaufmann, und Adorno haßt das ökonomische Denken, diesen Äquivalententausch von Mutter Natur gegen orale Konsumfülle. Er will nicht den Vätern gleichen in der homosexuellen Verachtung des weiblichen Genitals, in der die Angst vor der archaischen Mutterimago über-kompensiert ist. Er bejaht die Macht über die Natur als Macht über die phallische Mutterimago der Vorzeit, nicht aber über die Inzest-neigungen zur ödipalen Mutter.

Der Fortschritt aus dem Bannkreis der archaischen All-macht der prä-ödipalen Mutter Natur sei nur ein Mittel zum Zweck späterer, erträumter Wiedervereinigung. Das Ich sei nur Mittel und Organ, ein notwendiger Umweg über die „patriarchale Realität" auf dem Wege zur narzisstischen All-einheit zurück; genauer: nicht in die brutwarme Symbiose vor aller Individuation zurück, sondern durch die Individuation hindurch in die Versöhnung eines aggres-siv sich ausdifferenzierenden Ich mit der erst verschlingenden, dann unterjochten Naturimago. Nach Adorno haben sich aber nun die Mittel zu Endzwecken aufgeworfen, die Wege zu ihren Zielen verselbständigt, und ist der bloße Selbsterhaltungstrieb zu seinem eigenen sturen Objekt geworden. Die Zwecke sind über den feti-schisierten, zu *gadgets* erotisierten Instrumenten vergessen und die anal- bzw. oralsadistischen Attacken gegen die Mutter Natur mit dem Inzest verwechselt. Eigentlich hatte sich das Ich von der Rabenmutter Natur mit Hilfe des deshalb guten väterlichen Phallus befreit, um selbständig, groß und stark genug zu sein, sich gegen den deshalb bösen Vater mit der begehrten Mutter Natur wieder-vereinigen zu können. Die Lösung von der Umweltmutter ist ja eigentlich Mittel zur Wiederversöhnung mit ihr, wie die Identifika-tion mit dem Vater nur Mittel der Differenzen mit ihm. Der Geist ist also nach Adorno das naturbeherrschende Prinzip, das Überich über dem Es, der Mann über dem Weiblichen. Er ist dadurch der Natur über, daß er sie sich gleichmacht. Er beherrscht sie durch Angleichung an ihn, indem er sie frißt, verdaut und assimiliert. Er macht Natur zu Geist, Es zu Überich. Die Herrschaft des Subjekts übers Objekt ist ja verinnerlicht als Suprematie des Überichs über

Ich und Es, und Adorno will die Natur vor dem Geist bewahren, Ich und Es vor dem Überich, Sohn und Mutter vor dem Vater, die natürliche sinnliche Regung vor dem widernatürlich übersinnlichen Diktat. Aber der Geist wird als naturbeherrschendes Prinzip selbst wieder ein Stück blinder Natur aus der Vorzeit : Im losgelassenen Vater, der sich Mutter Erde untertan macht, steht ein Stück archaischer omnipotenter Mutterimago wieder auf. Das Beherrschte, Unterdrückte, Verdrängte sucht als ein stereotypes, ein erfahrungsunfähiges Klischee, als ich-dystone zweite *Materi*alität das Ich des Erdensohnes hinterrücks heim. Im Herzen des Überich taucht das eskamotierte Es auf, und das Ich kommt vom Regen seiner Naturverfallenheit in die Traufe der Überich-Sklaverei und zurück : Die Herrschaft des Subjekts über die Natur wird zur Herrschaft einer *zweiten Natur* über das Subjekt. Die von den Söhnen phantasierte und imitierte genitale Brutalität dieses Vaters gegen Frau Welt wiederholt und überkompensiert nur die in die phallische Mutter der Frühzeit hineinprojizierte Aggressivität des frustrierten Kleinkindes. Nach Teddy Adorno, der voraussah, man werde ihm einen Ödipuskomplex nachsagen, weil er sich seinen Teil vom großen Mutterkuchen nicht nehmen wolle und die falsche Güterfülle abwehrend angeekelt zurückwies, muß die Ichstärke ausreichen, nicht wieder von der Natur zerstört zu werden, aber auch größer sein als die eines Ichs, das die Natur zerstören zu müssen glaubt, um nicht von ihrer auf sie projizierten Destruktivität zerstört zu werden. Der Geist, der Herrschaft sein muß, um nicht der Natur zu verfallen, sei zu wenig Geist : ein Stück Natur selbst noch. Diese Effeminierung des Geistes vor Frau Welt, die Adorno fordert, macht das Verhältnis zur Welt zu einem androgynen wie bei Bloch. Der Mensch vergewaltigt Mutter Natur, solange er in ihr den verborgenen Penis des bewunderten und gefürchteten Vaters bekämpft. Laut Adorno gilt es, den Big Brother mit dem Prinzip Vater abzuschaffen, aber nicht im Schoße der Mutter Natur, die dabei nur verwüstet werde.

Logik und Mystik der Homophil(osoph)ie
Ludwig Wittgenstein

Mit dem Namen Wittgenstein verbindet sich erst einmal der streng positivistische "Sinnlosigkeitsverdacht" gegen alle philosophisch metaphysischen Aussagen. Seine eigenen Gedanken hat der Denker von diesem universalen Verdacht gegen alle Universalien nicht ausgenommen, sein Denken will *philosophy to end all philosophy* sein, als sei Metaphysik keine Scheinlösung von Problemen wie bei Marx, sondern eine Lösung von Scheinproblemen, die nach W. dann entstehen, wenn die Sprache „feiert" und der Verstand sich durch sie „verhexen" lasse. Man fühlt sich an Kants Warnung vor dem "überschwänglichen Gebrauch" der Vernunft über die Grenzen möglicher Erfahrung erinnert, also über die Gegenstände möglicher Erfahrung hinaus, die Warnung vor dem "metaphysischen Dogmatismus" einer Sprache übers Ding an sich. Wittgenstein radikalisiert die "Kritik der reinen Vernunft" zu einer "Kritik der reinen Sprache", wenn er nicht nur Mutter Natur für unerkennbar hält, sondern über Kant hinaus auch das transzendentale Ich mit seinen Überich-Kategorien, seinen maskulinen logischen Urteilsformen und Arten, seine Liebesobjekte totalitär abzusondern und analsadistisch zu kontrollieren. Beginnen wir mit den sieben Hauptthesen des „Tractatus" (1922), also mit dem *logischen Atomismus* des frühen Wittgenstein:

> "Die Welt ist alles, was der Fall ist." (1)
> "Was der Fall ist, die Tatsache,
>   ist das Bestehen von Sachverhalten." (2)
> "Das logische Bild der Tatsachen ist der Gedanke." (3)
> "Der Gedanke ist der sinnvolle Satz." (4)

Die Thesen 5 und 6 lassen die Aussagen über die Welt ebenso in *Elementarsätze* zerfallen wie die Welt selbst in atomare Fakten. "Wovon man nicht sprechen kann, darüber muß man schweigen." (7)

Wittgenstein erläutert und expliziert:
"Die Welt ist die Gesamtheit der Tatsachen, nicht der Dinge." Eine Tatsache ist "eine Verbindung von Gegenständen", diese Synthesis wird abgebildet in Sätzen, wobei alle komplexen Sätze über komplexe Sachverhalte sich zerlegen lassen in elementare Protokollsätze über einfache Tatsachen, "die aus Namen in unmittelbarer Verbindung bestehen." – "Die Angabe aller wahren Elementarsätze beschreibt die Welt vollständig." – "Alle Sätze sind Resultate von Wahrheitsoperationen mit den Elementarsätzen."

"Wir machen uns Bilder der Tatsachen". "Der Satz ist ein Bild der Wirklichkeit". Er photographiert sie aber nicht passiv ab in ihrer sinnlich-qualitativen Gestalt, sondern nur in ihrer logischen Struktur, ihrem männlichen Wesenskern : "Der Satz zeigt die logische Form der Wirklichkeit." Der Satz ist wahr, wenn er sinnvoll ist, wenn er also nicht sich selbst logisch widerspricht, wenn er also getreu wiedergibt, wie logisch sich die Tatsachen verhalten. Es lohnt sich, Klarheit darüber zu gewinnen, was W. mit der logischen Form der Frau Welt und der sie abbildenden Sätze meint. W. hat von seinem Lehrer Russell aus den "Principia mathematica" (1910) gelernt, die logische Form einer Aussage nicht aristotelisch als mysteriöse Verknüpfung von Subjekt und Prädikat, also von Objektivem und Subjektivem zu verstehen, sondern sie gleichsam zu entmythologisieren, bis eine bloße Funktion $f(x)$ übrigbleibt, die nur noch angibt, zu welcher Klasse von Gegenständen eine logische Variable gehören soll. Ein Urteil ist dann nichts weiter als die Zuordnung einer logischen Konstanten zum Eigennamen für eine Objektmenge, die Entscheidung, ob ein Objekt zu einer Objektklasse gehört oder nicht, also keine Ausstattung von Substanzen mit Eigenschaften und nachträglichen Beziehungen mehr.

Ein Satz gibt nach W. also nur wieder, wie eine Sache sich verhält, wie ein Ding also sich verhält – zu seinem Begriff, unter den es fallen soll, zu der Klasse von Objekten, denen es zugedacht ist. Die logische Form der Wirklichkeit, die in der logischen Urteilsform abgebildet wird, ist also die Form, in der die Dinge sich zu ihren Klassen verhalten, unter die sie subsumiert werden. Alle Objekte einer Klasse unterscheiden sich voneinander in nichts hinsichtlich dieser ihrer logischen Form, Bestandteile derselben Klasse zu sein, Elemente derselben Menge zu sein. Was sie jenseits dieser Rolle sind, zum Wertebereich für die Argumente derselben Funktion zu gehören, bleibt unberücksichtigt. Weil sie dieselbe Funktion erfüllen, sind sie auswechselbar identisch, und diese Funktion ist logisch nichts als die Anzahl der Objekte, die sie erfüllen. Die Tatsachen und Sachverhalte sind *Fakten*, sie sind gemacht, sie sind Resultate von Taten und Untathandlungen. Der Begriff wird tätlich gegen das, was er an- und begreift, macht es zur Sache, die sich dann so verhält, wie er will. Nun behauptet das Ich bei W. aber, passiver Spiegel der Wirklichkeit zu sein, sich in seiner Symbolfunktion ihr rezeptiv anzupassen, sich zu ihrem Abdruck zu machen, sich ihr gegenüber also weiblich anschmiegsam zu verhalten. Aber nicht inhaltlich-*mater*ial, sondern nur logisch-formal, wie W. betont. Warum die Welt in ihrem formallogischen Kern so gebaut ist wie das männliche Urteil über sie, bleibt im Dunkel. Tatsache ist, daß das männliche Ego sich hier zum Spiegel einer Natur macht, die von vornherein bereits so formallogisch strukturiert ist wie das Ich selbst, das sie abbildet. Der männliche Geist findet in Mutter Natur nur das wieder, was ihm und seinen Erwartungen ohnehin gleicht.

Er spiegelt sich eher in ihr. als ihr Spiegel zu sein, er ist *vernehmend,* passiver Spiegel einer Frau Welt, die sich bereits nach seinem Bilde und Wunsche selbst gemodelt hat. Urmutter Natur gleicht dem Mann von Welt, dessen Logik sie gehorcht. Sie formt sich bis in ihre Grundstruktur nach seinen Erwartungen und Bedürfnissen. Das Es soll idealiter dem despotischen Allmachtswahn des Ich parieren. Die Sprache ist vor aller Weltabbildung ein Diktat, das der Welt vorschreibt, so zu sein, sich so zu verhalten, wie das maskuline Ich sie vorzufinden wünscht. Die Welt hat gefälligst eine richtige Frau zu sein, eine gute Mutter Natur, gut im Bett und in der Küche, als Zuverdienerin, Trösterin und Konversantin, kurz : kein Mann-Weib, sondern ein willfähriges Objekt, allzeit verfügbar seinen Launen, ein feministischer Alptraum oder ein *she-man.* Sie gehorcht dem logischen Grundsatz der Identität (Eine Frau hat eine Frau zu sein), dem Satz des Widerspruchs (Man kann nicht zugleich Mann und Frau sein) und dem Satz vom ausgeschlossenen Dritten (Entweder Mann oder Frau, Kind oder Erwachsener, Subjekt oder Objekt, dazwischen gibt es nichts). Und die Frau hat sich so weibliche Form zu geben wie der Mann sich in Form bringt, selbst- und triebbeherrscht, unerschütterlich charakterfest und zuverlässig, ein *rocher de bronze*, eine granitene Persönlichkeit als logische Selbstidentität, voll eiserner Konsequenz und Entschlußkraft, mit kommandierender Urteilskraft, die von kontingenten Nebensachen abstrahieren kann, die das chaotische Impulsgewimmel durch kategorische Imperative in Schach hält, voll tautologischem Selbstbewußtsein, andauernd flexibel und disponibel, d.h. funktional ersetzbar wie die Konstanten in den logischen Variablen und Urteilsformen.

So weit, so Kant, wird man sagen. Ich mache mir ein Bild von Mutter Natur, die ich mir nach meinem Bilde geformt habe; ich stelle mir eine Frau Welt vor, die sich nach meinen Vorstellungen von einer Traumfrau zurechtgemacht hat; ich lasse mich von meinem eigenen Geschöpf überraschen, weil ich verdränge, wie sehr es mein Produkt ist, dem ich mich zu Füßen werfe. Ich hole aus dieser Frau in Form meiner Kinder genau heraus, was ich als Samen, als *logos spermatikos*, in sie hineingesteckt habe. Ich habe Abbilder von den Er-zeugnissen meiner Einbildungskraft, meiner projektiven Potenz. Mein Verhältnis mit Frau Welt ist ein Sach-Verhalt; sie ist eine Tat-Sache, ein Objekt meiner nötigenden Untaten und Tätlichkeiten als Mann oder als Vater. Was sie inhaltlich-*mater*ial darstellt, jenseits meiner vorbildenden Abbildung, entzieht sich meinem Interesse als Mann. Ich forme sie zum Gefäß meiner phallischen Penetration und halte mich selbst in Form, ihre Formen inhaltlich auszufüllen. So weit, so Kant, wie gesagt.

Aber W. geht viel weiter : „Der Satz kann die gesamte Wirklichkeit darstellen, aber er kann nicht das darstellen, was er mit der Wirklichkeit gemein haben muß, um sie darstellen zu können – die logische Form. Um die logische Form darstellen zu können, müßten wir uns mit dem Satze außerhalb der Logik aufstellen können, das heißt außerhalb der Welt." (Tractatus, 4.12.) Das ist der metaphysische Kern von Wittgensteins Antimetaphysik. Um sich ein Bild vom Ganzen der Realität machen zu können, muß das Ich ganz außerhalb dieses Ganzen stehen, darf es kein Bestandteil des Panoramas sein, das es überschauen und kontrollieren will. Der Mann kann Frau Welt beurteilen, aber nicht darüber urteilen, daß und wie er Frau Welt beurteilt. Mutter Natur steht zur Disposition, nicht der Göttergatte, der sie abtaxiert. Frau Welt ist soweit erkennbar, wie das Ich sie im kategorialen Licht des Überich erkennen kann und darf, aber unerkennbar bleibt, *wie* das Ich sie mit den Augen seines Überich biblisch "erkennt".

Das Schema F des transzendentalen Schematismus, nach dem die Frau Welt zum Objekt des männlichen Verfügungswillens gemacht wird, bleibt im Dunkel, und dieses Dunkel wird mit derselben Logik abgesegnet, mit der Männe von sich auf sein weibliches Wunschbild schließen darf, das sich ihm genital erschließt. Man kann über das Sinnliche sprechen, über ein Übersinnliches zu sprechen aber sei sinnlos. „Die Gesamtheit der wahren Sätze ist die gesamte Naturwissenschaft", also die Wissenschaft von den männlichen Gesetzen, denen Mutter Natur unterworfen ist. Die Metaphysik aber will darüber sprechen, wie und daß der Mann Mutter Natur behandelt und per Überich des Sohnes diesen daran hindert, Mutter Natur zu „erkennen", und das gehe nicht, weil es sinnlos sei, über die Art zu sprechen, in der die Sinnlichkeit des Vaters als Übersinnlichkeit des Sohnes wirke. „Die Philosophie ist keine der Naturwissenschaften." „Die meisten Sätze und Fragen, welche über philosophische Dinge geschrieben worden sind, sind nicht falsch, sondern unsinnig." Über die logische Form, die der Mann der Frau aufzwingt, die der Vater dem Es des Sohnes oktroyiert, kann kraft dieser logischen Form nicht gesprochen werden : „Kein Satz kann etwas über sich selbst aussagen, weil das Satzzeichen nicht in sich selbst enthalten sein kann." „Das ist die ganze Theory of Types." (3.332). Da die Welt aus Männern und Frauen besteht und die Männlichkeit der Männer darin, die Frauen zu Objekten ihrer „Erkenntnis" zu machen, müßte man schon einen Standpunkt außerhalb der Welt beziehen, um auch noch die Männer selbst wiederum zu Objekten zu stempeln, also ihre Form beurteilen, in denen sie die Frauen deformieren.

Solche Urteile über die männlichen Umgangsformen, über die Sinnlichkeit des Mannes, der als übersinnlicher Geist die naturhafte Sinnlichkeit des Weiblichen dominiert, nennt W. unsinnig. Er radikalisiert nur die berühmte Paradoxie und Antinomie seines Lehrers Russell. Das Ich als Inbegriff des Ganzen kann kein Teil des Ganzen sein, das komplett vorliegen muß, bevor das Ich sich einen Begriff davon macht. Genauer : Das Ich als Teil der abzubildenden Welt ist nach Russell von anderem „Typ" als das Ich, welches das Ganze der Welt abbildet. Wie die männliche Logik ein Bild der Mutter Natur ist, „zeigt sich in ihr", ohne daß man sich durch eine *Logik der Logik* ein Bild von dieser Art Bild machen könnte. Das Bild von den Tatsachen ist selbst keine Tatsache, über dieses Bild ist ein Bilderverbot verhängt. Man kann nicht darüber sprechen, wie der Mann Frau und Sohn kastriert, ohne ihn selbst zu kastrieren. Mann-männliche Logik regiert die Welt, und nichts und niemand darf diese Logik regieren. Frau Welt ist alles, was fällt, was zu Fall und zum Phall gebracht wird, der selbst nicht fällt. Das Ich, die Logik, die Sprache, die Abbildung der Welt, die Symbole sind extraterritorial zu Mutter Erde, zur Welt der Tatsachen, der Sachverhalte und Objekte. Das Ich beurteilt (oder rationalisiert die Abwehr des) Es, aber nicht sich selbst in seiner Funktion, das Es zu be- oder zu verurteilen unter dem Druck des Überich. Es stellt sich selbst bei W. nirgends in Frage, niemand kontrolliert den Weltkontrolleur. Spräche das männliche Ich über sich selbst, statt nur vom Überich beurteilt zu werden, entstünde der logische Widerspruch, daß es einerseits über sich als beliebigen Teil der Welt redete und gleichzeitig über den, der außerhalb der Welt als transzendentalintelligibles Ego über diese Welt im Ganzen urteilte, von dem das empirisch- faktische Ich nur ein verschwindender Bruchteil ist. Die Sprache bildet also die Welt ab, nicht aber, *daß und wie* sie die abbildet; sie ist kein Teil der von ihr abgebildeten Welt. Die Logik als Wesensstruktur und als Form der Sprache ist Ursache der Tatsachen, aber nicht selbst eine Tatsache? Der Mann, der Frau Welt beherrscht, müßte sich selbst unterwerfen, wäre er Teil der von ihm beherrschten Frau Welt. Die Frau, nicht der Mann, ist Objekt der sprachlichen Beurteilung, und die Frau wird durch das Urteil erst zur Tatsache gemacht, zum Fakt und Artefakt des Machismo.

Seit Russell ist die Klasse von Objekten kein Objekt ihrer selbst und nicht in sich als Element enthalten, ist das Subjekt kein Bestandteil der Objekte, deren Subjekt es ist, das Urteil über einen Gegenstand nicht selbst Gegenstand eines Urteils, das Bild vom Objekt kein Objekt eines Bildes. Bei W. weigert sich der Mann zuzugeben, er könnte etwas von jener Frau an sich haben, die er unter sich weiß, er projiziert seine eigene Weiblichkeit entschieden auf die Frau, um als naturbeherrschendes Prinzip (und Prinzipal) in aller *logischen Reinheit* übrigzubleiben. Er hat sich völlig losgesagt von dem Schoß, dem er doch entstammt, hat sich von seiner Herkunft getrennt wie das Produkt vom Künstler, wie das Kind vom Kot, hat die Spuren seiner peinlichen Abstammung aus weiblichen Tiefen gründlich an sich getilgt, hat die Welt verlassen, die ihn hervorgebracht hat. Und abgenabelt hat sich das Männliche, freiprojiziert hat es sich von seinen mütterlichen Identifikaten nicht, um vorurteilsloser und reiner passiver, also weiblicher Spiegel der Welt zu sein, sondern um seine naturhafte Basis rücksichtslos von sich abtrennen zu können unter dem Vorwand, sich dieser Natur wahrheitsliebend anzuschmiegen. Das Ich gleicht sich da nur recht pseudofeminin einer Welt an, die es in Wirklichkeit zuvor sich selbst gleichgemacht hat. Das Subjekt der Welt spricht bei W. nur deshalb nicht über sich selbst, weil es sich sonst nach Russells *Typentheorie* in seiner zwiefachen Gestalt bekennen müßte, die eine so peinlich wie die andere:
1.
als empirisch-faktisches Ich, als Objekt seiner selbst, als Teil der von ihm beherrschten Natur, also in seiner eigensten verdrängten Weiblichkeit und Herkunft aus mater-iellem Ursprung und
2.
als Herr der Welt, in seiner sadistischen Virilität, in seiner ebenso verdrängten Aggressivität des Homophil(osoph)en, der nur seinesgleichen totalitär duldet. „Totalität und Homosexualität gehören zusammen." *(Theodor W. Adorno)* Das Andere (Geschlecht) fehlt.

Das ist der psychoanalytische Kern des logischen Tabus, das über dem Ich und Subjekt und seiner logischen Sprache liegt. Der formallogische Widerstand gegen das Selbstinfragestellen des Mannes ist ein psychologischer, ein Abwehrmechanismus gegen die Rückkehr eines Verdrängten. Die (Psycho-)Logik soll verhindern, daß die potenziell totalitäre, homoerotische Verfügung über den ewigweibischen Weltrohstoff sich selbst vor den Richterstuhl zerrt. Der Mann verschanzt sich in der Logik, um sich gegen die Entlarvung seiner Praktiken zu sperren, und er verbirgt vor sich selbst, was er tut, wenn er seine Mutter samt seiner eigenen Naturbasis und Herkunft verleugnet unter dem Deckmantel der treuherzigen Beteuerung, sich zum weiblich passiven Spiegel ihrer dominanten Realität zu machen. Wittgensteins Antiphilosophie ist ein letzter Versuch der Philosophie, sich als Philosophie zurückzunehmen, als Demontage der Vaterimago. Sein antimetaphysischer Affekt ist kein Affront gegen die väterliche Logik, sondern in letzter Konsequenz theo-logisch : Gottvater wird ein letztes Mal mit den Mitteln seiner Logik gegen alle Attentate abgeschirmt. Er radikalisiert seine Instrumente rationaler Weltbeherrschung zu Waffen, die jede Kritik an seiner Legitimität zum Schweigen bringen sollen. W. gibt sein philosophisches Mäntelchen dazu her, die Unangreifbarkeit des männlichen Prinzips zu zementieren. Der Mann, der die Welt unter seine Urteilsformen subsumiert, entzieht sich selbst aller Beurteilbarkeit; er riegelt sich hermetisch ab gegen die Selbstbesinnung, das Eingeständnis seiner analen Destruktivität wie seiner Zugehörigkeit zu jener Natur, die er zerstört. Das Subjekt lehnt es kategorisch ab, sich zum Objekt zu machen, d.h. seine Subjektivität einzubekennen, mit der es die Objekte zu Objekten macht, deren Verwandtschaft mit ihm es nicht wahrhaben will. Die Urteile über den Mann, über die Form, in der er über die Welt-*Materi*alien urteilt, werden zu Konsens über Nonsens erklärt. Der lustvolle Durchbruch des Triebes, dem Überich-Diktat zu widerstehen, der Aufstand des Sinnlichen gegen das logisch Übersinnliche ist bei W. kraft Dekret des Übersinnlichen zu dem Irrsinn verurteilt, den das Übersinnliche mit dem Sinnlichen anstellt.

Wittgensteins Antimetaphysik steht im Dienste der Metaphysik, sein Denken ist antiphilosophisch, weil es Theologie ist, eine Verteidigung des Irrationalen durch Rationalität, welche alle Attacken gegen die homosexuellen Sinnsprüche als kindischen Blödsinn abtut. Das Urteil über die Objekte kann nicht durch die Objekte verurteilt werden, die Revolte der Natur gegen den Geist logisch unmöglich, weil das Objekt der Abbildung sich kein Bild von dem Bild machen kann, das es bietet. Die transzendentale Bedingung der Möglichkeit aller Dinge ist nicht durch die Dinge bedingt. Die Dinge sind nicht die unbedingten Bedingungen ihrer Bedingung, Basta. Denn die Bedingung der Dinge ist nicht selbst ein Ding unter anderen. Der Mann kann sich nicht objektivieren, weil er kein Ewigweibliches ist, das Objekt par excellence, und objektivierte er sich als Mann, bestünde seine Objektivität gerade in seiner Subjektivität, also der Kraft und dem Recht, die jungen Dinger logisch abzubilden.

Der Mann schneidet die Selbstreflexion ab, indem er die Möglichkeit der Selbstreflexivität seiner Befehlssprache bestreitet. „Kritik der reinen Vernunft" heißt hier Kritik an allem, was die unbeschränkten Machtbefugnisse und Erkenntnisprivilegien des phallischen Ego beschneiden möchte, heißt Kritik am Sohn, der philosophische Kritik am Vater üben will. Das Übersinnliche be- und verurteilt alles Sinnliche wie das Überich das Ich und Es, und diese Kritik des Überich am Ich und am Es kann von Ich und Es nicht kritisiert werden. Der Mann beherrscht Mutter Natur, die natürliche Sinnlichkeit seines ödipalen Sohnes, alles außer seiner eigenen Naturbeherrschung, die ihm zur unüberwindlich *zweiten Natur* geworden ist. Er kann nicht anders, weil er nicht anders will. Der Geist unterwirft sich alles und will darin sich nicht selbst bezwingen können. Er gibt vor, sich nicht so in der Gewalt zu haben durch bannende Selbstbesinnung seiner aggressiven Sinnlichkeit, wie er alle Tatsachen im homo-genisierenden Griff hat. W. will den homoerotischen Ungeist nicht beim Namen rufen können, um den Bann zu brechen, in dem er befangen ist, sofern er zwanghaft die Dinge beim objektivierenden Namen ruft. Gerät die Frau in seine Gattengewalt, büßt sie ihren Mädchennamen ein und nimmt den ihres Mannes an : Das ist der Kern von Ws. These, die Benennung bilde die logische Form ihres Gegenstandes ab. In Wirklichkeit heißt sie so, weil er ihr seinen eigenen Namen aufzwingt. Machte der Mann seine Subjektivität zum Objekt verurteilender Beurteilung, so würde er die Weiblichkeit seiner Männlichkeit eingestehen, die zweite Natur seiner Übernatürlichkeit, die Effeminiertheit seiner bornierten Virilität, seine Homosexualität. Er weiß, daß er seiner Omnipotenzphantasien nicht Herr werden kann, er ahnt die Ohnmacht seiner aufgeblasenen Allmacht. Da er keine Macht über seine Macht über Mutter Natur hat, wird die Herrschaft über alle Mater-ie zu einer Mater-ie zweiter Potenz, zu einer Wiederauferstehung der archaischen *phallischen Mutterimago* inmitten aller gottähnlichen Gewalt über die Natur. Die Sprache, die die Fakten bannt, wird zu einem factum brutum selbst, hat eine eigene Faktizität, die durch keine Metasprache mehr soll gebannt werden können nach W. Gérard Mendel hat in „La Révolte contre le Père" die Hypothese aufgestellt, daß diese Vermischung der Vater- und Mutterimagines in der heutigen Welt es so schwer macht, mit Hilfe rationaler Logizität die Unwirtlichkeit der Natur, ihre böse Hexenimago zu überwinden. Adorno und Horkheimer haben in der "Dialektik der Aufklärung" diese Irrationalität der maskulinen Rationalität als Signum des heutigen Zeitgeistes hervorgehoben, die Unfähigkeit der Männerlogik, durch Selbstreflexion den Bann zu lösen, in dem sie befangen ist, wo sie alles samt ihrer selbst mit dem Bannfluch der Homogeneität belegt. W. rechtfertigt ideo-logisch diesen Zustand, in dem Frau Welt und ihre Söhne nicht die Sprache in Frage stellen sollen, in der männlich über sie gesprochen wird. Er fürchtet, die Logik könne sich weniger als Spiegel denn als Homogenisierer der Welt decouvrieren, als Räuberhauptmann, der seinem Haufen befiehlt und ihn zusammenscheißt, der die Jugend der eroberten Festungen zur Schändung freigibt. Daß das vermeintlich treu ergebene Abbild ein schlechtes Vorbild der Welt ist und die vorgebliche Anhörung ein hochpeinliches Verhör, das Gehorsam erzwingt, daß die allen gerecht werdende Vernunft eine peinlich scharfe Vernehmung ist und hinter den *Protokollsätzen* die Folter sich verbirgt, das alles wird von W. als Fabrikgeheimnis gehütet durch das Verbot, die Praktiken des Geistes philosophisch beim Namen zu nennen. Das Welt*mater*ial der Tatsachen scheint vorgegeben in positivistischen *sense data*, Mutter Natur gibt sich dem Geist hin, der sie in Wirklichkeit nimmt, d.h. ergreift und begreift, nicht als freies Geschenk entgegennimmt.

W. behauptet nicht als positivistischer Nominalist, es gäbe nur die faktischen Mater-ialien deskriptiver Abbildung. Er ist ja durchaus Universalienrealist; der Vater ist in seinen logischen Gesetzen keine denkökonomische Fiktion, er existiert, wenngleich jenseits der von ihm beherrschten Tatsachenwelt im Himmel und unerkennbar wie nur bei Kant das *mater*ielle Ding an sich. Er läßt sich nicht in die Karten gucken – weder von Frau noch Kind. Er tut so, als verbinde ihn nichts mit der von ihm kontrollierten Welt als passiver Gehorsam gegen die Launen der Mutter Natur, als stamme er als Naturwesen nicht selbst aus ihrem Schoß. „Wo in der Welt ist ein metaphysisches Subjekt zu merken? Du sagst, es verhält sich hier ganz wie mit Auge und Gesichtsfeld. Aber das Auge siehst du wirklich nicht. Und nichts am Gesichtsfeld läßt darauf schließen, daß es von einem Auge gesehen wird." Dieses phallische Auge defloriert und enthüllt Mutter Natur und bleibt doch ganz *rein und unbefleckt* außerhalb ihrer gefräßigen Vagina, beherrscht sie aus der Ferne seiner Freiheit von aller Mutterbindung: „Daß die Welt meine Welt ist, das zeigt sich darin, daß die Grenzen der Sprache (der Sprache, die allein ich verstehe) die Grenze meiner Welt bedeuten." („Tractatus", 5.62). Was ich benannt habe, gehört mir: die Frau, der ich die Unschuld raube, indem ich ihr den jungfräulichen Mädchenname nehme und durch meinen Namen ersetze. Das "Sprachspiel der Namengebung" ist ein adamitisches, man schließt von meinem Namen tautologisch auf den meiner Frau, man stammt von der Mutter ab und doch kraft der Namengebung vom Vater. Über diesen Mann will und soll Philosophie nicht sprechen dürfen, seine Machenschaften sind das „Unsagbare". Gottes wahrer Name ist unbekannt und soll es bleiben. „Es gibt allerdings Unaussprechliches. Dieses zeigt sich, es ist das Mystische." Der Homophilosoph wird in negativer Theologie nur privativ eingekreist : Philosophie als bloße "Klärung der Gedanken" "soll das Undenkbare von innen durch das Denkbare begrenzen." Sie "wird das Unsagbare bedeuten, indem sie das Sagbare klar darstellt." Sagbar ist alles über Frau Welt, unsagbar und undenkbar das Urteil über den He-Man, das Urteil über das Urteil des Überich übers Ich und Es. Unaussprechlich ist also das Überich, das Ethische, sind die homo-totalitären Sollwerte. Unaussprechlich ist ferner das Ich: "Das Ich, das Ich ist das tief Geheimnisvolle." "Das Subjekt gehört nicht zur Welt, sondern ist die Grenze der Welt." Mystisch ist weiter der virile Sinn der Frau Welt, er "muß außerhalb ihrer liegen." "Die Lösung des Rätsels des Lebens in Raum und Zeit liegt außerhalb von Raum und Zeit." Und da die Sprache nur die logische Form, das Wesen der Frau Welt wiedergibt, ihre männliche Quintessenz, läßt sie die Existenz und qualitative Inhaltlichkeit als kontingent aus. Über zwei Dinge spricht der Mann nicht : über sein Wesen, das Wesen des Männlichen und Weibischen zu definieren, sowie über das, was das Natürlichste jenseits seines homophil(osophisch)en Wesens ist. Die Welt außerhalb ihrer männlichen Manipulierbarkeit nennt W. „mystisch". *Was* sie ist, entscheidet die Logik. Ihre Faktizität als ein vorgegebenes Roh*mater*ial totalitärer Formgebung hingegen ist ihm unerklärlich: "Nicht *wie* die Welt ist, ist das Mystische, sondern *daß* sie ist." Ihren männlichen Sinn hat sie von Gottvater : "An einen Gott glauben, heißt, die Frage nach dem Sinn des Lebens verstehen. An einen Gott glauben heißt, daß es mit den Tatsachen der Welt noch nicht abgetan ist." Das Übersinnliche als Sinn des Sinnlichen, das Überich als Sinn des Ich, ist natürlich nicht kontaminiert mit dem sinnlosen Sein : "Gott offenbart sich nicht in der Welt." Der Sinn offenbart sich nicht im Natürlichen, dem der Sinn für Höheres offenbar fehlt, der Homosoph nicht im Weibischen.

„Gott ist, wie alles sich verhält." Wir als Kinder Gottes sind „in einem gewissen Sinne abhängig, und das, wovon wir abhängig sind, können wir Gott nennen; Gott wäre in diesem Sinne einfach das Schicksal, oder, was dasselbe ist, die – von unserem Willen unabhängige – Welt." Damit glaubte W. alle "Probleme im wesentlichen gelöst zu haben" – auch seine eigenen.

Der spätere Wittgenstein widerrief bekanntlich seinen "Tractatus logico-philosophicus". Die Zerlegung aller Aussagen in Atomsätze wird ihm ebenso fragwürdig wie die Analysierbarkeit aller komplexen Tatsachen in letzte Urelemente. Offenbar sieht W. ein, daß die Suche nach letzten Ureinheiten eine infantile Suche nach frühkindlicher Geborgenheit durch letzte unzerstörbare Gewißheit und massive Kompaktheit ist. Frau Welt scheint von nun an nicht länger reduziert zu werden auf ihre nackten Tatsachen, an die man sich oknophil klammern kann. W. opfert die logische Kunstsprache als Instrument präziser Weltabbildung in atomisierten Protokollsätzen; er entdeckt die alltägliche Umgangssprache als

Metasprache aller formalen Metasprachen : „Wir führen die Wörter von ihrer metaphysischen wieder auf ihre alltägliche Bedeutung zurück." In den "Philosophischen Untersuchungen" scheint der Mann seinen Anspruch aufgegeben zu haben, Mutter Natur durch anal-possessive logische Konsequenz streng auf ihre jederzeit verfügbare Exklusion und ihre widerspruchslose Gefügigkeit zu beschränken. Die männliche Logik wird durch die alltägliche Umgangssprache ersetzt, als würde sich dadurch etwas ändern an Ws. Vorhaben, den männlichen Mann auch hier sich homophil(oso-phisch) voll durchsetzen zu lassen.

W. will nicht sehen, daß dieses scheinbar zwanglose Miteinander ebenso systematisch durch Herrschaftsinteressen verzerrt sein kann, wie die wissenschaftliche Idealsprache die Realität kastrieren will. Die logische Form (als Gemeinsamkeit zwischen Mann und Frau, Eltern und Kindern) ist nur ersetzt durch die "Lebensform", die sich bei W. in „familienähnlichen" „Sprachspielen" artikuliert. Als wären diese faktischen Lebensformen nicht genau nach jener szientifischen Formallogik strukturiert, die W. hinter sich gelassen zu haben meint. Als würden sich diese konventionellen Interaktionsmuster nicht genau nach jener Logik einspielen, deren Substrat und Anwendungsgebiet sie sind. Die *Sprachspiele* haben bei W. dieselbe Faktizität wie die positivistischen Tatsachen, denen sie immer neue Namen geben, die sie in immer neue Zusammenhänge bringen und immer neu auswerten.

Der zwanglose Spielcharakter soll über den Dressurakt hinwegtäuschen; was sich einspielt, ist eingebleut. Das "Sprachspiel der Namengebung" hebt die Logizität und Subsumtionsmechanik der Sprache so wenig auf, daß sie als Spiel kaschiert, was sich beim frühen W. noch als Herrschaftsinteresse leicht erkennen ließ. Der Logik und Naturwissenschaft ist der naturbeherrschende Wille noch allzu deutlich anzusehen; die Sprachspiele als symbolisierte Lebensformen scheinen die menschliche Realität noch vor jeder autoritären Zurichtung und repressiven Deformation wiederzugeben : So sprechen die Leute eben halt miteinander von sich aus, ohne Sprachregelung von oben. Alfred Lorenzer hat auf die Aufspaltbarkeit der Sprachspiele in explizit bewußte und verdrängt unbewußte Anteile hingewiesen. Die Form des Spiels garantiert nicht die Zwanglosigkeit des faktisch nun einmal so und nicht anders Eingespielten. Warum so und nicht anders über die Dinge gesprochen wird, bleibt ebenso verschleiert wie die finsteren Absichten beim Abbilden der Naturlogik. Wie die Logik der spezialisierten Idealsprachen beherrschen die Homophil(soph)en auch und gerade im Familienkontext die potenziell totalitären Sprachspielregelungen. In alltäglichen Umgangssprachen ist Herrschaft nur gleichsam versteckter als in der Logik, deren bloße Formalisierung sie darstellen will.

Die Alltagssprache der Umgangsformen muß also nicht erst logistisch präzisiert werden, um das zu leisten, was sie soll: durch Benennung zum Objekt zu machen. Mutter Natur ist so erkennbar, wie der Kerl, um sie erkennen zu können, selber unerkannt bleiben muß. Das „transzendentale Ego" ist das Überich im Herzen des Ich. Auf sich reflektieren, hieße fürs Ich, sich seines Überich bewußt zu werden, um es in Frage zu stellen. Der Sohn kann mit Hilfe totalitärer Erkenntniskategorien die Wahrheit über Mutter Natur sagen, nicht aber über das Überich, in dessen Licht und durch das hindurch Mutter Natur gesehen wird.

Metaphysik wird von W. abgewehrt aus Kastrationsangst, als Versuch der Philosophie, den Vater zu kastrieren, indem man ihn zum Objekt kritischer Beurteilung macht und über das Überich spricht. W. kastriert die phallische Potenz seiner Logik, um die strenge Unkastrierbarkeit des He-Mannes logisch zu erweisen. Passiv effeminiert bildet der Sohn die Mutter Natur so ab, wie sie ihm durch den Vater positivistisch als factum brutum präsentiert und vorgesetzt wird.

"Die Bedeutung eines Wortes ist sein Gebrauch in der Sprache." Die verschiedenen Bedeutungen der Worte in den verschiedenen Kontexten verschiedener Sprachspiele finden sich zusammen zu "Familienähnlichkeiten", weil eben in jeder Familie ein anderes Sprachspiel eingeübt wird, aber die familiären Strukturen sich eben nicht so sehr voneinander unterscheiden : "Befehlen, und nach Befehlen handeln – Beschreiben eines Gegenstandes nach dem Ansehen – Herstellen eines Gegenstands nach der Beschrei-

bung (Zeichnung) – Berichten eines Hergangs – Über den Hergang
Vermutungen anstellen – Eine Hypothese aufstellen und prüfen –
Darstellen der Ergebnisse eines Experiments durch Tabellen und
Diagramme – Eine Geschichte erfinden; und lesen – Theater spie-
len – Reigen singen – Rätsel raten – Einen Witz machen; erzählen
– Ein angewandtes Rechenexempel lösen – Aus einer Sprache in
die andere übersetzen – Bitten, Danken, Fluchen, Grüßen, Beten."
Zwischen Befehlen und Beten hat W. hier die „Familien"-szenarios
aufgezählt. Die lediglich deskriptive Phänomenologie der Sprach-
benutzung ist ihm ein pluralistisch-relativistischer "Gegenwarts-
Pragmatismus", der "alles läßt, wie es ist" : " Alle Erklärung muß
fort, und nur Beschreibung an ihre Stelle treten," auf "daß die philosophischen Probleme vollkommen verschwinden sollen." Diese
„Familienähnlichkeit" hat überhaupt gar nichts Familiäres an sich.
Die Sprache ist ein "Werkzeugkasten" voll phallischer Instrumente,
deren der Mann sich wahlweise bedient, um mit dem Hammer das
maternale Rob*mater*ial zu bearbeiten. Metaphysik als Philosophie
der irreduziblen Sprachspiele und Kritik der homophil(osophisch)
totalitären „Lebensformen" wird abgewehrt : "Es sind nur Luft-
gebäude, die wir zerstören, und wir legen den Grund der Sprache
frei, auf dem sie standen." W. will durch analytische Sprachkritik
der Fliege "den Ausweg aus dem Fliegenglas zeigen", die Befreiung von der übermächtigen frühen Mutter durch Identifikation mit
unkastrierbarer Männlichkeit, und er will die metaphysischen Anmaßungen dieses Sohnes "wie eine Krankheit" "zur Ruhe bringen".
Wer von der Sprache "verhext" ist, behandelt sie als böse Fee, als
grausame Natur, als böse Mutterimago, während sie doch von W.
als unkastrierbarer Phallus zur Subordinierung der weibischen
Realität benötigt wird. Wittgensteins vernichtender Kreuzzug gegen die Metaphysik stellt die mathematische Logik gerade in den
Dienst der Theologie, sie ist *Theologik*. Diese männliche Kom-
mandosprache der Logik und der Ton, den der Homosoph in der
Familie anschlägt, wird so tabuisiert, wie nur im Mittelalter die
Sprache der Bibel, das Wort Gottes, philosophisch nicht relativiert
werden durfte. Bei W. wird der Sohn erwachsen, indem er die
Sprache des von der Mutter unabhängigen Mannes spricht, statt sie
zu kritisieren. Die Philosophie als Pubertät des Geistes geht zu
Ende, Junior übernimmt das väterliche Erbe und Geschäft.

Symbiotische Einheit und drei Differenztypen

Die *Neue Phänomenologie* von Hermann Schmitz unterscheidet drei grundlegend verschiedene Mannigfaltigkeitstypen: die *numerische* Vielfalt (NUM) der Individuen (in abzählbaren, also eindeutig aufeinander abbildbaren Mengen), die *ambivalente (instabile)*Vielfalt (AMB) in jeder subjektiven Biographie und die *chaotische* Vielfalt (CAO) in der *binnendiffusen Bedeutsamkeit* von *vielsagenden Eindrücken* mit ihrer *Unentschiedenheit hinsichtlich Identität und Verschiedenheit* der Einzelheiten.

Das Urmuster des *chaotischen* Verhältnisses herrscht in der Mutter-Kind-Symbiose. Vor allem das Kleinkind ist noch unentschieden, ob es identisch mit der Mutter oder schon verschieden von ihr ist. Abzählbar, aber instabil ist die Vielfalt in der ambivalenten Beziehung zwischen Mutter, Vater und Kind(ern): Mutter (M) und Vater (V) konkurrieren um die (vorherrschende) *spielerische Identifizierung* des Kindes (K) mit dem einen oder dem anderen Elternteil. *Instabil unstimmig* bleibt hier noch, ob eine Mutter-Kind- oder Vater-Kind-Identifizierung vorherrschend wird. Sobald das Kind eine relative Selbständigkeit und Emanzipation vom Familienverband erreicht hat, dominiert die *numerisch* abzählbare Mannigfaltigkeit von Vater, Mutter und Kind(ern) als einzelne, voneinander klar unterscheidbare Individuen. Hier gilt der (Mutter und Kind voneinander emanzipierende) Vater als das Individualitätsprinzip der psychosexuellen Entwicklung. Mutter, Vater und Kind(er) sind nun eindeutig nicht mehr miteinander identische Personen, aber jede identisch mit je sich selbst.

Die drei Mannigfaltigkeitstypen der *Neuen Phänomenologie* sind somit fundiert in drei gewöhnlich aufeinander folgenden Stadien der familiären Sozialisation und biographischen Individuation. Die abendländische Philosophie interessiert sich, wie Schmitz zeigte, zunehmend nur noch für nachträgliche Kombinationen von selbständigen (zu Ende geborenen) Individuen zu synthetischen

Gemeinschaften und von einzelnen Sinnesdaten zu manipulierbaren Einzelobjekten. Alles, was über fix und fertige Individuen und deren Konstellationen hinausgeht, wäre dann mitten im Erwachsenenleben eine Regression auf das Stadium früher Mutter-Kind-Symbiosen (MKS) mit ihrer quasi neuplatonischen Dualunion. Je weiter ich mich als Einzelwesen aus der frühen MKS herausdifferenziert habe, desto besser werde ich individuelle Einzelheiten durch Sprache aus vielsagenden Gesamteindrücken explizieren können. Das Urbild des "dreidimensionalen Festkörpers im Sehfeld", den Schmitz seit Demokrit als europäisches Leitbild menschlichen Selbstbeherrschungswillens im Dienste von späterem Weltmachtstreben deutet, wäre die schöne Leibesfülle der Mutter Natur, von der ein moderner Mensch sich abgenabelt hat, um sie besser vergewaltigen und ausbeuten zu können. Ist der Seinszusammenhang von Subjekt und Objekt, von Menschenkind und Mutter Erde, erst einmal zerrissen, ist ihr Erkenntniszusammenhang schwer zu restaurieren, und ist ein vielsagender Gesamteindruck erst einmal zersetzt in abzählbare Sinnesdaten, ist ihr geistiges Band zum Gegenstand synthetisch schwer wiederherzustellen. Ist das Ich erst einmal in potentiell unendlich viele Akte zerspalten, geht Selbstidentität und Selbstbewußtsein leicht unwiederbringlich verloren – und mit ihm die Identität seiner Objekte im Wechsel ihrer Aspekte.

Fruchtblasen, Kugelbäuche. Seinen Tod verdrängt keiner stärker als seine Geburt. Beim Sphärologen Peter Sloterdijk verläßt man den runden Mutterleib nur, um hineingeboren zu werden in einen geschlossenen Sozialuterus, der ihm den Mega-Uterus der Kosmosphäre verbirgt. Die Matrifugalität gerät ihm daher matripetal und patrifugal zugleich; die Religion der Väter bleibt tabu. Diese Sphärenmusik klingt so raummetaphorisch wie Nicolai Hartmanns Erkenntnismetaphysik. Bei Sloterdijk kommt zur Sprache, daß der Mensch nur zur Welt kommt, weil er in der Welt wie in einem Mutterleib der Natur schwimmt. Das Menschenkind bleibt in Big Mama geborgen und gefangen: Dieses Weltbild verhütet, daß jemand zu Ende geboren wird mit Hilfe eines Vaters und eines authentischen Vaterbildes. Treiben es dort ungeboren bleibende Liebespaare im Mutterleib?

321

Epilog

Neu dürfte der hier vorgelegte Versuch darin sein, die Prinzipien und genuinen Methoden der analytischen Psychologie auch einmal anzuwenden auf die geistigen Grundlagen ganzer Kulturformen und das „kollektive Unbewußte" auch der Philosophie zu interpretieren, beschränkt allerdings auf die abendländische Tradition von den antiken Griechen bis heute. Nun sind philosophische Systeme zweifellos ungleich weniger kollektiv verbreitet, dafür aber in ihrem Anspruch universaler noch als die vergleichsweise partikularen Vermittlungsformen in Religionen, Mythen, Märchen und Sagen. Wir sahen, wie sich noch hinter rationalsten Strukturen des Philosophierens mächtige unbewußte Phantasien verbergen, die von den begrifflichen Konstruktionen häufig genug eher verhüllt als explizit ausgedrückt werden, also durch geduldige analytische Arbeit erst freizulegen wären. Die entmythologisierende Attitüde einer Philosophie mystifiziert umso versteckter oft nur unbewußt bleibendes Material, dessen Abwehr gerade durch das hindurch, was die Denker ins Licht des Bewußtseins heben wollen, rationalisiert wird unter dem Deckmantel universalistischer Rationalität des Begriffs. Die Breitenwirkung eines Denksystems, der Ruhm eines Denkers, beruhen sie nicht oft weniger auf der Verbindlichkeit der darin triumphierenden Vernunft als vielmehr auf unterschwelliger Kommunikation unbewußt bleibender Phantasien des Philosophen und seiner ergriffenen Zeitgenossen oder Nachwelt, also auf der Kollektivität des historischen Standes, den archetypische Bedeutungskonstellationen gesellschaftlich jeweils erreicht haben? Die prononciert rational codierte Gestalt eines wirkmächtigen Denkens, maskiert sie nicht zu oft nur die unreflektierte Unwiderstehlichkeit der ich-fremden Gewalt solcher Phantasmen – hinter dem Rücken von Autoren und Lesern?

In Abwandlung eines berühmten Hegelwortes könnte man sagen, die Philosophie sei das kollektive Unbewußte ihrer Zeit, in kühlen Gedanken gefaßt (und versteckt), nicht in Bildern, Gefühlsmythen und Riten wie in Religion und Kunst.

Die Geschichte der abendländischen Philosophie wird gewöhnlich als Geschichte des Aufstiegs der befreiten Subjektivität, der sukzessiven Emanzipation aufklärender Vernunft und des autonomen Verstandes mündig werdender Menschen geschrieben. Wir haben diese Geschichte gleichsam gegen den Strich zu lesen und das Unbewußte selbst inmitten des hellsten Bewußtseins zu entdecken, das Irrationale im Herzen der siegreichen Rationalität, die Selbstmißverständnisse alles Verstehens, die geheime Logik der Primärprozesse, die in der Philosophie eine eigentümliche Form sekundärer Überarbeitung erfahren. Von daher hat die Philosophiegeschichte sich uns dargeboten als Geschichte der Konfigurationen generalisierbarer Imagines, und zwar als Fortschritt im Sieg von Vater- oder Mutterbildern etwa, wie schon Bachofen eruierte, samt der emotionalen Ambivalenz und der dialektischen Zweischneidigkeit des „homophil(sophisch)en" Pyrrhussieges von *Orphisch-Apollinischem* über *tellurisch-Dionysisches* in Athener Klassik. Weit davon entfernt, genuin Philosophisches einfach nur psychologistisch zu reduzieren, hoffen wir im Gegenteil, dem philosophischen. Denken zu nützen durch Aufweis seiner unbewußten Prämissen und latenten Konstituentien. Denker sollten diese unterschwelligen Strukturen ja ausdrücklich philosophisch reflektieren, statt ihre Philosopheme davon nur noch hinterrücks systematisch verzerren und verfälschen zu lassen.

Anhang : Kurzlesebuch des philosophischen Eros

„Grad und Art der Geschlechtlichkeit eines Menschen reichen bis in den letzten Gipfel seines Geistes hinauf." *(Nietzsche)*

Platon

Giordano Bruno

Johann Georg Hamann

Immanuel Kant

Salomon Maimon

Georg Friedrich Hegel

Karl Marx

Arthur Schopenhauer

Friedrich Nietzsche

Theodor W. Adorno

Jean-Paul Sartre

P L A T O N (427 – 347 v. Chr.)

THEAITETOS: Wisse nur, Sokrates, ich habe schon oft versucht, dieses herauszufinden, wenn ich die Fragen hörte, die von dir herumgehen: aber ich kann mich weder überzeugen, daß ich selbst etwas Ausreichendes zu sagen hätte, noch höre ich irgendeinen andern die Sache so, wie du es forderst, erklären. Ebenso wenig aber kann ich jemals ablassen, darüber nachzusinnen.

Sokrates: Du hast eben Geburtswehen, lieber Theaitetos, weil du nicht leer bist, sondern schwanger gehst.

Theaitetos: Das weiß ich weiter nicht; wie es mir aber ergeht, das habe ich dir gesagt.

Sokrates: Nun, das ist ja zum Lachen; hast du denn noch nie gehört, daß ich der Sohn einer Hebamme bin, einer gar edlen und ehrenwerten Frau, der Phainarete?

Theaitetos: Das habe ich wohl schon gehört.

Sokrates: Hast du auch gehört, daß ich dieselbe Kunst ausübe?

Theaitetos: Das keineswegs.

Sokrates: So wisse denn, dem ist also. Verrate mich aber nicht damit gegen die andern, denn es weiß niemand von mir, Freund, daß ich diese Kunst besitze. Da es nun die Leute nicht wissen, so sagen sie mir dies auch nicht nach, wohl aber, daß ich der wunderlichste aller Menschen sei und alle zum Zweifeln brächte. Gewiß hast du das auch schon gehört?

Theaitetos: Schon oft.

Sokrates: Soll ich dir den Grund davon sagen?

Theaitetos: Allerdings.

Sokrates: Mache dir nur die Tätigkeit der Hebammen ganz klar, so wirst du leichter merken, was ich will. Denn du weißt doch wohl, daß keine, solange sie noch selbst empfängt und gebiert, andere entbindet, sondern nur solche, die selbst nicht mehr fähig sind zu gebären, tun es.

Theaitetos: So ist es allerdings.

Sokrates: Das soll, wie man sagt, von der Artemis herrühren, weil dieser, die doch unvermählt blieb, dennoch die Geburtshilfe zugeteilt wurde. Nun hat sie zwar den ganz Unfruchtbaren nicht verleihen können, Geburtshelferinnen zu sein, weil die menschliche Natur zu schwach ist, um eine Kunst in Dingen, in denen sie ganz unerfahren ist, zu erlangen; wohl aber hat sie diese Gabe denen, die des Alters wegen nicht mehr gebären, verliehen, um in ihnen die Ähnlichkeit mit ihr selbst zu ehren.

Theaitetos: Das scheint annehmbar.

Sokrates: Ist also wohl auch das annehmbar und notwendig, daß, ob eine Frau schwanger ist oder nicht, besser von den Geburtshelferinnen erkannt wird als von andern?

Theaitetos: Gewiß.

Sokrates: Ja es können auch die Hebammen durch Arzneimittel und Zaubersprüche die Wehen erregen, und wenn sie wollen, sie auch wieder lindern und den Schwergebärenden zur Geburt helfen, oder auch das Kind, wenn diese beschlossen haben, sich dessen zu entledigen, solange es noch ganz klein ist, können sie abtreiben.

Theaitetos: So ist es.

Sokrates: Hast du auch das schon von ihnen vernommen, daß sie dazu noch die geschicktesten Freiwerberinnen sind, indem sie gründlich zu unterscheiden verstehen, welche Frau und welcher Mann sich miteinander verbinden müssen, um die vollkommensten Kinder zu erzielen?

Theaitetos: Das habe ich noch nicht so gewußt.

Sokrates: Denn bedenke auch dies: meinst du, die Bearbeitung des Erdbodens und das Ernten der Feldfrüchte einerseits und andererseits die Kenntnis, in welchen Boden ein Gewächs oder ein Same einzupflanzen ist, sei Aufgabe desselben oder verschiedener Berufe?

Theaitetos: Desselben.

Sokrates: Bei den Frauen aber glaubst du, daß es sich um zwei verschiedenartige Berufe handle?

Theaitetos: Das ist wenigstens nicht wahrscheinlich.

Sokrates: Wohl nicht, sondern nur wegen der rechtswidrigen und willkürlichen Form des Zusammenführens von Männern und Frauen, die man Kuppelei nennt, enthalten sich die Hebammen als ehrbare Frauen auch des Freiwerbens, aus Furcht, sie möchten um dieser Tätigkeit willen in jenen Verdacht geraten. Denn eigentlich steht es den wahren Geburtshelferinnen auch allein zu, auf die rechte Art Ehen zu stiften.

Theaitetos: Offenbar.

Sokrates: So viel also hat es mit den Hebammen auf sich; weniger aber doch als mit meinem Handwerk. Denn bei den Frauen kommt es nicht vor, daß sie das eine Mal wirkliche Kinder gebären, das andere Mal aber nur Schattenbilder von solchen, und daß beides nicht leicht zu unterscheiden wäre. Denn wäre dies der Fall, so würde es gewiß die schönste und größte Kunst der Hebammen sein, zu unterscheiden, was ein richtiges Kind ist und was nicht. Oder glaubst du nicht?

Theaitetos: Das glaube ich wohl.

Sokrates: Von meiner Hebammenkunst nun gilt übrigens sonst alles, was von der ihrigen gilt; sie unterscheidet sich aber von ihr dadurch, daß sie Männer entbindet und nicht Frauen, und daß sie sich mit ihren geistigen, nicht mit ihren leiblichen Geburten befaßt. Das Wichtigste bei unserem Beruf aber ist, daß man die Fähigkeit besitzt, zu prüfen, ob der Geist eines jungen Menschen nur ein trügerisches Schattenbild zur Welt bringt oder etwas Ausgereiftes und Wahres. Und so teile ich denn auch folgende Eigenschaften mit den Hebammen: ich selbst bin nicht imstande, etwas Weises zur Welt zu bringen, und, was man mir schon oft vorgeworfen hat, daß ich zwar andere Leute frage, selbst aber auf nichts eine Antwort gebe, weil ich eben nicht im Besitz von Weisheit sei, dieser Vorwurf besteht zu Recht. Und folgendes ist der Grund davon: *zu entbinden zwingt mich der Gott, zu zeugen aber hat er mir versagt.* Daher bin ich selbst keineswegs etwa weise, habe auch nichts dergleichen aufzuzeigen als Ausgeburt meiner eigenen Seele. Die aber mit mir umgehen, zeigen sich zuerst zwar zum Teil gar sehr ungelehrig; alle aber, denen es der Gott vergönnt, machen bei fortgesetztem Umgang mit mir wunderbar schnelle Fortschritte, wie es ihnen selbst und ändern scheint; dabei springt es in die Augen, daß sie niemals von mir etwas gelernt haben, sondern sie selbst finden von sich aus viel Schönes und bringen es zur Welt; die Geburtshilfe indes leisten dabei der Gott und ich...

Giordano Bruno : „Über die Ursache, das Prinzip und das Eine", 4. Dialog

In seiner 1586 vor der Pariser Akademie zur Verteidigung seiner Thesen unter dem Titel „Der *Erwecker"* gehaltenen Rede heißt es: »So gelangen wir zu einer würdigeren Anschauung der Gottheit und dieser Mutter-Natur, die uns aus ihrem Schoße hervorbringt, erhält und wieder aufnimmt, werden fernerhin nicht mehr glauben, daß irgendein Körper ohne Seele sei, oder gar, wie manche lügen, daß die Materie nichts anderes sei, als eine Jauchegrube chemischer Stoffe.« Vollentfaltet wird dieser naturphilosophische Ansatz von Bruno in dem hier vorgelegten Dialog *Über die Ursache, das Prinzip und das Eine.* Er enthält Brunos Metaphysik und ist deshalb immer wieder als sein Hauptwerk betrachtet worden.
Geschrieben und publiziert 1584 in London.

polihimnio. Kurz, um auf unser Thema zurückzukommen, das Weib ist nichts anderes als eine Art Materie. Wenn Ihr nun nicht wißt, was das Weib ist, weil Ihr nicht wißt, was Materie ist, so studiert eine Zeitlang die

Peripatetiker, die dadurch, daß sie Euch lehren, was Materie ist, Euch zugleich erkennen lassen, was das Weib ist.

gervasio. Ich sehe wohl, daß Ihr mit Eurem peripatetischen Hirn wenig oder gar nichts von dem begriffen habt, was gestern Teofilo über die Materie als Wesen und als Vermögen gesagt hat.

polihimnio. Damit sei es, wie es wolle; ich jedenfalls halte es für richtig, die Begierde der einen wie der anderen dafür zu tadeln, daß sie Ursache allen Übels, allen Leids, allen Mangels, allen Niedergangs und allen Zerfalls ist. Glaubt Ihr nicht, daß keine Veränderung oder kein Leid uns bedrängen würde und wir nicht sterben müßten, sondern unvergänglich und ewig sein würden, wenn die Materie sich mit ihrer gegenwärtigen Form begnügte? Gewiß pflegten Aristoteles und seine Schüler zu sagen, die Formen würden eher aus dem Vermögen der Materie hervorgeholt als in diese hineingebracht, sie gingen eher aus der Materie hervor als in sie hinein; ich aber möchte behaupten, daß es Aristoteles lieber war, die Entbindung der Form [aus der Materie] als ihre Einbindung [in die Materie] Wirklichkeit« *[atto]* zu nennen. Alle sind also der Ansicht, daß die Dinge durch Abtrennung aus der Materie hervorgehen und nicht durch eine Hinzufügung und Aufnahme ... Also müßte man eher sagen, daß die Materie die Formen enthält und in sich faßt, als daß man meinen könnte, sie sei frei von ihnen und schließe sie aus. Da sie also dasjenige entwickelt, was sie unentwickelt in sich birgt, muß man die Materie als etwas Göttliches bezeichnen, auch als gütigste Urmutter, Erzeugerin und Gebärerin der natürlichen Dinge, ja als die ganze Natur selbst, soweit diese Substanz ist.

polihimnio. Ich bitt' Euch, sagt noch etwas über die Begierde der Materie, damit wir einen gewissen Streit zwischen mir und Gervasio entscheiden können.

gervasio. Tut es, Teofilo, darum bitte auch ich; denn dieser hier hat mir ein Loch in den Bauch geredet mit seinem Vergleich zwischen Weib und Materie; daß nämlich das Weib so wenig genug an Männern habe wie die Materie an Formen, und dergleichen mehr.

teofilo. Da doch die Materie von den Formen nichts erhält, warum, meint Ihr, sollte sie diese dann begehren? Wenn sie - wie wir gesagt haben - die Formen aus ihrem Schoß hervorbringt und sie folglich in sich birgt, wie meint Ihr, daß sie sie begehren könne? Es gelüstet sie nicht nach jenen Formen, die täglich auf ihrer Oberfläche wechseln; denn alles Geordnete verlangt nur nach dem, was zu seiner Vollendung beiträgt. Was aber kann ein Vergängliches einem Unvergänglichen geben, ein Unvollkommenes - wie die immer in Bewegung befindliche Form des sinnlich Wahrnehmbaren - einem so Vollkommenen, daß es bei angemessener Betrachtung als das Göttliche in den Dingen erscheint? ... Sie begehrt sie auch nicht, um von ihr erhalten zu werden, denn das Vergängliche kann nicht das Ewige erhalten, zumal offenkundig die Materie es ist, welche die Form erhält. Daher muß eher eine solche Form nach der Materie verlangen um fortzubestehen, denn durch die Trennung von ihr verliert sie das Sein; anders die Materie, die all das besitzt, was sie schon hatte, bevor diese Form vorhanden war, und die auch andere haben kann. Dazu will ich nur anmerken, daß man ja auch - um die Ursache einer Zerstörung anzugeben - nicht sagt, die Form meide die Materie oder verlasse sie, sondern vielmehr, die Materie lege die eine Form ab, um die andere anzunehmen. Im übrigen haben wir nicht *mehr* Grund zu der Behauptung, die Materie verlange es nach Formen, als zu der entgegengesetzten, sie hasse sie (wobei ich diejenigen meine, die entstehen und vergehen; denn die Quelle der Formen kann nicht begehren, was in ihr selbst ist, da man nicht begehrt, was man schon besitzt). Und mit demselben Recht, mit dem man sagt, die Materie begehre, was sie jeweils hervorbringt oder aufnimmt, kann man - wenn sie es wieder losläßt und fortwirft - sagen, sie verabscheue es, ja sie verabscheue es noch viel stärker, als sie es begehre, da sie jene zählbare Form nur für kurze Zeit festgehalten hat und nun auf ewig verwirft. Wenn du also bedenkst, daß sie ebenso viele Formen annimmt, wie sie fortwirft, so mußt du mir gleichermaßen die Behauptung gestatten, sie sei ihrer überdrüssig, wie ich dich sagen lasse, sie ersehne sie.

gervasio. Sieh da, wie die Schlösser des Polihimnio am Boden zerstört sind, und nicht nur die seinen!

polihimnio. Schonender tadelt die Männer!

Gervasio: Heute haben wir genug gelernt. Auf Wiedersehen, bis morgen!

teofilo. Lebt wohl denn!

JOHANN GEORG HAMANN (1730 - 1788)

„Und meine grobe Einbildungskraft ist niemals im Stande gewesen, sich einen schöpferischen Geist ohne genitalia vorzustellen ... Eva scheint eine Verlobte, wie Maria des Joseph gewesen zu sein. Dieser erkannte seine Braut nicht nach dem Geheimniß des Engels, und Adam erkannte sein Weib nach der Vertraulichkeit mit einem Thiere. Die ganze Theorie der Opfer, die hier ihren Anfang nimmt, und unter dem Neuen Bunde aufgehört hat, ist immer ein großes Augenmerk für mich gewesen."
(Brief an Herder, Pfingstmontag 1768)

"Wundervoll, wie die Liebe, und geheimnisreich, wie die Ehe, sey mein Unterricht! Ich sehe in Ihren zärtlichen, vertraulichen Blicken den kleinen tiefsinnigen Gott der Liebe, der mit sich selbst zu Rath geht, über das Meisterstück seiner Werke, das er beym Ausgang seiner Entwürfe, Eroberungen und blinden Ebentheuer im Schilde führt und welches darauf hinausläuft: 'Laßt uns Menschen machen, ein Bild, das uns gleich sey' – (l, Mose l, 26) ...
Der Mensch ist vorzüglich ein GOTT der Erde, durch seine Bestimmung der Schöpfer, Selbsterhalter und Immer-Vermehrer (Semper-Augustus) seines Geschlechts zu seyn ... Weil der Ehstand der köstliche Grund und Eckstein der ganzen Gesellschaft ist: so offenbart sich der menschenfeindliche Geist unsers Jahrhunderts am allerstärksten in den Ehgesetzen ...
'Das Geheimnis ist groß! - GOTTES Ebenbild und Ehre, der Mann, und dessen Ehre, das Weib' (1. Kor. 11,7) - Das heist: Der Mann verhält sich zu GOTT, wie das Weib zum Manne, und wo diese Drey Eins sind, wird das Weib durch Kinderzeugen selig und der Mann des Leibes Heiland. Alle Mysterien des Hymens sind daher dunkle Träume, die sich auf jenen tiefen Schlaf beziehen, worin die erste Männin zur Welt kam, als ein beredtes Vorbild für die Mutter aller Lebendigen — ...
("Versuch einer Sybille über die Ehe", 1775)

" Pudenda (sind) lebendige Glieder, die nach ihrer Auflösung und Verklärung schmachten – „Von seinen Lenden über sich und unter sich sah ich's wie Feuer glänzen um und um" – Die Erkenntnis des Guten und Bösen und der zureichende Grund eines auf diesen Widerspruch beruhenden Systems ist das älteste und höchste Problem der Vernunft ... unterdeßen der Grundbegriff des Guten und Bösen so identisch und transcendent als der natürliche Unterschied der Geschlechter ein Wahrzeichen des Schöpfers ist ... so ist es mehr ein physisches Bedürfnis als ästhetische Nachahmung oder philosophische Erfindung, wenn der Begriff des Geschlechtes bis auf die Bilder unserer Begriffe übergetragen und denselben willkürlich nach der Analogie aller Abstractionen einverleibt worden ... Hier also liegt vielleicht der Schlüssel zum Brunnen eleusinischer und gnostischer Geheimniße für diejenigen, welche ... als Inquisitoren des ewigen Prozesses gegen das der Hexerey beschuldigte alte Mütterchen Natur ... an keine andere Geisterwelt glauben als an ihre lucianische ... "

„Der Mann verhält sich zu Gott wie das Weib zum Manne ..."

IMMANUEL KANT (1724–1804)

1. Als die Natur dem weiblichen Schoße ihr teurestes Unterpfand, nämlich die Spezies, in der Leibesfrucht anvertraute, durch die sich die Gattung fortpflanzen und verewigen sollte, so fürchtete sie gleichsam wegen Erhaltung derselben und pflanzte diese Furcht, nämlich vor körperlichen Verletzungen und Schüchternheit vor dergleichen Gefahren, in ihre Natur; durch welche Schwäche dieses Geschlecht das männliche rechtmäßig zum Schütze für sich auffordert.

2. Da sie auch die feineren Empfindungen, die zur Kultur gehören, nämlich die der Geselligkeit und Wohlanständigkeit, einflößen wollte, machte sie dieses Geschlecht zum Beherrscher des männlichen, durch seine Sittsamkeit, Beredtheit in Sprache und Mienen, früh gescheut, mit Ansprüchen auf sanfte höfliche Begegnung des männlichen gegen dasselbe, so daß sich das letztere, durch seine eigene Großmut, von einem Kinde unsichtbar gefesselt, *und* wenngleich dadurch eben nicht zur Moralität selbst, doch zu dem, was ihr Kleid ist, dem gesitteten Anstande, der zu jener die Vorbereitung und Empfehlung ist, gebracht sah.

Die Frau will herrschen, der Mann beherrscht sein (vornehmlich vor der Ehe). Daher die Galanterie der alten Ritterschaft. – Sie setzt früh in sich selbst Zuversicht zu gefallen. Der Jüngling besorgt immer zu mißfallen und ist daher in Gesellschaft der Damen verlegen (geniert). – Diesen Stolz des Weibes, durch den Respekt, den es einflößt, alle Zudringlichkeit des Mannes abzuhalten, und das Recht, Achtung vor sich, auch ohne Verdienste, zu fordern, behauptet sie schon aus dem Titel ihres Geschlechts. – Das Weib ist weigernd, der Mann bewerbend; ihre Unterwerfung ist Gunst. – Die Natur will, daß das Weib gesucht werde; daher mußte sie selbst nicht so delikat in der Wahl (nach Geschmack) sein, als der Mann, den die Natur auch gröber gebaut hat, und der dem Weibe schon gefällt, wenn er nur Kraft und Tüchtigkeit zu ihrer Verteidigung in seiner Gestalt zeigt; denn wäre sie in Ansehung der Schönheit seiner Gestalt ekel und fein in der Wahl, um sich verlieben zu können, so müßte sie sich bewerbend, er aber sich weigernd zeigen; welches den Wert ihres Geschlechts, selbst in den Augen des Mannes, gänzlich herabsetzen würde. – Sie muß kalt, der Mann dagegen in der Liebe affektenvoll zu sein scheinen. Einer verliebten Ausforderung nicht zu gehorchen, scheint dem Manne, ihr aber leicht Gehör zu geben, dem Weibe schimpflich zu sein. – Die Begierde der letzteren, ihre Reize auf alle feine Männer spielen zu lassen, ist Koketterie; die Affektation, in alle Weiber verliebt zu scheinen, Galanterie; beides kann ein bloßes zur Mode gewordenes Geziere, ohne alle ernstliche Folge sein: so wie das Cicisbeat, eine affektierte Freiheit des Weibes in der Ehe, oder das gleichfalls ehedem in Italien gewesene Courtisanenwesen (in der historia concilii Tridentini heißt es unter andern: erant ibi etiam 300 honestae meretrices, quas cortegianas vocant); von dem man erzählt, daß es mehr geläuterte Kultur des gesitteten öffentlichen Umgangs enthalten habe, als die der gemischten Gesellschaften in Privathäusern. – Der Mann bewirbt sich in der Ehe nur um seines Weibes, die Frau aber um aller Männer Neigung; sie putzt sich nur für die Augen ihres Geschlechts aus Eifersucht *andre Weiber* in Reizen oder im Vornehmtun zu übertreffen; der Mann hingegen für das weibliche; wenn man das Putz nennen kann, was nur so weit geht, um seiner Frau durch seinen Anzug nicht Schande zu machen. Der Mann beurteilt weibliche Fehler gelind, die Frau aber (öffentlich) sehr strenge, und junge Frauen, wenn sie die Wahl hätten, ob ihr Vergehen von einem männlichen oder weiblichen Gerichtshofe abgeurteilt werden solle, würden sicher *den ersten* zu ihrem Richter wählen. – Wenn der verfeinerte Luxus hoch gestiegen ist, so zeigt sich die Frau nur aus Zwang sittsam und hat kein Hehl zu wünschen, daß sie lieber Mann sein möchte, wo sie ihren Neigungen einen größern und freieren Spielraum geben könnte; kein Mann aber wird ein Weib sein wollen.

Sie fragt nicht nach der Enthaltsamkeit des Mannes vor der Ehe; ihm aber ist an derselben auf selten der Frauen unendlich viel gelegen. – In der Ehe spotten Weiber über Intoleranz (Eifersucht) der Männer überhaupt : es ist aber nur ihr Scherz; das unverehlichte Frauenzimmer richtet hierüber mit großer Strenge. – Was die gelehrten Frauen betrifft: so brauchen sie ihre Bücher etwa so wie ihre Uhr, nämlich sie zu tragen, damit gesehen werde, daß sie eine haben; ob sie zwar gemeiniglich still steht oder nicht nach der Sonne gestellt ist.

Weibliche Tugend oder Untugend ist von der männlichen, nicht sowohl der Art als der Triebfeder nach, sehr unterschieden. – Sie soll geduldig, er muß duldend sein. Sie ist empfindlich, er empfindsam. – Des Mannes Wirtschaft ist Erwerben, die des Weibes Sparen. – Der Mann ist eifersüchtig wenn er liebt; die Frau auch ohne daß sie liebt; weil so viel Liebhaber, als von andern Frauen gewonnen worden, doch ihrem Kreise der Anbeter verloren sind. – Der Mann hat Geschmack für sich, die Frau macht sich selbst zum Gegenstande des Geschmacks *für jedermann*. –

»Was die Welt sagt, ist wahr, und was sie tut, gut«, ist ein weiblicher Grundsatz, der sich schwer mit einem Charakter, in der engen Bedeutung des Worts, vereinigen läßt. Es gab aber doch wackere Weiber, die in Beziehung auf ihr Hauswesen einen dieser ihrer Bestimmung angemessenen Charakter mit Ruhm behaupteten. – Dem Milton wurde von seiner Frau zugeredet, er solle doch die ihm nach Cromwells Tode angetragene Stelle eines lateinischen Sekretärs annehmen, ob es zwar seinen Grundsätzen zuwider war, jetzt eine Regierung für rechtlich zu erklären, die er vorher als widerrechtlich vorgestellt hatte; »Ach«, antwortete er ihr: »meine Liebe: Sie und andere Ihres Geschlechts wollen in Kutschen fahren, ich aber – muß ein ehrlicher Mann sein«. — Die Frau des Sokrates (vielleicht auch die Hiobs) wurden durch ihre wackern Männer eben so in die Enge getrieben, aber männliche Tugend behauptete sich in ihrem Charakter, ohne doch der weiblichen das Verdienst des ihrigen, in dem Verhältnis worein sie gesetzt waren, zu schmälern.

PRAGMATISCHE FOLGERUNGEN

Das weibliche Geschlecht muß sich im Praktischen selbst ausbilden und disziplinieren; das männliche versteht sich darauf nicht.

Der junge Ehemann herrscht über seine ältere Ehefrau. Dieses gründet sich auf Eifersucht, nach welcher der Teil, welcher dem anderen im Geschlechtsvermögen unterlegen ist, vor Eingriffen des anderen Teils in seine Rechte besorgt ist und dadurch sich zur willfährigen Begegnung und Aufmerksamkeit gegen ihn zu bequemen genötigt sieht. – Daher wird jede erfahrene Ehefrau die Heirat mit einem jungen Manne, auch nur von gleichem Alter, widerraten; denn im Fortgange der Jahre altert doch der weibliche Teil früher als der männliche, und wenn man auch von dieser Ungleichheit absieht, so ist auf die Eintracht, welche sich auf Gleichheit gründet, nicht mit Sicherheit zu rechnen und ein junges verständiges Weib wird mit einem gesunden aber doch merklich älteren Manne das Glück der Ehe doch besser machen. –
Ein Mann aber, der sein Geschlechtsvermögen vielleicht schon vor der Ehe lüderlich durchgebracht hat, wird der Geck in seinem eigenen Hause sein; denn er kann diese häusliche Herrschaft nur haben, sofern er keine billigen Ansprüche schuldig bleibt.
Hume bemerkt, daß den Weibern (selbst alten Jungfern) Satiren auf den *Ehestand* mehr verdrießen als die *Sticheleien* auf ihr Geschlecht. - Denn mit diesen kann es niemals Ernst sein, da aus jenen allerdings wohl Ernst werden könnte, wenn man die Beschwerden jenes Standes recht ins Licht

stellt, deren der Unverheuratete überhoben ist. Eine Freigeisterei in diesem Fache müßte aber von schlimmen Folgen für das ganze weibliche Geschlecht sein; weil dieses zu einem bloßen Mittel der Befriedigung der Neigung des anderen Geschlechts herabsinken würde, welche aber leicht in Überdruß und Flatterhaftigkeit ausschlagen kann. - Das Weib wird durch die Ehe frei; der Mann verliert dadurch seine Freiheit.

Die moralischen Eigenschaften an einem, vornehmlich jungen, Manne vor der Ehelichung desselben auszuspähen, ist nie die Sache einer Frau. Sie glaubt ihn bessern zu können; eine vernünftige Frau, sagt sie, kann einen verunarteten Mann schon zurechte bringen; in welchem Urteile sie mehrenteils sich auf die kläglichste Art betrogen findet. Dahin gehört auch die Meinung jener Treuherzigen: daß die Ausschweifungen dieses Menschen vor der Ehe übersehen werden können, weil er nun an seiner Frau, wenn er sich nur noch nicht erschöpft hat, hinreichend für diesen Instinkt versorgt sein werde. - Die guten Kinder bedenken nicht: daß die Lüderlichkeit in diesem Fache gerade im Wechsel des Genusses besteht, und das Einerlei in der Ehe ihn bald zur obigen Lebensart zurückführen werde.

Wer soll dann den oberen Befehl im Hause haben? denn nur Einer kann es doch sein, der alle Geschäfte in einen, mit dieses seinen Zwecken übereinstimmenden, Zusammenhang bringt. - Ich würde in der Sprache der Galanterie (doch nicht ohne Wahrheit) sagen: die Frau soll herrschen und der Mann regieren; denn die Neigung herrscht und der Verstand regiert. – Das Betragen des Ehemanns muß zeigen: daß ihm das Wohl seiner Frau vor allem anderen am Herzen liege. Weil aber der Mann am besten wissen muß, wie er stehe und wie weit er gehen könne: so wird er, wie ein Minister seinem bloß auf Vergnügen bedachten Monarchen, der etwa ein Fest oder den Bau eines Palais beginnt, auf dieses seinen Befehl zuerst seine schuldige Willfährigkeit dazu erklären; nur daß z.B. für jetzt nicht Geld im Schatze sei, daß gewisse dringendere Notwendigkeiten zuvor abgemacht werden müssen u.s.w., so daß der höchstgebietende Herr alles tun kann was er will, doch mit dem Umstande, daß diesen Willen ihm sein Minister an die Hand gibt.

Da sie gesucht werden soll (denn dies will die dem Geschlecht notwendige Weigerung), so wird sie doch in der Ehe selbst allgemein zu gefallen suchen müssen, damit, wenn sie etwa junge Witwe würde, sich Liebhaber für sie finden. - Der Mann legt alle solche Ansprüche mit der Eheverbindung ab. - Daher ist die Eifersucht, aus dem Grunde dieser Gefallsucht der Frauen, ungerecht.

Die eheliche Liebe aber ist ihrer Natur nach intolerant. Frauen spotten darüber zuweilen, oder, wie bereits oben bemerkt worden, im Scherz;

denn bei dem Eingriffe Fremder in diese Rechte duldend und nachsicht-
lich zu sein, müßte Verachtung des weiblichen Teils und hiemit auch Haß
gegen einen solchen Ehemann zur Folge haben.

Daß gemeiniglich Väter ihre Töchter und Mütter ihre Söhne verziehen,
und unter den letzteren der wildeste Junge, wenn er nur kühn ist, gemeiniglich von der Mutter verzogen wird: das scheint seinen Grund in dem
Prospekt auf die Bedürfnisse beider Eltern in ihrem Sterbefall zu haben;
denn wenn dem Manne seine Frau stirbt, so hat er doch an seiner ältesten
Tochter eine ihn pflegende Stütze; stirbt der Mutter ihr Mann ab, so hat
der erwachsene wohlgeartete Sohn die Pflicht auf sich, und auch die natürliche Neigung in sich, sie zu verehren, zu unterstützen und ihr das
Leben als Witwe angenehm zu machen.

(Kant : "Anthropologie in pragmatischer Hinsicht")

Salomon M a i m o n (1743 – 1800)

"Auch ich kann mich des Glücks rühmen, mit der Königin der Wissenschaften, mit der Philosophie, seit einigen Jahren einen vertrauten Umgang zu haben; habe alle ihre Schritte beobachtet, und, um ihren Karakter
recht zu studieren, mich in alle ihre Launen geschickt. Sie hat mir auch
ihre Gunstbezeugungen nicht gänzlich versagt; und trotz der Eifersucht
manch ihrer Liebhaber, sich zu meinem Vorteil erklärt. Einige ihrer
vorgeblichen Liebhaber machen ihr zwar die Cour, aber wie die Folge
gelehrt hat, nicht ihrer Person, sondern ihres Vermögens wegen? Andere
taten es ihrer Töchter (Moral, Theologie) wegen, auf die sie Jagd
machten. Meine Liebe hingegen zu ihr war immer rein und hatte nichts
anderes als ihren Besitz zum Zweck. Was hat diese ehrwürdige Dame
nicht alles von den Launen der Menschen erfahren müssen? Einige ihrer
Liebhaber, die ihre Reize nicht zu schätzen wußten, ließen sie (nach Art
der Wilden) die schwersten Hausarbeiten verrichten. Andere wiederum,
auf ihre Reize eifersüchtig, schlössen sie (nach Art der Morgenländer) in
ihre Zimmer ein, so daß sie vor langer Weile verschmachten mußte.
Einige, die nicht aus eigener Wahl, sondern aus Mangel eines besseren
Zeitvertreibes einige Zeit ihren Umgang geflogen und denen sie daher

ihre Gunstbezeugungen verweigern müßte, stießen sie von sich mit Verachtung und gingen darin so weit, daß sie selbst die bisher vorgegebenen, ihnen von ihr zugeschickten Liebesbriefchen für untergeschoben und von würdigern Liebhabern gestohlen erklärten. Politiker schickten sie als eine lüderliche Person ins Zuchthaus. Schöne Geister, wie ihnen die Laune ankam, besangen entweder ihre Reize (doch ohne sie zu kennen) oder machten darüber Satyren usw. Aber diese himmlische Muse ist über alles übertriebene Lob sowohl als über ungerechten Tadel erhaben. Überzeugt, daß selbst ihre Mängel ihre Vollkommenheiten erhöhen, will sie so gekannt seyn, wie sie wirklich ist; sie verträgt so wenig Eifersucht wie Gleichgültigkeit."

"Neue Logik und Theorie des Denkens", 1. Brief des Philaletes an Aenesidemus, 1794. – Berlin 1912, Seite 272 f.)

Georg Wilhelm Friedrich HEGEL (1770 - 1831)

"Das wahrhafte Wesen der Liebe besteht darin, das Bewusstsein seiner selbst aufzugeben, sich in einem anderen Selbst zu vergessen, doch in diesem Vergehen und Vergessen sich erst selbst zu haben und zu besitzen." („Vorlesungen zur Ästhetik")

„Das Wahre ist so der bacchantische Taumel, an dem kein Glied nicht trunken ist ... Das Ganze ist das Wahre ..." „Das Tiefe, das der Geist von innen heraus ... treibt ... und die Unwissenheit dieses Bewußtseins, was das ist, was es sagt, ist dieselbe Verknüpfung des Hohen und Niedrigen, welche an dem Lebendigen die Natur in der Verknüpfung des Organs seiner höchsten Vollendung, des Organs der Zeugung, und des Organs des Pissens naiv ausdrückt ." („Phänomenologie des Geistes", 1807)

„Nur in der Liebe allein ist man eins mit dem Objekt, es beherrscht und wird nicht beherrscht... Das Leben ist die Verbindung der Verbindung und der Nichtverbindung."

„Das Allgemeine ist daher die freie Macht; es ist es selbst und greift über ein Anderes über; aber nicht als ein Gewaltsames, sondern das vielmehr in demselben ruhig und bei sich ist. Wie es die freie Macht genannt worden, so könnte es auch die freie Liebe und schrankenlose Seligkeit genannt werden, denn es ist ein Verhalten seiner zu dem Unterschiedenen nur als zu sich selbst; in dem selben ist es zu sich selbst zurückgekehrt." ("Wissenschaft der Logik")

„Was am Lebendigen als solchem die Gattung ist, das ist am Geistigen die Vernünftigkeit." "Liebe heißt überhaupt das Bewußtsein meiner Einheit mit einem anderen, so daß ich für mich nicht isoliert bin, sondern mein Selbstbewußtsein nur als Aufgebung meines Fürsichseins gewinne und durch das Mich-Wissen, als der Einheit meiner mit dem anderen und des anderen mit mir. Die Liebe ist aber Empfindung, das heißt die Sittlichkeit in Form des Natürlichen; im Staate ist sie nicht mehr: da ist man sich der Einheit als des Gesetzes bewußt, da muß der Inhalt vernünftig sein, und ich muß ihn wissen. Das erste Moment in der Liebe ist, daß ich keine selbständige Person für mich sein will und daß, wenn ich dies wäre, ich mich mangelhaft und unvollständig fühle. Das zweite Moment ist, daß ich mich in einer anderen Person gewinne, daß ich in ihr gelte, was sie wiederum in mir erreicht. Die Liebe ist daher der ungeheuerste Widerspruch, den der Verstand nicht lösen kann, indem es nichts Härteres gibt als diese Punktualität des Selbstbewußtseins, die negiert wird und die ich doch als affirmativ haben soll. Die Liebe ist das Hervorbringen und die Auflösung des Widerspruchs zugleich : als die Auflösung ist sie die sittliche Einigkeit.

Wegen der ursprünglichen Identität der Formation liegt den männlichen und weiblichen Geschlechtsteilen derselbe Typus zugrunde, nur, daß in den einen oder den anderen der eine oder der andere Teil das Wesentliche ausmacht: bei dem Weibe notwendig das Indifferente, bei dem Manne das Entzweite, der Gegensatz.

Man versteht auf diese Weise die Umbildung des einen Geschlechts in das andere vollkommen. Wie im Manne der Uterus zur bloßen Drüse herabsinkt, so bleibt dagegen der männliche Testikel beim Weibe im Eierstocke eingeschlossen, tritt nicht heraus in den Gegensatz, wird nicht für sich, zum tätigen Gehirn, und der Kitzler ist das untätige Gefühl überhaupt. Im Manne hingegen haben wir dafür das tätige Gefühl, das aufschwellende Herz, die Bluterfüllung der *Corpora cavernosa* und der Maschen des schwammigen Gewebes der Urethra; dieser männlichen Bluterfüllung entsprechen dann die weiblichen Blutergüsse. Das Empfangen des Uterus, als einfaches Verhalten, ist auf diese Weise beim Manne entzweit in das produzierende Gehirn und das äußerliche Herz. Der Mann ist also durch diesen Unterschied das Tätige; das Weib aber ist das Empfangende, weil sie in ihrer unentwickelten Einheit bleibt.

Die *Zeugung* muß man nicht auf den Eierstock und den männlichen Samen reduzieren, als sei das neue Gebilde nur eine Zusammensetzung aus den Formen oder Teilen beider Seiten, sondern im Weiblichen ist wohl das materielle Element, im Manne aber die Subjektivität enthalten. Die *Empfängnis* ist die Kontraktion des ganzen Individuums in die einfache, sich hingebende Einheit, in seine Vorstellung, der Same diese einfache Vorstellung selbst, – ganz *ein* Punkt, wie der Name und das ganze Selbst. Die Empfängnis ist also nichts anderes als dies, daß das Entgegengesetzte, diese abstrakten Vorstellungen zu *einer* werden.

Frauen können wohl gebildet sein, aber für die höheren Wissenschaften, die Philosophie und für gewisse Produktionen der Kunst, die ein Allgemeines fordern, sind sie nicht gemacht. Frauen können Einfälle, Geschmack, Zierlichkeit haben, aber das Ideale haben sie nicht. Der Unterschied zwischen Mann und Frau ist der des Tieres und der Pflanze: das Tier entspricht mehr dem Charakter des Mannes, die Pflanze mehr dem der Frau, denn sie ist mehr ruhiges Entfalten, das die unbestimmtere Einigkeit der Empfindung zu seinem Prinzip erhält. Stehen Frauen an der Spitze der Regierung, so ist der Staat in Gefahr, denn sie handeln nicht nach den Anforderungen der Allgemeinheit, sondern nach zufälliger Neigung und Meinung. Die Bildung der Frauen geschieht, man weiß nicht wie, gleichsam durch die Atmosphäre der Vorstellung, mehr durch das Leben als durch das Erwerben von Kenntnissen, während der Mann seine Stellung nur durch die Errungenschaft des Gedankens und durch viele technische Bemühungen erlangt. Das eine Extrem, der allgemeine sich bewußte Geist, wird mit seinem anderen Extrem, seiner Kraft und seinem Element, mit dem *bewusstlosen* Geiste, durch die *Individualität* des Mannes zusammengeschlossen.

Dagegen hat das *göttliche* Gesetz seine Individualisierung oder der *bewußtlose* Geist des Einzelnen sein Dasein an dem Weibe, durch welches als die *Mitte* er aus seiner Unwirklichkeit in die Wirklichkeit, aus dem Unwissenden und Ungewußten in das bewusste Reich herauftritt. Die Vereinigung des Mannes und des Weibes macht die tätige Mitte des Ganzen und das Element aus, das, in diese Extreme des göttlichen und menschlichen Gesetzes entzweit, ebenso ihre unmittelbare Vereinigung ist, welche jene beiden ersten Schlüsse zu demselben Schlüsse macht und die entgegengesetzte Bewegung [:] der Wirklichkeit hinab zur Unwirklichkeit - des menschlichen Gesetzes, das sich in selbständige Glieder organisiert, herunter zur Gefahr und Bewährung des Todes - und des unterirdischen Gesetzes herauf zur Wirklichkeit des Tages und zum bewussten Dasein, deren jene dem Manne, diese dem Weibe zukommt, in eine vereinigt.

Das menschliche Gesetz also in seinem allgemeinen Dasein, das Gemeinwesen, in seiner Betätigung überhaupt die Männlichkeit, in seiner wirk-

lichen Betätigung die Regierung, *ist, bewegt* und *erhält* sich dadurch, daß es die Absonderung der Penaten oder die selbständige Vereinzelung, in Familien, welchen die Weiblichkeit vorsteht, in sich aufzehrt und sie in der Kontinuität seiner Flüssigkeit aufgelöst erhält. Die Familie ist aber zugleich überhaupt sein Element, das einzelne Bewußtsein allgemeiner betätigender Grund. Indem das Gemeinwesen sich nur durch die Störung der Familienglückseligkeit und die Auflösung des Selbstbewußtseins in das allgemeine sein Bestehen gibt, erzeugt es sich an dem, was es unterdrückt und was ihm zugleich wesentlich ist, an der Weiblichkeit überhaupt seinen inneren Feind. Diese — die ewige Ironie des Gemeinwesens – verändert durch die Intrige den allgemeinen Zweck der Regierung in einen Privatzweck, verwandelt ihre allgemeine Tätigkeit in ein Werk dieses bestimmten Individuums und verkehrt das allgemeine Eigentum des Staats zu einem Besitz und Putz der Familie. Sie macht hierdurch die ernsthafte Weisheit des reifen Alters, das, der Einzelheit - der Lust und dem Genüsse sowie der wirklichen Tätigkeit - abgestorben, nur das Allgemeine denkt und besorgt, zum Spotte für den Mutwillen der unreifen Jugend und zur Verachtung für ihren Enthusiasmus, erhebt überhaupt die Kraft der Jugend zum Geltenden, — des Sohnes, an dem die Mutter ihren Herrn geboren, des Bruders, an dem die Schwester den Mann als ihresgleichen hat, des Jünglings, durch den die Tochter, ihrer Unselbständigkeit entnommen, den Genuß und die Würde der Frauenschaft erlangt. –
Die Verhältnisse der *Mutter* und der *Frau* aber haben die Einzelheit teils als etwas Natürliches, das der Lust angehört, teils als etwas Negatives, das nur sein Verschwinden darin erblickt; teils ist sie eben darum etwas Zufälliges, das durch eine andere ersetzt werden kann. Im Hause der Sittlichkeit ist es nicht *dieser* Mann, nicht *dieses* Kind, sondern *ein Mann, Kinder überhaupt,* — nicht die Empfindung, sondern das Allgemeine, worauf sich diese Verhältnisse des Weibes gründen. Der Unterschied seiner Sittlichkeit von der des Mannes besteht eben darin, daß es in seiner Bestimmung für die Einzelheit und in seiner Lust unmittelbar allgemein und der Einzelheit der Begierde fremd bleibt; dahingegen in dem Manne diese beiden Seiten auseinandertretcn, und indem er als Bürger die *selbstbewußte* Kraft der *Allgemeinheit* besitzt, erkauft er sich dadurch das Recht der *Begierde* und erhält sich zugleich die Freiheit von derselben. Indem also in dies Verhältnis der Frau die Einzelheit eingemischt ist, ist seine Sittlichkeit nicht rein; insofern sie aber dies ist, ist die Einzelheit *gleichgültig,* und die Frau entbehrt das Moment, sich als *dieses* Selbst im Anderen zu erkennen, ..." („Phänomenologie des Geistes", 1807)

Ludwig Feuerbach (1804 – 1872)

"Gott und Mensch sind gegeneinander wie Mann und Weib - ein von Luther und überhaupt den Christen häufig gebrauchtes Gleichnis ... Wo das Weib tätig ist, bin ich untätig, wo es etwas ist, da bin ich nichts. Was du in Gott hast, das hast du allerdings nicht in und an dir selbst, aber gleichwohl hast du es ... nicht so, wie dein Arm, dein Bein dein ist, aber so wie dein Weib dein ist. Es ist dein nicht als Eigenschaft in dir, sondern als Gegenstand, aber als ein Gegenstand, der nicht zufällig, sondern wesentlich ein Gegenstand für dich ist, denn er hat, was dir fehlt, gehört also zu dir selbst ... so unentbehrlich als die Speise dem Hunger, der Trank dem Durste, das Weib dem Manne. "
(Gesammelte Werke, Bd. 9, Berlin 1967, S. 363).

"Die Liebe ist der wahre ontologische Beweis vom Dasein eines Gegenstands außerhalb unserem Kopfe - und es gibt keinen anderen Beweis vom Sein als die Liebe, die Empfindung überhaupt ... Gott ist kein sinnliches Wesen ... Das Geheimnis unmittelbaren Wissens ist die Sinnlichkeit."

"Zwei Menschen gehören zur Erzeugung des Menschen - des geistigen so gut wie des physischen: die Gemeinschaft des Menschen mit dem Menschen ist das erste Prinzip und Kriterium der Wahrheit und Allgemeinheit." (Kleine Schriften, Frankfurt 1966, S. 203).

„Zum Denken gehören ursprünglich Zwei. Das Denken ist ein geistiger Begattungsakt.“

" In der Befriedigung der anderen Triebe ... brauche ich das Objekt lediglich zu meinen Zwecken ... Aber im Geschlechtstrieb erfülle ich mich als Teil, der eben deshalb seine Ergänzung sucht; ich suche zwar zuvörderst auch nur den Genuß, aber ich kann nicht genießen, ohne mich selbst ... zum Mittel des Genusses für das Objekt zu machen. Der Geschlechtstrieb hebt die Selbsttätigkeit des Individuums auf ... der Begattungsakt ist die Selbstrealisation der Gattung. Die Gattung überhaupt ist, was die Menschen aneinander fesselt ... Das Familienband ist stärker als das Band, welches den Menschen an seine Existenz knüpft. Die Familienmitglieder können nicht sein ohne einander."

"Der natürliche menschliche Sohn ist an und für sich ein Mittelwesen zwischen dem männlichen Wesen des Vaters und dem weiblichen der Mutter; er ist gleichsam noch halb Mann, halb Weib, indem er noch nicht das volle, rigorose Selbständigkeitsbewußtsein hat, welches den Mann charakterisiert, und mehr zur Mutter als zum Vater sich hingezogen fühlt. Die Liebe des Sohnes zur Mutter ist die erste Liebe des männlichen Wesens zum weiblichen. Die Liebe des Mannes zum Weibe, des Jünglings zur Jungfrau empfängt ihre religiöse - ihre einzig wahre religiöse - Weihe in der Liebe des Sohns zur Mutter. Die Mutterliebe des Sohnes ist die erste Sehnsucht, die erste Demut des Mannes vor dem Weibe ... Dem Vater ist der Sohn eingeboren, aber dem Sohne die Mutter. Dem Vater ersetzt der Sohn das Bedürfnis der Mutter, aber nicht der Vater dem Sohne. Dem Sohne ist die Mutter unentbehrlich ... Warum begab sich also der Sohn in einen weiblichen Schoß? Warum anders, als weil der Sohn die Sehnsucht nach der Mutter ist ... ? Zwar weilt der Sohn nur neun Monde lang unter dem Obdach des weiblichen Herzens, aber die Eindrücke, die er hier empfängt, sind unauslöschlich. Die Mutter kommt dem Sohne nimmer aus dem Sinne und Herzen. Wenn daher die Anbetung des Sohnes Gottes kein Götzendienst, so ist auch die Anbetung der Mutter Gottes kein Götzendienst. Schämt sich Gott nicht, einen Sohn zu haben, so braucht er sich auch nicht einer Mutter zu schämen ... Die höchste und tiefste Liebe ist die Mutterliebe. Der Vater tröstet sich über den Verlust des Sohnes; er hat ein stoisches Prinzip in sich. Die Mutter dagegen ist untröstlich; die Mutter ist die Schmerzenreiche, aber Trostlosigkeit die Wahrheit der Liebe. Wo der Glaube an die Mutter Gottes sinkt, da sinkt auch der Glaube an den Sohn Gottes und den Gott-Vater. Der Vater ist nur da eine Wahrheit, wo die Mutter eine Wahrheit ist. Die Liebe ist an und für sich weiblichen Geschlechts und Wesens. Der Glaube an die Liebe Gottes ist der Glaube an das weibliche als ein göttliches Prinzip. Liebe ohne Natur ist ein Unding, ein Phantom. An der Liebe erkennt die heilige Notwendigkeit und Tiefe der Natur!"

„Warum begab sich also der Sohn in einen weiblichen Schoß? ...
weil der Sohn die Sehnsucht nach der Mutter ist."

Karl Marx (1818 – 1883)

»Das produktive Leben ist aber das Gattungsleben.
Es ist das Leben erzeugende Leben.«

»Das unmittelbare, natürliche, notwendige Verhältnis des Menschen zum
Menschen ist das Verhältnis des Mannes zum Weibe. In diesem natür-
lichen Gattungsverhältnis ist das Verhältnis des Menschen zur Natur
unmittelbar sein Verhältnis zum Menschen, wie das Verhältnis zum
Menschen unmittelbar sein Verhältnis zur Natur, seine eigene natürliche
Bestimmung ist. In diesem Verhältnis erscheint also sinnlich, auf ein
anschaubares Faktum reduziert, inwieweit dem Menschen das menschliche Wesen zur Natur oder die Natur zum menschlichen Wesen des
Menschen geworden ist. Aus diesem Verhältnis kann man also die ganze
Bildungsstufe des Menschen beurteilen. Aus dem Charakter dieses Verhältnisses folgt, inwieweit der Mensch als Gattungswesen, als Mensch
sich geworden ist und erfaßt hat; das Verhältnis des Mannes zum Weib ist
das natürlichste Verhältnis des Menschen zum Menschen. In ihm zeigt
sich also, inwieweit das menschliche Wesen ihm zum natürlichen Wesen,
inwieweit seine menschliche Natur ihm zur Natur geworden ist.«

»Also die Gesellschaft ist die vollendete Wesenseinheit des Menschen mit
der Natur, die wahre Resurrektion der Natur, der durchgeführte Naturalismus des Menschen und der durchgeführte Humanismus der Natur.«

Vom Kopf auf die Füße: »In Hegels Geschichtsphilosophie, wie in seiner
Naturphilosophie, gebiert der Sohn die Mutter, der Geist die Natur ... das
Resultat den Anfang.« .

»Eine zu verschwenderische Natur hält den Menschen an ihrer Hand wie
ein Kind am Gängelband. Sie macht seine eigene Entwicklung nicht zu
einer Naturnotwendigkeit. Nicht das tropische Klima mit seiner überwuchernden Vegetation, sondern die gemäßigte Zone ist das Mutterland
des Kapitals.«
»... flüchtet vor der geschichtlichen Tragödie, die ihm drohend zu nahe
rückt, in die angeblich reine Natur, d. h. in die blöde Bauernidylle und
predigt den Kultus des Weibes, um seine eigene weibische Resignation zu
bemänteln.«

»Die verzauberte, verkehrte und auf den Kopf gestellte Welt, wo Monsieur le Capital und Madame la Terre als soziale Charaktere, und zugleich unmittelbar als bloße Dinge ihren Spuk treiben.«

»Der Schatzbildner opfert dem Goldfetisch seine Fleischeslust. Er macht Ernst mit dem Evangelium der Entsagung.«

»Indem aber für den sozialistischen Menschen die ganze sogenannte Weltgeschichte nichts anderes ist als die Erzeugung des Menschen durch die menschliche Arbeit, also das Werden der Natur für den Menschen, so hat er also den anschaulichen, unwiderstehlichen Beweis von seiner Geburt durch sich selbst, von seinem Entstehungsprozeß.«

»... daß die Philosophie weltlich und die Welt philosophisch wird. Philosophie und Studium der wirklichen Welt verhalten sich zueinander wie Onanie und Geschlechtsliebe.«

»Proletarier aller Länder, vereinigt euch!«   »Als Gattungsbewußtsein bestätigt der Mensch sein reelles Gesellschaftsleben.«

Marx spricht von der »naturwüchsigen Teilung der Arbeit, die ursprünglich nichts war als Teilung der Arbeit im Geschlechtsakt ...«
»Innerhalb der. Familie, weiterentwickelt eines Stammes, entspringt eine naturwüchsige Teilung der Arbeit aus den Geschlechts- und Altersverschiedenheiten, also auf rein physiologischer Grundlage...«.

»Der Mensch ist unmittelbar Naturwesen. Als Naturwesen und als lebendiges Naturwesen ist er teils mit natürlichen Kräften, mit Lebenskräften ausgerüstet, ein tätiges Naturwesen; diese Kräfte existieren in ihm als Anlagen und Fähigkeiten, als Triebe; teils ist er als natürliches, leibliches, sinnliches, gegenständliches Wesen ein leidendes, bedingtes und beschränktes Wesen, wie es auch das Tier und die Pflanze ist, d.h. die Gegenstände seiner Triebe existieren außer ihm ... Daß der Mensch ein leibliches, naturkräftiges, lebendiges, wirkliches, sinnliches, gegenständliches Wesen ist, heißt, daß er wirkliche, sinnliche Gegenstände zum Gegenstand seines Wesens, seiner Lebensäußerung hat oder daß er nur an wirklichen, sinnlichen Gegenständen sein Leben äußern kann.
Gegenständlich, natürlich, sinnlich sein und sowohl Gegenstand, Natur, Sinn außer sich haben oder selbst Gegenstand, Natur, Sinn für ein drittes sein, ist identisch.«

»Sobald ich einen Gegenstand habe, hat dieser Gegenstand mich zum Gegenstand ... Sinnlich sein ist leidend sein. Der Mensch als ein gegenständliches sinnliches Wesen ist daher ein leidendes und, weil sein Leiden empfindendes Wesen, ein leidenschaftliches Wesen. Die Leidenschaft, die Passion ist die nach seinem Gegenstand energisch strebende Wesenskraft des Menschen ... denn das Leiden, menschlich gefaßt, ist ein Selbstgenuß des Menschen.«

„Ich lebe aber vollständig von der Gnade eines anderen, wenn ich ihm nicht nur die Unterhaltung meines Lebens verdanke, sondern wenn er noch außerdem mein Leben geschaffen hat, wenn er der Quell meines Lebens ist, und mein Leben hat notwendig einen solchen Grund außer sich, wenn es nicht meine eigene Schöpfung ist... Nun ist es zwar leicht, dem einzelnen Individuum zu sagen, was Aristoteles schon sagt: Du bist gezeugt von deinem Vater und deiner Mutter, also hat in dir die Begattung zweier Menschen, also ein Gattungsakt der Menschen den Menschen produziert.“

„Du siehst also, daß der Mensch auch physisch sein Dasein dem Menschen verdankt. Du mußt also nicht nur die eine Seite im Auge behalten, den unendlichen Progreß, wonach du weiter fragst: Wer hat meinen Vater, wer seinen Großvater etc. gezeugt? Du mußt auch die Kreisbewegung, welche in jenem Progreß sinnlich anschaulich ist, festhalten, wonach der Mensch in der Zeugung sich selbst wiederholt, also der Mensch immer Subjekt bleibt.“

»Eine Gesellschaftsformation geht nie unter, bevor alle Produktivkräfte entwickelt sind, für die sie weit genug ist, und neue höhere Produktionsverhältnisse treten nie an die Stelle, bevor die materiellen Existenzbedingungen derselben im Schoß der alten Gesellschaft ausgebrütet worden sind. Von diesem Augenblick an regen sich Kräfte und Leidenschaften im Gesellschaftsschoße, welche sich von ihr gefesselt fühlen.«

»Wenn du liebst, ohne Gegenliebe hervorzurufen, d.h. wenn dein Lieben als Lieben nicht die Gegenliebe hervorruft, wenn du durch deine Lebensäußerung als liebender Mensch dich nicht zum geliebten Menschen machst, so ist deine Liebe ohnmächtig, ein Unglück.«

Arthur Schopenhauer (1788 – 1860)

»Die Gattung ist die in die Zeit auseinandergezogene Idee Platos...«

»Das niedrig gewachsene, schmalschultrige, breithüftige und kurzbeinige Geschlecht das schöne nennen, konnte nur der vom Geschlechtstrieb umnebelte männliche Intellekt. Mit mehr Fug könnte man das weibliche Geschlecht das unästhetische nennen. Weder für Musik, noch für Poesie, noch bildende Künste haben sie wirklich und wahrhaft Sinn und Empfänglichkeit; sondern bloße Äfferei, aus Behuf ihrer Gefallsucht, ist es, wenn sie solche affektieren und vorgeben... das Weib ... ist ein subordiniertes Wesen ... eine Art Mittelstufe zwischen dem Kinde und dem Manne, als welcher der eigentliche Mensch ist ... ihre an Verrücktheit grenzende Verschwendung ... ihre instinkthafte Verschlagenheit... ihr unvertilgbarer Hang zum Lügen ... Jeder läuft zuletzt schiffbrüchig und entmastet in den Hafen ein.«

»Die Liebe ... ist der Wahn, welcher dem Dienste der Gattung die Maske eines egoistischen Zwecks vorsteckt.«

»... daß es (das Geschlechtsverhältnis) eigentlich der unsichtbare Mittelpunkt alles Tuns und Treibens ist und trotz aller ihm übergeworfenen Schleier überall hervorguckt. Es ist die Ursache des Krieges und der Zweck des Friedens, die Grundlage des Ernstes und das Ziel des Scherzes, die unerschöpfliche Quelle des Witzes, der Schlüssel zu allen Anspielungen und der Sinn aller geheimen Winke, aller unausgesprochenen Anträge und aller verstohlenen Blicke, das tägliche Dichten und Trachten der Jungen und oft auch der Alten, der stündliche Gedanke der Unkeuschen und die gegen seinen Willen stets wiederkehrende Träumerei des Keuschen, der allezeit bereite Stoff zum Scherz, eben nur, weil ihm der tiefste Ernst zum Grunde liegt. Das aber ist das Pikante, und der Spaß der Welt, daß die Hauptangelegenheit aller Menschen heimlich betrieben und ostensibel möglichst ignoriert wird. In der Tat aber sieht man dieselbe jeden Augenblick sich als den eigentlichen und erblichen Herrn der Welt, aus eigener Machtvollkommenheit, auf den angestammten Thron setzen und von dort herab mit höhnenden Blicken der Anstalten lachen, die man getroffen hat, sie zu bändigen, einzukerkern, wenigstens einzuschränken, und womöglich ganz verdeckt zu halten, oder doch so zu bemeistern, daß sie nur als eine ganz untergeordnete Angelegenheit des

Lebens zum Vorschein komme. — Dies alles aber stimmt damit überein, daß der Geschlechtstrieb der Kern des Willens zum Leben, mithin die Konzentration alles Wollens ist; daher eben ich im Texte die Genitalien den Brennpunkt des Willens genannt habe. Ja, man kann sagen, der Mensch sei konkreter Geschlechtstrieb; da seine Entstehung ein Kopulationsakt und der Wunsch seiner Wünsche ein Kopulationsakt ist, und dieser Trieb allein seine ganze Erscheinung perpetuiert und zusammenhält... Wie nämlich der Geschlechtstrieb die heftigste der Begierden, der Wunsch der Wünsche, die Konzentration all unseres Wollens ist, ... — so finden wir, als physiologisches Korrelat dazu, im objektivierten Willen, also im menschlichen Organismus, das Sperma als die Sekretion der Sekretionen, die Quintessenz aller Säfte, das letzte Resultat aller organischen Funktionen, und haben hieran einen abermaligen Beleg dazu, daß der Leib nur die Objektivität des Willens, d.h. der Wille selbst unter der Form der Vorstellung ist.«

»Der Geschlechtstrieb ist anzusehen als der innere Zug des Baumes (der Gattung), auf welchem das Leben des Individuums sproßt ... Ein Individuum kastrieren, heißt es vom Baum der Gattung, auf welchem es sproßt, abschneiden und so gesondert verdorren lassen: daher die Degradation seiner Geistes- und Leibeskräfte.«

Friedrich N i e t z s c h e (1844 – 1900)

"MENSCHLICHES, ALLZUMENSCHLICHES":
Eine Kultur der Männer. - Die griechische Kultur der klassischen Zeit ist eine Kultur der Männer. Was die Frauen anlangt, so sagt Perikles in der Grabrede alles mit den Worten: sie seien am besten, wenn unter Männern so wenig als möglich von ihnen gesprochen werde. - Die erotische Beziehung der Männer zu den Jünglingen war in einem unserem Verständnis unzugänglichen Grade die notwendige, einzige Voraussetzung aller männlichen Erziehung (ungefähr wie lange Zeit alle höhere Erziehung der Frauen bei uns erst durch die Liebschaft und Ehe herbeigeführt wurde); aller Idealismus der Kraft der griechischen Natur warf sich auf jenes Ver-

hältnis, und wahrscheinlich sind junge Leute niemals wieder so aufmerksam, so liebevoll, so durchaus in Hinsicht auf ihr Bestes *(virtui)* behandelt worden wie im sechsten und fünften Jahrhundert - also gemäß dem schönen Spruche Hölderlins »denn liebend gibt der Sterbliche vom Besten«. Je höher dieses Verhältnis genommen wurde, um so tiefer sank der Verkehr mit der Frau: der Gesichtspunkt der Kindererzeugung und der Wollust - nichts weiter kam hier in Betracht; es gab keinen geistigen Verkehr, nicht einmal eine eigentliche Liebschaft. Erwägt man ferner, daß sie selbst vom Wettkampfe und Schauspiele jeder Art ausgeschlossen waren, so bleiben nur die religiösen Kulte als einzige höhere Unterhaltung der Weiber. - Wenn man nun allerdings in der Tragödie Elektra und Antigone vorführte, so *ertrug* man dies eben in der Kunst, obschon man es im Leben nicht mochte: so wie wir jetzt alles Pathetische im *Leben* nicht vertragen, aber in der Kunst gern sehen. - Die Weiber hatten weiter keine Aufgabe, als schöne, machtvolle Leiber hervorzubringen, in denen der Charakter des Vaters möglichst ungebrochen weiterlebte, und damit der überhand nehmenden Nervenüberreizung einer so hoch entwickelten Kultur entgegenzuwirken. Dies hielt die griechische Kultur verhältnismäßig so lange jung; denn in den griechischen Müttern kehrte immer wieder der griechische Genius zur Natur zurück.

WEIB UND KIND

Das vollkommene Weib. - Das vollkommene Weib ist ein höherer Typus des Menschen als der vollkommene Mann: auch etwas viel Selteneres. - Die Naturwissenschaft der Tiere bietet ein Mittel, diesen Satz wahrscheinlich zu machen. (377)

Freundschaft und Ehe. - Der beste Freund wird wahrscheinlich die beste Gattin bekommen, weil die gute Ehe auf dem Talent zur Freundschaft beruht. (378)

Fortleben der Eltern. - Die unaufgelösten Dissonanzen im Verhältnis von Charakter und Gesinnung der Eltern klingen in dem Wesen des Kindes fort und machen seine innere Leidensgeschichte aus. (379)

Von der Mutter her. - Jedermann trägt ein Bild des Weibes von der Mutter her in sich: davon wird er bestimmt, die Weiber überhaupt zu verehren oder sie gering zu schätzen oder gegen sie im allgemeinen gleichgültig zu sein. (380)

Die Natur korrigieren. - Wenn man keinen guten Vater hat, so soll man sich einen anschaffen. (381)

Väter und Söhne. - Väter haben viel zu tun, um es wieder gutzumachen, daß sie Söhne haben. (382)

Irrtum vornehmer Frauen. - Die vornehmen Frauen denken, daß eine Sache gar nicht da ist, wenn es nicht möglich ist, von ihr in der Gesellschaft zu sprechen. (383)

Eine Männerkrankheit. - Gegen die Männer-Krankheit der Selbstverachtung hilft es am sichersten, von einem klugen Weibe geliebt zu werden. (384)

Eine Art der Eifersucht. - Mütter sind leicht eifersüchtig auf die Freunde ihrer Söhne, wenn diese besondere Erfolge haben. Gewöhnlich liebt eine Mutter sich mehr in ihrem Sohne als den Sohn selber. (385)

Vernünftige Unvernunft. - In der Reife des Lebens und des Verstandes überkommt den Menschen das Gefühl, daß sein Vater Unrecht hatte, ihn zu zeugen. (386)

Mütterliche Güte. - Manche Mutter braucht glückliche, geehrte Kinder, manche unglückliche: sonst kann sich ihre Güte als Mutter nicht zeigen. (387)

Verschiedene Seufzer. - Einige Männer haben über die Entführung ihrer Frauen geseufzt, die meisten darüber, daß niemand sie ihnen entführen wollte. (388)

Liebesheiraten. - Die Ehen, welche aus Liebe geschlossen werden (die sogenannten Liebesheiraten), haben den Irrtum zum Vater und die Not (das Bedürfnis) zur Mutter. (389)

Frauenfreundschaft. - Frauen können recht gut mit einem Manne Freundschaft schließen; aber um diese aufrecht zu erhalten - dazu muß wohl eine kleine physische Antipathie mithelfen. (390)

Langeweile. - Viele Menschen, namentlich Frauen, empfinden die Langeweile nicht, weil sie niemals ordentlich arbeiten gelernt haben. (391)

Ein Element der Liehe. - In jeder Art der weiblichen Liebe kommt auch etwas von der mütterlichen Liebe zum Vorschein. (392)

Die Einheit des Orts und das Drama. - Wenn die Ehegatten nicht beisammcn lebten, würden die guten Ehen häufiger sein. (393)

Gewöhnliche Folgen der Ehe. - Jeder Umgang, der nicht hebt, zieht nieder und umgekehrt; deshalb sinken gewöhnlich die Männer etwas, wenn sie Frauen nehmen, während die Frauen etwas gehoben werden. Allzu geistige Männer bedürfen ebenso sehr der Ehe als sie ihr wie einer widrigen Medizin widerstreben. (394)

Befehlen lehren. - Kinder aus bescheidnen Familien muß man ebenso sehr das Befehlen durch Erziehung lehren wie andere Kinder das Gehorchen. (395)

ALSO SPRACH ZARATHUSTRA:

Du bist jung und wünschest dir Kind und Ehe. Aber ich frage dich: bist du ein Mensch, der ein Kind sich wünschen *darf?*
Bist du der Siegreiche, der Selbstbezwinger, der Gebieter der Sinne, der Herr deiner Tugenden? Also frage ich dich.
Oder redet aus deinem Wunsche das Tier und die Notdurft? Oder Vereinsamung? Oder Unfriede mit dir?
Ich will, daß dein Sieg und deine Freiheit sich nach einem Kinde sehne. Lebendige Denkmale sollst du bauen deinem Siege und deiner Befreiung.
Über dich sollst du hinausbauen. Aber erst mußt du mir selber gebaut sein, rechtwinklig an Leib und Seele.
Nicht nur fort sollst du dich pflanzen, sondern hinauf! Dazu helfe dir der Garten der Ehe!
Einen höheren Leib sollst du schaffen, eine erste Bewegung, ein aus sich rollendes Rad - einen Schaffenden sollst du schaffen.
Ehe: so heiße ich den Willen zu zweien, das Eine zu schaffen, das mehr ist, als die es schufen. Ehrfurcht voreinander nenne ich Ehe als vor den Wollenden eines solchen Willens.
Dies sei der Sinn und die Wahrheit deiner Ehe, Aber das, was die Viel-zu-Vielen Ehe nennen, diese Überflüssigen – ach, wie nenne ich das?
Ach, diese Armut der Seele zu zweien! Ach, dieser Schmutz der Seele zu zweien! Ach, dies erbärmliche Behagen zu zweien!
Ehe nennen sie dies alles; und sie sagen, ihre Ehen seien im Himmel geschlossen.

Nun, ich mag ihn nicht, diesen Himmel der Überflüssigen! Nein, ich mag sie nicht, diese im himmlischen Netz verschlungenen Tiere!

Ferne bleibe mir auch der Gott, der heranhinkt, zu segnen, was er nicht zusammenfügte!

Lacht mir nicht über solche Ehen! Welches Kind hätte nicht Grund, über seine Eltern zu weinen?

Würdig schien mir dieser Mann und reif für den Sinn der Erde: aber als ich sein Weib sah, schien mir die Erde ein Haus für Unsinnige.

Ja, ich wollte, daß die Erde in Krämpfen bebte, wenn sich ein Heiliger und eine Gans miteinander paaren.

Dieser ging wie ein Held auf Wahrheiten aus, und endlich erbeutete er sich eine kleine geputzte Lüge. Seine Ehe nennt er's

Jener war spröde im Verkehre und wählte wählerisch. Aber mit einem Male verdarb er für alle Male seine Gesellschaft: seine Ehe nennt er's.

Jener suchte eine Magd mit den Tugenden eines Engels. Aber mit einem Male wurde er die Magd eines Weibes, und nun täte es not, daß er darüber noch zum Engel werde.

Sorgsam fand ich jetzt alle Käufer, und alle haben listige Augen. Aber seine Frau kauft auch der Listigste noch im Sack.

Viele kurze Torheiten - das heißt bei euch Liebe. Und eure Ehe macht vielen kurzen Torheiten ein Ende, als *eine* lange Dummheit.

Eure Liebe zum Weibe und des Weibes Liebe zum Manne: ach, möchte sie doch Mitleiden sein mit leidenden und verhüllten Göttern! Aber zumeist erraten zwei Tiere einander.

Aber auch noch eure beste Liebe ist nur ein verzücktes Gleichnis und eine schmerzhafte Glut. Eine Fackel ist sie, die euch zu höheren Wegen leuchten soll.

Über euch hinaus sollt ihr einst lieben! So *lernt* erst lieben! Und darum mußtet ihr den bittern Kelch eurer Liebe trinken.

Bitternis ist im Kelch auch der besten Liebe: so macht sie Sehnsucht zum Übermenschen, so macht sie Durst dir, dem Schaffenden!

Durst dem Schaffenden, Pfeil und Sehnsucht dem Übermenschen: sprich, mein Bruder, ist dies dein Wille zur Ehe?

Heilig heißt mir solch ein Wille und solche Ehe. -

Also sprach Zarathustra.

Von alten und jungen Weiblein

Alles am Weibe ist ein Rätsel, und alles am Weibe hat *eine* Lösung: sie heißt Schwangerschaft.

Der Mann ist für das Weib ein Mittel: der Zweck ist immer das Kind. Aber was ist das Weib für den Mann?

Zweierlei will der echte Mann: Gefahr und Spiel. Deshalb will er das Weib, als das gefährlichste Spielzeug.

Der Mann soll zum Kriege erzogen werden und das Weib zur Erholung des Kriegers: alles andre ist Torheit. Allzusüße Früchte - die mag der Krieger nicht. Darum mag er das Weib; bitter ist auch noch das süßeste Weib.

Besser als ein Mann versteht das Weib die Kinder, aber der Mann ist kindlicher ah das Weib.

Im echten Manne ist ein Kind versteckt: das will spielen. Auf, ihr Frauen, so entdeckt mir doch das Kind im Manne!

Ein Spielzeug sei das Weib, rein und fein, dem Edelsteine gleich, bestrahlt von den Tugenden einer Welt, welche noch nicht da ist.

Der Strahl eines Sternes glänze in eurer Liebe! Eure Hoffnung heiße: »Möge ich den Übermenschen gebären!«

In eurer Liebe sei Tapferkeit! Mit eurer Liebe sollt ihr auf den losgehn, der euch Furcht einflößt.

In eurer Liebe sei eure Ehre! Wenig versteht sich sonst das Weib auf Ehre. Aber dies sei eure Ehre, immer mehr zu lieben, als ihr geliebt werdet, und nie die zweiten zu sein.

Der Mann fürchte sich vor dem Weibe, wenn es liebt: da bringt es jedes Opfer, und jedes andre Ding gilt ihm ohne Wert.

Der Mann fürchte sich vor dem Weibe, wenn es haßt: denn der Mann ist im Grunde der Seele nur böse, das Weib aber ist dort schlecht.

Wen haßt das Weib am meisten! - Also sprach das Eisen zum Magneten: »Ich hasse dich am meisten, weil du anziehst, aber nicht stark genug bist, an dich zu ziehen.«

Das Glück des Mannes heißt: ich will. Das Glück des Weibes heißt: er will.

»Siehe, jetzt eben ward die Welt vollkommen!« - also denkt ein jedes Weib, wenn es aus ganzer Liebe gehorcht.

Und gehorchen muß das Weib und eine Tiefe finden zu seiner Oberfläche. Oberfläche ist des Weibes Gemüt, eine bewegliche stürmische Haut auf einem seichten Gewässer.

Des Mannes Gemüt aber ist tief, sein Strom rauscht in unterirdischen Höhlen: das Weib ahnt seine Kraft, aber begreift sie nicht. -

Da entgegnete mir das alte Weiblein: »Vieles Artige sagte Zarathustra und sonderlich für die, welche jung genug dazu sind. Seltsam ist's. Zarathustra kennt wenig die Weiber, und doch hat er über sie recht! Geschieht dies deshalb, weil beim Weibe kein Ding unmöglich ist."

Theodor W. A d o r n o (1903 – 1969)

»Nur wer es vermöchte, in der blinden somalischen Lust, die keine Intention hat und die letzte stillt, die Utopie zu bestimmen, wäre einer Idee von Wahrheit fähig, die standhielte.«

»... die Utopie, die einmal von der Liebe der Mutter zehrte.«
("Minima moralia", Nr. 2)

»Triumphierend darf die Psychoanalyse dem, der es beim Namen nennt, bestätigen, er habe halt einen Ödipuskomplex.«

»Entspannt wird auf dem Diwan vorgeführt, was einmal die äußerste Anspannung des Gedankens von Schelling und Hegel auf dem Katheder vollbrachte: die Dechiffrierung des Phänomens ... der Unterschied ist kaum geringer als der zwischen der Philosophie der Offenbarung und dem Gequatsche der Schwiegermutter.«

»An der Psychoanalyse ist nichts wahr als ihre Übertreibungen.«

»Kultur perhorresziert den Gestank, weil sie stinkt.«

»... Faszination, die von der Zone des Abdeckers, dem Aas, dem widerlich süßlichen Geruch der Verwesung, den anrüchigen Ausdrücken für jene Zone ausgeht ... Wem es gelänge, auf das sich zu besinnen, was ihn einmal aus den Worten Luderbach und Schweinstiege ansprang, wäre wohl näher am absoluten Wissen als das Hegelsche Kapitel, das es dem Leser verspricht, um es ihm überlegen zu versagen.«

» ... ein Ereignis aus Ernsttal, dem Leiningschen Besitz. Dort erschien eine Respektsperson, die Gattin des Eisenbahnpräsidenten Stapf, in knallrotem Sommerkleid. Die gezähmte Wildsau von Ernsttal vergaß ihre Zahmheit, nahm die laut schreiende Dame auf den Rücken und raste davon. Hätte ich ein Leitbild, so wäre es jenes Tier.«

»Vielmehr will sie (die Philosophie) buchstäblich in das ihr Heterogene sich versenken ... Sie möchte ihm so nah sich anschmiegen...«

»Die libidinösen Leistungen, die vom Individuum verlangt werden, das sich gesund an Leib und Seele benimmt, sind derart, daß sie nur vermöge der tiefsten Verstümmelung vollbracht werden können, einer Verinnerlichung der Kastration in der *extroverts*, der gegenüber die alte Aufgabe der Identifikation mit dem Vater das Kinderspiel ist, in dem sie eingeübt wurde.«

»Das Ganze ist das Unwahre.« »Totalität und Homosexualität gehören zusammen. Während das Subjekt zugrunde geht, negiert es alles, was nicht seiner eigenen Art ist... Am Ende sind die tough guys die eigentlich Effeminierten, die der Weichlinge als ihrer Opfer bedürfen, um nicht zuzugestehen, daß sie ihnen gleichen.«

„Der Kantianer Schiller ist um ebenso viel unsinnlicher wie sinnlicher als Goethe: umso abstrakter wie der Sexualität verfallener. Diese, als unmittelbares Begehren, macht alles zum Aktionsobjekt und damit gleich. »Amalie für die Bande« — darum bleibt Louise matt wie Limonade. Die Frauen Casanovas, die nicht umsonst oft Buchstaben anstatt Namen tragen, sind kaum voneinander zu unterscheiden, und auch nicht die Figurinen, die nach Sades mechanischer Orgel komplizierte Pyramiden stellen. Etwas von solcher sexuellen Rohheit, der Unfähigkeit zu unterscheiden, lebt aber in den großen spekulativen Systemen des Idealismus, allen Imperativen zum Trotz und kettet deutschen Geist und deutsche Barbarei aneinander."

„Bauerngier, nur mühsam von der Pfaffendrohung in Schach gehalten, verficht als Autonomie in der Metaphysik ihr Recht, alles Begegnende auf sein Wesen so umstandslos zu reduzieren wie Landsknechte die Frauen der eroberten Stadt. Die reine Tathandlung ist die auf den gestirnten Himmel über uns projizierte Schändung..."
(Zitate aus : "Minima moralilia", 1951)

„Liebe ist die Fähigkeit, Ähnliches an Unähnlichem wahrzunehmen."

"Geliebt wirst du einzig, wo schwach du dich zeigen darfst, ohne Stärke zu provozieren."

Jean Paul S a r t r e (1905 – 1980)

»Das Sein und das Nichts – Versuch einer
phänomenologischen Ontologie« (Paris 1943):

»Zudem ist in der Idee der Entdeckung, der Enthüllung, auch die Idee
eines aneignenden Genusses enthalten. Das Sehen ist Genuß, sehen heißt
deflorieren. Untersucht man die gewöhnlich gebrauchten Vergleiche, mit
denen die Beziehung des Erkennenden zum Erkannten beschrieben wird,
so stellt man fest, daß viele von ihnen sie wie eine Vergewaltigung durch
den Anblick darstellen. Das nicht erkannte Objekt ist wie unbefleckt,
jungfräulich gegeben, dem Weißen vergleichbar. Es hat sein Geheimnis
noch nicht „verraten", der Mensch hat es ihm noch nicht „entrissen". All
diese Bilder heben hervor, daß das Objekt nichts von den Forschungen
und Instrumenten weiß, die auf es zielen: es ist sich nicht bewußt, erkannt
zu werden, es lebt vor sich hin, ohne den Blick zu bemerken, der ihm
nachspäht, wie eine Frau, die ein Wanderer im Bad überrascht. Dumpfe
und deutlichere Bilder wie das der unverletzten Tiefen der Natur erinnern
genauer an den Koitus. Man reißt der Natur die Schleier ab, man enthüllt
sie (vgl. Schillers „Das verschleierte Bild zu Sais"); jede Untersuchung
enthält stets die Idee einer Nacktheit, die man aufdeckt, indem man die
sie bedeckenden Hindernisse beseitigt, wie Aktäon die Zweige zur Seite
schiebt, um Diana im Bad besser zu sehen. Übrigens ist die Erkenntnis
eine Jagd. Bacon nennt sie die Jagd Pans. Der Forscher ist der Jäger, der
eine weiße Nacktheit überrascht und mit seinem Blick vergewaltigt... man
jagt, um zu essen. Beim Tier entspringt die Neugier stets der Sexualität
oder der Nahrungssuche. Erkennen heißt, mit den Augen essen..., im
Erkennen zieht das Bewußtsein seinen Gegenstand an sich und verleibt
ihn sich ein; die Erkenntnis ist Assimilierung ... In der naiven Vorstellungswelt ist immer wieder die Bedeutung des Symbols des unverdaulichen Verdautem festzustellen, der Stein im Straußenmagen, Jonas im
Bauch des Walfisches. Es bezeichnet den Traum von einer nicht
zerstörerischen Assimilierung ... Diese unmögliche Synthese der Assimilierung und der bewahrten Unversehrtheit des Assimilierten trifft sich in
ihren tiefsten Wurzeln mit den Grundtendenzen der Sexualität. Der
körperliche „Besitz" bietet uns in der Tat das aufreizende und verführerische Bild eines dauernd besessenen und doch dauernd neuen Körpers,
auf dem der Besitz keine Spur hinterläßt... Zugleich aber träumt, wie wir
sahen, der Liebende davon, sich mit dem geliebten Gegenstand zu identifizieren, obwohl er dessen Individualität wiederum bewahren will: der

andere soll ich sein, ohne aufzuhören, der andere zu sein. Eben dasselbe liegt in der wissenschaftlichen Untersuchung vor: wie der Stein im Straußenmagen ist der erkannte Gegenstand ganz in mir, von mir assimiliert, in mich selbst verwandelt; gleichzeitig ist er aber undurchdringlich, unveränderlich, ganz glatt, in der teilnahmslosen Nacktheit eines geliebten, erfolglos erregten Körpers. Er bleibt außerhalb, und Erkennen heißt, außerhalb essen, ohne etwas zu verzehren. Man ersieht hieraus, wie die Tendenzen der Sexualität und der Ernährung miteinander verschmelzen und sich durchdringen, um den Aktäon-Komplex und den Jonas-Komplex zu erzeugen; man sieht, wie die Verdauung und die Sinnlichkeit sich in der Tiefe miteinander vereinigen, um die Begierde nach Erkenntnis entstehen zu lassen. Die Erkenntnis ist Eindringen und zugleich oberflächliche Liebkosung, Verdauung und distanzierte Betrachtung eines nicht zu verformenden Gegenstands, Erzeugung eines Gedankens durch dauernde Neuschöpfung und Gewahrwerdung der vollkommenen objektiven Unabhängigkeit dieses Gedankens. Der erkannte Gegenstand ist mein Gedanke als Sache. Und eben danach begehre ich zutiefst, sobald ich zu forschen beginne: meinen Gedanken als eine Sache zu erfassen und die Sache als meinen Gedanken.«

„Man mußte durch den Zauber meiner Erfindungen, meiner Komödien, meiner Reden meiner Gedichte verführt werden und von hier aus dazu kommen, mich zu lieben." („Tagebücher 1939 – 1940", Hamburg 1984)

"Und außerdem wollte ich Anführer sein, zumindest "Animator"." (S.406)

" ... wenn ich davon träumte, ein gebildeter Don Juan zu sein, der die Frauen durch die Kraft seiner schönen Reden umlegte ..." (S. 386)

„Ich weiß nicht, ob ich eine Zeitlang die Gesellschaft der Frauen nicht deshalb gesucht habe, um mich von der Last meiner Häßlichkeit zu befreien. " (S. 409 f.)

"Ich hatte den Traum nicht verloren, mit Liebe über eine anmutige und müßiggggehende Gemeinschaft zu herrschen."

„Liebe ist das Genie des Armen." „Die Obszönität des weiblichen Geschlechtsorgans ist ... ein Ruf nach Sein wie alle Löcher ... Fülle des parmenideischen Seins." – „Der Geschlechtsakt ist Kastration des Mannes."

„Ich masturbierte lieber Frauen, als mit ihnen zu schlafen."

Logischer Schluss

„Erkennen ist die Liebe ... Die Liebe ist das Hervorbringen und die Auflösung des Widerspruchs ... der ungeheuerste Widerspruch, den der Verstand nicht lösen kann, indem es nichts Härteres gibt als diese Punktualität des Selbstbewußtseins, die negiert wird und die ich doch als affirmativ haben soll." – "Dies Erkennen ist die *Liebe*. Es ist die Bewegung des Schlusses, so dass jedes Extrem vom Ich erfüllt, unmittelbar so im Andern ist, und nur dies Sein im Andern vom ich sich abtrennt und ihm Gegenstand wird."
„Das Grundprinzip des empirischen Charakters ist Liebe, die etwas Analoges mit der Vernunft hat, insofern als die Liebe in anderen Menschen sich selbst findet oder vielmehr sich selbst vergessend sich aus seiner Existenz heraussetzt, gleichsam in anderen lebt, empfindet und tätig ist." *(G. W. Friedrich Hegel)*

Schopenhauer meinte, „daß der Geschlechtstrieb ... die Konzentration alles Wollens ist", „die Quintessenz der Welt", und „daß Kant, so oft er vom Ding an sich redete, ... immer schon den Willen undeutlich dachte". – „Die Liebe ... ist der Wahn, welcher dem Dienste der Gattung die Maske eines egoistischen Zwecks vorsteckt." — „Und was die Weiber betrifft, so war ich denen sehr gewogen — hätten sie mich nur haben wollen."

„Unter Frauen. Die Wahrheit? O! Sie kennen die Wahrheit nicht! Ist sie nicht ein Attentat auf all unsere pudeurs?" *(Friedrich Nietzsche)*

„Liebe heißt Identifizierung, Denken." *(Max Horkheimer)*

Weiterführendes vom Autor

"Martin Heidegger –
Versuch einer Psychoanalyse seines *Seyns*", 1993

„Am schnellsten vermehrt sich die Unfruchtbarkeit –
Essays zur Multi-Kulturlosigkeit"
(Rückblick auf das 21. Jahrhundert), 1998

„Objektivität durch Subjektivität oder umgekehrt? –
*Phänomenologischer Entwurf einer
dekonstruierten Erkenntnistheorie",* 1999

„Künste und Wissenschaften als verlorene Paradiese –
Essays zur Bedeutung der Kultur-Idyllen", 2000

„Der Mensch ist, was er verg-isst /
Kosmostheorie oder Gemeinschaftspraxis", 2007

„Philosophische Formelsammlung :
*Ambivalente Gedankenexperimente
und nachsokratische Fragmente",* 2012

„Gedankenlesen : Hirnforschung ohne Computer-
Tomographen – *Philosophie zwischen Wissenschaft,
Kunst und Religion",* 2013

„Die Liebhaber der Sophie –
Philosophiegeschichte in Philosophengeschichten", 2013

„Ist *Philosophical Correctness* eine Kommunikations-
wissenschaft? *Versuch über moderne Versuchungen*", 2015

„Zur Dialektik und Phänomenologie
der Natur- und Kultur-Idyllen", 2015

„Esprit und Geisteswissenschaften – *Wechselwirkungen
zwischen Kunst, Philosophie und Psychologie*", 2016